本丛书得到韬奋基金会资金资助
"十一五"国家重点图书出版规划项目

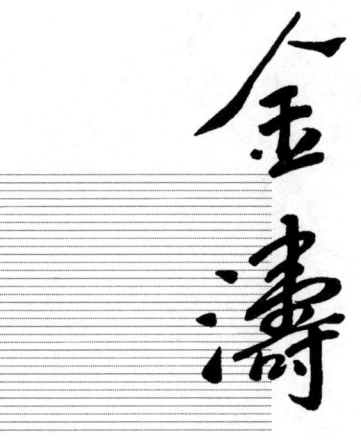

书 林 守 望 丛 书

科学人文与编辑

金涛 著

首都师范大学出版社

图书在版编目(CIP)数据

科学人文与编辑/金涛著.—北京：首都师范大学出版社，2015.10
（书林守望丛书/吴道弘主编）
ISBN 978-7-5656-2448-3

Ⅰ.①科… Ⅱ.①金… Ⅲ.①编辑工作-文集 Ⅳ.①G232-53

中国版本图书馆 CIP 数据核字(2015)第 159536 号

书林守望丛书
KEXUE RENWEN YU BIANJI
科学人文与编辑
金涛 著

项目统筹：楚　润
责任编辑：来晓宇　　　　责任设计：张　朋
责任校对：李佳艺　　　　责任印制：何景贤
首都师范大学出版社出版发行
地　址　北京西三环北路 105 号
邮　编　100048
电　话　68418523（总编室）　68982468（发行部）
网　址　www.cnupn.com.cn
印　刷　北京集惠印刷有限责任公司
经　销　全国新华书店发行
版　次　2015 年 10 月第 1 版
印　次　2015 年 10 月第 1 次印刷
开　本　710mm×1 000mm　1/16
印　张　21.25
字　数　328 千
定　价　45.00 元

版权所有　违者必究
如有质量问题　请与出版社联系退换

《书林守望丛书》编委会

（按姓氏笔画排序）

顾　　　　问	于友先　王万良　卢玉忆　冯俊科　伍　杰 刘　杲　庞　微　徐柏容　巢　峰
编委会主任	吴道弘
编委会副主任	郑一奇(常务)　陈芳烈　韩方海　杨生平
编　　　　委	王维玲　方厚枢　邓中和　宋应离　邵益文 林君雄　林穗芳　周　奇　胡德培　赵　洛 俞　斌　聂震宁　钱锦衡　曹培章　熊国祯 潘国彦

做文化的守望者
——《书林守望丛书》总序

柳斌杰

　　文化是每一个民族赖以生存的根基和灵魂，而出版事业和出版物，是民族文化的结晶，是民族精神的物质承载者，是衡量一个国家和民族文明程度的重要标志。从事这项伟大事业的出版人，不仅是出版活动的实践者，而且是人类文化创造、积累、交流、传播的组织者和参与者，是文化产品的生产者、民族精神的护卫者和时代精神的弘扬者。任何时代，治书修史者都肩负着神圣的历史责任、文化责任、社会责任，在我国，这种传统一直延续了几千年。但是，目前受名利诱导和网络快餐文化的影响，出版界跟风炒作、追求市场效应一夜成名而不顾文化品位等现象时有耳闻。在种种浮躁的背后，反映出来的是出版从业者文化品格的缺失。唯其如此，为繁荣学术和民族文化而坚守文化天职、恪守社会责任的职业精神和文化追求，尤其值得在出版界大力弘扬。

　　出版人是文化薪火的传承者，具有坚守文化自信的历史责任。众所周知，出版是人类文明薪火相传的重要依托，一个国家民族科学文化的传播和传承，有赖于它的出版事业。中华文明之所以历经五千年而一脉不绝，就在于中国历代政治家、著作家、出版家、藏书家接续几千年文明发展进程中形成的尊崇历史、珍惜古籍、编修文献、善待图书、重视典藏的优良传统，他们将中华文化的精髓融入历代出版物之中，一代一代地传之后世，肩负起了将一个时代的科学文化及思想智慧真实地记录下来、传承下去的历史责任，使中华民族的文化根基与时俱丰、愈加巩固。作为新时期文化创新和文化传播的主体，当代出版工作者更加需要继承传统、关注时代，一方面自觉承担起对民族文化传统的保存、整理、批判、传承的责任,保持中华文化的统一性、延续性;另一方面推动文化创新和发展,弘扬和培育符合时代要求的民族精神,在增强民族的凝聚力、创造力以及同世界其他文明进行对话的文化自信力方面做出贡献,使中华民族独立于世界民族之林的文化根基更加坚韧。

出版人是文化创新的推动者,具有坚守文化本性的特殊责任。作为一种文化生产的基本业态,出版既有产业的属性,又有意识形态的属性,必须通过创新来保持文化的独特品质和内容的先进性。从这个意义上说,创新是出版工作者的不竭动力和显著特征,不仅是文化积累和产品制造的组织者,而且也是文化内容的选择者和把关者,当然应当是新知识领域的开拓者和新成果的发现者、催生者。一方面,知识的保存、生产和应用,文化和技术的传承、生产和原创,都是以出版活动为基础的。历史上重要的思想创新、科学发现和技术进步主要是通过出版物得以传承和发展的。另一方面,从造纸术、印刷术到当代激光照排系统、计算机王码汉字处理系统以及数字技术的应用,出版人率先将新成果引进出版业,引发出版形式和内容的不断创新。在文化传播过程中,出版人通过传承优秀民族文化、吸收外国文化精华、把握时代需要,促进着社会文化的不断进步。而现代出版史上鲁迅发现大批文学青年、叶圣陶对巴金处女作的慧眼识珠、巴金对曹禺作品的琢璞为玉的佳话,也反映了出版人所必备的发现新人新作的创新品质。在当前的创新型时代、创新型国家建设的过程中,人民群众的伟大创造,已然成为文化创新取之不尽、用之不竭的源泉,迫切需要出版工作者发现、认识、扶持、推广,进而铺垫中华民族元气深厚的文化创新的阶石,培育中华民族根深叶茂、神韵独具的文化创新的活力。

出版人是时代思潮的引领者,具有坚守文化领土与文化阵地的社会责任。出版的本质不仅在于积累文化、创造新知,不断推出更优秀的文明成果,而且还在于按照一定的价值目标对社会现实文化做出评价,通过选择、把关实现对社会风气、学术思潮、文化倾向的引导。古代中国知识分子正是借助"竹帛长存"所构成的社会认知体系和社会规范体系,才唤起了"见贤而思齐"的文化自觉和道德自律。"五四"时期以《新青年》为中心凝聚的一大批知识青年的出版传播活动,将"科学"与"民主"汇聚成了思想解放的伟大潮流。在当今政治多极化、经济全球化、文化多元化、新技术日新月异的国际背景下，在经济社会急剧转型、社会文化事业和文化产业发展不平衡的国内背景下，承担着建构社会主义和谐社会及传播先进文化的神圣使命的出版工作者，其选择、把关进而引导大众的责任更加重大，需要通过对精神生产加以规划与组织，对精神产品进行鉴别与加工，对文化遗产做出选择和整理，对社会信息予以筛选和传递，打造传承主流文化和主流价值观的精品力作，不断巩固主流文化阵地。这就要求当代出版工作者必须深深植根于中国特色社会主义伟大实践，敏锐把握时代变革的风气之先，不随波逐流，不跟风炒作，不断提高辨别真善美和引导大众文化、传播主流文化和主流价值观的能力，致力于弘扬民族精神和时代精神，为中国的改革开放和现代化建设事业提供有力的思想保证、精神动力和智力支持。

　　历史已经证明，出版业作为文化传承和文化创新的核心，如果没有文化理想和文化追求，便失去了发展的根基。而出版工作者的文化价值取向、人文素养、文化责任、文化运作能力和学术品评能力，又直接影响到出版物的文化含量。从这个意义上说，对于文化的坚守，不仅是一种出版理念，也是一项出版实践。在竞争日益激烈的世界文化市场中，能否坚持文化本位，能否坚守文化责任，对新时期的出版从业者来说，无疑是一种严峻的考验。《书林守望丛书》的问世，为我们提供了一部关于新中国出版人的精神文化启示录。其中反映出的经过沉淀而彰显的文化品格，尤其应该成为新时期出版工作者的精神支柱。这套丛书的作者，是一群深深地钟情于出版事业的文化守望者，他们在"书荒"时代辛勤耕耘，在"书海"时代坚持方向，恪守文化的尊严，组织、规划、策划、编辑、出版过一大批反映时代精神、民族精神及具有学术价值、文化品位的标志性工程，主持、主编过一大批科学、人文、经济、教育等方面为广大读者喜闻乐见的知识读物，为全社会提供优秀的精神食粮做出过重要贡献。在他们身上体现出来的勇于开拓、后启来者的创新精神和坚守精神家园、淡泊名利的文化风骨，堪称典范。希望通过这套丛书的出版，使新时期的出版工作者形成一种更加清醒的文化自觉，在文化与产业协调发展的道路上走得更加坚定，产生更多让世界为之惊喜的拥有自主知识产权的民族文化品牌，再现中华民族宏大的文化气魄。

　　当前，出版业的发展同政治、经济、社会、文化的发展一样，要在世界范围内的大对话、大交流、大竞争、大角逐中，把握机遇，迎接挑战，创造新的辉煌，需要一大批具有真才实学且能开阔视野、崇尚科学、追求真理、尊重创造、包容多样的新型复合型出版人才，来担当中国特色社会主义文化建设的推动者。《书林守望丛书》汇集的新中国成立六十年来成长起来的十几位出版家在长期为人作嫁的职业生涯中的思想火花、书坛掌故，集中反映了新时期出版工作者的精神风貌，不仅抓住了时代的新变化，也深刻把握了出版职业的新要求。这套丛书的作者，或者长于出版规划，或者长于鉴赏加工，或者长于经营管理，但都有将丰富的实践经验升华为理论的深沉思考。将这些经过实践检验的理论总结汇集起来，转化为鲜活的历史智慧和生命依托，对于未来的新型出版人才，无疑具有深远的精神哺育作用。我希望这套丛书的出版，能够吸引更多才华横溢、富有创造力的新军投身我们的出版事业，使中国出版人的文化守望薪火相传，为推动社会主义文化大发展大繁荣建功立业。

2009 年 7 月

目 录

上 编

003… 一、人生无法设计
    003… 首次旅行
    007… 山居岁月
    009… 高考之后
    012… 大漠风沙
    015… 弟弟之死
    017… 走出校门
    020… 干校生涯
    023… 改革呐喊
    030… 南极风雪
    036… 与书相伴

039… 二、科普出版浅谈
    039… 从图书评奖引起的随想
    044… 闲谈科幻小说
    048… "硬"与"软"：科幻小说的科学构思
    052… 我与科幻的结缘
    069… 科幻文学：科技时代的讴歌者和怀疑者
    072… 科学好玩才能愉快阅读
        ——《告诉我为什么》丛书读后感
    073… 满足好奇 传播常识

079…参与是最成功的科普
　　　——推荐《快乐科普剧》
082…讲真话：科技传播的社会责任
087…充满童趣的幻想
088…历史不会忘记
　　　——写在《心系长城站》出版之日
090…《偷脑的贼》后记
092…科学探索是永恒的主题
　　　——纪念《知识就是力量》五十华诞
094…《赤嵌行》序
096…《我们身边的高科技》丛书导读
097…成才始于今天
　　　——《小实验迷诺贝尔》代序
098…航天技术的原创性科普读物
101…欢迎专家写科普
　　　——《蛇国探秘》序二

103…三、黄昏与书相伴
　　104…非洲南边的故事
　　106…难忘的意大利情结
　　108…马岛战争的遐想
　　110…韩国学者笔下的《清史》
　　112…《伊索寓言》的译本
　　113…战争文学的佳作
　　115…艺术家对科学的贡献
　　117…张爱玲的译作也值得一看
　　119…从《恍惚的人》想到老年社会
　　121…读《脉望夜谭》的联想
　　123…万里长城的今与昔
　　125…消失中的传统文化
　　127…历史、人生与细节
　　129…不丹的追求
　　131…想起通古斯卡大爆炸
　　133…舌尖上的乡愁

目录

135…身怀绝技的"鸟叔叔"
137…《中国城墙》与中国筑城史
139…西北科学考察团与鲁迅
144…惟有情真最动人
145…潘帕斯的联想
147…田园将芜胡不归

下 编

153…四、昨夜星光灿烂
    154…与严济慈对话
    185…唐敖庆印象
    194…谢希德的故事
    205…追思裴文中
    227…回忆吴宝铃
    235…暗夜的灯火
        ——记钱三强、夏鼐的一件往事
    239…吴中伦的云南之行
    252…胡风：一次夭折的报道
    262…巴金印象
    267…戏剧家最"没戏"的日子
        ——记曹禺
    272…由钱锺书的一张照片想起的
    275…忆丁玲
    280…记作家陈登科
    287…十世班禅一夕谈
    297…我师张景哲
    304…悼念戴明震老师
    308…他长眠在南极冰原
        ——记高钦泉

附 录

315…金涛与《月光岛》/叶永烈
318…走进南极的作家
    ——访金涛/胡殷红

上编

一、人生无法设计

[题记]

　　回首往事，在我的身后，是一条曲折的人生之路。尽管这是很寻常的并没有多少亮色的轨迹，像是蜿蜒在杂草丛生的山间一条曲曲弯弯的小路，可是也多多少少留下了我的足迹和难以磨灭的回忆啊！

　　人生是难以自行设计的，至少对我而言。如今已经步入暮色苍茫的晚年，大约是可以这样认定的。这当然不是普遍真理，可能仅仅是纯属于我个人的一个特例。年轻时，我也和许多人一样，对人生寄寓美好的期望，有过各种各样的梦想，然而以一生的经历而言，结果似乎全然相反。这是什么原因，我一直感到困惑。我不是研究哲学的，更不懂深奥的佛学，但是有时也胡思乱想。这是不是不可预知的偶然性在暗中策划，或者是人们常说的冥冥之中的命运的安排呢？

　　在人类的历史进程中，往往是偶然因素起了决定性作用。至于人生之路，莫名其妙的偶然因素，经常是不可抗拒、改变命运的重要一环。其中奥妙，我说不清楚，我不知道。

首次旅行

　　抗战胜利后不久。逃难到大后方的人们，开始陆续返回原先栖居的城市了。

当年，皖南一带是国统区，日本鬼子始终没能攻入。于是从江浙、上海邻近一带逃难的人们纷纷涌入。我们家也是随着逃难的人潮，从江西九江辗转来到新安江畔的故乡。

我家祖籍是徽州黟县，祖辈很早就离开故土出外谋生。我出生在休宁，三四岁时举家迁到屯溪郊外一个小村——隆阜。当抗战胜利的消息传来，父亲立即返回九江，那是他谋生之地。不久，父亲来了信，让母亲率三个年幼的孩子前来九江。

那是1947年冬天一个凄冷的清晨。当我们赶到屯溪汽车站，只见人头攒动，人潮汹涌，返乡的乘客太多太多，我们母子势单力薄，哪里挤得上去？

当第一趟客车从破旧的车库里开出时——那是一辆大卡车，没等车子停稳，那些年轻力壮的男男女女，一哄而上，蹬着轮胎，翻过车帮，有的先将行李扔进去，再翻上去，有的手拉手，推着拉着……不一会儿，我们失望地眼瞅着载满乘客的大卡车，得意扬扬地从我们面前开走，消失在大道拐弯的远方。

天气很冷，衣衫单薄的我们不由得偎依在母亲身旁，像是寒风中一只老鹰身边的幼雏，倚靠母亲的体温取暖。母亲背着襁褓中的小弟弟，双手紧紧攥着我和哥哥的手，警惕地注视车库那边，但是接下来发生的事又使我们陷入更大的失望。因为第二班客车驶出时，更多的乘客蜂拥而上，将我们挤在一边。瘦小的母亲拖着三个孩子无论如何也不是他们的对手。尽管我们使出全身力气，结果仍然没有挤上车。

这时，苍白的太阳升上了树梢头，躲在灰色的云里，似乎是在看我们的笑话。真是无法可想，旅客太多了。快到中午，当这天的第三班车开出时，我们母子还是没有挤上车，连那些姗姗来迟的人都走了。

母亲额上沁出了汗，双眉紧锁，我们无助地望着母亲，哥哥湘麟尽管跑前跑后，也没有帮上什么忙，丧气地说："姆妈，我们走不了了……"其实哥哥那时还不到10岁。母亲安慰我们不要着急，说会有办法的。她对哥哥说，你照看弟弟，看好东西，不要动，我去去就来。说罢，母亲背着小弟弟朝汽车站的车库方向走去。

太阳升上了头顶的云层里，空场上已经没有几个人了。我心里直犯嘀咕，八成儿今天是走不成了，我们还得回家。哥哥一声不吭，两只大

一、人生无法设计

眼睛来回盯着几件行李。我们苦苦地等待着,我看见哥哥眼里噙着泪,他大概是十分担心母亲为什么还不回来……

过了很久很久,也可能是并不太久,母亲终于回来,从母亲的脸色可以看出有好消息,好似乌云密布的天空出现明丽的蓝色。母亲去找了汽车站负责人,拿出车票,诉说了她的困难,对方很表同情。他告诉母亲,还有一辆车正在修,"快修好了,耽搁不了你们出门,还是休息休息,吃点东西,路很长哩……"那个上了岁数的老司机说。

母亲的归来使我们十分高兴,果然没过多久,一辆大卡车摇摇晃晃上路了。乘客不多,我们都站在紧贴驾驶室后面,扶着车帮,母亲终于可以坐在行李卷上歇口气,给小弟弟喂口奶了。

离开了屯溪,公路在荒山野岭盘旋,这条公路一直通往长江边上的芜湖,沿途山高谷深,森林茂密,几乎不见什么村落。天色晦暗,太阳不知什么时候躲进云里去了。公路驶入险峻的峡谷,抬头望去,两旁陡崖上面的巨石摇摇欲坠,好像随时会掉下来。呼呼作响的寒风迎面而来,而在我们头上,一只只黑色的乌鸦若即若离地盘旋,发出不祥的鸣叫。我们不由得蹲下身来,偎依在母亲身边。车上的旅伴们也停止了喧声,一个个缩着脖子默不作声了……

就在我们被汽车颠得昏昏欲睡时,突然一声紧急刹车将我惊醒,接着是听见车上的人发出的惊呼。汽车停下了,我们睁眼朝前看去,不禁大吃一惊。迎面开过来的三辆大卡车,上面坐的站的都是人,再仔细端详,这三辆大卡车正是早晨从屯溪出发的客车,只见车上的男男女女一个个哭丧着脸,身上只剩短衫单裤,冷得哆哆嗦嗦,一见到我们,七嘴八舌地嚷了起来。我们车上的老司机跳出驾驶室,向另外几辆车的司机询问遇到了什么麻烦。

原来这三辆车开到前面不远的渡口——那里有一条小河,正等着渡船将汽车载到对岸,不料遭到埋伏在那里的一伙强盗的洗劫。强盗们荷枪实弹,威逼着旅客脱下身上的衣服,摘下随身携带的金银首饰,除了没有杀人,这伙强盗将旅客的财物洗劫一空。

"你们也掉头回去吧,不要往前开了……"人们好心地劝说。

那几个司机也建议老司机和他们一起返回屯溪。

老司机蹲在路边一块大石头上默默地抽烟,当那三辆车即将离开时,他扔掉烟头，站起来对车上的乘客说："你们哪个要回去，赶快下来，坐那边的车子……"有五六个人跳下车，放弃了继续前行。

我们望着面容严峻的母亲，但母亲不动声色。车上的乘客更少了。

那三辆车开走了，远远地，似乎还听见他们的喊声。

老司机望着消失在尘土中的车队，回过头来安慰大家："你们一百个放心，强盗们抢了东西，早就逃走，分赃去了，我们不会有事的！"他钻进驾驶室之前甩下的这番话，解除了大家的忧虑，车上顿时活跃起来，人们又有说有笑了。

感谢皇天庇护，事情正如老司机预料，我们这辆最晚出发的班车躲过了一劫，当天晚上平安抵达芜湖，次日我们上了船向九江而去。

到了船上，我们在船舱安顿下来，听见小火轮响起汽笛，劈开浪涛逆流而上，我们悬着的心终于落了下来。

这时我听见爱刨根究底的湘麟哥哥问母亲，当时为什么冒险继续前行，如果遇到强盗怎么办？

不料，母亲的回答完全出乎意料。她说："即便强盗抢了，我也要带着你们，一路讨饭也要往前走，走也要走到九江。我们没有回头路，在屯溪，无房无地，没有活路。再说，我也不怕强盗来抢，娘儿四个，几件旧衣服，几斤干粮，有什么可抢的……"说罢，母亲长叹一声，沉浸在往事回忆之中。

这是我的第一次旅行，在我这一生的无数次旅行中，也许算不了什么，然而这次有惊无险的旅行却深深地留在我的记忆里。后来我在酷热的毛乌素沙漠中跋涉，在南极遇到漫天的暴风雪，都不由得想起我的第一次旅行，想起了母亲的坚强、镇定，遇事不慌乱、从容应对的勇气。那是战胜一切困难，挑战厄运的信念和力量之所在。

母亲以沉稳坚毅的决断，使我受到人生第一次教育啊！

当然，多年后，我有时也想，如果我们当年不离开屯溪，或者我们也像许多旅客一样遭到强盗洗劫不得不返回屯溪，我们一家，连同我这一生，也许是另外一条路，这是可以预料的。我的哥哥金湘麟和弟弟金庚麟不会早早夭折，他们肯定会有别样的幸福的人生啊！

哎，人生没有"如果"，人生无法自行设计啊……

一、人生无法设计

山居岁月

不知道是由于气候变了，还是别的原因，我记忆中的长江老是发大水，将江边的九江变成一片泽国。

1949年夏天，洪水淹没了大半个九江城。昔日热闹的大街可以行船，临街的楼房底层浸在水中，成了水族的世界。那时祖父健在，他老人家与伯父一家住在江边不远的大中路，为了躲避洪水，举家迁往庐山的牯岭。洪水肆虐，我们家地势较高，不久也水深数尺，且日日上涨，于是也不得不仓皇逃窜，上山去投奔祖父了。

这是我平生第一次接触云雾缭绕的高山，到大山的怀抱里生活。在我那童稚无知的目光中，一切都使我感到无比新奇。

那时还没有登山公路，也没有公交车，一切都靠迈开两条腿。先走十几里，到达庐山山麓的莲花洞，然后沿着陡峭的石阶小道，向上登攀。山路弯弯，在山谷中蜿蜒，最难走的一段叫好汉坡，直上直下，像天梯一样。我后来长大了也曾几次上下庐山，走的都是这条古老的登山路线。路虽难走，走走歇歇，看满山的密林篁竹、看飞瀑流泉、看云海茫茫，听鸟鸣虫啾、听溪水潺潺，也是无穷的乐趣。

我们在庐山落脚的地方是山中的牯岭，这里宛如天上的街市，一条叫长冲的山谷两旁，密林中隐藏着达官贵人的别墅洋楼，高低错落，长长的石阶路从谷底的溪流两岸向山坡延伸，有的别墅高踞于山巅白云深处。山涧溪水长流，涧谷中堆满奇形怪状的巨石，隔不多远是一座座石砌的便桥，便于往来。

牯岭的西洋建筑与森林、山岩、溪流的和谐，给我留下难忘印象，它是第一次以物质形态直观地告诉我西方文化的特殊表现——我第一次近距离地接触到西式建筑开敞的走廊、红铁皮房顶上的烟囱和造型别致的窗户。

兵荒马乱的时刻来到这山中避暑胜地，景色荒凉而冷寂，几乎看不见什么人。许多房子人去楼空，荒废多时，草没小径，蛛网挂门。山中风大雾重，雨多潮湿，房屋无人居住，极易损坏，许多房屋油漆剥落，百叶窗也掉了，家具发霉，一派萧条。

那时，山上空房很多。许多别墅的主人走后，似乎也没有打算再回来，锁上大门，任其荒芜了。也有的房子交由看房的仆人照应，那还是心存侥幸，希望有一天能重回故园的。每一幢别墅都是一部历史，浓缩了家族的兴衰，记录着身世的沉浮，也多少折射出"旧时王谢堂前燕，飞入寻常百姓家"的无奈，毕竟是一个时代的结束和一个时代的开始。看房的仆人也早已看透时局的变化，不再把主子的嘱咐当一回事，有的毫无忌惮地举家搬来，有的迫于生活，干脆招租，先弄几个外快再说。

我们相中的房子，看房人外号叫"张麻子"，倒也是个老实本分的人，租金不贵，很快谈妥，全家高高兴兴地搬进去。这幢三层的洋楼前有花园，院内树木葱茏，还有一个不大的家庭游泳池。我们租了一层的几间，还带一间孩子们的小书房。书房中有几张西式小书桌，有许多小抽屉。这是我一生住过的最好的房子。可叹的是，逃难年月，哪有心思读书，一家人都为衣食犯愁。

解决了住的问题，吃的却犯难了。庐山的粮食、蔬菜等日用品都来自山下，由挑夫运上山，价钱自然也昂贵得多。记得当时山中草地，黄花草漫山遍野。我们便提着篮子去采摘黄花，母亲将鲜花用开水煮过，去其毒性，然后晒干，便可以当菜吃了。另外，竹林中还可以找到竹笋，山雨过后，毛竹一夜可窜出尺把高，鲜嫩的竹笋遍山都是，每次都有不小的收获。

山中的生活是充满诗意的。不必说那飘逸的云雾时而掠过山林，像小精灵一样从敞开的窗户飞进来的惊喜；也不必说晨光微熹，那林中的鸟儿清脆的鸣声，把我从梦中惊醒的喜悦。即便是那山中夜雨的降临，也令人的心灵感到震撼。万山沉寂，鸟雀无声，满耳是风雨大作的喧声，从远而近，山呼谷应，继而电光闪烁，雷声隆隆，天地之间只剩下大雨的倾诉，整夜不停，足以使人恐惧万分。山雨使我备感孤独，仿佛置身于汪洋中的孤岛，那咆哮的风雨如狂涛巨浪，随时便可将栖身的小屋掀翻。

山雨过后，空气格外清新，房前屋后的树木也洗去灰尘，更加青翠可人。那屋前不远的山涧溪水暴涨，原先可以涉水而过的布满巨石的山涧，一夜之间，浑浊的溪流如蛟龙翻腾，左奔右突，咆哮声令人心惊肉跳，连那些巨大的石头也被激流掀翻冲走了。陡崖突兀的河床，水流湍

一、人生无法设计

急,形成一道飞瀑,声震如雷。不过,山雨一停,过不多久,湍急的溪流又恢复往日的平静,变为潺潺流水。"易涨易退山溪水",这是大自然最早给我上的一课。

我们有时也到山涧里去摸蟹,那是在暴涨的溪水退去的日子。挽起裤脚,小心翼翼地趟进冰凉的溪流,翻开脚下的石头,便可见到一个个惊慌的小石蟹。那石蟹只有算盘珠子大小,灰黑的壳,你得稳、准、狠地伸手夹住它的壳,方能得手,倘若一不小心,那小家伙也会反咬一口,它的一对大螯夹着手指头,也不松手,疼得很哩!

捉回的石蟹,放在水盆里养,也养不活。它往往因受了伤而死去,或者乘人不注意,逃之夭夭,它也渴望回到自由的天地。

记得有一次在山涧里摸蟹,忽然听见一阵孩子的笑声。笑声引起我们的好奇,爬上岸,循声望去,远远看见一群黄发白肤的小洋人,隔着围墙好奇地打量着我们,我们也报以微笑。那里是一座美国学校,他们还没有撤离。中国政局的急剧变化,也许是他们十分关心的,他们正在焦虑地等待着撤离的通知吧。不知怎的,我忽然想起,他们此刻的处境,很像水盆里的石蟹。

不过,我那时根本不知道周围的世界发生了什么变化,也不关心这些与己无关的事情。暑热的夏天过完的时候,听说长江的洪水已经退了,我们家里也增加了一个新成员(母亲在庐山生了我的小妹妹),于是,全家下山了。

我的无忧的童年也在洪水中结束,在风景如画的庐山画上了句号。然而,庐山给予我的潜移默化的影响,却是刻骨铭心的。我对大自然的热爱,渴望探究它的奥秘,并愿意为此奉献一生,似乎就是在这山居岁月不知不觉地埋入心底的。

高考之后

九江当年唯一的公园是濒临甘棠湖的甘棠公园,那里有隆起的丘陵、环绕湖滨的林荫道,也有花圃草地、一个空旷的足球场,但更多的是任其枯荣的野花、无心疯长的杂树。因为在那个年代,为生计而挣扎的人们并没有逛公园的闲情逸致,来公园的人很少很少。

1957年整整一个夏天，我几乎每天都来到甘棠公园。乘着太阳出山前的黎明时分，天气较凉爽，早早地从家里出发，清风掠过湖面，柳枝轻轻摇曳，穿过柳树夹道和湖中的长堤（当地称为"小坝"），可以看见湖边有很多妇女洗衣裳，水波荡漾的湖上三三两两的木船，撒网捕鱼。不多一会儿，就到了公园。

不过我来公园既不是晨练，也不是与朋友约会，而是来干活儿，当一名挑泥巴桶的临时工。在如此炎热的夏天，我不在家里休息，为何跑来当泥瓦工呢？这就说来话长了。

我的中学时代是在九江二中度过的。九江二中如今已经恢复旧名——同文中学，她原是包含两所教会学校，除同文中学外，另一所是毗邻的儒励女子中学，有一百多年历史。校园景色美丽，建筑恢宏，有西洋建筑风格的教学楼、红砖砌筑的教堂、米黄色的图书馆、宽敞的学生宿舍以及散布在四周树林山丘的教员公寓。校园内有标准的足球场，绿茵的草皮，周围是如伞的大樟树，这是九江市最好的足球场。此外还有多处篮排球场地和跑道，以及备有运动器械的场地，足见学校不仅注重德育、智育，对学生的体能训练也相当重视。

我在九江二中读了初中又读完高中，整整六年在这里度过，留下了人生最美好最难忘的记忆。中学时代对人的一生至关重要，对于性格、兴趣、志向、素养的塑造都起着决定性作用。在这样优裕的条件下，尤其是有许多可敬的老师如李淳兰、叶蔚春、帅滇贞、戴明震、刘廷仪、傅梅影、陈非的教诲，我从一个懵懂少年逐渐懂得做人的道理，但总的来说我还是很幼稚的。

高三毕业那年，由于"学好数理化，走遍天下都不怕"的思潮在应届毕业生中影响很大，我的同班同学有不少人脑子发热，也不根据自己的志趣和专长，一厢情愿地报考数理化专业。我当时的成绩也还不错，班主任老师好心地动员我报考北京航空学院，还透露很有希望"保送"，但我想了想，婉言谢绝了。在接下来填写报考志愿时，当年可以填报十二个大专院校，我的填报成了全班乃至全校一大冷门，我填报了十个"地理系"，大概全国有名的地理系都囊括其中。我的这一举动遭到不少人的讪笑，只有教地理的刘廷仪老师特别高兴，她是金陵女子大学地理系的高材生。

我的这一举动在当时颇有点"叛逆"的意味,即便别人不说心里也会这样想。我为何填报十个地理系,而对于人们热衷的、大有前途的数理化反倒十分冷漠,现在回想起来我也记不大清楚了。当时没有任何人诱导我,我的父母对此一无所知,生活的重担压得他们喘不过气来,哪里管得上我报考什么志愿。

　　我想,这首先是少年时期脑袋发热的一时冲动,我看了当时的招生简章,其中地理系的课程和培养目标肯定使我动了心,我渴望探索大自然的奥秘,到大自然的怀抱中去。

　　此外,还有一个说不出口的原因,我根本不打算上大学,这倒并不是我不想上大学,而是家中的贫苦使我无心上学。在我等待参加高考的那些日子,记得家中无钱买煤油点灯复习功课,我是天天待在马路的路灯底下复习的,后来实在看不见,我只好跑到市图书馆阅览室"借光"复习……

　　家中的窘境,使我渴望早点参加工作,分担父母的重担,这是一直埋藏心中的愿望。

　　因此,对于填报志愿,我也是不当一回事了。

　　高考结束后,我就让父亲帮我找个事做,多多少少可以贴补家用。正好这时甘棠公园要在山冈上修建一座烈士纪念碑,需要挑砖送水泥的小工,每天工钱是8角钱。于是我每天去工地,给师傅们当下手了。

　　日子一天天过去,我也晒黑了,肩膀腰腿也比以前结实了,挑起沉甸甸的泥巴桶上跳板,也不像刚开始那样两腿发软了,连师傅们也笑着说:再过几个月就可以正式当一名建筑工人,加入他们的行列了。

　　快到八月底了,有一天回到家,母亲笑吟吟地告诉我,说班主任李淳兰老师来了,老师悄悄地对母亲说:"你要为孩子出远门做好准备哈,他考上大学了。"不知道考上了什么大学,李老师也没有讲。

　　过了几天,才收到邮局寄来的一纸薄薄的通知单,我被北京大学地质地理系录取了。

　　望着父母操劳的面容,我似乎也并不特别地兴奋。

　　我干小工的工钱,结算下来,刚够我去北京的路费。

大漠风沙

我所在的这个班,是北大地质地理系自然地理专业57级。

当年的地质地理系,实际上是地质系和地理系的拼凑,地质方面有地质构造、古生物和地球化学三个专业,地理方面有地貌、自然地理和经济地理三个专业。

我们班一共19名学生,其中4名女生。学生来自北京、上海、江苏、安徽、天津、河北、辽宁、四川、山东,我是江西的,真是五湖四海。那时入大学的年龄,除了一部分工农调干生,普遍比较低,我们班的男生女生中有好几个才17岁,混混沌沌的少年,不谙世事。

一进北大的燕园,正好赶上了"反右",总算托校党委的福,宣布五七年入学新生不搞"反右",使我们这一批人躲过一劫。但是,现在回想往事,不能不承认,我在大学时代,确实浪费了大量宝贵的时间,耽误了学业。

当年"左"的思潮统治着北大,从院校强行合并以来,政治运动、教育革命不曾停歇过一天,正常的教学秩序早已折腾得无章可循。据说钱学森先生质问中国的教育为什么培养不出人才,这即是著名的"钱学森之问"。我以为以钱老的绝顶聪明,这恐怕是明知故问,不好意思捅破了窗户纸吧。你想,成天被批判的教授们谁个有心思上课呢?"反右"刚结束,接踵而来的是大炼钢铁,校园内小高炉遍地开花,炉火熊熊。然后是"拔白旗"、"插红旗",批判"资产阶级权威",专家学者斯文扫地,再就是"红专大辩论"、"批白专道路"。我是天天泡图书馆的,最头疼政治学习,"白专"的帽子已经悄然而至,不过还没有找到合适的机会扣在我头上。以外语课来说,先说上英文,后来又改学俄文,中苏关系恶化了,课本改成念中苏论战的文章,然后又不了了之。等到折腾得精疲力竭,三年困难时期饿肚子的日子就降临了。

那时候,我们所有的老师同学都盼着夏天,按照地质地理系各年级的教学要求,每年夏天都要到野外实习几个月。于是,我们就像飞出牢笼的鸟儿,回到大自然的怀抱了。在这自由的几个月里,我们再也无需听报告,也用不着政治学习,老师们可以专心致志研究学问、指导学生,

一、人生无法设计

他们同我们朝夕相处，亲密无间，脸上溢出难得的笑容。

我们实习的地点先是在北京郊区的鹫峰、北安河、妙峰山、斋堂，后来到山西大同桑干河畔的许堡，那里有著名的大同火山群。三年级以后，我们转战于宁夏河东沙区和内蒙古鄂尔多斯的毛乌素沙漠，在沙漠中度过了几个夏天……

我们迈着沉重的步伐，气喘吁吁，跋涉在荒凉的沙漠之上。

月牙形的沙丘像故乡的丘陵一样温柔地起伏，绵延不断，与远方的地平线衔接。寥廓的天穹分外深邃，蓝天白云，令人遐想。走在松软的沙丘上面非常吃力，胶鞋里很快灌满了细细的沙子，索性脱了鞋，光着脚板往上爬。太阳越升越高，脸上和身上的汗水不停地流淌，不一会儿又蒸发干了。沙丘上没有一星半点绿色，只是不时看见土灰色的蜥蜴机警地窜了出来，眨眼间又不见踪影。

当我登上沙丘顶巅，往下一看，不禁欣喜若狂地叫喊起来。

在沙丘之间的低洼地里，出现了密丛丛的一片芦苇，绿得叫人心醉。在地理学上这叫丘间低地。由于地势低，积存了雨水和地下水，于是在干旱的沙漠里，这里不仅有植物，水洼里还有密密麻麻的褐色青蛙和小蝌蚪，它们正在享受生命的快乐。

有时，前方是个碧波荡漾的湖，湖水映着蓝天，像一块晶莹剔透的翡翠，很美很美。然而，当我欣喜若狂地跑到湖边，不禁十分失望。因为哪怕嗓子干得冒烟，也不敢喝上一口湖水，湖里也不见鱼虾的踪影。那是苦涩的盐湖，没有生命的一潭死水。

沙漠考察是我的专业野外实习的内容，我的毕业论文后来也确定了题目：《探究毛乌素沙漠的干旱气候》。对我来说，沙漠无比新奇，我目睹了沙漠的壮观景色，也目睹了人与沙漠为争夺生存空间的生死较量。沙漠是无情的，每当狂风卷起漫天沙尘暴，遮天蔽日，像一堵黑红黑红的潮水席卷而来，吞噬农田、草场，摧毁房屋、果园，逼得人们背井离乡。于是，农民、牧民想尽了办法防沙固沙，而那些耐旱的、生命力最顽强的沙生植物，像柽柳、沙蒿、柠条就成为抵御风沙的先头部队。在沙漠边缘，在土黄色的农舍附近，农牧民在沙漠中种上了沙蒿、柽柳和柠条，组成了一道道绿色屏障。它们是那样弱小，然而在肆虐的风沙袭击下，它们却挺直腰杆，毫无畏惧，勇敢地抵挡风沙。终于，沙丘上出现了星星点点的绿色，柽柳和沙蒿的根深深地钻进流动的沙丘，寸步不让。于是寸草不生的流动沙丘开始固定了，变成柽柳、沙蒿茂长的固定沙丘。这些沙漠的勇士们用自己的身躯保护着后面的农田、草场和孤岛般的小村庄。

这个过程反反复复，干旱，缺水，饥饿牛羊的啃食，农民盲目地开荒，转瞬之间，固定的沙丘又光秃秃的，演变成寸草不生的流动的莽莽黄沙……

当我回到北京的校园，好久好久，那沙漠中的种种难忘的印象不时浮现在眼前。有一天，我突然萌发了写作的念头，大概这就是人们常说的创作冲动吧。我学的是自然科学，没有受过文学训练，也不懂写作的规律，只是想把人与沙漠的斗争编成一个故事，于是就凭着想象编了一个科学童话：

    沙漠中的柽柳大娘有许多许多孩子，有一天，人类请柽柳大娘帮忙，去制服沙漠里为非作歹的"热风怪"。柽柳大娘满口答应，派她的孩子们到沙漠去，这下可惹怒了"热风怪"。它气急败坏，扬言要消灭这些刚刚长出的小柽柳。哪知道小柽柳一点不害怕，他们顶着烈日，迎着飞沙走石，在沙漠中扎下根来。尽管吃尽了苦头，"热风怪"最终也没能得逞。不久，荒凉的沙漠披上了绿装，小柽柳们长得郁郁葱葱，"热风怪"只得灰溜溜地逃走了……

写完之后，贴上邮票，寄给发行量很大的《中国少年报》。

没有想到，几天之后，《中国少年报》的老编辑詹以勤突然从城里跑到西郊的北大，居然在茫茫人海里找到我。詹以勤那时还很年轻，却是资深的儿童文学编辑。她说了不少鼓励的话，又指出了缺点和不足，告诉我应该如何如何修改……

长话短说，正是在詹以勤编辑的指导和帮助下，我的这篇很不成熟的幼稚习作，终于在《中国少年报》发表，题目是《沙漠里的战斗》，后来还收入一些童话集子里，译成少数民族文字。

当然，这篇作品微不足道，只不过它是我写给孩子们看的第一个科学童话，加上又有这么一段经历，印象特别深罢了。

这篇作品的创作也使我体会到，生活是文学创作的源泉，即便是给青少年写的童话和科普作品，也需要从生活中、从大自然吸取营养和素材。热爱大自然，永远地向大自然学习，对我是终身受益的启示。

我在风光旖旎的未名湖畔度过了大学时代，尽管这里的石桥、高塔、垂柳、古松令人难忘，但更多的时候我却想念桑干河畔贫穷的山村、鄂尔多斯牧民的帐篷，还有那扑面而来的大漠风沙。

弟弟之死

1963年，是我命运的转折，对于我的家庭是灾难深重的一年。

那年暑假，由于囊中羞涩，我没有回九江去看望双亲和弟弟妹妹。不料，就在这时，我的弟弟金庚麟因医疗事故被夺走了年轻的生命。当我接到父亲的电报，日夜兼程赶回九江，弟弟已是弥留之际了。

弟弟刚20岁，他毕业于九江一中，高高的个子，清秀的面容，瘦瘦的，他能文善画，人极聪明。高中毕业头一年，没有考上大学，他没有气馁，继续在家自学，他的志向是文学。他常给我来信，诉说着种种盘算和苦恼，我也去信鼓励他，寄些高考复习参考资料，也劝他要注意锻炼身体。不料这年9月，他突然身体不适，起先以为是偶感风寒，经中医诊治，服了几付中药未能见效。父母十分焦急，于9月13日将他送到九江专区人民医院诊治。

九江专区人民医院确诊为伤寒并出现肠穿孔，立即施行手术。据我父亲说，弟弟术后情况很好，不发烧了，人也清醒了。见他转危为安，陪伴多日、疲惫不堪的父母亲也松了一口气。在术后第三天，这天晚上，见弟弟睡得安稳，守候在病床一旁的二老再也挺不住，也不知不觉睡着了。

岂料，一个年轻的医生到病房来，将一大杯白开水让迷迷糊糊的弟弟喝下去。父亲这时惊醒了，他连忙上前制止，因为主治医生曾经一再叮嘱，病人术后一定要禁食禁水，只能用毛巾蘸水擦擦嘴唇，万万不可大量饮水。父亲记得主治医生的叮嘱，为什么这个医生这样做呢？可是，已经来不及了。

结果，一杯水灌下去，弟弟的病情急剧恶化。他的肠道本来很薄很脆弱，大量的水致使肠穿孔加剧，百孔千疮，无法挽救……这是我后来询问其他医生得到的知识。

有确凿的证据证明，这个医院一名再不露面、也不透露姓名的医生，拿我的可怜的弟弟做实验（称为"P，S.P 实验"），导致病情急剧恶化，夺走了他年轻的生命。

一个漆黑的深夜里，我在 13 岁的小妹陪伴下，赶到医院凄冷的病房里。躺在病床上的弟弟被疾病折磨得不成人形，再也看不见他的笑容，听不见他的浑厚的言谈话语了。我握住他的发烫的手。听见我的声音，他的嘴唇翕动，喉头也颤动着，似乎有千言万语要向我倾吐，然而他什么也说不出来，我发现他的手掌心里却有一张紧攥着的纸条，大概是他清醒的瞬间写给我的，上面是很熟悉的笔迹，写的是"哥哥：好好照顾父母。庚弟"。

弟弟向我交代了最放心不下的心事，陷入深度的昏迷，再也叫不醒了。尽管我俯在他的耳畔，拥抱着他，攥着他的手，当天晚上，在黎明之前，弟弟却一个人悄悄地走了，离开了这个他生活了不到二十年的世界。

这是 1963 年 9 月 24 日的深夜，大夜弥天，没有星光，冷雾透骨，万籁俱寂。

他短短的一生，留给我们的是无尽的思念和无法补偿的遗憾。我的父母痛不欲生，他们的脸上从此失去了笑容。

父亲后来执意打官司，上告到九江市人民检察院。有关部门不得不请九江市医院、171 陆军医院以及后来江西医学分会的医学专家会商，结论是"在此病情危险期间不应使病人大量饮水"、"在手术后第三天不应做此喝水试验，以免造成腹胀"。江西省医学分会的书面鉴定明确指出："在此病情尚未稳定下，做此喝水试验是不妥当的。"这些医院和专家的一致结论，充分说明做此喝水实验是完全错误的，是导致我弟弟死亡的原因。

现在回顾这件悲剧也不难看出，即使退一万步，必须对病人进行"P，S.P 实验"。那么，医院征得了病人和家属的同意吗？是否将这个实验的必要性和风险如实告知了患者一方？是否有书面的文件，是否签了字？——所有这些，统统都不存在。这难道不是有力地说明了医院拿病人做活体实验，活活地将病人置于死地吗？！

然而，尽管父亲锲而不舍地上访告状，各级医务部门按照医学知识做出了科学的鉴定,明明是医院的不可推卸的责任,但是我们却没有得到法律的保护。不知道他们在幕后做了什么,检察院最终的结论居然是拒绝受理此案,并且一再掩盖真相,反而对我的父亲施以威胁,要他封口……

我至今仍保存着九江市人民检察院的信件,信中承认:"手术后的第四天,医生做'P,S.P实验'而喝400cc水是不妥当的。"(1964年5月13日)白纸黑字,铁证如山!但是他们却串通一气,包庇罪犯,致使罪犯逍遥法外,未能受到法律的制裁。

没有天理啊!可怜的弟弟就这样白白地死了。

五十多年来,我心中一直内疚,未能为弟弟伸冤,求得一个公道。这是一生最大的伤心事。

可怜的父亲母亲死不瞑目……

走出校门

一个天色晦暗的日子,我站在北京西城石驸马大街一个四合院门前,将几个纸箱的旧书、讲义和笔记本——那是我在大学的全部精神财富,三文不值两文,卖给了每天来收破烂的老头儿。

我这样绝情地将这些留下青春时代美好记忆的书本抛弃,意味着和过去彻底决裂了。

这座衰败破旧的四合院,是大名鼎鼎的《光明日报》报馆,解放以前这里是《世界日报》的报馆所在地(当年人们习惯称报社为报馆,多少带点旧时色彩)。

这份名义上由中国八个民主党派联合主办的报纸,在反"右派"斗争中声名狼藉,许多编辑记者被打成"右派",我虽然未曾亲历,多少也有耳闻。

现在我就栖身在报馆的院子里。环顾周围,前院是一溜平房,大门西侧是传达室,跨过一道门洞,里院较大,是后加的一幢简易三层砖房,百十号人的编辑部和印刷车间全都挤在一起。而一些像我这样的单身职工,宿舍也挤在后院西侧的平房里,那仅仅是狭小空间的一张摇摇晃晃的木板床,贴着潮湿脱了皮的灰墙,紧邻着公共厕所。

这是1965年秋天吧。一个月前，我拿着一纸调令，从西郊的中共中央高级党校来到光明日报社报到，因为这是组织上的调令，经过中央组织部批准的。在那个年月，工作调动，似乎没有征求本人意见一说，"包办婚姻"是合法的常见的组织原则。我只能无条件服从。

我已经不是第一次经历"包办婚姻"了。1963年，我从北京大学地质地理系毕业。在毕业分配时，命运就跟我开了一个不小的玩笑。

我学的是理科，当年北大不知哪位领导头脑发烧，效仿莫斯科大学，将我们这一届的学制由五年改六年。这一改，竟然改变了我的一生。我那时还算有点理想，希望毕业后到大自然的怀抱中，到森林、草原、沙漠、冰山去，把一生献给科学探险和地理考察。这是青春的梦想，不免有点儿天真，却也是出自内心的真实想法。因此，我在填报分配志愿时，并没有想留在北京，而是填报了青海和东北的科研单位。我的毕业论文获得高分，学习成绩也不错，搞科研是有条件的，我也做好了去边疆的思想准备。

但是，正如我现在领悟到的，人生之路是不可能自行设计的。毕业分配结果公布的前一天，地质地理系党总支一位老师提前通知我，我将要去中共中央高级党校报到了。在此之前，他们不仅调阅了我的档案，了解情况，还悄悄地来到37斋学生宿舍，暗中窥探了敝人的长相。这真是很可乐的事儿，我一直蒙在鼓里。

当时我心里一点儿也高兴不起来，甚至觉得无颜见江东父老。尽管不少人对我的分配结果十分羡慕，我也打心眼里感激地质地理系的器重与推荐，但是我的思想一直转不过弯来。

白白念了六年大学，六年寒窗白费了光阴。两次到沙漠去考察，到山西大同考察火山地貌，忙着写学年论文，写毕业论文，这两千多个日日夜夜都白费了。一生有几个六年！人生有什么比这更可悲，更令人沮丧呢？我觉得自己完全像傀儡戏中的提线木偶，任人摆布，却看不见那无形的手，我的苦闷更无处倾诉。

我在党校待了两年，开始在新疆班工作组当教员，后来又调到政策研究室。管理的混乱无序，个别高级干部为所欲为，家族的势力，在当年已现端倪。刚到党校，极左的风暴已经开始作威，批判杨献珍的"合二而一"的哲学思想，什么"一分为二""合二而一"的对垒，对我这个毫无

一、人生无法设计

哲学细胞的人只能增加对理论的恐惧。那时杨献珍、艾思奇都是党校的领导,新年团拜时接见过我们,但脸色严峻失去了笑容。

我那时最大的困惑是我来党校究竟干什么?我是个白丁,还没有资格加入中国共产党。而在中央党校,这种非党员的身份是非常特殊的、扎眼的,因为党校的职工包括勤杂工几乎百分之百都是党员。

记得有一次印尼共产党总书记艾地来党校做报告,全校师生都去大礼堂听报告,但是只有三名非党员不得前往,只能在一起自学。这三个人也很有代表性,一位是行政处刚调来的水暖工,一位姓郭的女教员,名字我忘了,他的父亲是翻译马克思《资本论》的郭大力,另一位就是我。

当全校都在听报告时,我们三个非党员的白丁坐在一起,真是令人浮想联翩啊!

当然我得承认,党校的物质条件还是优裕的。我在党校当教员期间,有和普通学员一样的待遇(高干学员另当别论):占有单独一间宿舍兼工作室,铺有木地板,有写字台、衣柜、书架,房内有洗手池。何况党校环境优美,面朝万寿山后山,有设施先进的体育馆和大图书馆。所以,我从开始的烦躁中逐渐平静下来,不得不面对现实。既然如此,我就安下心来读点书吧,充分利用党校的条件,我想。

岂料,不久,我被迫离开了党校。冠冕堂皇的理由是"为新闻单位输送干部",但那是骗人的鬼话。我不由得想起弟弟的死,以及那些对我们父子执意上诉而心怀不满的政治流氓们,他们神通广大,手伸到北京,对我开始下手了。

这一次,我认命了。我是彻底与我所学的专业一刀两断了。

从光明日报社人事处得知,我被分配到文艺部,专事戏剧报道。(莫名其妙!)而且迫在眉睫的是,我必须马上投入紧张的采访和组稿等各项工作,因为中南、华北、西北各省(自治区)的剧团已经在北京各大剧场开锣登场,全面报道这次戏剧汇演是《光明日报》的一件大事。

我是亲身领教了赶鸭子上架的无奈,没有读过一天新闻系,从来没有干过记者这一行,也没有人指点我该怎么干,我就闯进了北京的大小剧场了。

当我得知命运是这样捉弄我时,除了忍气吞声,我无处倾诉。我只能把几个纸箱的书本当作废品处理了(宿舍里也无处存放)。

我自己就是个典型的毕业即一而再改行的"废品",何必再留下这些"垃圾"呢?我当时就是这么想的。

我的境遇,平心而论,比起许多同龄人,还算是幸运的。我并不留恋党校,甚至对于早日离开那里感到由衷地庆幸。但是,作为个人而言,却是不折不扣的被愚弄、被欺凌的感觉。在这类关系人生命运、前途、理想的问题上,高高在上的他们,从来不把人当作一回事,根本不尊重你的意志,仅仅看作是一块没有思想的砖头,由他们任意搬过来搬过去,至于政治流氓们背后的勾当,我哪里能够知道内幕呢?我只能一而再地领教他们给我带来的伤害与打击。他们的手段真是卑鄙至极!限于篇幅,这里就不细说了。

我一生最宝贵的青春年华就这样虚掷了。这大概就是那个时代的特色吧!

干校生涯

一道很长很深的干沟,似乎是一条分界线,把眼前的田地分成两个不同的世界。

干沟以北,远处可见一道架有铁丝网的高墙,那里有荷枪的士兵日夜守卫着,高墙外面紧邻着平坦的农田。当地老乡都知道,那里是一座监狱,不能随便闯入的。

在干沟的南边,便是我们的"五七干校"了。用干打垒砌筑的平房,围成一个正方形的半封闭院子,坐北朝南,南北两边各是一排平房,中间有通道,多是集体宿舍。东西相对也是各有一排平房,分别是厨房和仓库,当中围起的空场,既停放车辆,也可晾晒收获的粮食。我们的田地都在房子周围,有多少亩我不知道,也从不关心。甚至地里有没有收成,庄稼是不是比草长得高,似乎也没有人操心。

这个"五七干校"位于河北邢台隆尧县境内,是邢台地震的中心区,当初选中这里建干校,当然是再英明不过的了。这里交通不便,离县城很远,管理我们的是一支训练有素的十余人的军宣队,来自山西某师,最大的官儿是个严肃的营级干部。干校的编制是班,学员都是《光明日报》的职工,有老干部,有编辑记者,也有老工人,不过现在都众生平

一、人生无法设计

等，没有尊卑之分了。分为基建班、大田班、饲养班、炊事班之类，每名军人管一两个班不等。

不记得是何年何月了，反正还是"林副统帅"站在毛主席他老人家身边挥着可爱的红宝书的那会儿，我就背着行李卷儿从北京滚到干校了。临走时，军代表——一个白白胖胖的师政委用抑扬顿挫的语调宣布："你们这号人……要世世代代走五七道路！"我永远记着他的教导，记着他的阴笑。

太阳底下无新事。除了出工收工，顶多是谁多吃了个白面馒头，谁只能啃窝窝头，因为每日三餐总是馒头少窝头多，谁下手快，谁就占了便宜，动作慢老实巴交的，你就啃窝头吧。农时派活儿，耕耘收藏，一律由军代表说了算。我们倒是很省心，指到哪儿打到哪儿。不过军代表的农业知识也并不比"臭老九"强多少，有一天军代表突然大发善心，让炊事班改善一下伙食，杀一头猪。这本来是好事，让饲养员挑一只猪杀吧。可是营长大人为了表示他的亲善之举，带着勤务兵来到猪圈。负责养猪的猪倌陈季子先生是老报人(文教部主任，解放前当过某报总编，行政12级)，一见营长大人亲临臭烘烘的猪圈，连忙迎上前去。他事先已经知道要杀猪，便告诉营长大人已经挑选好了一只，一会儿请几个老乡来帮忙。陈季子是浙人，是不是老蒋的同乡我不知道，但他的话很难懂。营长见他啰啰嗦嗦说个不停，不耐烦地打断他的话，用命令的口气说："找什么老乡?！杀哪只猪，我说了算！"营长虎着脸吼了起来。

猪倌陈季子也是死脑筋，这几年他在干校养猪，为了精心照料，他单独住在猪圈旁边的小屋里，无论冬夏，从不懈怠。他对每头猪的情况了如指掌。

营长在猪圈转了一圈，突然站住，指着躺在稻草堆里的一头大肥猪说："就杀这只！"斩钉截铁，毫不含糊。

哪知道，猪倌陈季子却不干了。他急赤白脸地拉着营长的一只袖子，请他收回成命，并且说了一句"坚决不能杀"这类作乱犯上的蠢话。营长恼火了，脸色刷地一下煞白。他下意识地摸了摸腰间的皮带，可惜没带上他的家伙。如果是在前线，营长可就不客气了。

猪倌越着急，说话越结结巴巴，语无伦次。营长以轻蔑的眼神瞅着这个头发灰白脸色发灰的老头，心里大概涌起无比的反感，对知识分子无名的反感。他把胳膊一甩，对闻声而来的其他军人下达命令："就这么定了，杀！"说罢，挺胸昂首地大步而去，如同凯旋的将军。

军令如山，尽管陈季子百般央求，拉着这个那个诉说着，苦苦地哀告，但是谁敢违抗最高领导的命令呢？

不一会儿，伴随着宰猪的号叫，是猪倌陈季子的掩面而泣，这个不识相的老报人哭什么呢？

原来，开膛之后，屠夫们看见的是十几只粉红的即将诞生的小猪崽，这是一头即将分娩的母猪。

哎，干校啊，我的可爱的干校！

那些日子，当我在烈日下耪地或者疏通水渠浇水时，隔着那条干沟，可以看见在同样的阳光下干活儿的一群囚犯。他们剃着光头，清一色有条纹的囚服，跟我们干着同样的活儿。有点区别的是，犯人出队干活时，荷枪的士兵要先将小红旗插在地上的四个角上，像是画地为牢，犯人们只能在小红旗圈定的空间里干活儿，如果锄完了一块地，需将小红旗往前往后或左或右移动，犯人才能移动。倘若有人擅自走出小红旗标定的界限，荷枪的士兵立即开枪，那就格杀勿论了。

我相信，当我注视着干活儿的犯人时，他们也时时向我们投来羡慕的目光吧。人生的自由与否，往往是一条看不见的界限，越过了界限，可能也失去了自由啊！

我们在干校尽管也天天盘算何时可以回家，掰着指头计算哪一天可以与妻儿团聚，但是比起我们的邻居还是比较自由的。我在繁重的劳动之余，重又读完了《鲁迅全集》，抄了很多卡片，偷偷地干起《鲁迅与自然科学》的研究课题。粉碎"四人帮"以后，这本由我与孟庆枢合作的书，在天津科技出版社正式出版了，这是后话。

到了1971年9月，几乎与世隔绝的"五七干校"突然气氛变了，军宣队的十几名军人对我们的态度和善多了，管理也松了，从无笑脸的营长也不再成天吹胡子瞪眼，伙食也有点改善了。不久，消息灵通人士传来小道消息，"林副统帅"折戟沉沙，在蒙古温都尔汗出事了。

不久，干校散伙了，我们也陆陆续续回到北京……

一、人生无法设计

改革呐喊

这是一个秋高蟹肥的深秋时节，我随《光明日报》顾问、前总编辑杨西光，来到安徽滁县。这是我第一次和报社领导一块儿进行农村调查。

滁县这个地名容易使人误解，以为它仅是一个县，其实当年它也是一个地级行政机构所在地，下辖七八个县吧。当然历史上滁州也很有名，宋代大文学家欧阳修的《醉翁亭记》开篇即是"环滁皆山也"，欧阳修即是滁州太守。那是公元1046年的事儿。

我们同滁县地委书记吴炎武、行署专员陈庭元等举行了几次座谈，随后坐一辆面包车，马不停蹄地在滁县地区所辖的凤阳、定远、来安、天长、滁县、全椒等七个县的广大农村，整整跑了十天，行程一千多公里，与干部座谈，走访农户，从农业、多种经营、农村科技、农民文化生活、干部岗位责任制以及农民的精神面貌等多方面，了解实行"大包干"生产责任制以来发生的巨大变化，以及由此带来的对农村集体经济的冲击和逐步完善的经验。

安徽滁县地区推广"大包干"生产责任制，虽然从1979年起步，有个别地方甚至还要早些，但是这一自下而上的改革，从根本上否定了人民公社的做法，在当时引起广泛关注，也受到来自各方面的压力和责难。我们在滁县调查时得知，邻近的省市和全国许多地方仍在观望，党内对这一关系中国农村今后向何处去的重大问题，同样存在尖锐的分歧。听说中央开会时气氛很激烈，有些老同志对联产承包责任制持坚决反对的态度，发言时激动地拍桌子。由此也可得知，从党的十一届三中全会以来，我国农村的改革并不是一帆风顺的。我从杨西光同志偶然流露的只言片语，多少也能领会他的包含着许多难言之隐的思索。

改革开放之初，《光明日报》率先发表《实践是检验真理的唯一标准》的文章，从而引发了思想大解放，为改革开放做好了理论准备，杨西光功不可没。这次他来滁县，就农村经济体制改革进行调查，当然也是要在宣传舆论上发挥作用。

在滁县调查时，有一件事深深地震撼了我的心。在一次吃饭时，我问凤阳县委书记："书记，请你说实话，三年困难时期，凤阳到底饿死多少人?"这是一个敏感而尖锐的问题,因为我早就听说,三年困难时期,安徽天灾加人祸,饿死很多人。"十年倒有九年荒"的朱元璋的故乡凤阳,情况也一样,但是具体情形不得而知。这位县委书记很了不起,没有打官腔,"饿死了一半,当年全县四十多万人口……"他平静地说。

我为什么要提这个问题?因为在调查中发现,中国有一个奇怪的现象,从下到上,一直上达党内高层,热衷于在理论上扯皮,却不管农民有没有饭吃。如果理论极美好,路有冻死骨,这个什么狗屁理论为何不能抛弃呢?

这次调查的一个重头任务,即全面报道滁县地区推广"大包干"生产责任制发生的巨大变化,落实在我的头上。我很乐意接受这个任务,因为我相信,还农民以土地经营权,充分调动了亿万农民的积极性,粮食和各种作物增产了,六畜兴旺了,农村开始摆脱贫困,农民的肚子能吃饱了,这是何等的好事。我这个人没有什么理论,作为记者,眼见为实,我只相信自己的眼睛。通过实地调查,看到"大包干"生产责任制带来的诸多好处,我就敢于为它呐喊,为它鼓吹。我相信,我是为中国亿万农民抒发心声,我和他们的心是贴在一起的。

杨西光等人离开滁县后,我便留在招待所里埋头整理采访记录,写了几天。由我执笔的题为《奇迹在这里出现》的长篇通讯,以大量事实,多角度地肯定了"大包干"生产责任制。《安徽日报》率先在头版以整版篇幅发表。接着,《光明日报》以《滁县地区"大包干"生产责任制纪实》为题,于 1982 年 11 月 7 日至 24 日连载。后来得知这篇报道受到万里、杜润生等领导的充分肯定。

我刚刚结束滁县之行,不久又匆匆来到安徽芜湖。

我来芜湖是因为这里发生了一件值得关注的新闻事件:一个绰号叫"傻子"的个体户,本名叫年广久,他在自家住的巷口经营自己生产的瓜子,由于这种瓜子质优价廉,此人又懂得经营性质,以"傻子瓜子"为商标,生意越做越火,渐渐有了知名度,产品销路大增。为了争夺市场,年广久又独出心裁,率先降低价格,致使其他经营瓜子的商贩包括国营的果品公司也不得不降价销售,以争夺客户。

当我独自待在滁县招待所埋头写稿时,我从不同渠道听到芜湖的"傻子瓜子"正在引起轩然大波。新闻直觉告诉我,这是一个很好的新闻题目，它的重要性也许不亚于我正在写的报道。

在我的记忆里，多年以来，商品匮乏一直如影随形地陪伴着中国人，很多生活必需品凭票证供应的状况一直没有改变。那时候，我的孩子还小，放在老家由父母照料，因为许多商品凭票供应，我们夫妻俩省吃俭用，把定量供应的每月二两芝麻酱、香油和一点粉丝、白糖等都从牙缝里攒下来，然后想方设法捎回去。这般辛酸的生活经历，很多同龄的中国人大概还没有忘记吧。

那时，过年必备的花生、瓜子，也不是随随便便能买到的，也是凭购货本或票证定量供应。所有这些商品都是国营商店销售，包括花生、瓜子在内，以公有制为特色的计划经济主宰着中国的经济命脉。

"傻子瓜子"有什么新闻价值呢？在今天看来，这根本算不上新闻。然而，在特定的历史年代，在改革开放之初，"傻子瓜子"的出现，却是具有轰动效应的大新闻。它不仅牵动着敏感的神经，而且掀起了一场政治风波。

在芜湖，每个尝过"傻子瓜子"的人，几乎众口一词称赞瓜子炒得好，口感好，价格又便宜又实惠。然而，另一方面，有相当一部分人在品尝瓜子的同时，却在非常认真地思索一个相当"严肃"的问题："傻子瓜子"究竟姓"资"还是姓"社"呢？

关于"傻子瓜子"存在的合法性，在党内党外引起激烈的争论。不少人凭着自己的政治经验，预感到一场寒流将要袭来。

当我来到芜湖，扑面而来的阵阵寒风，使人感到这里的气氛有些异样。"傻子瓜子"究竟姓"资"姓"社"的斗争正在白热化。

来芜湖之前，我事先和芜湖市委宣传部的沐昌根同志取得联系，我们是老朋友。当我在市委招待所安顿下来，向他说明来意，打算采访报道"傻子瓜子"时，沐昌根除了表示全力支持外，也透露出内心的隐忧。

他说，前不久，当地的《芜湖报》发表了该报记者程明熙采写的一篇报道，对年广久自动降价的做法给予了肯定。不料，这则报道一经发表，立即在芜湖市引起截然不同的反响：广大市民纷纷称赞，并踊跃购买"傻子瓜子"；但是，有人尖锐地指出，这是为资本主义呐喊，是两条路线斗争的现实反映。当即，一张大字报贴在闹市街头，据说作者是当地的一名干部。大字报是一首打油诗：

傻子瓜子呆子报，

　　呆子报道傻子笑，

　　四项原则全不要，

　　如此报道实胡闹。

　　这张大字报很有代表性，它把"傻子瓜子"的出现提高到违背四项基本原则的高度，并将批判的矛头直指《芜湖报》，这就使问题变得十分尖锐和复杂化了。

　　不仅如此，有关部门对"傻子瓜子"经营者年广久的刁难也接踵而至：比如，不发给他营业执照，不允许他在巷口搭个遮风挡雨的棚子，随心所欲找他的茬儿罚款，等等。

　　小小的瓜子所引发的思想冲突是如此尖锐，这是我当时也感到相当吃惊的。

　　我很快也体会到进一步采访的举步维艰。本来，我很想听一听芜湖市委、市政府有关领导对"傻子瓜子"，特别是对目前事态的看法，虽然一再登门拜访，我却碰了一鼻子灰，秘书们客客气气地告诉我，说领导同志下乡了，有的说是到省里开会了，我也无法得到证实。很显然，芜湖市所有的领导不约而同回避了这次敏感的采访，却是耐人寻味的。

　　在同沐昌根、徐明熙同志的交谈中，我逐渐了解了事件的复杂背景，开始理解芜湖市领导回避见我的苦衷。不能责怪这些基层干部，毕竟对于城市经济体制改革中涉及个体经营发展的政策，尤其是雇工问题，当时中央并没有明确的界定和权威的说法；而从历史教训中生活过来的人都深知，稍有不慎，违背四项基本原则、搞资本主义复辟的政治大帽子就会扣在头上，谁愿意冒这么大的风险呢？

　　于是，我决定进行深入的社会调查，到群众中去，直接倾听群众的看法与评价。

　　一天晚上，我来到年广久的家，因为白天他很忙，要做生意。这是一个个子不高、长得精瘦的聪明人，一点也不傻，四十多岁，很健谈。我从年广久那里得知，芜湖自古以来是长江中下游颇有名气的瓜子城，以盛产瓜子炒货而闻名。但是，长期以来由于国家的政策导向，瓜子城的名声早已名存实亡，城市居民每年只能凭购货本在春节时每户买三两瓜子。而广大农村过去以生产籽瓜为生的农户，也不种籽瓜了，收入大大降低。自从十一届三中全会以来，政策放开，城市经营瓜子的个体经济蓬勃发展，一改过去多年凭证供应瓜子的局面，不仅活跃了市场，极大地满足了人民生活需要，也刺激了农民种籽瓜的积极性，农民仅出售籽瓜一项收入就相当可观。

这就给我以极大的启示。瓜子的生产，从过去国营企业独霸市场的状况一改为多种经济成分共同运作，其效果是不言而喻的。"傻子瓜子"的出现，意味着社会产品的丰富，满足了市场的需要，同时也增加了农民的收入，何罪之有？

我又走访了派出所和工商管理部门，在这两个部门，一是了解年广久是否奉公守法，如实纳税，另一个问题则是比较敏感的雇工问题，因为当时对个体经济的企业，雇多少工人算剥削，也是一个"姓资姓社"的理论问题，我的心里也没底。

工商行政管理与税务部门同志的回答很有意思，他们不仅以满意的口吻称赞年广久按时主动交管理费和税金，而且还说，由于过去市面萧条，他们年年完不成税收任务，而现在税务部门的日子就好过多了。因为年广久是他们管片的纳税大户。

这就告诉我，城市个体经济的发展不仅有效地活跃了经济生活，也为国家增加了税收，何罪之有？

对派出所的采访也使我颇受启发。派出所的民警很坦诚地说，过去这一带有很多无业青年，由于没有正当职业，不免滋生事端，社会治安很不好。自从年广久搞起了瓜子作坊，招募这些无业青年干活，他们按劳取酬，有了固定收入，结果社会治安大为改观，过去经常寻衅闹事的青年们一个个都变了。

深入调查使我大为开窍。许多看似复杂的理论问题，实际上只要虚心倾听群众的呼声，到实践中去走一走，是不难找到正确的答案的。

正是从调查中，我们总结出"傻子瓜子"的五大好处，一是作为国营经济的补充，活跃了市场；二是促进了国营商业经营管理体制的改革；三是增加了国家收入（税金和工商行政管理费）；四是创出了名牌产品；五是解决了一部分待业青年的就业问题。当然，最重要的是，增加了社会财富。老百姓再也不用凭购货本或票证买瓜子、花生了。

我意识到，"傻子瓜子"的出现不是一个孤立的现象，它冲击了长期以来公有制经济独霸市场的局面,提出了个体经济能否在市场中占有一席之地的现实问题。在如此严峻的涉及经济体制改革的新问题面前,人们感到迷惘、困惑,是不足为怪的。

我没有什么高深玄妙的理论,对于姓"资"姓"社"的争论也从未研究过,但我多少懂一点老百姓朴素的经济学。对于"四人帮"鼓吹的"宁要社会主义的草,不要资本主义的苗"的歪理邪说,以及长期以来动不动就"割资本主义尾巴"那一套极左思潮,我从来就打心眼儿里反感。任何理论和主义,背离了人民大众的利益,不管说得多么漂亮,多么冠冕堂皇,都是不可信的。因此,我相信有了这五条从调查中得出的理由,我们的报道是站得住脚的,无论来自何方的批判与责难,我们都不怕。

长话短说吧,经过一番周折,1983年新年伊始的1月4日,《光明日报》刊登了介绍"傻子瓜子"的经营者年广久以及因"傻子瓜子"而引发的一场尖锐的思想观念的撞击的文章。这便是涉及城市经济体制改革的一篇重头报道——《"傻子"和他的瓜子》。

果然,这篇通讯尽管放在二版刊登,却引起全社会广泛关注。一时间,"傻子瓜子"其人其事广为传播,在社会上引起相当大的反响,这是出乎我的意料的。

我当然不知道,《"傻子"和他的瓜子》这篇报道,竟然像一块大石头,激起了中南海的波浪,在最高领导层中引起极大关注,以至邓小平同志多次对此发表讲话,以平息由此引发的意见分歧。由此可见,"傻子瓜子"的报道,看似很小的题材,但是小小的瓜子却从一开始就涉及我国经济体制改革中最敏感、最尖锐的问题,这就是人们常常争论不休的姓"资"姓"社"的两条道路之争。

作为一名记者,我的任务已经完成。但我后来知道,这篇报道引起的风波久久不能平息,赞成者有之,持异议者也大有人在。至于"傻子瓜子"的当事人年广久更是历经坎坷,一言难尽。个中的是非曲直,我也不想过多评说,但我也能想象其中的奥妙。

与我个人有关的,则是这篇报道曾经被推举为当年的全国好新闻一等奖。但后来总编辑杜导正告诉我,由于中宣部某位极左的领导执意反对,最后还是撤下来了。老杜劝我"不必介意",我嘿嘿一笑,因为我相信,历史自有公论。

一、人生无法设计

我毕竟是小人物,不知道最高领导层对《"傻子"和他的瓜子》这篇报道争论的内情。直到《邓小平文选》出版,我才从小平同志几次重要讲话中得知,年广久这个小人物和他的"傻子瓜子",当年涉及改革开放的重大决策,这倒是使我感到无比欣慰。

1984年10月22日,在中央顾问委员会第三次全体会议上,在谈到改革开放会不会变成资本主义时,小平同志说:"在本世纪内最后的十六年,无论怎么样开放,公有制经济始终还是主体。同外国人合资经营,也有一半是社会主义的。合资经营的实际收益,大半是我们拿过来。不要怕,得益处的大头是国家,是人民,不会是资本主义。还有的事情用不着急于解决。前些时候那个雇工问题,相当震动呀,大家担心得不得了,我的意见是放两年再看。那个能影响我们的大局吗?"说到此,小平同志点到了"傻子瓜子",他说:"如果你一动,群众就说政策变了,人心就不安了。你解决一个'傻子瓜子',会牵动人心不安,没有益处。让'傻子瓜子'经营一段,怕什么?伤害了社会主义吗?"(《邓小平文选》第3卷,91页)

这说明,"傻子瓜子"的问题已经引起中央领导层的高度关注,并且存在不同的看法。有人主张解决"傻子瓜子",当然我无法揣测"解决"是什么含义。但小平同志是非常明确地指出,他不同意"解决""傻子瓜子"问题,允许他"经营一段",而且从小平同志的语气中可以获悉,他认为"傻子瓜子"的出现不会伤害社会主义,也不用怕——大概是不用怕会出现资本主义吧。这是我的理解。

小平同志还特别指出,如果"解决""傻子瓜子",其负面影响则是"会牵动人心不安","群众就说政策变了",这当然是指党的改革开放的政策而言。

1984年讲话之后,时隔八年,1992年1月18日～2月21日在武昌、深圳、珠海、上海等地的谈话要点中,小平同志再次提到"傻子瓜子"问题,这就不能不引起人们的格外注意了。

他说:"这次十三届八中全会开得好,肯定农村家庭联产承包责任制不变。一变就人心不安,人们就会说中央的政策变了。"

讲到此,小平同志又一次提起"傻子瓜子"。他说:"农村改革初期,安徽出了个'傻子瓜子'问题,当时许多人不舒服,说他赚了一百万,主张动他,我说不能动,一动人们就会说政策变了,得不偿失。像这一类的问题还有不少,如果处理不当,就很容易动摇我们的方针,影响改革的全局。城乡改革的基本政策,一定要长期保持稳定。"

这次谈话,小平同志把对待"傻子瓜子"的政策和农村家庭联产承包责任制并列,视之为"城乡改革的基本政策",明确提出"一定要长期保持稳定"。他还语重心长地告诫我们:"当然,随着实践的发展,该完善的完善,该修补的修补,但总的要坚定不移。即使没有新的主意也可以,就是不要变,不要使人们感到政策变了。有了这一条,中国就大有希望。"(《邓小平文选》第3卷,371页)

我想,至此,小平同志对"傻子瓜子"现象做了最权威的结论。

一言九鼎,中国的"城乡改革的基本政策"便是从个体经营的合法性为切入点,在经济体制上掀起了前所未见的改革,这是耐人寻味的。

我最后一次见到年广久,大约是1984年秋天,他来北京申诉他的遭遇,据他所谈,的确有人正在"解决"他。我在报社接待室和他谈了近两个小时,我隐隐约约感到,斗争仍在继续,而且还是长期的……

在历史的转折关头,我为中国农村经济改革和城市经济体制改革,贡献了一个新闻工作者的绵薄之力,这也是我一生最引以自豪的一件事。

南极风雪

20世纪80年代初,中国掀起了"南极热",我这个学地理出身的人,虽早已改行,血液中的基因仍促使我兴奋无比。我很关注地球最南端的南极洲,也关注国家有关部门的动向。果然,我以记者的敏锐,不,应该说是我的科学训练养成的习惯,捕捉到了一个重要信息:中国两名年轻的科学家前往澳大利亚在南极的凯西站,我预感到这个信息背后隐藏的一个半公开的秘密,中国将要有大动作,不久要组织南极考察了。于是两名年轻的科学家一回国,我立即追踪而至进行深入采访。1980年4月28日,我写的长篇报告文学《啊,南极洲》,在《光明日报》以整版篇幅发表,反响较大。

我后来也应一些出版社之约,就南极探险史和著名南极探险家写了几本书,如《外国探险家的故事》、《探险家的足迹》等,我还给孩子们写

一、人生无法设计

了一本科学童话《小企鹅和爱斯基摩狗》,这是国内比较早的写南极题材的童话。但是,我从来没有奢望去南极。在我看来,南极科考需要的是科学家,我算什么呢?纵然读大学时我有过"极地梦",幻想到北极或南极去闯荡,可现在,我不会胡思乱想了。

岂料到了 1984 年,历史带来千载难逢的机遇。我国政府决定派出考察船前往南极洲,建设中国第一个南极科学考察站。不仅如此,我还听说允许新闻记者随船采访,于是我再也坐不住了。

当记者,一辈子难得有几次采访是需要豁出去的。著名作家萧乾二战期间转战欧洲战场,我的同事、《光明日报》国际部的吕德润当年在缅甸、印度采访与日寇决战的国军将士,这些前辈都是我素来景仰的,这一次南极考察乃千载难逢,无论如何不能错失良机了。

长话短说,经过一番周折,我被国家南极考察委员会批准,作为《光明日报》特派记者,成为考察队的一员,开始了南极之行。

这是我第一次走出国门,而且是前往一个陌生而充满危险的地方。我的行程几乎在地球上转了一大圈,先乘飞机到美国,然后又飞往南美的阿根廷和智利。半个月后,在南美洲最南端的火地岛,我上了中国南极考察队的考察船"向阳红 10 号",开始了南极之旅。

"向阳红 10 号"穿过德雷克海峡向南极洲挺进。我的眼前出现了波涛汹涌的南大洋,天气越来越冷,海上漂浮着巨大的冰山,不时可以看见水柱从波浪中喷涌而出,那是成群结队的鲸在波涛中遨游觅食。在一个风雪弥漫的夜晚,考察船驶入南设得兰群岛乔治王岛的一个海湾,中国人将在这个冰雪覆盖的岛上建立第一个南极考察站。

接下来的几个月,我亲历了五星红旗在南极第一次升起的历史时刻,目睹并参与中国长城站建设的过程。我踏着积雪跑遍了乔治王岛西海岸;东海岸的巨大柯林斯冰盖在阳光下闪着银光,可望而不可即。我乘小艇访问了神奇的企鹅岛,第一次近距离接触了南极的主人——企鹅。那里有数以万计的企鹅,还有胖墩墩的海豹和各种鸟儿。我访问了邻近的智利、苏联和乌拉圭考察站,对科学家在南极的工作和生活有了直观的了解。最难忘的是南大洋考察的日日夜夜。考察船"向阳红 10 号"驶向别林斯高晋海时,遇到了狂风恶浪。天色晦暗,天空布满厚厚的阴霾,当考察船越过南极圈时,咆哮的狂风卷起排山倒海的巨浪,船只像小木片一样在波峰浪谷中摇晃颠簸，随时都有可能船毁人亡。狂浪从船头冲上甲板，摧毁了船尾的吊车，将又粗又长的缆绳卷入海中，甲板上一片狼藉，还出现了裂缝，真是危险万分。幸运的是，沉着镇定的船长指挥勇敢的水手们开足马力，顶风而行，与风浪搏斗，终于冲出风暴，转危为安。我有生以来第一次经历了生与死的考验，也真切地领略了冰海航行的危险。

冲出风暴，考察船继续航行，向南极大陆驶去。天空又在酝酿一场暴风雪。没有咆哮的狂风，海峡中的海水也没有兴起波浪，连空气似乎也静止不动。静穆笼罩着一切，船舷两侧缓缓移动的南极半岛和星罗棋布的岛屿，像一幅寒山瘦水的图画徐徐舒展开来。刚刚摆脱狂风恶浪的我们，进入了一个冰的世界、雪的王国。举目眺望，除了冷漠的天空和波浪不兴的海水，到处是白茫茫一片。那突兀在海湾中的岛屿、白雪皑皑的冰峰、起伏的绵绵雪岭、陡峭的冰崖，高低错落，静静地卧在海峡两岸。一切都凝固了，一切都在寒冷中安息了，听不见鸟儿的啁啾，看不见生命的绿色，眼前是一个童话世界。这里就是南极大陆伸出的一角——南极半岛。

不久，从考察船的船舷放下了一艘救生艇。我们从摇摇晃晃的舷梯登上小艇，向南极半岛的海岸驶去。不料，海水越来越浅，救生艇也不能再往前开动。这时，海岸近在咫尺，可以看见陡立的冰崖，海滩碎石上有成群的海豹，虽然海水冰冷彻骨，漂着破碎的浮冰，可是我们却什么也顾不上了。脱掉脚上的厚重的防寒靴，义无反顾地跳下小艇，蹚着冰水，赤脚登上海滩——在南极探险史上，赤脚登上南极半岛的，除了我们，还有谁呢？

当我们登上南极半岛不一会儿，狂风又卷起雪花漫天飞舞，很快什么也看不见了，只听见考察船焦急地拉响汽笛，像母亲一样呼唤着我们，让我们快快返船。那嘹亮悠长的汽笛声打破了南极半岛的寂静，在冰原雪野久久回荡，至今仍在我的心中萦绕不去……

中国派出第一支考察队前往南极洲，并且在那里建起第一个考察站，牵动了全国人民的心。作为一名记者，我负有特殊的使命，必须随时将考察的见闻，尤其是我国首次南极考察和南大洋考察的进展向国内报道。当年，通信没有今天这样迅捷，没有手机，也没有因特网，南极的通信还依赖无线电发报,或者通过海事卫星接通越洋电话,那时向国内发稿真是太难太难了。所以,文章必须短而精练,每分钟越洋电话要花费17美元呀!

我特别珍惜这次难得的机会,尽量多跑多看,接触科学家和船员水手,采访他们,和他们交朋友。不论是在暴风雪中摇摇晃晃的小帐篷里,还是在狂风恶浪的大洋考察时,以及航行在太平洋的日日夜夜,我都抓紧时间,整理笔记,积累了大量资料。

报道中,我决定从实际出发,采取以南极考察为主线,向纵深方面开拓题材的方式,扩大报道内容,形成自己的特色。因为这次南极考察,有多家新闻单位的同行,我们是生死与共的好朋友,也是竞技场上的对手,而我的秘密武器也是公开的——我不写共性的新闻,我只写富有个性的报道。比如我们的船队到达火地岛,如果仅仅发一条抵达的消息,情理上虽然说得过去,但读者却不满足。火地岛是个什么样子,它的昨天和今天,自然风光如何,经济情况如何?这些,中国广大读者肯定是感兴趣的。

我在乌斯怀亚共发回四篇通讯,一篇是《火地岛的中国客人》,概述了火地岛的自然状况、乌斯怀亚城的风貌和中国南极考察船队的到达。接着是三篇火地岛见闻,《最后一个印第安人》介绍了火地岛历史,《开发中的火地岛》介绍了它的现状,《认识祖国是你的义务》介绍了它的国家公园。这些报道是通过采访火地岛地区政府首脑,参观博物馆、工厂和国家公园而写出的。尽管它反映的是火地岛的一个侧面,但是毕竟具有笔者自己的鲜明特色。

稿件用船上电传发回,立即见报,是全国第一家最详细的报道,总编辑杜导正立即回电:"《火地岛的中国客人》在今天一版发表,很精彩。相信你会以典型题材发回中国考察队的英雄事迹。保重。辛苦了。新年好!杜导正1984年12月21日。"

这个原则在南极采访期间,我都注意灵活地掌握。当然,无可讳言,这样一来,势必加重了自己的工作量。我在船队穿过麦哲伦海峡,访问智利港口彭塔阿雷纳斯时,一连发了四篇《在麦哲伦当年航行过的地方》,既有考察队的活动,也注意介绍沿途的所见所闻,在短短四天里到处奔波,搜集素材,实地采访,现在看来是值得的。

我去南极之前，阅读了大量文献资料。实践证明，有无这样的准备和知识积累，对于新闻报道题材的开拓与内容的深度关系极大。著名的美国记者约翰·根室说过一句颇为耐人寻味的至理名言："我不愿访问完全陌生的国家。访问者应事先知道主要的背景问题是什么，因此除了听人口头介绍之外，读点书总是有益的。"根室以他所著的描写世界各大洲的社会政治的所谓"内幕书"而闻名。他的这番话，我是赞同的。

　　我去南极之前，对于南极的情况，不论是这块地球最南端的神秘大陆的发现史，还是它的地理特征和动植物资源，以及当年各国科学考察的进展，都通过阅读大量文献资料而有所了解。我还利用路过纽约的机会，专程到联合国找到了联合国秘书长关于南极问题的一份重要报告，居然是国家南极办也不曾见过的文件。

　　举一个例子：在南极海洋考察时，有一天我们航行在南设得兰群岛的东端，远处的海平线上出现了一个被冰雪笼罩的山峰，到驾驶室查海图，原来这是著名的象岛。

　　如果这时你不知道南极探险史，这个眼前的象岛对你来说是毫无意义的，可是熟悉南极探险史的人都知道，英国著名南极探险家谢克尔顿率领的探险队在1914年至1916年的南极探险中，在冰海中漂泊了十五个月，历尽艰难，象岛恰是他们得救的地点。这次冰海漂流记是南极探险史上著名的事件，象岛也因此而闻名。如果把眼前的象岛和历史上谢克尔顿的探险联系起来，这样的报道必定会丰满得多，也增加了可读性。

　　此外，南极考察是一项科学事业，涉及的自然科学内容很多，仅我们这次考察的学科就有气象、地质、海洋、生物、地震、测绘、高空大气物理、地球物理、海洋地质、海洋水文、地貌、冰川等等，这就需要新闻记者具有一定的科学素养，否则在报道中也会出现"痴人说梦"的谬误。

　　当然，不管事先如何准备，也不可能完全估计到可能遇到的情况。在实地采访中进一步搜集素材，向内行和熟悉情况的人请教或采访他们，仍然是丰富自己、扩大知识面、进一步搞好报道的必要手段。

　　在南极采访期间，我是力争一切机会去进行采访的，也就是用自己的双腿去跑，同时用眼睛和耳朵去观察感受，并且进行思索。记者的职业决定了他必须对事物有一种敏感，有一股孜孜不倦的求知欲和探索精

一、人生无法设计

神。我曾写过一篇《冰和火的世界》,记述我们在一个名叫企鹅岛的火山岛的考察见闻。这天,我们乘小艇登上了企鹅岛,这里有成千上万的企鹅,但是更引人注目的是占据全岛的火山锥。火山很陡,山坡上的火山砾和火山灰很松软,难于攀登。而且这时偏偏又下起雨来。那么,要不要登上火山口呢?因为火山口是火山最神秘之处,那里也许有一个火口湖,或者有炽热的蒸汽冒出来。我站在山脚下,思想上展开了激烈斗争。万里迢迢来到南极,来到火山脚下,却没有登上山巅,这不是终生遗憾吗?再说,我给读者报道这座火山,而自己却只在山脚下观望一番,不是太差劲了吗?于是我鼓起勇气向山顶攀登。走到半山腰,心脏仿佛快要跳出喉咙,大口大口喘气,两腿发软,我只好返回了(现在才知道,我的心脏早有隐患,却一直不知道)。

回到山坡底下仍然不死心,我不能原谅自己。于是我再一次鼓起勇气,轻装简从,继续向山顶攀登,经过一番艰苦努力,终于到达火山口——这时火山口上只有我一个人。

我付出的体力消耗获得了报偿,这就是我对火山口的观察使我的报道更加充实了。

从南极归来的几年里,在许多出版社的热情鼓励和支持下,我陆续写了《暴风雪的夏天——南极考察记》、《神奇的南极》、《从北京到南极》、《冰雪王国历险记》以及科幻小说《冰原迷踪》等作品,还同中国南极考察队队长郭琨同志主编了《神奇的南极》大型丛书,并参与了四川电视台的电视剧《长城向南延伸》的策划(如今大名鼎鼎的张国立,当年初出茅庐,还是剧中一个小角色。而著名表演艺术家金乃千,担任该剧主要角色赴南极拍戏,回国途中考察船停靠新加坡,因突发心脏病不幸辞世)。

在第一次赴南极的七年之后,我又一次重返旧地,来到南极洲的冰雪世界。这一次是和浙江电视台合作拍摄《南极和人类》的电视专题片,我写脚本。为了收集更多的材料,我乘直升机、橡皮艇、雪地车前往乔治王岛的波兰、阿根廷、巴西、俄罗斯、智利、韩国、捷克的考察站,还专程前往澳大利亚的塔斯马尼亚岛、太平洋的复活节岛和塔希提岛。电视专题片《南极和人类》后来在德国不来梅召开的世界南极科学大会播出,受到各国科学家的一致好评,获广电部一等奖。这都是后话了。

往事并非如烟。现在回想起来,那时候多么单纯啊!一腔报国热忱,生死置之度外。一心投身于祖国的南极事业，为的是为中华民族争一口气啊！

不过，当满头黑发已是鬓发皆白，我对当年的选择并不后悔。毕竟这是人生的一种经历吧。

我时时怀念南极漫天的大雪，怀念那曾经住过又被暴风雪摧毁的小帐篷，怀念那些可爱的企鹅，更怀念曾经生死与共的许多南极的战友们……

与书相伴

1988年10月，由全国新闻职称改革工作领导小组办公室主编的《我的新闻生涯》一书，登载了全国第一批高级记者、高级编辑撰写的文章。郁文同志在序言中说，经过全国新闻职称改革工作领导小组审核，确认了184名具有新闻高级专业职务资格的记者、编辑。"这些高级记者、高级编辑是在革命战争年代和建国的不同时期为新闻事业奋斗不懈的新闻战士。"我有幸忝列末座。

后来，1991年，首届范长江新闻奖颁奖，我也滥竽充数得了一个"提名荣誉"的奖励。据说范长江新闻奖是当年中国新闻界的最高荣誉。

其实，当我第二次从南极归来不久，就彻底告别了记者生涯，来到出版社干起编辑工作了。

人生如同在大洋上航行的一只小船，你在很多时候非常幸运地赶上了风平浪静的日子，甚至一帆风顺的好天气，不过更多的时候却是乌云翻滚、波涛汹涌的天气。当年我在横穿太平洋的日子里，在南大洋航行时，都遇到过可怕的狂风恶浪和暴风雪，经历过生与死的考验。所以，在我结束了终年奔波的记者生涯，来到出版社的编辑岗位时，我的第一个感觉是这里好安静。没有了无聊的喧嚣和可怕的风波，我可以沏上一杯清茶，点上一支烟，展开厚厚的书稿，去和那远方的智者进行心灵的对话了。至少在我的潜意识里，我的生命的小船终于冲出了狂风暴雨的海洋，驶入了平静的海湾，这里将是我的归宿之地。

在经历了人生的大风大浪，在冲出南极的暴风雪和冰海的狂涛居然能够侥幸地活下来的今天，能够在书籍的海洋里苟活下去，这是多么幸运啊!

退休之后,我别无他好,最大乐趣就是淘书、看书,有时也应约写点书话。每半个月在《科学时报》(现改名《中国科学报》)"读书"版发表一篇或长或短的"岁月书话",已经坚持了十年之久。2013 年,我的书话集《林下书香》由科普出版社出版,也可算是退隐林泉忙读书的一点微不足道的收获吧。

我的最大愿望,不是别的,也就是让书籍伴随余生吧!

[补记]

尽管已经过去半个多世纪,时光的流逝并未洗去记忆的印痕。每当静夜之中蓦然想起弟弟死去的那一刻,那锥心的痛楚又会袭上心头,使人透不过气来。

鲁迅先生写过一篇《父亲的死》,是少年鲁迅刻骨铭心的回忆:父亲病重,家境衰落,请来的绍兴名医不仅出诊费昂贵,而且开的药方稀奇古怪,诸如需原配的"蟋蟀一对"、"平地木十株",因为病人水肿(水肿又名鼓胀),于是开出了一剂用旧鼓皮炮制的"败鼓皮丸",结果可想而知,病人受尽折磨,终于活活地被庸医害死了。

我的弟弟并非死于庸医之手,他住进的是当地的现代医院,医生也是受过科学训练的正规医生。然而可怕的是,丧尽天良的医生拿病人做实验的活材料,结果导致死亡,这比起庸医误诊而杀人更加可怕了。不仅如此,在处理这起医疗事故的过程中,可以清楚地看到,专家们一致的意见被置之不顾,犯有过失的医生被明目张胆地袒护,而受害者的家属却被百般威胁刁难。

他们之间究竟是什么关系,在背后做了什么,不是很值得深究吗!

弟弟之死,死得不明不白,还有一个深层次原因:我的父母属于社会底层,我那时大学毕业才个把月,当然也属于无权无势的弱势群体。有关人员曾当面威胁我的老父:"你如果再上告,小心对你儿子的前途不利……"这句话的潜台词是显而易见的,我不久便遭到这伙政治流氓的暗算,手段之卑鄙令人发指。由于我拒绝按他们的要求,劝我的父亲停止上诉,他们恼羞成怒,对我这个刚刚走出校门的青年学生,竟然要置于死地。当年政治流氓们的淫威何其了得!这方面的详情就不多说了。

我直到晚年才明白过来，那个官场是多么的黑暗！多么地卑污！

如今当事人多半都去世了，特地立此存照，让后人记住 20 世纪 60 年代发生的这样一件事吧。

二、科普出版浅谈

从图书评奖引起的随想

图书评奖近几年很是活跃,以科普图书评奖来说,首届中国科普作家协会优秀作品奖在 2010 年 6 月评出优秀奖 18 种、提名奖 40 种,结束了科普图书评奖多年中断的局面。此外,由国家新闻出版总署主办的首届中国出版政府奖(2007 年)、国家图书奖以及向全国青少年推荐百部优秀图书、"三个一百"原创图书出版工程和农家书屋推荐书目等形式多样的活动,也涵盖了科技与科普图书,评出一批获得好评的优秀图书。这不仅体现了国家对科普出版的高度重视和鼓励,也是社会对优秀科普图书需求的反映。

我离开出版工作多年,由于近几年忝列末座,有幸参与上述评奖工作,先睹为快,有机会阅读了许多最新的出版物,也听到许多专家的议论,得益匪浅。由图书评奖的过程与结果,不由得想起与出版有关的几个问题。

(1)创新是科普出版永恒的主题

我国已经跃入出版大国的行列,据新闻出版总署提供的数据,全国 581 家出版社,每年出版新书约 17 万种。这是一个方面,说明出版的繁荣,但是也要看到,在出版物数量增长的情况下,高水准的、有品位的、达到高的学术水平的好书并不多。如同国内出版的科技期刊有 5000 种,但在国际上有影响的寥寥无几。因此我们距离"出版强国"还有很大差距。

正是如此，历次评奖活动对原创性作品都寄予极大的关注，把提倡原创性视为繁荣科普创作的根本途径。

原创性，实质上是与内容重复、形式陈旧、毫无新意根本对立的。它体现在作品的内容上是新颖的，表现形式是别开生面的，以及观点是前所未有的。原创性的科普作品应当反映科学技术的最新成果，而不是陈旧知识的"炒冷饭"，或者是拼凑的知识的"克隆"。这次首届中国科普作家协会优秀作品奖评出的优秀奖、提名奖中，瞄准科技前沿、反映我国科技成就热点的图书，如《月球密码》、《走进核科学技术》、《中国铁路大提速》、《珠峰到底有多高》等获奖，原因正是如此。

在原创性的优秀科普作品中，评奖活动通常十分青睐科学家的科普作品，这并不是仅仅着眼于名人效应（当然，名人效应也是很重要的因素），关键在于科学家撰写的作品在知识的科学性上是可靠的，是读者信赖的。在现实生活中应当大力倡导科学家参与科普创作，成为科普的生力军，《钟南山谈健康》和《科学家讲科学》（5册），都属于这一类。

在一些优秀科普作品中，原创性的特色表现在科学与人文的有机结合。作者围绕主题的展开，不再是孤立地就科技谈科技，而是以广阔的视野和深厚的历史背景，多角度多层次地从哲学、文学、艺术、宗教、战争、社会习俗等方面，论述自然科学与社会人文的关系，给人以新的启示。例如多次获奖的《回望人类发明之路》和《追星》即是这方面的代表。

《追星》不仅书名别具新意，写法也不同于一般的天文学通俗著作，它不是罗列天文知识，而是将几千年来地球人对宇宙的不断探索和思考，与当时的历史背景包括社会、艺术、科学、宗教贯穿始终，融天文与人文于一体，凸显了天文学发展的曲折历程，又将许多天文知识渗透其中，使读者在愉悦的阅读过程中获得天文学的熏陶，这是极具创意的。

发明史与科学技术史的著述，尤其是普及读物，离开史料说明不了问题，但是又忌讳史料的罗列，这是一个矛盾。《回望人类发明之路》史料翔实，要言不烦，却又能跳出史实，画龙点睛地从哲学的思辨归纳人类发明的轨迹。如从古希腊哲学家对宇宙的思考启迪了科学的探索和技术的发明；从哲学家提出"实验是自然科学的基础"的理念，廓清了科学探索长期徘徊于"直觉"和"经验"的困惑，进而带动了17世纪科学家将哲学观念变为可以操作的方法，建立了现代科学的传统的历程。这些都说

二、科普出版浅谈

明,科学方法论对科学发现与技术发明的重大影响,从而把技术发明的历史放置在历史人文的背景下考察,读来饶有趣味。

在当前学风浮躁、片面追求经济效益而忽视质量的状况下,科普出版物数量不少而精品不多,原创性作品如凤毛麟角。这种现象并不限于科普图书,但是科普图书缺乏创意、低水平重复比较普遍。新闻出版总署开展"三个一百"原创图书出版工程,即人文社科类、科学技术类(包括科普作品)和文艺少儿类各100种,也旨在扭转低水平重复、激励原创性作品的创新。所以,在各级评奖活动中,有一个不成文的约定俗成的共识,这就是对于科普图书(科技专著更是如此)作者的学术背景和出版社的资质比较关注。众所周知,科学性是科普图书的根本,是高于一切的硬指标,如果查出科学性方面的硬伤,往往是一票否决,因此,作者的专业背景是很重要的。在这方面,出版社建立一支高素质的作家队伍,在策划选题时物色合适的作者,至关重要。

(2)形式的创新不容忽视

科普作品的表现形式,也是需要与时俱进、不断创新的重要方面,这一点愈来愈成为出版界的共识。大家认识到,科普作品的内容随着科技进步,随着科学发现和技术发明的成果不断涌现,内容必须不断更新,这一点似乎是不容置疑的。

但是也要清醒地看到,在当今的大科普时代,高科技手段的应用,开拓了科学传播表现形式的多元化,多媒体和数字技术、动漫等新的艺术表现手法,对传统的印刷方式和科普图书的装帧设计都带来挑战和革新。根据读者的年龄与接受能力的不同,采用生动活泼的艺术表现手法,在这方面,无论是作品的独特视角和材料的取舍,编辑的选题策划和编辑加工,创新思维都是特别重要的。

如今版权交易在各国出版社之间已是很寻常的业务,我国出版社向国外出版商购买优秀科普出版物逐年增多,在历次评奖活动中翻译的优秀图书也占有一定比例,这次首届中国科普作家协会优秀作品奖中,《万物简史》和《宇宙的琴弦》也榜上有名。

值得注意的是,在版权贸易中,我们可以看到,出版社看中的国外优秀的、愿意引进的科普图书,不外乎有这样几种情况:一是追踪最新的、前沿的科学发现和技术发明,包括科学理论和学术成就,这类书籍突出内容的新颖,是科学发展水平的晴雨表,如霍金的《时间简史》、《爱因斯坦文集》以及上海科技教育出版社的"哲人石丛书"、湖南科技出版社的"第一推动力丛书"。

另外一种情况,则是引进的国外科普图书就内容而论,似乎也并不是特别新颖的,或者只是一般的基础知识,然而它的表现形式却富有创意,它以艺术手段和高科技展现大千世界的魅力,揭示物质世界的无穷奥秘,给读者的视觉、心灵以巨大的震撼。这类图书强调的是形式的创新,当然也包含独特的视角和切入点,对内容的取舍和编辑加工匠心独运,不落俗套。这类形式新颖的科普图书,尤其适合青少年和幼儿阅读,因而在这些年引进的少儿读物中占有相当大的比重。

当然,还有一类是内容和形式都是很新颖的。另外,成人的科普图书也在形式上追求不断创新,这种读者欣赏口味的变化,是值得出版人关注的。

(3)科幻小说是亟待开发的领域

近几年,不论是国家设立的出版政府奖,还是首届中国科普作家协会优秀作品奖,都十分关注优秀的科幻小说。两院院士潘家铮的科幻小说屡屡获奖,是对中国科幻界的巨大鼓舞。

我对此感到特别高兴,因为早在十多年前,我还在职时,有幸征得潘老的首肯,出版了他的科幻小说集《偷脑的贼》。该书后来收入湖南教育出版社推出的《中国科普佳作精选》,并荣获全国优秀科普作品奖一等奖(2001年)和国家图书奖提名奖。此后,我又向中国少年儿童出版社推荐,经编辑室主任王洪涛同志一番努力,将潘老的全部科幻小说重新包装,结集出版,先后荣获首届中国出版政府奖图书奖(2007年)和首届中国科普作家协会优秀作品奖,这对于繁荣我国科幻小说意义重大。

潘家铮先生是两院院士、国际公认的水电工程专家,也是国内唯一的具有院士身份从事科幻小说创作的作家。

作为一位在科技领域成就卓著的专家,潘家铮的科幻小说,有其独特的个人风格和鲜明的特点:

首先,他的作品对现代技术的发展及其对人类生活的影响具有丰富的想象力。作品中涉及的科学技术既力求准确,同时又赋予开阔的想象空间,科学性十分严谨但又不乏超前的构想,对于启发青少年和广大读

二、科普出版浅谈

者的想象力和创造性思维具有潜移默化的影响。这是十分难能可贵的。

作为一位科技专家,潘家铮清醒地意识到,随着科学技术的飞速发展,科学技术既可以有利于人类社会的进步,反过来也可能对人类造成严重的伤害。他指出:"现在已能看得很清楚,科技发展确实是一把双刃剑。核能既可发电,又可做原子弹。当今世界上'真善美'和'假丑恶'的斗争在激化。在社会上,有些人为了名利,什么不道德甚至谋财害命的事都会干。如果科学家也抱这么个人生观,后果不堪设想。所以我又希望读者在欣赏科幻作品后能引起些反思。"潘家铮正是通过他的小说,以辩证的思维,艺术地展示了科学技术这把双刃剑的本相,提醒人们对科技发展可能出现的负面作用有所认识,保持高度警惕。这是一位科学家的良知,也是高屋建瓴地对未来社会发展前景的警告。

潘家铮的科幻小说,另一个显著特色是具有鲜明的中国的民族的特色。十多年前第一次拜读他的作品,对他的风格印象极深。不论是小说的背景、人物,还是故事的铺陈、情节的构思,都是中国化的。它有别于那些盲目摹仿外国科幻小说的作品,也不同于充斥市场的追求新奇怪诞的作品,而是将一种严肃健康的、富有个性的、具有中国特色的作品奉献给广大读者,读来十分亲切。尽管在创作方面,潘家铮对各种创作手法都在探索之中,但他对科幻小说的中国化功不可没,值得我们认真学习。

想象力是创造力的重要前提。我们现在大力提倡自主创新精神,培育创新思维,说到底就是要培养一个民族尤其是青少年具有丰富的想象力和创造力。自主创新,首先要转变观念,敢于海阔天空地去想,敢于挑战传统,这是一个思维模式的转化。科学技术的进步始终贯穿着对传统和现有知识的否定和质疑,宏观世界和微观世界的探索莫不如此。科学的发现发明,离不开想象力和创造力,同样,生产方式的变革和经济增长的模式,也依赖创新思维。如果连想都不敢想,或者根本不许想,墨守成规,亦步亦趋,何以创新,哪来的创造发明?科幻小说的重要功能,主要并不是传播具体的科技知识,它是以文学艺术的方式传播科学的思想,训练人的思维,进而激发青少年读者丰富的想象力,这是一种潜移默化的创新思维的训练。我以为,潘家铮的小说正是代表了这样一种时代的潮流。

当然，这些年来我多次撰文推崇潘家铮的科幻小说，也是针对特定的国情以正视听，我要特别感谢潘老对中国科幻小说的支持。他加盟中国科幻小说的创作，是在特殊的历史背景下，对历经磨难的中国科幻界的无声的支援。他的行动，必将带动更多的科学家、技术专家关心、支持目前还十分幼小的中国科幻小说。

中国的科幻小说多年来在寂寞中生长，涌现出的新生代作家和不少富有创意的作品也不曾受到传播媒体的关注，以致他们仅仅在很小的空间为人所知，如同地底下默默流淌的矿泉。但是，近年来，美国的科幻大片《阿凡达》、《2012》的热播激起巨大的反响，尤其是现实中创新思维的缺失，又在一定程度上刺激着许多有识之士对科幻小说的期盼，尤其是对中国本土的科幻小说的复苏寄予很高的希望。这也许正是潘家铮的科幻小说屡屡获奖的内在原因。

不管怎样说，这是出版界值得关注的现象。尤其是出版青少年读物的出版社，应当重视开发科幻小说的选题。

鲁迅先生在一百年前曾大声疾呼："导中国人群以前行，必自科学小说始。"

我国科幻小说繁荣之日，已经为期不远了。

本文是 2011 年 9 月在北京市科普作协讲座的发言

闲谈科幻小说

(1) 从"塑造美国"的科幻小说谈起

近日，美国的国家图书馆——国会图书馆为了便于暑期阅读，发布了一份由 88 种图书构成的"塑造美国的图书"的书目。据《中华读书报》(2012 年 6 月 27 日 4 版)报道，这份体现美国主旋律的长长书目，"如一份概要的观念史，可借此多少窥知美国如何成为今天的美国"。对此，我也很感兴趣。

在这份书目清单中，我们可以看到富兰克林的《对电的实验和观察》、蕾切尔·卡逊的《寂静的春天》、卡尔·萨根的《宇宙》、詹姆斯·沃森的《双螺旋》和斯波克的《育儿常识》，从中可以看出美国人的阅读中对科普著作的重视，也由此得知科普图书对塑造美国、影响几代人的宇宙观和科学思维所产生的不容忽视的影响。

　　这份内容广泛，涉及小说、诗歌、政论、历史、哲学、传记、科普甚至识字课本、节育戒酒、性学报告的书目中，居然有两本是科幻小说。这也说明，书目的拟定者没有浅薄地将科幻小说视为精神污染，相反，他们认定科幻小说是"塑造美国"的一种精神力量，起到了"以社会进步、人民觉醒为重"的广泛影响。这是发人深思的。

　　两本科幻小说分别是雷·布拉德伯里的《华氏451度》和罗伯特·海因莱因的《异乡异客》。

　　刚刚去世、享年91岁的雷·布拉德伯里（1920～2012）被誉为当代美国科幻奇才，他不仅创作了大量科幻小说，在严肃小说、诗歌、戏剧、电影等方面也有广受好评的佳作。1953年出版的《华氏451度》是最具社会批判性的一部作品。华氏451度是纸燃烧的温度。这部小说描写的极权主义的美国，围绕着一个名叫盖伊·蒙塔克的消防员的离奇故事展开。具有讽刺意味的是，这位消防员的职责不是去灭火，而是去纵火，专门扑灭人们的智慧之火。凡是发现谁家有藏书，蒙塔克就开着装满汽油的消防车去焚书，将藏书人连同他的书籍统统付之一炬。因为在这个痛恨书籍的国家，消防局长官一再告诫蒙塔克：书是邪恶之源。烧掉一切书，是使人人快乐幸福的唯一途径。蒙塔克对此坚信不疑，他为自己日夜烧书而感到自豪。不料有一天，他遇到一位喜欢水、喜欢幻想的女孩，蒙塔克的信念开始动摇。他从火场偷了好些书，藏在家里。他通过阅读，发现书中的真理。消防局长官发现了蒙塔克的背叛，决定烧死他，烧毁他的藏书。于是蒙塔克和许多爱书人一样熟记文学名著。一场维护阅读的权利，维护思想自由和独立思考的斗争，在表面荒诞的情景中展开，醒悟的蒙塔克被迫逃亡……

　　布拉德伯里曾经说过，当年美国盛行的麦卡锡主义将许多书列为禁书，不准图书馆出借，是促使他创作《华氏451度》的动因。

　　罗伯特·海因莱因（1907～1988）的《异乡异客》发表于1961年，在美国引起轰动，是当年的美国青年中几乎人手一册的必读书。《异乡异客》也有的译为《异乡陌生人》，情节其实并不新奇，写一个在火星长大的地球人米奇回到地球后，目睹地球文明的腐败堕落、政治黑暗，于是他在愚昧的地球人群中传播火星发达的文明，但是米奇的行为并不为地球人所理解，地球的执政者对他更是仇恨。在这本科幻小说中，作者借火星人之口对美国社会从政治到艺术，对现存的体制和地球文明进行了猛烈的抨击。恰逢此时美国兴起反越战和反体制运动，海因莱因的《异乡异客》的出版，引起了意想不到的反响。当年美国的嬉皮士将其奉为反传统的"圣经"，这是连作者本人也始料未及的。

从美国国会图书馆发布的"塑造美国的图书"的书目清单，我们看到收入其中的两种科幻小说，都不是那种炫耀技术发明、开发宇宙边疆的作品，恰恰相反，重视作品的思想性，对社会体制的深度批判和人类文明的反思，是作家所要传递的信息。这正是科幻小说的可贵之处。这也是我觉得中国的作家值得关注的一个有趣的现象。

（2）好莱坞的影片，尤其是科幻大片，是美国文化软实力不可忽视的组成部分

1893年，托马斯·爱迪生推出电影摄影机，创建摄影场，相当于现在的摄影棚和摄制基地，使用一条新发明的赛璐珞胶片，拍下一系列照片，将它们迅速地、连续地放映到幕布上，产生出运动的幻觉。他第一次在实验室里试验电影是在1889年，1891年申请了专利。1903年，他的公司摄制了第一部故事片《列车抢劫》。爱迪生为电影业的组建和标准化做了大量工作，被认为是美国电影史的开端。

电影迅速成为城市化的大众化娱乐。1905年钢城匹兹堡出现5分镍币票价的简易电影院，迅速风靡全国。1910年每周电影观众达3600万人（当时美国全国才1亿人）。

这时爱迪生利用专利权打击小制片商，成立了他自己的电影专利公司，垄断了美国电影的制作、发行和放映。于是为了逃避爱迪生和纽约电影人的法律监视，许多独立制片商逃到加州，在好莱坞这个小镇制作电影，崛起了派拉蒙、20世纪福克斯、米高梅、华纳兄弟、雷电华、环球、哥伦比亚、联美等八大片商。电影变成披着艺术外衣的工业，在一次大战后迅速占领市场，使老欧洲的电影产业丧失了竞争能力。好莱坞成了宣传美国价值观的大舞台。

从电影诞生之日就有了科幻电影，1897年法国明星公司就拍了一部黑白科幻片《小丑和机器人》。最早的一部科幻社会片是1902年法国上映的《月球之旅》。早期的无声电影包括通往月球、火星的奇异旅行，以及将经典科幻小说搬上银幕。但是科幻电影的趋于成熟,最终还是有赖于科学技术的进步。20世纪30年代彩色电影取代黑白电影。1932年,美国的沃尔特·迪斯尼第一次用三基色染印法拍摄动画片《花与树》。1935年,世界第一部真正的彩色电影《虚荣城市》问世。1939年拍摄的《飘》树立了彩色电影史的一座丰碑,获当年奥斯卡最佳彩色电影摄影奖、最佳彩色服装效果设计奖和彩色运用特别成就奖。

20世纪90年代,电脑技术和各种高技术的运用,能够将真实的和动画的、现实的和虚拟的镜头天衣无缝地连为一体,实现了科幻电影制作人的梦想。

科幻片,有一个定义是基于科学(包括现有的科学和假设的科学)而假想出来的,在今天的世界是不可能发生的,或还没有发生的故事。当今科幻电影界,首推美国好莱坞科幻电影影响最大。

①19世纪末~20世纪20年代,是好莱坞科幻电影的成长期:注重传奇的情节、快捷的节奏、惊险的动作和高超的特技,代表作有《失落的世界》(1925)、《神秘岛》(1929)。

②20世纪30~40年代,是好莱坞科幻电影的成熟期:热衷于恐怖、悲观和浪漫色彩的疯狂科学家主题,如《蝙蝠侠》。

③20世纪50~80年代,是好莱坞科幻电影的繁荣和发展期:特技的使用具有非同小可的作用。视觉效果技术的发展更加有助于特技的应用,扩展了情景的逼真性和故事发生的氛围。如《2001太空漫游》(1968)、《星球大战》(1977)、《第三类接触》(1977)。

④20世纪80年代以后,作品倾向于给观众一个值得品味的故事,如詹姆斯·卡梅隆的《终结者》(1984)。

⑤1990年至今,随着计算机技术的应用,好莱坞科幻电影开始大量依赖电脑合成影像,并发挥到极致,但同时也忽视了故事本身的重要性。其视觉效果富有极大冲击力,画面精美逼真。如《独立日》、《侏罗纪公园》、《星球大战前传》系列。随着科技进步,也在探索新的主题,如《阿凡达》。

可见科幻电影已成为一种新的美国文化,具有广阔市场,拥有大量观众,屡屡创造最高票房价值,影响不仅限于美国本土,而且已经渗透到许多国家。

由此我们不得不回到它的源头——科幻小说。

在世界科幻小说史上,两位伟大的先驱者都不属于美国,凡尔纳和威尔斯代表着两个不同的流派,一位是法国人,一位是英国人。甚至世界第一部科幻小说《弗兰肯斯坦或现代普罗米修斯的故事》(1818)的作者也是英国大诗人雪莱的妻子玛丽·雪莱。这是因为,当时英国是工业革命最早起步的国家。科幻小说在英国,除了威尔斯,还有阿瑟·克拉克在20世纪40~60年代再创辉煌。他在1945年发表在《无线电世界》杂志上的《宇宙空间的中继》,第一次计算了卫星通讯的轨道和波长,被称为"科学预言家"。

20世纪30~40年代,美国涌现出一批杰出的作家如阿西莫夫、罗伯特·海因莱因、小约翰·W. 坎贝尔等,创造了美国科幻小说的繁荣盛世,称为黄金时代。科幻小说成为西方创意产业的重要组成部分。到了20世纪60年代,科幻小说逐渐开始与电影联姻,到70年代结出了丰硕的果实:阿西莫夫的"基地"系列和"机器人"系列、罗伯特·海因莱因的《异乡异客》、雷·布拉德伯里的《华氏451度》。

70年代的科幻影片《第三类接触》、《星球大战》的问世,以宏大的场面和高超的特技大获成功,创造了十多亿美元的票房,并且使影片制作的特技效果部门——"工业灯光和魔术公司"得以保存,继续拍出不少优秀的科幻影片。

科幻电影是一个专题,它的发展和主题的演变、代表作的分析,涉及电影史和科幻文学史,也涉及制作技术的进步。科幻电影题材广泛,诸如星际战争、机器人、机器警察、克隆人、超人(如《蝙蝠侠》)、外星人、心灵感应、时间机器、跨时空旅行、灾难(如《日本沉没》)等是常见的主题。20世纪大部分年份的科幻片不过是略加乔装的恐怖片。限于时间关系,这次就不谈了。

本文是2012年在电子工业出版社易飞思公司讲座的部分内容

"硬"与"软":科幻小说的科学构思

科幻小说包含着文学构思和科学构思,这是没有疑义的。关于文学构思似乎也没有太多的争议,小说要有精彩的故事、鲜明的人物形象、情节的铺垫、悬念、大胆而新奇的幻想等等，与一般的小说创作并无太大的差别，只是幻想成分更重更浓些。

科学构思则是科幻小说独有的，这并不是说别的小说就不能涉及科学内容，而是指科幻构思在科幻小说中占有特殊的地位和作用，这也是科幻小说区别于其他类型小说的主要标志。但是，科幻小说中的科学构思，或者称科幻构思，在小说中究竟占有怎样的地位，起到什么样的作用，它的分量怎样把握，甚至什么算是科幻构思等等，却是一个见仁见智、众说纷纭的问题。

有人认为，所谓"硬科幻"指的是以物理学、化学、天文学、生物学等硬科学为主题的科幻作品，与当前的科技前沿相关，给读者展现未来技术变革的风貌。而所谓的"软科幻"则指利用心理学、社会学、经济学等软科学为基础构造的科幻作品。(吴岩：《科幻应该这样读》，8页)

台湾科幻作家黄海把科幻构思视为科幻小说的灵魂支柱，也是很具代表性的观点。他在《同样的"点子"，不同的"样子"》这篇文章中指出："科幻作品里的'点子'，可说是全篇小说或电影中的灵魂支柱，抽离了它，整部作品便不存在。"他在这里所说的"点子"，即是指科幻构思，在他看来，这个"点子"是作品的灵魂支柱，也即是故事情节展开想象的生长点。

他在文章中主要谈及同一个科幻构思被不同作者使用的尴尬和无奈，这里有的是不谋而合，也有的是刻意模仿。他举例说，他在1970年写的《来自1970年的人》，讲冷冻人在50年后复活之后，爸爸比儿子年轻的故事；而大陆的科幻作家叶至善早在1957年就发表了《失踪的哥哥》，也是所见略同的冷冻人的故事。当时两岸隔绝，黄海并不知道有这样的作品。针对这种科幻点子雷同的现象，黄海很感慨地说："科幻点子越来越像是一种想象的逻辑文字游戏，很难具有艺术性和文学作品的永恒价值。"(《幻象》第8期，1993年8月)

对于科幻构思，"硬科幻"与"软科幻"存在着很大的不同。

把科幻小说分为"硬科幻"和"软科幻"，严格地说并不准确，也有人将儒勒·凡尔纳开创的称为"技术派"，乔治·威尔斯的称为"社会派"，威廉·吉布森(《神经浪游者》的作者，该书被网络朋克视为"圣经")等人称为"激进科技派"。也有人称儒勒·凡尔纳为"硬科学作家"，而威尔斯则是"看重可信性而不看重科学可能性"的作家。

"硬科幻"与"软科幻"只是一种约定俗成的说法。

美国著名科幻作家詹姆斯·冈恩认为:"在真正的硬科学故事中,科学既精确又居于中心位置;倘若没有科学性,故事就无法存在。"(《科幻之路》中译本,第3卷,235页)

1904年凡尔纳在接受一次采访时说过:"我经常讲明的是我那些以我所谓的发明做基础的小说,都是做足研究,以事实为根据的,利用它们的结构形式和材料构成浪漫的故事,但这些发明却并非不以当代的知识和工程技术为依据的。"因此,把凡尔纳称作以已知的科学知识为基础,首先对科学幻想做探索的先驱者,是当之无愧的。

但是,"硬科幻"小说中的科学构思究竟发挥到什么程度,"硬度"到底多少才算"硬科幻","硬科幻"是否承载普及科学知识的功能?也是见仁见智的问题。

顾均正先生的《和平的梦》,科学构思是心理暗示,通过无线电广播,使处在交战中的美国听众相信敌国(极东国,暗指日本)是友好的朋友,进而要求政府停战。为了找到暗藏的敌台,挫败敌人的心理战,小说中专门讲述飞机用环形天线捕捉目标的原理,用大量篇幅介绍无线电跟踪敌台的方法,还配有四幅示意图。这是很符合科学原理的知识普及。但是这种写作方法,即使对于"硬科幻"小说作家们也很少使用。

阿西莫夫认为:"科学幻想小说是一种文学,它是人们对于科学和技术方面发生的变革和所能达到的水平的一种反映。"因此,他认为好的科幻小说应当具备的条件是"首先在于故事情节好,但光有这一点还不够。作者还必须对科学比较熟悉,即使他不是一个科学家,也应该避免在科学上出现愚蠢的错误。"他还指出:"有一种科幻小说,其中没有什么科学,有的都是耸人听闻的故事,犯罪故事,冒险故事,神幻故事,这样当然就发生了对小孩子的智力发展究竟有什么作用的问题。如果是根据真正的科学并且用逻辑推理的方法来写作科幻小说,用有趣的故事加以描述,这对年轻人的智力发展就是一种极好的、健康的食粮。"

针对有人提出的"科学幻想小说是否担负正确传播科学知识的任务"这个问题,阿西莫夫没有正面回答,他只是说:"我认为科幻小说应该把孩子们引向科学。""在美国,我认为科幻小说的主要目的是使读者感兴

二、科普出版浅谈

趣,并帮助作家得以维持生计。但他在这样做的时候,不可避免地帮助了年轻人正确地学习科学。"(《和阿西莫夫谈科幻》,载《科幻海洋》第 3 期,1981 年 12 月)

从阿西莫夫的谈话中可以看出,这位科幻大师对科幻小说的科幻构思,特别强调"根据真正的科学并且用逻辑推理的方法来写作",因为只有这样才能引导读者走向科学。这也是"硬科幻"中的科幻构思应该具备的基本要求。

对于威尔斯来说,他的《时间机器》、《莫洛博士岛》、《隐身人》、《大战火星人》等,"在这些小说里,他自己创造出一些科学发明,根本不顾自然法则或异化,甚至可以说他自己发明一套法则或异化了自然,又用它们作为道具,演出一幕幕任由幻想驰骋飞翔的戏剧,使广大读者读得如醉如痴。他就是这样,为现代科幻小说定了基调,成为现代科幻小说的奠基者。"(杜渐:《世界科幻文坛大观》第 1 册,55 页)在威尔斯为代表的"软科幻"作家眼里,科幻构思只是作为小说的一种道具,演绎出极为精彩戏剧的道具。这恐怕是所有"软科幻"的创作手法。

"硬科幻"与"软科幻"的区别在于,前者是以自然科学为科幻构思的作品,作家力图把每一种科学发明写到自然科学能够加以解释清楚的程度,如果出现不合情理的解释,也是由于受科学发展水平的局限。

"软科幻"一般不会刻意去对作品中提到的科学发明的科学性(科学根据)进行过多的解释,甚至也不顾这种超前的科学构想是否有可能实现,因为对于作家来说,他所关注的是这一科学发明出现后,或者是在这一特定科技背景下,将会发生什么事,社会会出现怎样的变化,未来的社会将会是怎样的。因此有人认为,"软科幻"是以社会科学(包括哲学、社会学、伦理学等)为科幻构思的科学幻想小说。(杜渐:《世界科幻文坛大观》第 1 册,108 页)严格地说,"软科幻"的科幻构思仍是科学技术,但这个科幻构思只是作者手里任意摆布的一个道具,他需要利用这个道具去做社会科学的文章,去演绎这种发明创造可能引起的幻想故事。

"硬科幻"与"软科幻"从诞生的一刻起,似乎是沿着不同的轨道前行:"硬科幻"强调强化科幻构思的科学性,进而展示未来社会发生的变革;"软科幻"则是淡化科幻构思,以丰富的想象开拓更多的社会科学领域。这里并无高下之分、合理与否的分野,而是不同作家的关注焦点所决定的。约翰·坎贝尔认为:"科幻小说包含了技术社会的希望、梦想和恐惧(因为有些梦想是梦魇)。"(《科幻之路》中译本,第3卷,235页)这个见解是深刻的,也是许多科幻作家思考的问题。随着时代的变化,科学技术对社会对未来的影响日益深刻,它们共同关注的都是科学、技术和变革,关注科学的发展对人类的前途和文明的影响,尽管表现手法不尽相同,但两者关心的都是人类的命运。

科幻构思的独创性是不少科幻作家很关注的,也是许多作品成功的闪光点,极具创意的点子是智慧的结晶,它如同神奇的灵感令人耳目一新,心灵深受震撼,给读者和科学家以启示。

但是也要看到,经典的科幻构思一旦形成,这个点子或者道具即成了公器,后来的作家便可以无须申请专利而无偿地使用它。例如时间机器、时光隧道、星际旅行、机器人等超前的科幻构思,在"软科幻"小说中大量出现,即是最突出的例子。由于读者已普遍接受、认可了这个道具,或者受科幻长期熏陶、特定的读者群已经成熟,对这种科幻构思十分了解,作家也就无须多费笔墨去解释它的科学原理(实际上也解释不了),而是将这种虚幻的、目前并不存在的道具随心所欲地使用,进而去展开自己的故事。

这也是科幻小说创作中一个特点。

鲁迅先生在《月界旅行·弁言》中富有远见地指出:"导中国人群以前行,必自科学小说始。"这是1903年说的,对科幻小说的作用期望甚高。1934年5月15日在一封致友人的信中又说:"我因为向学科学,所以喜欢科学小说。"因此,无论从振兴国家、改变社会,还是从引导大众崇尚科学、热衷创新、敢于思考的角度,促进中国的科幻小说的繁荣都大有必要。

本文原载《中国科学报》2008年7月3日

我与科幻的结缘

晚至20世纪70年代末、80年代初,我才糊里糊涂闯入科幻这块荆棘丛生的荒地。岂料,科幻小说园地不仅荒凉,而且是个是非之地。说它多灾多难、险象环生,似乎一点儿也不夸张。一旦与它沾上了边,麻

二、科普出版浅谈

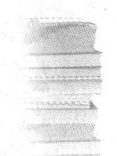

烦也就来了,还生出不少有趣无趣、酸甜苦辣的故事。这是中国文坛特有的风景,外人恐怕不易体会。此中种种内情,我虽有耳闻但却不知其详,甚至也无法看清那些戴着面具,成天冲我笑嘻嘻的一些所谓"老朋友"真实的嘴脸,因而我也如遇到鬼打墙一样,只能说说我所能忆起的一些陈年往事,至于围绕中国科幻的是是非非,以及人与人之间的恩怨,恐怕只有当事人心里明白,我也无从谈起了。

(1)第一部科幻小说——《月光岛》

1978年初冬,在厦门如诗如画的鼓浪屿,中国海洋学会科普委员会召开了一次会议。我有幸参加。对这个会议本身并没有特别的记忆,只记得主题是讨论海洋科普。新成立不久的海洋出版社是会议的东道主之一,他们的社领导孙少伯、王世汉等都来了,与会的许多的老朋友,多年未见,在十年浩劫后相逢,更是格外高兴。

当时,中国大地刚从寒冷的冰期苏醒,犹如我从北国寒冬来到万木欣欣向荣的南国小岛,被长期禁锢的思维开始兴奋起来,对不久前亲身的经历也开始严肃地回顾。鼓浪屿充满诗情画意,那明丽的阳光,忽涨忽落的潮水,宁静的月色和清新的海风,创造了一个难得的氛围,使我能够冷静地去梳理纷乱的思绪。

记不得是哪天晚上,几个朋友聚在一起,像历经战火的老兵回忆战场的轶闻和身上疤痕的来历,大家各自讲述那场记忆犹新的浩劫,以及更早年代发生而新近披露的故事。孙少伯、王世汉、饶忠华、叶进、郑文光、萧建亨、李夫珍、赵之、刘沙、刘佳寿、刘国雄……谈话是随意性的,没有主题,东拉西扯,如今也记不清谈的内容了。只是一位来自成都的朋友,他讲的一个女子的坎坷经历、身受的磨难以及她悲惨的爱情故事,深深地打动了我。那一夜,月色皎洁,林木吐香,鼓浪屿巍峨的日光岩的倩影和繁星点点的夜空,在我的脑海里幻化出虚无飘渺的世界。我的心中涌起创作的冲动,很想将这个现实生活中发生的故事写下来。

如何把现实的感受化作文学的创作,我一时难以决断。当时,中国文坛兴起风靡一时的伤痕文学,我所把握的题材,还有其他耳闻目睹的故事,敷衍出一部曲折离奇的伤痕小说,大概是不太困难。可是,我并不想将作品变成生活的复制,简单地让读者去回味身心留下的累累伤痕。

我想得多些深些，我企图将一个特定的时代现象放在更广阔的时空去观察，去剖析，从而探究其中值得思考的内涵——这是我的企盼，能否做到是另一回事了。我也曾征询郑文光的意见，他是一位有丰富创作经验的科幻作家，他听我讲述大致的想法（当时也谈不出太多，仅是粗线条的轮廓），毫不犹豫地建议我尝试写成科幻小说。

离开鼓浪屿，我却陷入苦苦思索。想来想去，郑文光的建议无疑是正确的，只能写成科幻小说。在各种文学体裁中，科幻小说有着最大的自由度，表现的天地也极为广阔。不过，我对科幻小说十分陌生，如何将一个现实的题材敷衍成幻想的样式，放在虚幻的环境中去铺陈开来，在虚虚实实中展开主题、刻画人物，这都是事先要想好的。中国的科幻小说长期以来实际上是游离于现实之外，它仅限于表达理想的追求，或者是简单化地阐释科学、普及知识的故事，很少去触及现实，更谈不上对现实的批判了。因此我写的科幻小说在这个敏感的问题上拿捏怎样的尺度，都是颇费思量，也是有一定风险的。

在构思过程中，我始终忘不了鼓浪屿的夜晚，黑夜笼罩的岛屿，怒海狂涛，月色凄凉，一个孤苦伶仃的女孩，命运坎坷，而鼓浪屿恰恰有一处屹立海边的日光岩……于是小说便以《月光岛》为名吧。

《月光岛》最初在我的朋友刘沙主编的《科学时代》1980年第1、2期连载。刘沙是黑龙江省科协的干部，一位憨厚善良的东北汉子，他那时担任《科学时代》的主编，热情很高，到处组稿，我就把《月光岛》寄给他，似乎没有多久就发表了。

一篇在哈尔滨的刊物上发表的科幻小说，有多大影响也可想而知。不料，发行全国的《新华月报》（文摘版）决定于1980年第7期转载，因篇幅长，事先让我自己动手做了删改。这期《新华月报》同时发表了香港作家杜渐的长篇论文《谈中国科学小说创作中的一些问题》（原载《开卷》1980年第10期），以及著名科幻作家郑文光对《月光岛》的评论文章《要正视现实——喜读金涛同志的科学幻想小说〈月光岛〉》。这样兴师动众地为科幻小说鼓吹，也可反映当时中国的一股"科幻热"。

但后来，对《月光岛》的评价就变得冷峻了。甚至在一部科幻集收入《月光岛》时，编辑在"编后记"中针对小说结尾女主人公逃离地球飞向遥远的太空写道："这样写法，是否妥当，也还值得商榷。"《月光岛》和我的另一篇科幻小说《沼地上的木屋》结集出版，是在1981年3月，由地质出版社出版。责任编辑是热心肠的叶冰如女士，她是科幻小说积极热心的推动者，曾是人民文学出版社的资深编辑，郑文光的科幻小说《飞向人马座》等优秀中国科幻名著的责任编辑，后来却不得不离开人文社，调地质出版社、海洋出版社。

我收到样书是1981年5月29日，当天是宋庆龄逝世之日，我在样书的扉页特地记载了这件事。

记不清是什么时候的事了。有一天，突然收到一包印刷品，打开一看，是四川省歌舞团打印的科学幻想歌剧《月光岛》剧本，封面注明"根据金涛同名科幻小说改编"，改编者是我不认识的钟霞、国政(执笔)同志。

科学幻想歌剧《月光岛》是一部再创作的作品，改编者付出了艰巨的劳动。据剧本末页附言："一九八〇年十二月一稿新繁，一九八一年二月二稿成都，一九八一年五月三稿成都。"说明改编者花费了半年的时间，三易其稿才完成。

由于消息闭塞，不知道四川省歌舞团后来是否将这部科学幻想歌剧搬上舞台，也不知道剧本是否正式发表。在中国科幻小说史上，恐怕是值得补上一笔的，因为这是第一部由小说改编的科学幻想歌剧。

由于不想惹麻烦，我后来出版个人的科幻作品集时，没有收入《月光岛》。《月光岛》也没有再版过。所以这本命运多舛的小书，现在已经不易见到了。我想它和我的其他作品的命运一样与时俱亡，也许是合乎生活的逻辑的。岂料，1998年2月19日收到上海科技教育出版社第六编辑室来函，说他们拟出版一套"绘图科幻精品丛书"，信中说"《月光岛》情节丰富曲折，科学构思奇特，其创意时至今日仍颇为新颖"，拟将它改编后收入这套丛书。这倒是出乎我的意料，使我颇有点受宠若惊。于是，1998年10月，在初版过了17年之后，它与读者再度见面，一次就印了一万册。

20世纪80年代，中国有过科幻小说短暂的繁荣期，杂志也多，出版社也纷纷约稿。文学创作的激情是需要环境支持的，这是文学的生存法则。我在那个时期陆续写的科幻小说，如《马小哈奇遇记》、《人与兽》、《台风行动》等，也是应运而生，谈不上有什么成绩可言，毕竟也点缀了那短期繁花似锦的科幻文坛。到了80年代后期，科幻小说交了华盖运，许多刊物纷纷落马，出版社也不敢出版科幻小说了。很快，电闪雷鸣，暴风雨来了。

我想起小时候在乡间见到暴风雨袭来前的情景：群鸟惊飞，小草发抖，大树的枝叶惊慌地摇摆，空气中有一股呛人的尘土和血腥味道，一切生灵都在惴惴不安。唯有那暴虐的狂风在欢快地号叫着，那残忍的闪电也在云层中吐出恶毒的火舌，那久已沉默的雷声终于找到发泄的时机……

暴风雨达到了预期目的，群芳凋敝，万木萧疏，白茫茫大地真干净。

不过，在科幻文学凋零的岁月，倒是一些以少年儿童为读者对象的刊物顶住压力，以非凡的勇气支持了中国的科幻小说，提供给了科幻小说一点生存空间。我记得那时除了四川的《科学文艺》在刘佳寿、杨潇、谭楷、周孟璞的主持下，几易其名以图生存，最终以《科幻世界》单独支撑起中国科幻小说的大旗；上海的《少年科学》(主编张伯文)也没有中断发表科幻小说，这是令人难忘的。它们是狂风怒号的大海中的救生筏，是暴风骤雨的荒原上的草棚……

我此后仍然断断续续从事科幻小说的写作，热情已经不似当初的痴迷，倒是有了抗争的勇气。

彷徨于大漠风沙之中，我的为科幻的呐喊，至多也只是希望沙漠似的中国科幻文坛增添一点绿色，让扼杀者心里不那么舒服，也借此告诉此辈，科幻不是那么轻易地能够斩尽杀绝的。《失踪的机器人》、《马里兰警长探案》、《冰原迷踪》、《小安妮之死》、《火星来客》等便是这个时期的收获，无论是数量还是质量，都愧对逝去的岁月。

附带说一句，2009年我国发行量最大的科幻刊物《科幻世界》30周年特别纪念(1979～2009)，将《月光岛》评为"中国科幻三十年九大经典短篇"之一，全文收入《科幻世界》30周年特别纪念增刊。2009年5月，湖北少年儿童出版社出版《月光岛》，与我的另一部科幻小说《马小哈奇遇记》合为一集，纳入该社的"科普名人名著书系"。

《月光岛》目前已译为英文、意大利文。

(2)关于《中国科幻小说大全》的前前后后

北京最繁华的王府井南口，面向东长安街的地段，一幢灰色的并不显眼的三层小楼曾是海洋出版社的办公楼。从20世纪80年代起，海洋

二、科普出版浅谈

出版社在推进中国科幻的振兴、繁荣科幻出版方面发挥了不可忽视的领军作用。当时该社创办了《科幻海洋》杂志，由于中国出版界特殊的国情，主管部门对"刊号"管得很紧，《科幻海洋》的"出生证"一直没有批下来，所以只能"以书代刊"，以图书的形式发行。该刊是茅盾先生题写刊名，著名的编辑家、人民文学出版社资深编辑何启志还专门写了一篇文章记述请茅盾先生题词的经过。

我当时与海洋出版社联系较多，该社创办时的元老们像张海峰、吴良华、孙少伯、王世汉，还有李夫珍、叶冰如等都是多年相识的老朋友。海洋出版社正值草创时期，没有太多的条条框框，充满着一股子可贵的闯劲儿，很多选题往往一拍即合，说干就干，因而在它的周围，团结了很多优秀的作者。

记得有一次，具体日子记不起来了，接到孙少伯的电话，他说他们想搞一本《中国科幻小说大全》，让我来当主编，问我意见如何。我先是肯定了这个选题，但是我却不敢接手这个任务。一来没有这个能力，这是一个庞大的工程，需要花功夫，上图书馆查资料，不同于自己写小说；另外，也没有时间和精力，那时的本职工作也很忙，不可能抽出时间承接这么重大的选题。于是我想起上海《科学画报》主编饶忠华，他是我的老友，对科幻发展史颇有研究。1981年，饶忠华随中国科普作家代表团访问美国，期间他和《中国青年报》的赵之专程采访了科幻大师阿西莫夫。他们对阿西莫夫的专访发表后在国内影响很大。我想担任《中国科幻小说大全》的主编，非他莫属。于是征得孙少伯的同意，我给饶忠华挂了长途电话。不料他出差了，电话一直追到成都金牛宾馆，和在那里开会的老饶接上了头。听我说罢原委，饶忠华一口答应。后来饶忠华和林耀琛（曾任上海三联书店老总）合作，主编《中国科幻小说大全》，由海洋出版社派人直接商洽，我也就没有再过问了。

过了两年，《中国科幻小说大全》即将付梓，我出差到上海，见到饶忠华。他谈起想请几位知名人士为《中国科幻小说大全》写序，科学家、作家和科幻小说家各写一篇，商量的结果，决定请茅以升、巴金和郑文光各写一篇。由于我和巴金先生有过接触，饶忠华要我帮忙向巴金组稿，我很犹豫，心想巴金住在上海，何必舍近求远，让我去组稿呢？可是他们说对巴金不熟，还是非要我去不可。于是就有了1982年2月26日上午访问巴金这回事。正如我在《巴金印象》所写的，由于巴金执意不肯写序，我也没有完成老饶交付的任务，这也是没办法的事。

据我所知，《中国科幻小说大全》是一项浩大繁难的工程，饶忠华和林耀琛组织了一支人数可观的团队，动员了上海许多科普作家，共同来完成这项工作。他们从浩若烟海的旧报刊中钩沉梳理，终于将自清末以来一直到20世纪70年代末散见于各种出版物的科幻小说全部整理出来，摸清了近百年中国科幻小说的家底和发展脉络，仅此一点就功不可没。其中对中国古代典籍中涉及科学幻想的有关文献的发掘整理，具有很高的学术价值。不仅如此，根据出版社要求，又把每一篇科幻小说浓缩改编，精练成几百字至几千字，既压缩篇幅又保留了故事情节，这本身也是再创作。然后，按照年代顺序，分门别类加以编排，由出版社分若干册出版。这就是20世纪80年代陆续问世的《科学神话》（共3卷），后来合为一册，名曰《中国科幻小说大全》，填补了中国出版史的一项空白。

这里还要补充一点，由于时过境迁，人事更迭，多年后《中国科幻小说大全》也没有再版的机会。20世纪末，我在科学普及出版社任职期间，应我之请，饶忠华担任主编，又将《中国科幻小说大全》加以修订，增补了近二十年陆续出版的新作品，并且广为收罗港澳台和海外华人作家的科幻小说，以"中国科幻小说精品屋系列"为名，分10册出版（飞碟来客、星际奇遇、峡谷幽灵、魔海寻踪、网络帝国、宇宙病毒、机器特警、时间银行、兰花迷踪、剪梦奇缘）。我受饶忠华之托，为这套丛书写了"代序"，其中写道："它以比较系统、比较完整的作品荟萃，展示了中国现代科幻小说100年来所取得的成绩。"而这项有益于广大读者、造福后代的工作，也是饶忠华晚年耗费心力最多的一大工程。他为科幻小说在中国的崛起和繁荣，做出了不可磨灭的贡献。

(3) 中译外国科幻小说的趣事

我与翻译家王逢振的结识是颇有戏剧性的。

大概是1978年的某一天，我从中国社科院外国文学所出版的一份《学术动态》上看到一篇文章，是介绍西方国家科幻小说出版及研究现状的。这是一份非正式出版的内部交流的刊物，薄薄的十几页，在这篇谈西方科幻小说的文章末尾，注明了它的作者（或提供者）是王逢振。我当即打电话给外国文学所，几经周折，找到了王逢振，并约好见面的时间。

二、科普出版浅谈

我在东城区建国门的社科院的大院里见到王逢振,在一排简陋的小平房的一间房里,那狭小的空间是他的宿舍。我们后来戏称他的局促的宿舍如同阿Q栖身的"土谷祠"。他是河北邢台人,毕业于北大西语系英语专业,但他给我的印象是非常朴实,像农民一样朴实。那次见面具体谈了些什么记不清了,但是有两件事肯定是谈了,一是向他约稿,我当时在《光明日报》主编一个专刊,名为"科学副刊",每周一个版,于是我就请他在《学术动态》的那篇文章的基础上略加改写,主题仍是介绍西方国家科幻小说现状。他答应了,不久也在"科学副刊"上发了。这是中央大报多年来第一次公开发表有关西方科幻小说的正面论述,而且刊登在以"实践是检验真理的唯一标准"的讨论,鼓吹思想解放的中央大报,它的影响力是深远的。另一件事就是与王逢振商量,是否可以精选一本西方科幻小说的代表作,把当代西方著名作家的优秀作品介绍给中国读者,考虑到篇幅所限,主要选短篇。我也告诉王逢振,这本书将由海洋出版社出版,因为在此之前,该社领导已经委托我来筹划这件事。对于这件事,他没有回绝,答应再考虑考虑。

几乎同时,我又向远在吉林长春的老朋友孟庆枢发信,吁请他就苏联的科幻小说写写文章,并考虑精选一本苏联科幻小说的代表作。孟庆枢教授精通俄文、日文,我们很早以前就开始合作。

记得还是在"文革"后期,在旁人忙着打派仗时,我们这两个傻瓜却埋头于鲁迅著作,着手编写一本鲁迅与科学的书,这真是自讨苦吃。我后来"发配"到河北隆尧的"五七干校"劳动改造,那里与河北省劳改农场毗邻,每天可以看见身着条纹囚服剃着光头的犯人们在地里干活,与我们稍有区别的是,他们有荷枪实弹的军警警戒着,我们是自由地干着淘大粪、挖水渠的繁重劳动,管束我们的军人名曰"军代表",他们只管支配我们,自己是从不参加劳动的。劳动之余的休息时间,我仍然不忘抄卡片、记笔记……我们的心血总算没有白费,"文革"结束后,在天津科学技术出版社的资深编辑林基植的大力支持下,我和孟庆枢第一次合作的成果——《鲁迅与自然科学》终于在1979年11月出版了。

这次,对于我的约稿,老孟很爽快地回应了。不久,"科学副刊"发表了他的关于苏俄科幻小说的文章。

更加值得一提的是,海洋出版社于1980年1月推出《魔鬼三角与

UFO——西方著名科学幻想小说选》(王逢振、金涛编)，1980年5月又推出《在我消逝掉的世界里——苏联著名科学幻想小说选》(孟庆枢、金涛编)。

《魔鬼三角与UFO》第一版的印数是42万册，《在我消逝掉的世界里》印数少些，不知为何改为内部发行，起印也有8万册。很多喜欢科幻小说的人，几乎都看过这两本书，受到不同程度的影响。

就在《魔鬼三角与UFO》出版不久，时任《光明日报》总编辑的杨西光决定在该报发表一篇外国科幻小说。杨西光同志是主持"实践是检验真理的唯一标准"的讨论，鼓吹思想解放的中央媒体负责人，我在此后曾经陪同他到安徽调查"大包干"生产责任制，因而有所接触，但是我一直不清楚他为什么要在《光明日报》发表外国科幻小说，有什么背景。这些，我一概不知。不过，这一决定我觉得绝对不是杨西光个人所为，也绝非心血来潮之举。后来，不知怎的，这项任务落在我的头上，于是我只好去找王逢振商量，从《魔鬼三角与UFO》这本书中挑选了美国著名科幻作家詹姆斯·布利什的《盒子》。

这个故事描写纽约被一个大盒子罩住，人们无法出入，整个城市陷入一片恐怖和混乱之中。科学家千方百计打破这个盒子，从而摆脱困境。小说暗示了在科学技术高度发达的美国，空气污染已造成严重后果，污染的大气如同一个盒子，把人们罩在里面，面临死亡的威胁。

文章排出清样，送杨西光审阅，他同意发表这篇科幻小说，于是很快在《光明日报》连载，"编者按"也是我草拟的。

在我的印象中，这是新中国成立以来，《光明日报》第一次刊载外国的科幻小说，至少从目前看来，也许是空前绝后的一次(由于手边没有当年的报纸，具体日期记不清了)。

(4)我与杜渐的交往

1981年9月，我的一本科幻小说《台风行动》由香港昭明出版社出版。该社推出的"昭明科学幻想小说丛书"同时出了郑文光的《古庙奇人》和杜渐翻译的《星童》。据我所知，这套丛书的策划人即是杜渐，我写《台风行动》也是应杜渐的约稿，郑文光的推荐也起了关键作用。

1979年初夏的一天，杜渐自香港、广州来北京。那时中国科普作家协会科学文艺委员会的领军人物是郑文光、童恩正、叶永烈、萧建亨他们几员大将。杜渐最早认识郑文光，由郑文光引见，他相继又和童恩正、

二、科普出版浅谈

王逢振、王晓达等科幻作家、翻译家结识了。在北京有一次见面会,是科学文艺委员会出面召开的,大家交流了科幻创作及翻译、出版的情况。当时新闻出版界的一些朋友如叶冰如、李夫珍、盛祖宏和我也参加了这次见面会。

杜渐当时在香港三联书店旗下的书评杂志《开卷》担任主编,应该说是自家人。可是当时那种特殊的政治氛围下,内地与香港文化人的接触,似乎还有点非常微妙的神秘色彩。现在回想起来,大家那么热切地参加这次见面会,听杜渐介绍境外科幻发展情况,似乎有点类似与天外来客见面的兴奋与喜悦。其实想想也并不奇怪,因为我们毕竟与世隔绝太久太久了。

自那以后,至今三十多年,除了有一次我去广州出差,他专程从香港赶来,见了一面,还有一次他来京组稿见过一面,此后两地相隔,再也没有见面的机会。但是书信往来,一直没有中断联系。

杜渐,原名李文健,广东新会人。1934年生于香港。他的父亲李崧是香港著名的西医,毕业于香港大学医学系。1928年上海十九路军抗战,他筹措大批医疗急救的药品、绷带送到上海,交给何香凝女士(当时任后勤主任),并在闸北开办伤兵医院,与夫人潘苏一道亲临前线,抢救伤员。在香港行医多年,李崧与香港工人联合会合作开办工人医疗所,一直免费义务为工人看病,口碑极佳,是香港为数不多的全国人大代表。

杜渐肄业于香港圣士提反书院,毕业于中山大学中文系。历任香港《大公报》、《新晚报》编辑,香港《开卷》、《读者良友》、《科学与科幻》杂志主编,香港三联书店特约编辑。中国作家协会会员。他热情、豪爽、爱憎分明,是个有棱有角的性情中人。谈起中国科幻,不能不提及李文健,并非仅仅是因为我与他过从甚密,而是因为在几十年的不平凡的岁月中,他对于中国科幻始终是一位热心的支持者、推动者和积极的实践者。

他发表了不少文章为科幻小说在中国的振兴与繁荣而大声疾呼。他创办《科学与科幻》杂志,翻译介绍各国著名科幻作家和他们的作品,并且将科幻小说涉及的高科技予以通俗地阐述,起到了很好的科普效果。《科学与科幻》杂志虽然只出了四辑就结束了短暂的生命,但它也是香港最早绽放的科幻之花,具有历史功绩。

杜渐主编的《开卷》，将1980年5月号定为"SF特辑"，这是在中国科幻史上值得记上一笔的。"SF特辑"以几乎一半的篇幅介绍科幻小说，其中头条刊登了吕辰采写的《访问中国SF作家郑文光》，杜渐本人撰写的《谈谈中国科学小说创作的一些问题》，并刊载了日本深见弹的文章《中国SF新貌》，文章原载1980年日本文光社《SF宝石》第二期。此外"SF特辑"还刊载了童恩正的《我的生活和创作经历》(转载自《语文教学通讯》1980年第1期)、日本横田顺弥的《日本明治时期的宇宙小说》(原载《文艺春秋》昭和五十三年二月号)。玛瑙撰写的《英国著名插图封面画家克利斯·福斯的艺术》，介绍了这位擅长创作各种奇异怪诞的太空船的画家及其代表作，这期的封面画即是福斯1973年创作的《群星巡航》。此外，该刊资料室整理的《世界SF概貌》和《世界SF文学奖一览》也提供了丰富的科幻信息。

杜渐的《谈谈中国科学小说创作的一些问题》是一篇很有分量的理论文章，对当时中国科学小说界存在的一些突出问题，进行了分析和正本清源的梳理。尤其是关于科幻小说究竟是小说，还是担负传播科学知识的科普作品或者是科学文艺的一支，他根据科学小说在各国发展的历史，明确指出科学小说是文学的一种，是近代随着工业革命出现的文学现象，并且指出："科学的幻想与假设，即科学构思，是科学小说的生命，它能使科学小说具有一种潜移默化的教育力量，启发读者丰富的想象力，吸收科学创新的力量。"并进而指出科学小说既不是边缘科学，也不是预测未来的未来学，澄清了围绕科学小说创作理论的种种误解，这对于中国科学小说的健康发展无疑是很重要的。

正因如此，《新华月报》(文摘版)1980年第7期转载了杜渐的《谈谈中国科学小说创作的一些问题》。

杜渐对科幻的贡献，还在于他率先翻译了不少著名的科幻小说经典，如阿西莫夫的《钢窟》等，他在《阿西莫夫的机械人小说》(载《科幻海洋》第2辑，1981年8月出版)中指出，是阿西莫夫"赋予了机械人'灵魂'，他制定了'机械人三大法律'，使机械人遵守这三条法律为人类服务"。阿西莫夫创作的短篇机械人小说分别收入《我，机械人》和《其它机械人》两本小说集，他的最优秀的长篇机械人小说是《钢窟》和《赤裸太阳》。杜渐认为，"阿西莫夫的机械人小说既是科幻小说，又是推理小说，更是哲学小说。它们在内容和形式的结合上，是值得我们借鉴的"。他翻译的科幻小说还有《隐身人魔》、《冷冻人间》、《太空潜艇》、《海魔》等。

杜渐对世界科幻史的研究倾注了巨大精力。他对各国著名科幻作家及其代表作，以及这一独特的文学品种的发展、演变，在广泛涉猎的基础上做了比较深入的剖析。正是有了这样扎实的研究，他于1987～1988年在香港《商报》开了一个"怪书怪谈"的专栏，这些专栏文章最终辑录而成《世界科幻文坛大观》，由香港现代教育研究社1991年9月分两册出版，这是迄今为止由中国人撰著的有关世界科幻文学史的扛鼎之作。

《世界科幻文坛大观》自1991年9月出版以来，二十多年过去，此间我曾想引进到内地出版，由于种种原因没有实现。大约是20世纪80年代末90年代初，杜渐退休后举家移民加拿大，他像是离开故土的一棵树，来到水土不服的异国他乡，虽然生计不成问题，由于我不知道的原因，他的一向旺盛的写作激情却从此冷却，几乎看不见他的新作了。20世纪90年代中期，我在得知他历年写有不少科幻小说，藏在"闺中"尚无"婆家"后，便推荐给我供职的出版社。经过一番努力，特别是经年轻的编辑吕鸣的辛勤努力，8卷本《杜渐科幻小说集》在1997年终于出版，包括《宇航历险记》、《基因再造计划》、《机器人传奇》、《死光》、《女娲王国探秘》、《逃出恐龙世界》、《黑龙三角》、《雪山血魔》。他的另外一本科幻小说《拨开历史的迷雾》，几经周折，最终得到广西科技出版社总编辑覃春的大力支持，也收入由我担任主编的《21世纪中国当代科幻小说选》，于2001年由广西科技出版社出版。对此，我也感到十分欣慰。

杜渐多次来信，邀我访问加拿大，我也曾动过这个念头，然而一拖再拖，如今年事已高，远涉他乡诸多不便，只能留下遗憾了。

(5) 相逢在台北

1994年3月，我随大陆出版界一个人数近百人的代表团经香港入台湾，参加台北举办的"1994大陆书展"。

刚到台北，在松江路一家名为"康华大饭店"的中式旅馆放下旅行箱没有多久，床头柜的电话就急促地叫唤起来。心里挺纳闷，谁会追在屁股后面找来呢？第一次来台北，压根儿没有七人姑八人姨在台湾，谁会知道我的行踪，打听到我住的旅馆房间呢？

拿起电话，疑团立即云消烟散。是他，我在书信中结识的一位台湾朋友。

他叫张之杰，台湾知名的科幻小说家、科普作家和编辑家，他用笔名章杰、章无忌、张乐音发表的科幻小说，我很早就读过，大陆出版的科幻小说集收有他的作品。如今，他是台湾锦绣文化企业的总编辑。

近几年，台湾科幻小说界的朋友频频来大陆访问，书信往来日渐频繁。我最先是和张之杰有联系，他是台湾唯一的科幻杂志《幻象》的编委。这份杂志采取轮流主编制，他在担任主编期间来信约稿，我们就这样以文会友，鸿雁往来，只是未能谋面。

约好见面这天，他从新店坐出租车准时赶来。

他穿着很朴素，既不打领带，也不着笔挺的西服，半新不旧长条细格的衬衫，手里拿着人造革的一个小包。宽阔的脸庞，专注的眼神，学生似的短发随随便便搭在前额上，言谈举止，活脱脱山东人的坦率、豪爽，还有读书人可贵的纯真，没有丝毫的做作和虚情。他谈起家乡山东的印象在记忆中很淡薄，他很小随父母从大陆来台湾，一直住在新店，那是台北县的一个人口稠密的小城，但50年代那里还是山水如画的乡村。

我和张之杰见面，并没有多谈科幻，因为海峡两岸科幻小说界的接触已经迈出了第一步，大家对彼此的情况都有所了解。台湾目前支撑科幻小说创作的园地是1990年1月创刊的季刊《幻象》，而在大陆目前唯一的科幻小说刊物就是成都的《科幻世界》。据我所知，由于经费拮据，《幻象》的前景不容乐观，已是难以为继了。

我的台湾之行，以海峡两岸的科幻作家的友好交往拉开了序幕。在台北，张之杰在繁忙的工作中抽出时间为我安排了几次活动。参观位于新店的锦绣文化企业的几个编辑部，特别是号称"中国的国家地理杂志"的《大地》杂志编辑部，给我留下很深印象。他还尽地主之谊，为我安排了赴台湾东部花莲的太鲁阁国家公园的旅行，使我有机会领略台湾东海岸峻峭的高山峡谷和浓郁的乡土气息。那是一次很愉快的旅行。

离开台湾前夕，张之杰还安排我与台湾著名科幻小说家黄海、《幻象》杂志发行人张敏敏女士晤面。黄海先生过去在北京见过面，他是一位创作力非常旺盛的作家。这次见面时，他将获得1986年中山文艺奖的长篇科幻小说《第四类接触》相赠。

在台北另一件值得一提的事，是逛旧书店时买到一本照明出版社出版的《科幻历史图说》，该书由美国著名科幻作家大卫·凯尔著，苌弘译，黄海为总编，1980年4月出版。

(6)结识潘家铮院士

我结识潘家铮先生，说起来是十多年前的事了，那时我在科学普及出版社供职，有幸征得潘老首肯，1997年出版了他的科幻小说集《偷脑的贼》(责任编辑宋宜昌)。这样就有书信往来。

记得有一次，中央人民广播电台科教部约我和潘家铮去做一个节目，可能是读书节目，谈《偷脑的贼》。我到复兴门的广电部大楼西墙外登记，刚好遇见潘老乘车而来。虽然以前多次通信，那却是第一次见面。我也是平生第一次到中央人民广播电台警卫森严的演播室，在那长长的通道，不时有荷枪的军人守卫着。不过与这番戒备森严的气氛相比，那位年轻的编辑似乎对我们的现场演播毫无戒心，既不向我们交待该讲些什么，也不问问我们会讲什么，我当时心里就觉得很是科幻。

《偷脑的贼》以后收入湖南教育出版社推出的《中国科普佳作精选》，我也参与其事。该书后来荣获全国优秀科普作品奖一等奖(2001年)和国家图书奖提名奖。

在这之后，我向中国少年儿童出版总社的编辑室主任王洪涛推荐潘家铮的作品，建议该社出一套少年版。我的建议被采纳。2006年中国少年儿童出版总社隆重推出四卷本《潘家铮院士科幻作品集》，即《蛇人》、《吸毒犯》、《地球末日记》、《UFO的辩护律师》，不仅获得很好的经济效益，而且荣获新闻出版总署颁发的首届政府出版奖和2011年首届中国科普作家协会优秀作品奖。我和科幻界朋友也分享了快乐。

我也要特别感谢潘老对中国科幻小说的支持。他加盟中国科幻小说的创作，是在特殊的历史背景下，对历经磨难的中国科幻界的无声的支援。他的行动，也必将带动更多的科学家、技术专家关心、支持目前还十分幼小的中国科幻小说。

坦率地说，这些年来，随着潘家铮的科幻小说的出版和屡屡获得国家各种奖励，另一个出人意料的社会效果是社会上对科幻小说的无端刁难和攻击渐渐销声匿迹了。由于潘家铮是两院院士，担任过中国工程院副院长，他的科幻小说频频出版，这样一来，那位不看凡尔纳科幻小说的院士，他的信口雌黄似乎也没有多少说服力了。

在中国，过去经常"闹鬼"的科幻文坛，由于"潘家铮现象"的出现，如同请来了打鬼的钟馗，如今平静多了。

(7) 从叶永烈来信引起的回忆

2011 年 11 月下旬，我参加中国作家协会第 7 次全国代表大会，住在西交民巷的首都大饭店。中国作协的这次换届会颇为隆重，与会代表的驻地除首都大饭店外，其余的代表住在北京饭店。我在这个豪华的饭店，在小组会，在楼道、电梯和餐厅，天天都和各地作家照面，不过多半不认识。有幸的是，上海作协代表团的作家也住在首都大饭店，于是我和叶永烈经常在餐厅里共进午餐或早餐、晚餐，这也为我们提供了聊天的机会。我在和叶永烈的闲谈中，仅谈了两个问题，因为他刚刚出版了一本钱学森的传记，我不由得想打听两个困扰我已久的问题。一是钱学森为什么对科幻小说很反感，因为国外许多著名科学家都对法国的儒勒·凡尔纳推崇备至，强调想象力对于科学发现技术发明的重要性，因而很喜欢凡尔纳的科幻小说，但钱老却对凡尔纳持否定态度。据我所知，他在担任中国科协主席期间，科协下属的科学普及出版社是不得出版科幻小说的。我恰巧后来调科学普及出版社任总编辑，这时钱老已经不担任科协主席了，但有的老编辑还是好心地提醒我，不要出版科幻小说。虽然我也没有见过什么文件，但我相信这并非空穴来风。当然，作为一位著名的科学家，个人的阅读兴趣无可厚非，钱老不喜欢看科幻小说，或者别的什么文学作品，讨厌凡尔纳，都是可以理解的，也是个人的自由，任何人不可说三道四。不过，如果手里有了一点权力，就以个人好恶代替政策，那就另当别论。至少可以平等地商榷吧。第二个问题比起上面的问题敏感多了，也尖锐多了，但是坊间流传甚广，很早就有人撰文，在一些公开出版物上也有披露。这就是在"大跃进"时，当浮夸风甚嚣尘上，粮食亩产几万斤十几万斤的"牛皮卫星"纷纷上天之时，作为中国最著名最有威望的"海归"大科学家，钱学森公开撰文表态支持，声称从科学上证实，从太阳能转换为生物能，亩产几十万斤是完全可能的。曾经任水利电力部副部长兼毛泽东秘书的李锐在《庐山会议实录》(河南人民出版社 1994 年第一版)62 页有记载："关于万斤亩，上海会议时，我问毛泽东为何轻信。他说，钱学森在报纸上发表过一篇文章，说是太阳能利用了百分之几,就可能亩产几万斤,因此就相信了。"当然"大跃进"时期发生的浮夸风,以至后来三年困难时期因粮食短缺饿死人等等,与钱学森没有多大关系,他对此也没有什么直接责任。不过,如果李锐的记忆无误,至少可以说明钱学森当时的表态是轻率的,是违背科学精神和科学思想、科学方法的。当然,我不清楚钱的这篇文章发表的背景,但是这篇文章终于影响到最高领导人的决策,而且是后果相当严重的错误决策,这就不能不令人深表遗憾了。尽管钱老为"两弹一星"的成功发射建立了不朽功勋,人民非常崇敬他,但是历史老人是铁面无私的,迟早要对一切人的功与过进行公正、公平的清点,谁也不能蒙混过关。所以,与叶永烈见面,我也想知道他在《钱学森传》中对这桩历史旧案是如何评说的。

不过很遗憾,由于种种原因,叶永烈没有正面回答我的问题。

但是也有意外的收获,我知道叶永烈是个细心人,资料积累、来往书信都整理归档,于是我问他能否找到当年的《光明日报》,上面登载了郑文光、童恩正、萧建亨和他四个人的文章,那是我经手的,是鼓吹科幻小说的一版文章。我手边没有旧报了。

他毫不犹豫地说,能够找到。

中国作协会议结束后不久,叶永烈从上海发来电子邮件:

金涛兄:

你要的《迎接科学文艺的新春》剪报已经找到,附上。可惜不是整张报纸。不过,根据1980年2月18日这一日期,可以从图书馆或者《光明日报》社找到当时四个人的全部文章。

叶永烈
2011-12-11

几天后,又接到叶永烈的电子邮件:

金涛兄:

在找出《迎接科学文艺的新春》时,还顺手翻阅我在SF论战时所保留的几百封通信。当时就按照时间顺序装订成几册,作为研究中国科幻的第一手史料。附上你1982年5月13日来信,共2页。今日读了,仍非常感谢你当时可贵的支持。

叶永烈
2011-12-13

这封信是整整三十年前，1982年5月13日，我写给叶永烈的：

永烈同志：

您好！给祖宏的信、稿，他都给我看了。我深为感慨。对任何作家的作品当然可以批评，包括SF，但批评要抱有善意，促其发展而不是其他，但现在的一种倾向是笼统的指责或者攻其一点不及其余，这对整个SF的创作将带来极大的消极影响。在这次北戴河会议上我曾为你的作品说过几句公道话，曾遭到某公的不悦，不过我不在乎，我以为带着个人的成见和嫉妒心理去开展批评，将是一种有害的倾向。现在也有一帮人企图以此为踏脚石爬上科幻评论家的位置，包括贵上海的某评论家，我实在不敢恭维。

当然，作为朋友，我愿进一言，我们在写作时要更谨慎些，多深思一些，以防授人以柄。不知你以为如何。顺颂

著安

金涛

五月十三日

对此，我也不想多说什么了。从这几封信可知，中国的科幻小说在1980年初正值蓬勃兴起之时，仅仅两年工夫，到了1982年5月，便是以"精神污染"的罪名置于死地之日。治中国科幻小说史的学者应当记住这个日子。

我给叶永烈回复了一封电子邮件：

永烈兄：

谢谢您发来82年5月13日我给您的信，这事我都忘却了，看到此信不禁又想起往事，其实这些年我做的一件事就是在各种场合为中国科幻呐喊，虽人微言轻，但似乎也有了一点成效。

多多保重，向全家问好。

金涛

2011-12-13

未刊稿，截至2012年

二、科普出版浅谈

科幻文学：科技时代的讴歌者和怀疑者

对科幻小说的出现，尽管评论界的褒贬不一，歧见甚多，但是如果不抱偏见的话，科幻小说以及由此带动的科幻美术、科幻电影和电视的蓬勃兴起，及其日益广泛的影响，却是无法抹杀的事实。日前，应科幻作家吴岩的邀请，我曾在北京师范大学给研究生讲了"科幻与人"的专题讲座，看到许多年轻人对科幻文学抱有浓厚兴趣，我越发感受到了科幻文学的生命力。从媒体报道得知，对青少年读者的抽样调查表明，科幻小说是最受欢迎的读物。至于国外一些著名的科幻电影，其票房之高及其深刻的内涵、奇妙的创意和令人愉悦的娱乐功能也无需我多说什么了。这种种现状，构成了日渐崛起的科幻文化现象，理应引起评论界和文学艺术界的密切关注。

正是为了呼应中国科幻文化现象的复兴，出版界的有识之士开始关注国外科幻理论著作的引进。在这方面，新近由上海科技教育出版社推出的大型工具书《彩图科幻百科》对于我们从历史的角度，结合科技的发展和社会的演变，加深对科幻这一具有时代性的文化现象的认识，无疑是很有启发的。

这是一部精彩而有趣的读物，大量珍贵的彩图和简捷的文字，明快而直观地浓缩了百年来科幻文学的历史进程。前两章从19世纪到20世纪90年代，按10年为一阶段，通过科幻与当时的重大政治、科技事件来反映人类的希望、憧憬与恐惧；将科幻作品放置在历史的背景下，对作品与历史背景进行比较。这是全书的主体部分。接下来，按重要的科幻作家、代表性经典作品、科幻刊物、科幻美术、科幻电影电视剧等，分门别类，逐一介绍，资料性强，勾画出科幻作品发展演变的脉络。但是，作者并不囿于罗列史料，而是透过典型作品和代表性作家的点评，要言不烦地就科幻文化现象提出颇有见地的理论分析。这正是我很看重的一个很鲜明的特色。

《彩图科幻百科》通过历史的回顾，深刻地阐明科幻文化的诞生绝非偶然，而是伴随西方的工业革命，人类借助前所未见的科学技术的力量，从根本上改变了世界面貌所导致的文化现象。科幻小说创作的原动力，据作者的观点，从来是科学发现与技术发明的不断进步。科幻小说始终热情地赞颂把人类带往新的天地的一项项新的发明创造，与此同时，它也对发明创造和技术进步可能造成的社会影响，始终持怀疑的、批判的眼光。换言之，科幻小说对于科学技术的双刃剑性质，一直抱有超越时代的、清醒的认识。作者指出，自从世界上第一部科幻小说——玛丽·雪莱的《弗兰肯斯坦》问世以后，"科幻小说对技术这一带有双刃剑性质的认识从那时以来一直未有改变"。

技术的双刃剑性质，很长时间以来，都是不少人有意无意极力回避的问题。但是随着时间的推移，特别是人们对大自然的认识不断深化，对自然规律的把握更加成熟，再加上越来越多的严酷现实暴露出技术的滥用导致的恶果，人类开始意识到，违背自然法则终将给人类自身酿成苦果：自然生态的破坏、工业对环境的污染、核污染、滥用药物对人体健康的危害、大量施用化学制剂和农药导致生物灭绝、技术手段的进步导致自然资源的枯竭、温室效应、臭氧层空洞等等。英国作家、医生埃利斯(Ellis Havelock，也有中译名为霭理士)在《印象和随感》中，以英籍美国发明家马克沁发明杀伤力强的机关枪为例："三十多年以前的一天，我们站在马克沁周围听他解说他的枪的结构，看他表演它的惊人的性能。我现在还似乎看见那常常显示有发明的天才的人的温和的、天真的神情，还似乎看见那谦虚然而得意的微笑……我们之中有一位若有所思地问他：'这东西不是要把打仗弄得更可怕吗？'马克沁很有信心地回答：'不会！它将使战争成为不可能！'"由此，埃利斯说："千万年以来的梦想者们，天才的赤子们，一直在人们的耳边悄悄地灌输那骗人的幻想……连铜器时代开始时候第一个想到把短刀拉长成为宝剑的天才发明家也一定相信，他已经使战争成为不可能。"(参见吕叔湘著《未晚斋杂览》)写到这里，不禁想起恩格斯在《自然辩证法》中的名言："只有人才给自然界打上自己的印记，因为他们不仅变更了植物和动物的位置，而且也改变了他们所居住的地方的面貌、气候，他们甚至还改变了植物和动物本身，使他们活动的结果只能和地球的普遍死亡一起消失。"这里，恩格斯提到"他们活动的结果只能和地球的普遍死亡一起消失"，是对人类不计后果征服自然的行为的严正警告！

由此可见，技术的发明创造的双刃剑性质，人类征服自然的种种愚

二、科普出版浅谈

蠢和傲慢，很早就引起马克思主义思想家和目光敏锐的作家的关注，而科幻小说家对此抱有同感。书中指出，法国科幻小说大师儒勒·凡尔纳始终把科学和发明看作是征服未知世界的机器，毕生创作了大量歌颂科学技术进步的令人振奋的作品，他的想象力带领读者放眼未来；然而，凡尔纳后期的创作却一改初衷，他去世后90年才首次发表的《20世纪的巴黎》中描述道："定位于以追求财富的巴黎，每天人们挤入拥挤不堪的地铁，用类似传真机的机器与他人联络，过着极度贫穷的生活。"儒勒·凡尔纳创作风格的变化说明，有着高度责任感的科幻作家，是无法回避科学技术的双刃剑性质的。它之所以成为科幻作家长期以来特别关注的话题，也许恰恰意味着科幻文学的日渐成熟吧。

作为一部小百科全书，《彩图科幻百科》还从不同的视角，全方位地展示了科幻文化从幼稚到成熟，从文学渗透到艺术领域的发展轨迹。一方面，科幻小说在百年的历程中多半是作为一种独特的文学体裁而存在，经历了巨大的变化和发展，形成风格不同的流派；另一方面，科幻作品已经不限于科幻小说，作为一种文化现象，它包括小说、电影、电视，以及连环画、科幻美术等绘画作品，并产生了许多经典之作。书中介绍，从电影诞生之日就有了科幻电影，1897年法国明星公司就拍了一部黑白科幻片《小丑和机器人》。早期的无声电影包括通往月球、火星的奇异旅行，以及将经典科幻小说搬上银幕。但是科幻电影的趋于成熟，最终还是有赖于科学技术的进步，20世纪90年代电脑技术和各种高技术的运用，能够将真实的和动画的、现实的和虚拟的镜头天衣无缝地连为一体，实现了科幻电影制作人的梦想。因此不难看出，在历史的进程中，科幻文化的发展不是一帆风顺的，作品的质量良莠不齐，也走过不少弯路，甚至在有的时期处于停滞的状态，这都是不足为怪的。虽然《彩图科幻百科》涉及的内容主要是欧美国家，但对于方兴未艾的中国科幻小说和亟待发展的科幻影视，从中不难得到可供借鉴的启示。

"科学幻想小说给千千万万的读者带来了快乐。"

"科学幻想小说指引着我们去展望未来；可它没有告诉我们一定要去展望什么。科幻小说是窗口，不是景点。"

我很欣赏作者在序言中的上述精辟见解，但愿《彩图科幻百科》给读者提供窥视科幻文化的一个窗口，也给大家带来快乐。

(《彩图科幻百科》,[英]约翰·卢克特著,陈德民等译,上海科技教育出版社,2003年7月第1版)

本文原载《中华读书报》2004年2月25日

科学好玩才能愉快阅读——《告诉我为什么》丛书读后感

现代教育心理学提倡愉快阅读,对于给孩子看的书,更是强调要使小读者在轻松愉悦的阅读过程中获得思想的熏陶、精神的享受和知识的营养。也就是说,任何给孩子看的读物,首先必须能够引起他们浓厚的兴趣,而对于科普读物来说,这更是首先要考虑的问题。

我没有从事过教育工作,但是我在和一些家长和孩子接触中发现一个相当普遍的现象:不少中小学生在没有跨入学校的门槛之前,还是一张白纸,他们对数理化天地生这些学科基本上一无所知,或者知之不多,然而经过几年的学习之后,有一定数量的学生对某些学科产生了极大的厌恶情绪,这种现象相信不少老师和家长都会有深刻的体会。与这种现象完全相反,生活中也有很多著名的科学家和科技工作者,他们之所以走上科学探索之路,最初的动因恰恰是看了一本有趣的科普读物,或者是因为受了授课老师潜移默化的影响而爱上了这门专业。这两种不同的现象可能涉及教育学的深层次的问题,我不敢妄加评说,但是有一点恐怕是可以肯定的,这就是不论是课堂教学还是课外读物,都要激发学生的兴趣,使他们着迷,觉得科学特别好玩、特别有意思,只要到了这个境界,兴趣就成了他们最好的向导,引领他们去叩开科学技术的大门。因此,就科普创作而言,尤其是给孩子们看的科普读物,必须注重"科学好玩"的创作理念,只有科学好玩才能愉快阅读。

中国少年儿童出版社最新推出的《告诉我为什么》丛书,就是力图把"科学好玩"这种科普创作理念具体化的成功尝试。正如丛书的引题——"多功能儿童科学宫"所点明的那样,这套丛书在小读者面前展示的,是一座包罗万象、趣味盎然的多功能儿童科学宫:它有四个展厅,即动物乐园、植物王国、天地之间、生活走廊,每个展厅有142个展台。当孩子们进入展厅时,都有一个可爱的卡通形象大使——啦啦熊、哈哈兔、巧巧狗、欢欢象带领他们去遨游神奇的科学世界。卡通形象的设计,精美的彩色插图，漫画的幽默夸张手法的运用，从直观印象上抓住了小读者。这种活泼的形式，多种艺术手法的运用，不仅有效地达到快乐阅读的效果，而且直观形象、富有情趣的画面能加深他们对知识的理解，开发思维，记忆深刻。

当然，除了形式的创新之外，在内容的选择、剪裁和表达的方式上，如何适合孩子们的口味，更是体现"科学好玩"这一原则成败之关键。尽管这方面并无一定之规，但是众所周知，孩子们的好奇心是一种最可宝贵的素质，是智慧的萌芽，也是创造力与想象力的基石。因此，给孩子们看的科普读物首先要千方百计地满足孩子好奇的心理，进而引导他们对科学的兴趣。《告诉我为什么》丛书在这方面是值得肯定的：即始终从孩子天生好奇的心理特点出发，从他们身边的各种常见的现象提出问题，给以科学的答案，这就使小读者的好奇心得以满足，同时也使他们对科学感到亲切，感到特别好玩，从而培养他们动脑筋、勤于思考的习惯。

再一点就是用知识链接的手法，设计了多种小栏目，将相关的知识告诉小读者，文字简短，着墨不多，点到为止，有助于调动小读者的观察力、判断力、动手能力和丰富的联想。这套丛书的每个条目文字都不长，又配以汉语拼音，这是符合孩子们的阅读习惯的。

2013 年 2 月 21 日

满足好奇　传播常识

科学普及的重要性无需我来饶舌。2008 年 3 月 10 日《科学时报》透露：正在建设中的中国科技馆新馆，是建筑面积 10.2 万平方米的一幢三层（局部五层）楼房，国家投资的基建费为 11.3 亿元，加上五六亿元的展品和设施费，一共 17 亿元左右。而今年中央用于廉租住房的资金投入为 68 亿元，比去年增加 17 亿元。从这些数字对比中，不难看出党和国家对科学普及的高度重视。

科技馆、天文馆、自然博物馆以及其他的以科学技术的主题兴建的博物馆，包括动物园、海洋馆、植物园等，无不是向大众进行科学普及的重要阵地。除此之外，科普图书、影视作品、报刊等也担负相应的职能。由此观之，一个现代化的社会，有很多人是从事与科学普及相关的工作。那么，科学普及的目的究竟是什么呢？也就有深入探讨的必要了。

答案当然很多，不必一一列举。但我以为，科学普及的目的之一是满足好奇心，另一个目的就是传播常识。

好奇是人类的天性。不仅今天的现代人富有好奇心，我们的祖先也是如此。现成的例子就是三宝太监下西洋。据统计，明代航海家郑和下西洋时带回中国的野生动物(主要是各国贡品)，先后七次加起来约有23种，如狮子、金钱豹、非洲长颈鹿、花福禄(斑马)、鸵鸟、犀牛、大象、骆驼、火鸡、鹦鹉、孔雀、黄黑虎、六足龟、黑熊、白猿、黑猿、白鹿、五色鹦鹉、白獭、马哈兽(大角羚羊或非洲大羚羊)、麋里羔兽(印度羚羊)等，这也是野生动物迁徙史上值得研究的一件大事。可以想象，将这些珍禽异兽装上船，漂洋过海，运往中国，即使在今天，也是相当烦难之事。为了保证这些珍禽异兽的健康，郑和派专人照看，还为这些特殊的客人预备了它们喜爱的各种食物。在漫长的航行途中，又是在风浪颠簸的大洋上，照料这些动物可是件操心的事，因为这些珍禽异兽是各国赠送给中国皇帝的厚礼，一定要小心翼翼地护送回国，一点儿也不敢马虎。

那么，把这些珍禽异兽万里迢迢运到中国，究竟是干什么呢？当年恐怕也不是进行科学研究，无非是满足皇帝陛下的好奇心。也有文献记载说，中国人当时把长颈鹿视为传说中的"麒麟"，而麒麟是象征祥瑞之兽，它的出现对于明成祖朱棣登基是个好兆头。这当然也是一种解释。

"物以稀为贵"，从郑和下西洋带回大量的野生动物到今天世界各地建动物园，尽管服务对象不同，但主要目的无一例外，都是满足人们的好奇心。当然，现代的大型动物园也有科研任务，也担负普及动物知识的功能，但是对于大多数参观者而言，他们花钱到动物园去看从来没见过的珍禽异兽，看熊猫、狮子、老虎，目的也很单纯，即满足自己的好奇心，他们中绝大多数并非有意研究动物分类或动物行为学，这也是人所共识。

同样道理，中外人士喜欢中国独有的珍稀动物大熊猫，在国外展出大熊猫引起巨大的轰动，也无非出于人们的好奇心。

由此推而广之，科技馆、天文馆、自然博物馆等以科学技术的主题兴建的博物馆举办的恐龙展、奇石展、兰花展、蝴蝶展等等，所以能够引起观众的浓厚兴趣,满足好奇心是主要的原因。前些日子,我去中国科技馆球幕影院观看引进的科技影片《飞向太空》和《阿拉斯加》,我去观看的动机也很简单,好奇而已。美国航天飞机的发射和返回,我没有亲眼见过,很想一睹壮观的场面。阿拉斯加心仪久矣,但此生也难以涉足,于是只好看电影来满足好奇心。

也许有人会提出质疑:把科技馆、天文馆、自然博物馆等以科学技术的主题兴建的博物馆的功能,理解为满足好奇心,是不是贬低了这些科普基地的价值呢?

其实不然。众所周知,好奇心是人类认知世界第一位的推动力。无数的事例证明:好奇,是开启知识大门的钥匙,是激发探索兴趣的催化剂,也是引领人们攀登科学高峰的动力。而我们知道,对所探索的领域充满强烈的好奇心,是激励许多科学家探索宇宙奥秘、揭开生命密码、洞察原子结构、勇于探险寻幽的强大动力,也是他们甘于寂寞、矢志不移、不畏艰苦、献身科学的精神支柱。

我们常说科学家具有童心,而童心最可贵的特征是像孩子一样对大自然始终充满强烈的好奇心,正是这种不因年龄而改变的童心,使许多杰出的科学家对科学的探索保持终身不渝的热情。居里夫人谈到自己的研究工作时,曾经这样充满感情地说:"我一直沉醉在世界的优美之中,我所热爱的科学,也不断增加它崭新的远景。我认定科学本身就具有伟大的美。一个从事研究工作的科学家,不仅是一个技术人员,并且他是一个小孩,在大自然的景色中,好像迷醉于神话故事一般。这种魅力,就是使我终生能够在实验室里埋头工作的主要因素了。"居里夫人的这番话,不禁令人想起伟大的牛顿把自己一生对科学的巨大贡献,谦逊地比作在知识的大海边拣了几个石子儿和贝壳:"我好像是在海上玩耍,时而发现了一个光滑的石子儿,时而发现了一个美丽贝壳而为之高兴的孩子。尽管如此,那真理的海洋还是神秘地展现在我们面前。"这是牛顿的名言。正是大自然本身的魅力、科学技术的魅力,使人们对它们充满好奇。

两位彪炳史册的大科学家都把自己比喻为充满好奇心的孩子,这是耐人寻味的。正是对大自然的好奇,迷醉于"在大自然的景色中,好像迷醉于神话故事一般",他们才能乐此不疲、乐而忘忧,"终生能够在实验室里埋头工作",而每一次科学发现带来的喜悦,在他们看来,"好像是在海上玩耍，时而发现了一个光滑的石子儿，时而发现了一个美丽贝壳而为之高兴的孩子"。这也是伟大科学家高尚的精神境界！

由此也可看出，满足好奇心，作为科学普及的目的之一是多么重要。其实，如果再进一步延伸，我们还可以发现，作为传播科学技术的科技馆、其他以科学技术的主题兴建的博物馆，以及科普图书、影视作品、报刊等，虽然表现形式不同，但是它们的共同点都应当是最大程度地满足观众和读者的好奇心，激发他们对大自然、对科学技术的兴趣，从而使他们亲近科学、热爱科学。我们现今一些科技馆的展品陈列、科技影视的题材、科普作品的选题之所以在这方面不甚理想，不能引起观众和读者的兴趣，有些地方的科技馆甚至门可罗雀，难以为继，根本原因之一是内容陈旧、表现形式呆板，满足不了观众的好奇心。这倒是值得深思的。

再说科学普及的另一个目的。科学普及，顾名思义当然是向大众传播科学知识，但科学技术的内容十分广泛，过于艰深的、只有少数专家能懂的、与国计民生关系不大的科学技术，似乎不是普及的当务之急。因此，我以为当前科学普及应当更注重传播科学技术的常识。

常识，按《现代汉语词典》解释，就是普通知识。但是细细一想，这般解释也有可以商榷之处，普通知识当然是相对于高深知识而言，但两者如何区分、如何界定，恐怕也是见仁见智，很难找到一把精确的尺子去量化。记得过去小学低年级有一门课，就叫《常识》，讲的内容都是社会、人文、历史、科学最基本最普通的概念，是一些儿童启蒙的知识。在日常口语中，说某人"一点常识都没有"，大概是指不通人情世故的意思。可见常识这东西，虽然浅显，却是不可或缺的知识。

既然常识是普通知识，并非高深的学问，那么按照一般人的理解，犯"常识性错误"的人肯定是不懂世事的小孩子，或者是没有文化的愚民。其实不然。如果考察人类的历史，就会有一个惊人的发现，那些经常犯"常识性错误"的人，往往是大人物。老百姓偶尔犯点"常识性错误"，也无关大局，顶多出出洋相，遭人白眼罢了。大人物却不然，在事关重大决策、关乎国计民生的大政方针上，倘若犯"常识性错误"，后果就会十分严重，有时甚至是导致天灾人祸的"人祸"的根由。

这就不能不叫人对"常识"引起格外的注意了。

二、科普出版浅谈

二十多年前,我去莫斯科,特地跑到郊外的新处女墓地。这里很像北京的八宝山,在古木森森的绿荫之中,长眠着俄罗斯历史上许多知名人物。我在墓地徘徊,一座由黑白大理石镌刻的墓碑引起我的注意,死者的雕像和他的名字,对我这样年龄的中国人是非常熟悉的,他就是赫鲁晓夫。

赫鲁晓夫的是非功过,无须我来评说。我只想谈谈赫鲁晓夫为发展苏联粮食生产而在中亚地区推行的垦荒运动,以及由此产生的后果。

苏联的农业问题一直是困扰政府的最大难题。据有关资料,苏联的农业一直处于落后状态,粮食平均产量每公顷仅1785公斤,居世界第20位,农业劳动生产率远远低于美国。1953年,苏联人均粮食产量仅为482公斤,低于1913年的540公斤。城市中副食品供应不足,农村情况更糟。赫鲁晓夫上台后,采取许多措施发展农业,企图改变农业长期滞后的状态,应该说是正确的。

1954年开展的声势浩大的垦荒运动,在短短5年内,动员了200多万人参加,其中有农机人员、农业技术人员、领导干部,有30万志愿者在共青团的号召下奔赴垦区,开垦了生荒地和熟荒地近4000万公顷。从当时的新闻报道和苏联的文学作品中,可以看到拓荒者们以崇高的政治激情,克服了难以想象的困难,为实现党和国家的宏伟目标而忘我劳动,其精神令人感动。

当时,不少农学家和国营农场的干部对此忧心忡忡,这些长期在干旱区从事农业科学研究和实际工作的人深知:干旱区大规模的土地开垦,必然导致草原植被的破坏,使脆弱的生态环境遭受难以估量的损失。即使必须发展种植业,也需采用休耕和轮作才能保持土壤肥力,避免风蚀灾害引起土壤表层的丧失。这不是什么高深理论,而是一个农民都懂的常识。这些正确的意见通过不同渠道上达克里姆林宫,但被胜利冲昏头脑的赫鲁晓夫不仅不予理睬,而且反其道而行之,在各种场合要求深耕土地,理由是便于机械化操作,缩短作物生长期。

恩格斯早就预言:"我们不要过分陶醉于我们对自然界的胜利。对于每一次这样的胜利,自然界都报复了我们。每一次胜利,在第一步都确实取得了我们预期的结果,但是在第二步和第三步却有了完全不同的、出乎预料的影响,常常把第一个结果又取消了。"(《自然辩证法》)由于干旱地区的土地连续耕作，不能轮流休耕，不仅耗尽了土壤肥力，也为风蚀创造了条件。加上连年春旱，狂风卷走肥沃的表土，人们辛勤开垦的土地荒芜了，新建的农场濒于破产，许多垦荒者陷入饥荒和贫穷的境地。更加可怕的是，新垦区的自然生态日益恶化，沙漠化愈演愈烈，遮天蔽日的沙尘暴席卷大地，酿成久久不散的黑风暴。

从1962年至1965年，新垦区有1700万公顷土地受到风蚀灾害侵袭，其中400万公顷颗粒无收。1963年全国粮食产量仅10750万吨，比上年减产23.3%，少产3270万吨，以致苏联不得不从国外进口大量粮食。

一场征服大自然的劳民伤财的垦荒运动，成了赫鲁晓夫政治生涯的"滑铁卢"，1964年他的下台固然有多种因素，但中亚地区大垦荒的失败无疑也是其中一个致命的突破口。这个教训是相当惨重的。

这一类因为"常识性错误"而最终导致大自然无情报复的事例，也并不限于苏联老大哥。

记得1958年"大跃进"时，我在京西的山区斋堂实习，目睹公社社员挑灯夜战，深翻土地。那里土层很薄，挖出来尽是石块。据说这"深翻土地"是来自上面的旨意，当然各地纷纷落实。那挑灯夜战的场面便是当年热火朝天的一道动人的风景。不过深翻土地并没有带来预期的丰收，而是大面积减产甚至颗粒无收。道理很简单，因为土壤最肥沃的腐殖质位于表层，如果深翻土地将底层的风化层挖上来，农作物又如何生长呢？这其实是土壤学的基本知识，也可以说是种田的常识。

当年流行的豪迈口号是："人有多大胆，地有多大产。"媒体纷纷报道各地放"卫星"的消息：粮食亩产几万斤、十几万斤甚至几十万斤的纪录不断刷新。当时也有大科学家撰文附和，不知其理论依据何在。不过也有一些正直的科学家对此表示怀疑。我那时在读大学，亲身聆听过中科院地理研究所所长黄秉维教授的一堂课。黄先生就说，根据他的计算，一亩地在作物的生长期吸收的太阳能是可以计量的，即便全部被作物吸收，转化为生物能（实际上是不可能的），也不可能有十几万斤的粮食产量。这是很普通的常识。这番话给我印象很深。我后来问一位种田的老伯，这位大字不识的老农也对报纸上放"卫星"的报道嗤之以鼻，他说得更加直白："大白天说梦话，一点常识都没有……"

今年恰逢是"大跃进"50周年。如果说"大跃进"给后代留下了什么教训的话，其中之一就是决策者如果犯了"常识性错误"，也会给一个民族带来深重的灾难。1958年的"大跃进"和接踵而来的人民公社化，犯下的许多"常识性错误"，最终导致的大自然无情的报复，是三年困难时期多少人活活饿死！而且，最不可思议的是，当有人质疑这种"常识性错误"时，却遭到无情的打击。

由此想到，科学普及的任务之一，甚至是最重要的任务之一是普及常识，普及科学技术的常识，普及真理的常识，而真正称得上是真理的东西，并不深奥，多半也是常识。至于宇宙的黑洞呀，爱因斯坦的相对论呀，霍金的《时间简史》呀，哥德巴赫猜想呀，火星上有没有水呀，诸如此类，知道一点也可以，对老百姓而言，不懂也无关紧要。倒是一些关系国计民生的常识，关系人民生命安全和健康的常识，大有普及之必要。例如今天全国日益严重的环境污染、生态恶化、盲目的城市化，甚至连最近卫生部公布狂犬病跃居全国传染病之首等等，究其根源，很多都是因为决策者犯了"常识性错误"。

尽量少犯和不犯"常识性错误"，对决策者都是最起码的要求。这个要求并不过分。不知道如今广泛流行的公务员考试，是否有常识这门课？但我以为，提高全民科学文化素质的目标即是向全民普及科学技术的常识，要真正实现这个宏伟目标，恐怕也并非是一件容易的事情。

本文是2008年10月7日在中国科普作协召开的座谈会上的发言

参与是最成功的科普——推荐《快乐科普剧》

向青少年传播科学知识、科学精神和科学观念，毫无疑问是一件关系民族未来的大事。但是，客观上又出现这样的现象：一是很多孩子迷恋上网，这已成为令人头疼的社会问题；另外，我们目前的应试教育，又导致不少孩子对数理化等科学技术十分厌恶。针对现实中存在的现象，抱怨或者指责孩子们当然是错误的，关键在于我们应当研究采用什么形式向青少年传播科学，如何使青少年对科学技术产生兴趣。换句话说，学校的老师和科普工作者应当研究向青少年传播科学的方法。

这种方法应当是青少年喜闻乐见的。我们现在讲科普，已经不限于传统的科普图书报刊,而是形式多样、运用声光电等高科技手段的大科普,如科技馆、天文馆、自然博物馆、海洋博物馆,以及科普影视、动漫等等,都是很受青少年欢迎的,但是这种科普通常只能是城市的孩子才有条件享受。我在这里特别推荐《快乐科普剧》(赵明编著,北京出版社出版集团、北京少年儿童出版社),首先在于科普剧这种科普形式在城乡的中小学都是可以推广的。

《快乐科普剧》这本书汇集了 16 部内容不同的科普剧,涉及动植物、人体生理卫生、环保、高科技、食品营养等主题,我在这里无意去评点每一部科普剧的构思、艺术特色或做剧情分析,而是重点推荐科普剧这一科普形式。我认为,在中小学开展科普剧的演出,由孩子们参与剧本的编纂(当然需要老师的指导),担任剧中的不同角色,以至最后参加演出,能够有效地激发孩子们热爱科学,对科学产生浓厚兴趣,其中的奥妙在于孩子们不是被动地接受知识的灌输,而是主动地参与。按照教育心理和青少年的心理特点,主动地参与将激发其兴趣,调动其想象力和创造力。这就使参与过程富有吸引力,使青少年从中感悟科学的魅力。

本书作者赵明老师从事小学教育二十多年,有丰富的教学经验,她本人又是热心科普的儿童文学作家。多年来,她组织孩子们自编、自导、自演儿童科普剧,深受孩子们的欢迎,并在杭州天长小学创办了我国第一个儿童科普剧团。正是因为积累了丰富的实践经验,赵明老师在《快乐科普剧》一书的序中,深有体会地介绍了在学校开展科普剧活动产生的意想不到的效果。

这篇序写得真好,题目叫《你会玩吗?你快乐吗?》。我希望全国的老师们、家长们都能读一读这篇充满感情、感人至深的序言。

"美国有一位获得教育界最高荣誉的教师坦言,他并没有高人一等的教学经验,他最擅长的就是唤醒学生对学习的兴趣和让他们发现自己的潜能。他最自豪的就是他所教过的学生没有一个自暴自弃、品行不端。他认为一个孩子的坠落就是从'厌学'开始的。这篇文章让我震撼。"作者如是说。在学校从教的那些年,她目睹了很多孩子出现"厌学"的状况,萌生了一个想法:"如何让学习变成一件快乐的事情呢?我想,我无力改变整个教学现状时,唯一能改变的就是我自己。"于是,她在语文教学中,把渗透"快乐"作为备课的焦点,把"课本剧进课堂"作为实验班的科研项目,从而导致科普剧的诞生。她说得多么好啊:"儿童在快乐的时候,思维是最活跃的。爱唱爱跳爱表现是孩子的天性,只有抓住天性进行教学,学生的学习效果才会提高。"

我无法重述这篇序言,但赵明老师和孩子们一起从事科普剧的活动证明:"让学生有时间去做自己喜欢做的事,查资料、做服饰、做道具、排节目、编写节目、讨论脚本……难道这不是更好的、更有效的学习吗?用枯燥、低效的作业填满孩子们的时间,怎么能让他们对学习感兴趣呢?如何培养他们的创新精神呢?事实证明,'课本剧进课堂'像磁铁一样吸住了孩子们的心,让孩子们觉得学习是一件快乐无比的事情。"她还说,每次演出给孩子们颁奖(几乎人人都能获奖),使孩子们从获奖中得到了自信,这是最高的奖赏。而通过演出树立的"这种自信心和敢于表现的心理素质,相信对他们终身有益"。

实践证明,在校园里开展科普剧的演出,不仅仅有助于孩子们亲近科学,激发他们对科学的兴趣,使孩子们乐于接受的科普活动,从更深层次来看,它所贯穿的快乐科普、快乐学习的理念也冲击了根深蒂固的传统教育模式,这一点是特别值得引起高度重视的。

几年前,我曾提出"科学好玩"的观念,目的是破除人们对科学的神秘感,以寻求科普创作如何为大众乐于接受的方式。"科学好玩"是基于这样的事实:一是科学本身,即支配宇宙的自然规律,是充满魅力的;其二,探索自然规律和揭示物质世界的奥秘的过程,创造发明的过程是趣味无穷的、引人入胜的;其三,科学技术一旦与社会结合,应用于社会,为社会造福,这本身也是令人着迷的。

著名的物理学家严济慈说:"怎么会有人觉得科学枯燥无味呢?还有什么东西比支配宇宙的自然规律更引人入胜呢?自然规律的和谐与真实,使小说显得多么空虚,神话显得多么缺乏想象力啊!"

居里夫人说:"我一直沉醉于世界的优美之中,我所热爱的科学,也不断增加它崭新的远景。我认定科学本身就具有伟大的美。一位从事研究工作的科学家,不仅是一个技术人员,并且他是一个小孩,在大自然的景色中,好像迷醉于神话故事一般。这种魅力,就是使我终生能够在实验室里埋头工作的主要因素了。"

这充分说明,不论科学家所从事的专业多么不同,但科学本身的魅力、自然界的无穷奥秘,都说明科学是有趣的、令人着迷的。正是这个原因,驱使他们乐此不疲,甚至不惜为之献身。

科学普及在一定意义上是还科学技术的本来面目,让大众真正觉得"科学好玩",愿意和它亲近。为此,科学传播应当注重科学技术与人文科学的结合,科学与艺术的结合,美术摄影与科学普及的结合,包括对科学文艺、科幻小说的提倡。

我以为"科学好玩"应看作是科学传播的新观念,它不仅是写作技巧,而且是一种全新的从内容到形式都追求新颖的创作思路。"科学好玩"的深远意义在于激发孩子们对科学技术的浓厚兴趣,唯有兴趣才是他们叩开科学殿堂之门的钥匙。因此,"科学好玩"的观念要求科学传播从单纯的知识普及与通俗化,发展到包括科学知识、科学精神、科学思想与方法的全方位的素质训练,它更加关注读者的接受能力和欣赏习惯的变化,关注人的整体素质的全面提高。因此,它需要不断地创新,不断地突破旧的传统,为科学传播开拓新思路。

正是在这个意义上,我认为在校园里开展科普剧的演出,是富有创造性的科学传播的好形式。它不仅以实践证明了"科学好玩"的观念,而且为营造健康向上的校园文化提供了成功的范例,是值得推而广之的。

2013 年 6 月 5 日

讲真话:科技传播的社会责任

科技传播承载的社会责任很多,诸如信息的交流,科学精神、观念和思想的弘扬,宣传党和国家的科技政策,普及科技知识,报道科技事件及典型,揭露迷信及伪科学案例,提高公众的科学文化素质等等,这些对于从事科学传播的媒体都是责无旁贷的。不过,我在这里要特别强调的,或者说科技传播当前的第一要务,是要讲真话,不仅科学传播的媒体本身要讲真话,还要大力提倡说真话。

也许有人会问,为什么要把讲真话作为科学传播当前的第一要务?道理说起来很简单,把讲真话作为科学传播当前的第一要务,实际上是把讲真话作为传播科学精神、观念和思想的前提和体现,因为科学是追求真理的,是追求真善美、反对假丑恶的。如果科学传播也说假话,背离了求真务实的宗旨，那么弘扬科学精神、传播科学观念和科学思想，就是一句空话了。

具体说来，还可以列出以下几个理由：

(1) 人类历史上经历过讲真话要付出沉重代价的时代，那也是假话盛行，给国家和民族带来深重灾难的年代。不仅政治上如此，科学传播方面也是如此。

举一个众所周知的例子：1958年的"大跃进"，讲假话、说瞎话的浮夸风愈演愈烈。农作物的产量本来是一个普通的常识，一亩地粮食的增产也是一个科学问题。当时却因为政治需要完全背离了实事求是的原则，于是唯心主义、唯意志论大行其道，"人有多大胆，地有多大产"的豪言壮语代替了科学的分析，亩产粮食几万斤、十几万斤、几十万斤的"卫星"，纷纷出现在报纸等传媒的头版头条。在那个头脑狂热的时期，传播科学的媒体也积极参与到反科学、讲假话的行列里，产生了误导群众、推波助澜的不良影响。此外，有的科学家或是迫于政治压力，或是为了自保，也撰文言之凿凿地对虚假的高产报道给予肯定，助长了反科学的浮夸风。由于这些科学家的学术地位，他们的文章也误导了舆论，影响很坏。当然，即使在当时的政治气候下，也有少数正直的科学家敢于坚持真理，讲真话。记得1958年我在北大念二年级，中科院地理研究所所长黄秉维教授在北京大学的一个学术讲座中指出：报纸上报道的亩产几万斤、十几万斤粮食是不可能的。他说运用数学计算，把农作物生长期内一亩地接收的太阳辐射，全部转化为生物能，结果也无法达到亩产几万斤、十几万斤。从理论上推导就是不可能的，何况农作物的种子仅占全部生物能的一小部分。黄秉维教授在当时敢于在大学课堂讲真话，是需要很大勇气的，而且是冒了很大的政治风险的。

最近看到一篇文章，是介绍著名遗传学家谈家桢的学术生涯的，其中不可避免地涉及生物学领域摩尔根学派与米丘林学派之争。文章说，1948年谈家桢代表中国遗传学界出席在斯德哥尔摩召开的第八届国际遗传学会议，会议的主持者是诺贝尔奖获得者、国际遗传学会会长穆勒教授。他在开幕词中说到，刚结束的苏联农业科学院大会通过的决议，把孟德尔—摩尔根主义宣布为"烦琐哲学"、"反动的唯心主义"、"伪科学"、"不可知论"的遗传学说，强调遗传学家信奉"米丘林主义"还是"孟德尔—

摩尔根主义",是社会主义和资本主义两种世界观在生物学中的意识形态的斗争。不仅如此,苏联关闭了细胞遗传学等有关实验室,开除并逮捕了坚定的"摩尔根主义者",销毁了有关的教科书,消灭了做遗传学实验的果蝇。以后,谈家桢又获悉,苏联农业科学院奠基人、遗传研究所和全苏植物育种研究所所长、著名遗传学家瓦维诺夫教授遭到逮捕并被迫害致死。由此可以看出,在自然科学领域,持不同的学术观点,讲真话,在特定的历史条件下往往要付出沉重的代价。值得一提的是,发生在苏联的事,若干年后也在中国重演。1952年6月29日,《人民日报》发表了题为《为坚持生物学中的米丘林方向而斗争》的文章,认为摩尔根遗传学是反动的、唯心主义的,严厉指出:"当前我国生物科学的现状已经到了不能容忍的地步","要用米丘林生物学彻底改造生物科学的各个部门"。这篇措辞严厉的文章对我国遗传学的研究造成的危害是不言而喻的。正是这种粗暴的干预,导致了中国生物科学的停滞和倒退。大学停止教授摩尔根遗传学说,科研中有关摩尔根遗传学说的课题也被中止,学术刊物只发表李森科一派观点的文章。然而具有讽刺意味的是,也就在1953年,沃森和克里克建立了DNA双螺旋结构模型,预示着遗传学发展到分子遗传学的新阶段(以上见谈家桢著《基因的梦萦》,百花文艺出版社,2000年1月)。

遗传学在苏联、中国的遭遇,只不过是特殊年代发生在科学领域的一个例子。类似的情况很多,如粗暴地取消人文地理学、批爱因斯坦的相对论,说明自然科学同人文社会科学一样,由于意识形态方面复杂的原因,也会出现讲假话成风、压制真理的悲剧。这种情形在"文化大革命"期间达到登峰造极的地步,流毒甚广。在这样的历史背景下,当时的科学传播媒体所持的立场和发挥的作用,也是显而易见的。

(2)今日之中国,政治氛围发生很大变化,广开言路,学术民主已是社会的主流。因为政治原因而讲假话,不能讲真话的历史已成为过去,孳生说假话的土壤似乎不存在了。但是,现实是无情的,尽管人们不再因为政治的需要而大讲假话,但是为了实际利益的需要而不讲真话仍然是今天比较普遍的一种社会现象。假话盛行,假话的衍生物——废话、空话、套话、鬼话、胡话、瞎话屡见不鲜,唯独不讲真话的现象依然存在。著名作家巴金在他的晚年向世人发出讲真话的呐喊,在他重要的作品《随想录》中，巴金说：他需要提倡三个字——"讲真话"！

然而，在现实生活中，老百姓普遍感到，讲真话仍然要付出很大代价，轻者会得罪人、讨人嫌，重则招致打击报复、穿小鞋。讲假话恰恰相反，可以取悦上司，受到提拔重用，加官晋爵，何乐不为？这种现象十分普遍，以致说假话、弄虚作假成为国民性的痼疾，已经到了十分严重的地步。

正因如此，要创造条件让人民讲真话。提倡讲真话，首先要有听真话的条件，要有听真话的雅量和胸怀，不能再搞什么"阳谋"，引蛇出洞、打棍子，扣帽子，秋后算账。

提倡讲真话就是提倡学术民主，不搞"一言堂"，允许有不同意见、不同观点，允许争鸣。

提倡讲真话是建设和谐社会、树立诚信的道德规范的前提条件。如果假话成风、假货泛滥、弄虚作假成灾，社会矛盾将会愈加尖锐，是很危险的。在这方面，科学传播的社会责任是至关重要的。

（3）以弘扬科学精神，传播科学观念和科学思想，普及科学知识为己任的科学传媒，在我看来，在提倡讲真话、杜绝说假话方面，在改善社会风气、弘扬正气方面应该发挥带头作用。这是缘于科学是真理的化身，科学是严肃的、尊重事实的，来不得半点弄虚作假，因而在大众的心目中，科学的声音往往最有权威，最具说服力。如果科学传播忘掉了自己的社会责任，那么科学精神、科学观念和科学思想就无从谈起，社会就会失去诚信的根本、是非的准绳、道德的底线了。

在现实生活中，经济利益的驱动，以及为了市场竞争的目的弄虚作假的种种不良风气也熏染了圣洁的科技领域。例如某些科技含量较高、价格不菲的民用电器，为了垄断市场，追逐高利润，厂家往往以不必要的升级换代迅速淘汰仍然能够使用的产品，并以种种手段（如没有零件、无法维修等方式）变相地逼迫消费者掏腰包购买新开发的产品。这种霸道的企业行为不仅侵害了消费者的利益，也造成资源的极大浪费。

如果说上述行为仅限于牟取暴利，这原是资本的属性，虽不合理却可以理解，那么媒体屡次曝光的论文抄袭、学术造假以谋取学位、职称或项目资助，为追逐名利不择手段的丑闻，则暴露了科技界的不正之风和学术道德的丧失。更加隐蔽的是，医疗卫生领域的许多案例，如为了利润而改换药物名称，为了增加医院收入让患者进行不必要的甚至有害健康的检查，以及为了长远的利益，开发出使患者终生无法摆脱的药物等，所有这些，已经突破了道德的底线，科学技术已经堕落为金钱的奴隶，玷污了救死扶伤的高尚的旗帜。当然，我希望这只是个别的现象。

除了这类明目张胆地触犯法律或违背社会公德的现象，更多的还是那些司空见惯的仍在支配人们思想、主宰决策者行为的观念，恰恰是违背科学、违背常识的。

举一个经常见于媒体的例子：在自然灾害来临时的抢险救灾行动中，各国的救援工作都贯彻一个最基本的原则，即首先要保护救援人员的安全，在这个前提下再去抢救幸存者。这是普通的常识，也是"以人为本"的正确解释和科学精神的体现。那种不顾救援人员的人身安全，不顾客观情况盲目瞎干，造成救援人员伤亡的悲剧，应该追究指挥者的责任，受到道义的谴责。但是，长期以来，在我们的实际生活中，特别是媒体的报道中（也包括传播科学的媒体），却是违背科学精神，传播了误导群众的虚假新闻，其负面影响十分恶劣。例如2010年12月5日中午，发生在四川甘孜州道孚县鲜水镇孜龙村呷鸟沟的草原火灾。这个草原，据媒体报道，不过200亩，是些小灌木林，即便全部烧光也没有多大的损失。但是在山火面前，由于指挥不当，临阵慌乱，对风向火情缺乏了解，居然导致参与抢险的15名解放军战士、5名老百姓、2名林业职工共22人遇难！我对这些牺牲的战士和群众深表悲痛，为许多鲜活的生命的意外死亡深感震惊！我没有看到这场草原火灾的后续报道，但我认为仅仅追认他们是烈士是远远不够的，还要追究瞎指挥的当事人的法律责任！

除此之外，总结经验教训，制定抢险救灾的法律法规，按科学规律指导人们的行为，避免不必要的伤亡，保护救援人员的人身安全和合法权益，是十分迫切且非常必要的。要知道，每一个参与抢险救灾的士兵或其他人员，他们身后都有一个家庭，他们有父母、妻子、儿女，保障他们的安全，就是保障我们每个人的安全。

讲真话，不讲假话，使之成为社会风气，说起来容易，真正落实却是一个漫长的、渐进的过程。常言道："学好千日不足，学坏一时有余。"社会如人，沾染了恶习就像吸毒一样要戒掉可不易。著名学者王元化说过："学会讲话只要一两年就行了，学会讲真话却往往是一辈子的事。在任何时候、任何地方都敢于秉笔直书、说真话，这就需要真诚的愿望，坦荡的胸怀，不畏强暴的勇气，不计个人得失的品德，同时还需要对人对己都要有一种公正的态度。"

如果科学传媒能够率先垂范，以讲真话为荣，提倡讲真话，使假话没有市场，必定是科学精神发扬光大之时，则中国大有希望。

本文是2013年4月22日在中国科协召开的"科学与人文"座谈会上的发言

充满童趣的幻想

科幻小说可以关注很严肃的科学技术题材，也可以表述富有哲理的负面乌托邦①，但是给孩子们写的科幻小说，首先应该是很好玩的，它既异想天开，也充满惊险神奇。总而言之，它打破了学院式的文学类型的樊篱，将童话和纪实、幻想与现实、今天与未来糅合在一起，为孩子们展开一个万花筒式的五光十色的世界，一个充满神奇怪异的幻想世界。

《动物庄园的秘密》([美]理查德·穆勒著，孟丽译，少年儿童出版社出版)就是这样一部富有童趣的科幻小说，故事发生在人类向太空探索的时期。故事的情节构思很像童话，但它的想象注入了科学幻想的元素。在童话故事里，赋予动物人格化是常用的手法，并不稀奇。但是，在《动物庄园的秘密》里，许多动物像第一个上天的小狗莱伊卡一样，被送上了太空做实验，不料却发生了意想不到的奇迹。这些实验动物像猩猩呀，老鼠呀，猫头鹰呀，猫呀，还有别的动物突然发生了变化，它们的智商大大提高，聪明过人，不仅会讲"人话"，能和人类交流沟通，有的还具备特异功能，懂得高科技。小说的科幻构思是富有创意的奇思妙想，既然人类在太空进行过动物实验，那么什么事情都可能发生，当然也有智力突变的可能。这是小说展开情节的一条主线。

与这条主线并行的一条辅线，是生活在环境恶化的阿美多星球上的阿美多人派出飞船前往地球。日渐衰落的阿美多星球人数不多，阿美多人企图掠取地球动物作为进攻地球的帮凶，于是用一种黄色的强光使一

---

① 负面乌托邦，也称反乌托邦，指以荒诞、离奇的想象描写未来的作品，如扎米亚京的《我们》等科幻小说。

些动物发生了变化,变得聪明起来,智商大大提高。一只非洲的鹦鹉和中国的一对大熊猫便是这样变得与众不同。

但是只有极少数动物愿意为阿美多人效忠。许多高智商的动物被美国宇航局作为无价之宝,安置在得克萨斯的动物庄园,过着和平安宁的生活。当阿美多人乘飞船悄悄地向地球飞来时,被具有特异功能的动物发现,于是,一群高智商的动物团结起来,帮助人类和外星人斗智斗勇的故事展开了。

作者透过小说中可爱的动物们的行为,注入了一种人类应该关爱动物、善待动物的理念,强调指出:人类不应该用自己的标准去衡量动物的智慧,实际上人类至今还不了解与他们共同生活在同一个星球上的动物,更不理解它们丰富的内心世界。这是很深刻的超前意识。小说通过动物们帮助人类共同对付外星人的故事,是要告诉读者,这是因为动物们亲自感受到人类中还有一部分人的爱心,所以它们才会在人类遇到危难时知恩图报,回报人类。"他们爱自己的宠物,细心照料它们。有些人即使自己没饭吃,也要给心爱的狗、猫或鸟看病。还有人发起了保护动物的组织,自愿为动物提供庇护,有的人组成了救护动物的专门协会。"八十多岁、阅历丰富的老鹦鹉玛土撒拉的这番话,大概是作者要告诉小读者最重要的心里话。小说结尾也暗示这样的理念:在未来漫长的岁月,当人类遇到外星人或者别的什么威胁时,不要忘记,动物们是人类忠实的朋友。

《动物庄园的秘密》中穿插了从 1960 年第一颗通信卫星发射成功、1961 年加加林和季托夫最早环绕地球轨道飞行,一直到 2003 年杨利伟乘"神舟五号"飞上太空、2004 年美国无人飞船降落火星等重大太空探险事件的内容,篇幅不多,画龙点睛,却将幻想与现实巧妙地融为一体,更加增强了小说的真实感和可信度。这种手法对于小读者了解人类探索太空的进程无疑也是有益的。

本文原载《中华读书报》2011 年 7 月 6 日

历史不会忘记——写在《心系长城站》出版之日

二十多年前的 1985 年 2 月 20 日,在南极洲南设得兰群岛的乔治王

二、科普出版浅谈

岛上，中国第一个南极科学考察基地——中国南极长城站举行了隆重的落成典礼。鲜艳的五星红旗在南极上空冉冉升起，雄壮的国歌声回荡在冰雪世界。这个激动人心的场面不仅深深地印刻在所有参与建设长城站的中国南极考察队员的记忆中，也迅速地通过无线电波和电视画面，传到地球另一边的神州大地，使10亿中国人民为之兴奋不已，共和国举国为之欢腾。

回想那些日子，中国的考察船离开祖国，驶向太平洋的万里航程；中国南极考察队员踏上南极的冰雪世界，搭起帐篷，站住脚跟，在暴风雪中建设科学站的日日夜夜；以及中国考察船在冰山出没的南极海开始首次海洋调查遇到罕见的狂风恶浪，直到中国南极长城站的胜利落成，每前进一步，都意味着中国在南极科学考察事业上"零的突破"，也标志着中国在新的历史时期科学技术的飞速发展和巨大进步。更重要的是，从此，在全球的南极事务中，中国不再是一个旁观者，而是积极的参与者。为开展南极的科学研究，为人类和平利用南极，中国人民将做出自己的贡献。

这历史的一幕如今已载于共和国的史册，历史不会忘记为祖国的荣誉而献身的人们。

在中国南极长城站建成二十周年之际，由海燕出版社推出了《心系长城站》，它的可贵之处在于本书的作者正是中国首次南极考察队队长，中国南极长城站第一任站长郭琨同志。作为中国南极事业的开拓者之一、长城站建设的总指挥，郭琨同志不仅以亲身经历和他的特殊身份向人们回顾了这个历史事件的全部经过，第一次详尽地披露了许多鲜为人知的消息，也真实地再现了建站前的决策、筹划，建站过程中的困难和风险。由于在南极建立科学站对于中国来说是开天辟地的第一次，既要借鉴国外的成功经验，也必须从本国的经济实力、技术实力出发，因此中国南极长城站的建成具有里程碑的意义。它不仅为后来建成第二个南极考察基地——中国南极中山站积累了宝贵的经验，也为今天的中国南极、北极科学考察奠定了第一块坚实的基石。正是在这个意义上，郭琨同志的著作提供了一份真实而宝贵的原始记录，具有十分重要的历史价值。

长城站的建成和中国首次南极考察的成功，留给后人的不仅仅是乔治王岛上屹立的科学考察站，也不仅仅是初步取得的科研数据和科研论文。除了这些举世公认的成果之外,它最珍贵的精神遗产,便是在南极严酷的自然环境中,在中国南极考察队员身上集中体现的为了国家的荣誉、民族的尊严,为了科学事业而奋发图强的精神。正是这样一种南极精神,激励了所有参与南极考察和南极建站的科学家、水手和海军官兵,他们团结奋斗,无私奉献,战胜了狂风恶浪,战胜了暴风雪,克服了重重困难,使中国的南极事业迈出了伟大的第一步。在中国现代化建设的今天,当金钱至上、物欲横流的风气盛行的时候,大力提倡南极精神,更具有现实的意义。

值得一提的是,郭琨同志正是南极精神的集中代表。从上个世纪70年代末受命从事我国南极考察的策划和组织管理工作以来,他把自己的全部精力献给了中国的南极事业。他曾七下南极,在建成中国南极长城站后的1988年,他又一次亲自出征,担任中国南极考察队队长,在南极大陆的拉斯曼丘陵,指挥建成中国在南极的第二个科学考察基地——中山站,并担任中山站第一任站长。南极的冰雪世界已成为他生命的一部分,中国的南极事业已融化在他的血液中,即使是在告老还乡、退隐山林的日子,他仍然未能忘情那南极的冰原、呼啸的暴风雪和南极给他留下的许多美好的回忆。这本书,是他以顽强的毅力战胜疾病之后,克服了许多困难写成的。

作为当年跟随郭琨同志出征南极的普通一兵,我谨向广大热爱南极、关心中国南极事业的朋友,郑重地推荐郭琨同志用朴实的文字、真挚的情感写成的这本书。我更祝愿他健康长寿,继续抒写他的南极之旅,为我们的祖国,为子孙后代,留下一份珍贵的历史记录。

2006 年 10 月 30 日

《偷脑的贼》后记

潘家铮先生的科幻小说《偷脑的贼》收入建国50周年科普精品丛书,潘老嘱我为他的科幻作品集写一篇"后记",我是诚惶诚恐,也深感荣幸。

我结识潘家铮先生,是十多年前,那时我在科学普及出版社供职,有幸征得潘老首肯,出版了他的科幻小说集《偷脑的贼》。这样就有书信往来。《偷脑的贼》以后收入湖南教育出版社推出的《中国科普佳作精选》,

我也参与其事。该书后来荣获全国优秀科普作品奖一等奖(2001年)和国家图书奖提名奖。不久前,四卷本《潘家铮院士科幻作品集》在中国少年儿童出版总社隆重出版,并荣获新闻出版总署颁发的首届政府出版奖,我和科幻界朋友也分享了快乐。因为我始终认为,潘家铮科幻小说的出版,不仅是为中国几亿小读者奉献的一份精神大餐,更是我国科幻小说界具有重大意义的盛事。

潘家铮先生是两院院士、国际公认的水电工程专家,也是国内唯一的具有院士身份从事科幻小说创作的作家。作为一位在科技领域成就卓著的专家,潘家铮的科幻小说,有其独特的个人风格和鲜明的特点。这也是我当初第一次接触他的作品就喜欢上它,并决定出版的原因所在。

首先,潘家铮的科幻小说对现代技术的发展及其对人类生活的影响具有丰富的想象力。作品中涉及的科学技术既力求准确,同时又赋予读者广阔的想象空间;科学性十分严谨,但又不乏超前的构想,对于启发青少年和广大读者的想象力和创造性思维具有潜移默化的影响。这是十分难能可贵的。

想象力是创造力的重要前提。我们现在大力提倡自主创新精神,培育创新思维,说到底就是要培养一个民族尤其是青少年具有丰富的想象力和创造力。自主创新,首先要转变观念,敢于海阔天空地去想,敢于挑战传统,这是一个思维模式的转化。科学技术的进步始终贯穿着对传统和现有知识的否定和质疑,宏观世界和微观世界的探索莫不如此。科学的发现发明,离不开想象力和创造力,同样,生产方式的变革和经济增长的模式,也依赖创新思维。如果连想都不敢想,或者根本不许想,墨守成规,亦步亦趋,何以创新,哪来的创造发明?科幻小说的重要功能,主要并不是传播具体的科技知识,它是以文学艺术的方式传播科学的思想,训练人的思维,进而激发青少年读者丰富的想象力,这是一种潜移默化的创新思维的训练。我以为,潘家铮的小说正是代表了这样一种时代的潮流。

其次,作为一位科技专家,潘家铮清醒地意识到,随着科学技术的飞速发展,科学技术既可以有利于人类社会的进步,反过来也可能对人类造成严重的伤害。他指出:"现在已能看得很清楚,科技发展确实是一把双刃剑。核能既可发电,又可做原子弹。当今世界上'真善美'和'假丑恶'的斗争在激化。在社会上，有些人为了名利，什么不道德甚至谋财害命的事都会干。如果科学家也抱这么个人生观，后果不堪设想。所以我又希望读者在欣赏科幻作品后能引起些反思。"潘家铮正是通过他的小说，以辩证的思维，艺术地展示了科学技术这把双刃剑的本相，提醒人们对科技发展可能出现的负面作用有所认识，保持高度警惕。这是一位科学家的良知，是高屋建瓴地对未来社会发展前景的警告。

潘家铮的科幻小说，另一个显著特色是具有鲜明的中国民族特色。十年前第一次拜读他的作品，对他的风格印象极深。不论是小说的背景、人物，还是故事的铺陈、情节的构思，都是中国化的。它有别于那些盲目摹仿外国科幻小说的作品，也不同于充斥市场的追求新奇怪诞的作品，而是将一种严肃健康的、富有个性的、具有中国特色的作品奉献给广大读者，读来十分亲切。尽管在创作方面，潘家铮对各种创作手法都在探索之中，但他对科幻小说的中国化功不可没，值得我们认真学习。

我也要特别感谢潘老对中国科幻小说的支持。他的加盟中国科幻小说的创作，是在特殊的历史背景下，对历经磨难的中国科幻界的无声的支援。他的行动，也必将带动更多的科学家、技术专家关心、支持目前还十分幼小的中国科幻小说。

鲁迅先生在一百年前曾大声疾呼："导中国人群以前行，必自科学小说始。"我国科幻小说繁荣之日，已经为期不远了。

1999 年 10 月 5 日

科学探索是永恒的主题——纪念《知识就是力量》五十华诞

《知识就是力量》在中国大地生根，走过了风风雨雨的五十年。孔老夫子说五十而知天命，五十岁是人生的成熟时期，也是这本最早在我国翻译出版的俄文科普杂志，逐渐适应中国的水土，如今已成为本土化的科普刊物成熟的标志。我作为一个老读者，发自内心地感谢多年来这本杂志作为传播科学的园地打开了我的视野，给予我的启迪和智慧，给予我的知识和力量。作为一个几乎时刻关注她的老作者，我衷心地祝她生日快乐，并向许许多多默默奉献了毕生精力的过去和现在的编辑和作译

二、科普出版浅谈

者,致以真挚的谢意,感谢你们为《知识就是力量》做出的贡献。

《知识就是力量》创刊不久,刚满周岁,我就从长江中游一个小城来到北京。在未名湖畔的北大图书馆,这本内容新颖,快捷地报道科学重大发现发明动态的刊物,像磁石一样深深地吸引了我。当时国内类似的科普刊物寥若晨星,而且由于特殊的政治氛围,俄罗斯及苏联的科学发展动态也成为当时课堂内外的主要内容。正是这个时期,我从《知识就是力量》以及其他翻译读物上,获悉了俄罗斯的探险史,尤其是当时苏联在北冰洋的科学考察、冰上考察站和破冰船开辟北方航线的活动。应该公正地承认,在上个世纪50年代,苏联的科普刊物如《知识就是力量》,在传播科学知识、弘扬科学探索精神方面功不可没。而且,俄罗斯的人文思想有着尊重自然、热爱自然、强调人与自然和谐相处的优良传统,这不仅反映在苏联地理学界倡导的景观学说,也深深植根俄罗斯的文学艺术之中,对于我们这一代人有着深刻的影响。

科学探索的精神,归根结底,源于对大自然的热爱,也是一个民族科学文化素质的标志。《知识就是力量》尽管是综合性科普刊物,但倡导科学探索,报道科学探险,弘扬人与自然和谐的理念,无疑是始终不渝的话题。

现在回忆往事,也许是受益于"润物细无声"的科学人文的熏陶,加上我在学生时代参加过大同火山群、毛乌素沙漠的实地考察,尽管后来的职业与所学专业大相径庭,我始终怀着对科学探索的兴趣,关注人与自然这个永恒的课题。上个世纪80~90年代,我有幸以一个特殊身份,参加中国首次和第七次南极考察,因此得以到达南美洲最南端美丽而荒凉的火地岛,也乘小艇登上了冰雪覆盖的南极半岛和纳尔逊岛。我在乔治王岛领略了南极狂啸的暴风雪,在冰山出没的别林斯高普海遭遇过罕见的惊涛骇浪,也曾穿过地球南端的麦哲伦海峡,在太平洋航行了近一个月……

我的经历当然微不足道,但对个人而言却是终生难忘。我亲身感受到地球是多么美丽的星球,大自然的无比壮丽令人感动。同时,也有深深的担忧。因为即使是远离文明世界的南极大陆,也日益受到人类活动和工业文明产生的负面影响:大气环流带来的污染物正在玷污这个洁净的冰雪世界,氟利昂的排放撕破了南极上空的臭氧层,温室效应导致气候变暖融化了南极的冰层,而像日本的捕鲸船违反国际公约,至今仍在南大洋和世界各海域肆意捕杀鲸群,已经导致南极海域及全球大洋生物链的失衡。更遑论今天文明世界面临的困境。

南极之行以及我后来在五大洲浪迹萍踪,促使我更多地将目光注视人类的生存环境,这就是近十年来我几乎每个月都在《知识就是力量》与读者谈心的主题。我希望更多的人关爱大自然,用科学的眼光关注社会与自然和谐发展。我们的地球应该随着科学的发展和文明的进步变得更加美好,而不是越来越陷于日益严重的生态危机。

记得我在乔治王岛时,曾在比邻而居的苏联别林斯高普站做客,后来也曾登上前来运送科研人员和补给的俄罗斯破冰船。那一次见到他们将各种垃圾装上船运回国内处理,以免造成对南极的污染,这是文明之举,印象很深。苏联(今天的俄罗斯)是迄今仅次于美国在南极建科学站最多的国家,也是世界上最早开展南极探险的国家之一。由此想到,《知识就是力量》最初也是从苏联传入中国的,在她五十华诞之际,尽管世界格局发生了巨大变化,但我真诚地希望刊物不改初衷,在开拓题材的同时,继续发扬科学探索的传统,更多地报道人类的科学探险活动,包括对南北极和太空等未知世界的探险,使更多的中国青年投身于对大自然的探索之中。

2006 年 5 月 7 日

《赤嵌行》序

章杰兄的小说《赤嵌行》,我是一口气看完的。虽然明知小说是虚构的,而且讲述的又是三百多年前发生的故事,无论从时间和空间都离今天的现实十分遥远,可是我还是饶有兴趣地把它读完,我想这里面至少有两个方面的原因。

首先,诚如作者一开始交代的:"《赤嵌行》的故事发生在顺治六年四月初八(一六四九年五月十八日)至七月二十五日(九月一日)。"把小说发生的时间说得如此具体,在行文中又不厌其烦地刻意挑明,这在文学作品中是不多见的。从字面上看,也许可以归于作家的写作习惯,但是在我看来,透过这些时间符号,作家反复强调了发生在这一特定历史背景下的政治氛围。顺治六年，对于故事发生地的台湾，是一个特殊的历史时期：一方面，荷兰人于1642年击败西班牙人占领台湾全境，在台湾南部建成普罗文查城(即赤嵌城)和热兰遮城(即台湾城)。另一方面，顺治三年，效忠南明朝廷、称雄福建的郑芝龙转而向清朝举起白旗，于是清政府取代明朝统一了中国大陆，只剩下尚未将台湾收复。与此同时，郑成功以鼓浪屿为基地，高举反清大旗，一呼百应，迅速崛起为东南最大的一支反清势力。台湾的郭怀一也密谋起兵驱逐荷兰人，正在密锣紧鼓八方联络之中。一时间，台湾海峡两岸风起云涌，波谲云诡，正所谓"国破家亡江山易主，改朝换代人心思变"，这是中国历史上一个充满变数，各种矛盾异常尖锐的特殊时期。作者将小说的背景框定在这个时期，让各种人物充分表演，展示人性中最隐蔽的内心世界，确实颇具深意，这也为小说情节的铺垫、人物性格的刻画、各种矛盾的冲突，搭建了一个偌大的舞台。依我之浅见，《赤嵌行》所以引人入胜，让人欲罢不能，正是历史的切入点选择得当，因而多条线索相互交织，错综复杂，却又彼此勾连，环环相扣，这就为情节的展开埋下了一个个伏笔。

《赤嵌行》写的是大时代小人物的故事：顺治六年，漳州诏安万门结义豪杰即将投靠国姓爷，派武艺高强的老幺万大明只身赴台，执行一项秘密任务，即寻找当年海盗埋在打狗山的黄金窖藏，作为投靠郑成功的见面礼，共举大事。万大明到台湾后，一波三折，先是因邂逅荷兰牧师的女儿安娜，遭荷兰军官丹克尔上尉忌恨，身陷囹圄，又遭暗算；后因万门出现叛徒，遂遭清廷派来的刺客的狙杀，命危旦夕。幸赖安娜姑娘和大结首郭怀一、大侠病尉迟的协助，始免于难。小说围绕万大明的际遇，刻画了一个个性格鲜明的人物，追求自由和幸福的安娜姑娘，沉稳仗义、深谋远虑的郭怀一，身怀绝技、隐姓埋名的大侠，江湖上人称"病尉迟"的周道存，"身在曹营心在汉"的翻译普仔……这些在时代大潮中各有追求的人物，都以自己的方式向万大明伸出正义的援手。然而在经历了自家兄弟背信弃义，投靠清廷，自相残杀的心灵震撼之后，一腔热血的万大明突然醒悟，小说的结尾是万大明毅然放弃投奔郑成功的打算，决定到海外去谋求一条生路。正如病尉迟感慨万端地说："清兵南下，八旗能有多少人，还不是靠降兵降将替他打天下！自家人打自家人，不就是咱们大明的气数吗？"万大明出人意料的人生抉择，也许正折射出国破家亡之际,仁人志士面对残酷现实的精神苦闷,这也是逃避现实的无奈之举。从某种意义上,这个结局也是富有象征意义的。

不过,我也不太满足,这个结尾似乎收得太快太突然了。这也是我对小说整体的印象。也许是过分追求"本书采单线发展,以系日方式,写万大明来台后的际遇和心理转折",反而束缚了小说情节的纵横挖掘,以致难于使许多有趣的人物和故事进一步丰满,这当然是我的一孔之见。

总之,《赤嵌行》是一部成功的历史小说(不是武侠小说),它在台湾文学史上的地位是值得肯定的。

《赤嵌行》由台湾章杰出版社2010年7月出版

《我们身边的高科技》丛书导读

高科技在我们身边,这绝不是幻想,而是实实在在的现实。

你只要稍微动脑筋想一想,就会发现,在你的生活中,在你的每一天,你一刻也离不开高科技,五花八门的高科技产品与你如影相随。比方说,你家里可能有一台电脑吧,上网、查资料、给朋友发邮件,甚至玩游戏,你都离不开电脑。此外,你也许有一个一刻也不离身的手机,既能通信,还有摄影、录像、听音乐等多种功能。当你到超市购物时,你会发现任何一种商品都有神奇的"条形码",它就是商品的"身份证",能提供商品价格等信息。当你到医院去看病时,你也许不知道,那门诊大厅的摄影头已经瞄准你,检查你的体温,看你是否发烧了。当你和父母一道出门,乘飞机到外地度假,你在机场就得通过一道道安检,那里的电子警察可是铁面无私,你的背包甚至全身都将受到检查。

还有很多很多。这些,都是高科技产品。

随着科学技术的进步,高科技产品不仅在各行各业广泛应用,也飞入寻常百姓家,成为我们生活中不可缺少的好帮手。

《我们身边的高科技》这套丛书,就是从当代与人们生活密切相关的各种高科技产品入手,简明扼要地介绍它们的科学原理、发明历史以及不断改进、不断完善的进程。由于高科技如今渗透到各个领域,几乎无处没有它的身影,因此,这套从英国引进的丛书涉及的范围很广、内容很新、科学性很强,这是它的显著特色。从电子技术到刑侦器械,从太

空探索到飞上蓝天,从环境保护到食品科技,从高速行驶到新型建筑,从现代医疗到人体健康,从绿色科技到未来能源,从生命奥秘到地球奇观,几乎包罗万象,凡是我们现在所能见到、想到的高科技产品,从这套丛书中都能找到相应的答案。

当然,丛书编者也没有忘记提醒读者,有些高科技产品也有两面性,它给人们的生活带来很大方便,改善了人类的生活质量的同时,也有负面影响。比如电脑黑客与犯罪,沉溺于网络游戏对青少年身心健康的危害,这些已经引起了社会的高度关注,我们都要采取相应的防范措施。

这套丛书给人印象最深的是,高科技产品有一个共同特点,就是更新换代的速度特别快。今天的时尚产品很可能明天就被人们淘汰。这也说明,高科技的发明创造没有止境,它拒绝一成不变,始终追求不断创新。

这种现象提示我们,高科技的研究和开发空间非常广阔,智慧的火花在这里很容易点燃,形成新发明的动力。希望小读者从中受到启发,调动你们的想象力和创造力,为开发高科技新产品贡献你们的聪明才智,做一个小小发明家。

我相信,《我们身边的高科技》丛书将会成为引领你们走上发明之路的好向导、好参谋。

《我们身边的高科技》丛书由辽宁少年儿童出版社2012年出版

成才始于今天——《小实验迷诺贝尔》代序

小朋友们,你们喜欢听故事吗?

我相信你们一定会非常喜欢。

你们手里的这套书,就是讲故事的书。

讲什么故事呢?

你们肯定知道达·芬奇、爱因斯坦、爱迪生、居里夫人、诺贝尔、安徒生、高尔基、贝多芬、卓别林的名字。他们当中,有的是著名的科学家,有的是伟大的发明家,还有的是杰出的作家、作曲家和表演艺术家。他们都是以自己的聪明才智,在科学技术、文学艺术等许多领域,为人类做出了巨大贡献的伟人。在人类历史的星空,他们是一颗颗闪闪发光的星星。

这些伟人不仅以自己的发明创造和不朽作品造福人类,他们一生刻苦勤奋、不断向命运挑战的奋斗精神,也永远成为我们学习的好榜样。

他们能够获得成功,有一个重大的秘密。你知道是什么吗?

和我们想象不同的是,这些伟大的科学家、发明家、作家、作曲家和表演艺术家,并不是一生下来就是"神童",也没有比别人优越的家庭条件。相反,他们中的许多人童年是悲惨的,有的因为家庭贫寒上不起学,有的父母早早去世成了可怜的流浪儿;有的即便上了学,也因为种种原因学习成绩一开始很差,被人瞧不起;还有的有残疾。总之,命运并没有特别优待他们,反而给他们的成长带来许多不利因素,老天爷似乎有意要考验他们。

但是,尽管生活中有许多这样那样的困难,他们却没有被命运压垮。在他们身上,体现了"有志者事竟成"的成功之路。这里有一个根本的原因,那就是他们都是敢于向命运挑战的人。他们意志特别坚强,认定了人生的奋斗目标,就会不屈不挠,脚踏实地,克服一个又一个困难,向科学技术或者文学艺术的高峰攀登。另外,很重要的一点,他们特别好学、爱读书,爱动脑筋,爱思考,用知识不断充实自己。他们的成功,印证了"知识改变命运"的真理。知识不仅改变了他们的命运,他们也用知识改变了人类的命运。

从这些伟人身上,我们可以得到很多有益的启示。

如果你想知道这些伟人有趣的故事,请快快打开这本书吧。

《小实验迷诺贝尔》由新蕾出版社 2008 年 4 月出版

航天技术的原创性科普读物

近年来,有关航天技术方面的图书,国内原创的、国外引进的翻译作品,也出了不少。但是,讲航天技术的科普读物,要写得有趣,能为一般读者看得下去,并不是轻而易举之事。太浅,读者觉得不过瘾;太深,又索然无味,难以卒读。不过,新近出版的《载人航天新知识丛书》(江西高校出版社),在这方面却有独到之处,它不仅向读者介绍了翔实的航天技术及其发展前景等有关知识,而且对航天技术发展史以及中外

二、科普出版浅谈

航天技术发展历程的艰难曲折做了生动真实的回顾,又穿插了许多鲜为人知的故事,读来引人入胜,是一套成功的航天技术的原创性科普读物。

记得二十多年前,我在华盛顿参观美国航空航天博物馆,在宽敞的一楼大厅耸立着一座座火箭,还有宇航服和月球岩石的标本,最引人注目的便是金箔闪光的阿波罗载人飞船的回收舱,放在巨大的玻璃罩里,吸引着许多参观者兴奋的目光。当时我就想,什么时候我们中国人也能发射自己的宇宙飞船,把航天员送上太空,实现中国人几千年的飞天梦呢?现在,在我国载人飞船"神舟六号"发射成功,全国各族人民为我国航天事业取得的辉煌成就欢欣鼓舞之际,人们对载人航天技术以及世界航天技术发展的历史和现状,特别是我国仅用两年时间就实现了从神舟五号"一人一天"航天飞行到神舟六号"多人多天"航天飞行的重大跨越的进程,无不产生浓厚的兴趣。但是,航天技术涉及面很广,又是高新技术,面对大众对航天技术知识的渴求,如何剪裁得当,有所取舍,避免面面俱到,这就需要在选题策划上花一番功夫。《载人航天新知识丛书》规模不大,共有6册,每册也仅有8万字,却紧紧扣住当今航天技术的热点,即三种载人航天器和三种太空活动,分别介绍宇宙飞船、航天飞机、空间站以及太空行走、开发月球、探测火星,这就在有限的篇幅内突出了重点,基本上涵盖了人类迄今为止取得的载人航天技术的成就,使读者对航天技术有一个较全面的了解。如果有兴趣,由此入门,可以再去探究更深奥的领域。

特别值得一提的是,尽管这是一套航天科技的普及读物,涉及许多高科技的内容,但读来并不枯燥,反而引人入胜,主要原因在于作者并不是罗列枯燥乏味的技术名词和数据,而是在介绍航天科技知识的同时,注意了科学与人文的有机结合,融人文科学于自然科学技术之中,把航天技术的发展史、航天技术的研制、实验过程中有关的历史背景、曲折的探索进程和著名科学技术专家的活动等内容巧妙地纳入其中,披露了许多鲜为人知的内幕(如中国在20世纪60年代的航天计划和曙光一号的尘封),这就增强了阅读的趣味性,也渗透了科学思想、科学观念和科学方法。

我最感兴趣的一点,即是书中多次提及航天技术的发展与人类自古以来的科学幻想的联系。飞向太空,到遥远的星空漫游,一直是人类的梦想。这个神奇而美丽的梦,不仅使许多科学技术专家为之着迷,也使许多作家和艺术家心驰神往。最早的太空梦是人类童年时代创造的充满浪漫色彩的神话,不论是中国的嫦娥奔月,还是古希腊神话中奥林匹斯山的众神,神仙们上天入地的本领似乎是与生俱来的。尽管这种极其大胆的想象是不可能实现的,但人类童年时代的太空梦,却成为激发科学家探索空间技术与太空之旅的原动力,当科学技术一旦成熟起来,梦想就将一步步变成现实。

要实现真正意义上的宇宙航行,飞出大气层,从人类诞生的摇篮——地球跃上太空,到遥远的星际去旅行,归根结蒂是要解决交通工具的问题。有趣的是,在探索空间技术与太空之旅的过程中,科幻作家最先以丰富的想象力和思维的创造力描绘了宇宙航行的场景,以致很多开风气之先的科幻作品成为科学技术专家探索飞行的向导。书中提到19世纪60年代法国科幻大师凡尔纳的《环绕月球》和《从地球到月球》的出版,对后世许多火箭和航天专家有深远影响。且不说凡尔纳笔下的发射载人炮弹到月球的发射场,恰恰是今天美国航天发射场卡那维拉尔角。(这绝不是偶然的巧合!)书中还提到,德国的航天先驱者奥伯特和法利尔还认真研究了凡尔纳设计的火炮和发射飞船的可行性。尽管他们否定了用大炮发射飞船的可行性,但凡尔纳小说中提到的火箭发射场、飞船密封舱、失重、火箭变轨道飞行、制动火箭和飞船海上溅落,都精确地预言了今天航天技术的现状。另一个例子是1897年德国拉斯维茨创作了关于火星人的科幻小说《两个星球上》,后来著名的德国火箭专家、阿波罗登月计划的主要设计者冯·布劳恩说:"我绝不会忘记在年轻的时候我是怎样怀着极大的兴趣和好奇心,贪婪地读着这本小说的。"这些例子很可说明:科幻小说家的大胆想象,在一定程度上反映了人类对太空之旅的热忱和期盼;反过来,科学幻想又激发了科学技术专家的想象力。自然科学与人文科学并无绝对的鸿沟,一旦思想撞击的火花激活了创造性思维,科学技术必然会把科学幻想变成现实。这是毫无疑问的。

另外,《载人航天新知识丛书》的成功,还有一点是应当特别指出的,这就是这套丛书是航天技术专家同科普作家合作的产物。阵容强大的航天技术专家加盟科普读物的写作,保障了内容的科学性与权威性;科普作家的加盟,发挥其专长,有利于作品的生动活泼和深入浅出。我一直以为，中国科普创作的繁荣和优秀原创性科普作品的大量涌现，必须有赖于大批科学家、技术专家加盟科普创作行列。科学家也好，技术专家也好，应当在从事科学研究、创造发明的同时关注科学普及，提高与普及是发展科学技术的两翼，两者不可偏废，二者相辅相成。这当然也需要变更观点，突破旧的科技体制的偏颇。《载人航天新知识丛书》的成功出版，我相信是有了一个良好的开端。

2014 年 5 月 30 日

欢迎专家写科普——《蛇国探秘》序二

《蛇国探秘》是劳伯勋教授花费了多年心血写成的一部科学文艺读物。劳伯勋是广州暨南大学生物系的老师，也是一位毕生从事蛇类研究的专家。记得在我们多年的交往中，不论是在红棉花开的羊城，还是在北京短暂相聚的日子，他的话题可是三句不离本行，总不外乎是他自养的蛇、他捕捉的蛇，以及种种有关蛇的新发现。

也许受了他的潜移默化的影响吧，我这个从小就厌恶蛇、对蛇打心眼儿里害怕的人，也对蛇产生了好奇。特别是拜读了这本《蛇国探秘》，如同随着作者到那神秘的蛇的王国里做了一次旅行，大大开拓了我的眼界，知道了过去许多闻所未闻的关于蛇的知识，纠正了以前一些以讹传讹的传闻；从蛇的起源、种类、生活习性，到捕蛇方法、蛇毒和抗蛇毒血清、蛇的天敌、蛇的功能和用途等，都随着作者那生动有趣的描述，在我眼里展示出一个神奇无比、奇妙无穷的世界。这本书是写给青少年看的，但我相信，每一个读过这本书的人，不论是少儿还是成人，都会感到兴味无穷。尤其是对蛇有畏惧心理的人，读一读这本书肯定是大有裨益的。

《蛇国探秘》的每一个章节，都是一篇饶有趣味的科学小品。它所以写得成功，我想除了作者的文学功夫，善于将科学知识通俗形象地加以描绘，以及知识广博，具备从日常的现象以及古代的传说、历史的掌故、科学的发现中组织材料这些因素而外，更为重要的一点是，作者本人多年从事蛇的科研工作。正如作者在开宗第一篇《我和蛇类交了"朋友"》中所言，他经常探访这些无脚朋友，也亲身体验过被蛇咬伤的感觉，他像照顾婴儿一样无微不至地饲养幼蛇和各种毒蛇,对蛇的生活习性做了深入细致的科学观察。正是通过这样亲身的经历和科学实验,他掌握了大量的第一手资料,因此他笔下的蛇国奥秘,其科学性是无懈可击的。不少内容正是他多年研究的心得和科学成果,使人读来真实可信。

我倒是由此想到我国的科普创作,我们现在不是常常谈及如何提高科普作品的质量吗?有什么办法呢?我以为,鼓励各门学科的专家学者就自己熟悉的专业领域,写成科普作品,不能不说是一种行之有效的重要途径。在这方面,中外的一些出类拔萃的科学家为我们做出了表率。苏联著名的地球化学家费尔斯曼院士,在繁忙的科研工作之余,以极大的热忱为青少年写了许多生动有趣、引人入胜的科普作品,其中最有名的如《趣味地球化学》、《宝石的故事》、《趣味矿物学》等。这些作品为培养新一代的地质学家、矿物学家产生了不可估量的影响。这是一个突出的例子。在我国,像著名的地理学家竺可桢、生物学家伍律、历史地理学家侯仁之、植物学家侯学煜、数学家王梓坤……他们的成就不仅反映在他们致力的专业领域,而且也反映在他们孜孜不倦地从事科普创作,写出了很多高水平的科普作品。

在今天科学技术飞速发展的时代,为了提高全民族的科学文化素质,科学家加盟科普创作的行列,创作出更多的像《蛇国探秘》这样的好作品,使人们对科学技术产生兴趣,进而使科学技术为大多数人所掌握,应该是时代赋予科学家的历史使命。

《蛇国探秘》由湖北少年儿童出版社 2011 年 1 月出版

三、黄昏与书相伴

[题记]

　　从责任编辑吕鸣发来的电邮得知，我在科学普及出版社2013年2月出版的《林下书香——金涛书话》，先是获第三届中国科普作家协会优秀科普作品银奖，最近(2015年2月)又获中国版协第五届中华优秀出版物奖图书奖。这当然是微不足道的小事，但多少也可说明社会和广大读者对这本书的肯定。就我个人而言，却是退休之后坚持了十几年的耕耘，得到的聊以自慰的一点收获，心里免不了涌起一阵欢喜。这也是人之常情吧。

　　我在《林下书香》正文前面就书话发了一点议论。自从退休以来，应《科学时报》(现改名《中国科学报》)"读书"版之约，写了十多年的书话类的文字，既有新书的点评，也有涉及旧书版本、作家的创作特色、译本的源流以及出版后的影响。这些围绕图书而阐发的相关话题，统统归于书话，是随着书籍的诞生而产生的一种别开生面的文体。在文学界，知名作家写书话的很多，在图书馆的书架上可以看到《鲁迅书话》、《郑振铎书话》、《周作人书话》、《阿英书话》、《唐弢书话》等，但是科普作家写的"书话"很少。对此，我也是一次尝试。

　　我写书话一来是有人约稿，有固定的发表园地，这是最为关键的；其次是有闲，退隐林下，有的是可以自由支配的时间，可以愉快地阅读。过去放置书架落满灰尘的书、朋友赠送的新著，还有许多在旧书摊淘来的千奇百怪的旧书，成为相伴黄昏的挚友。与它们朝夕相处，如同与智者对话,与历史对话,与真理对话,与科学对话,不仅身心愉悦,大脑澄明,心境开启,目光锐敏,而且越发深感自己的渺小和无知。

　　人生有涯知无涯。我在读书之余写下的书话,不过是记下阅读的一分快乐,一点感悟,一点思考而已。《林下书香》收有近十年写的书话一百篇,该书出版后这些年,我又写了六七十篇,这里收集的便是其中的一部分。

非洲南边的故事

　　不久前,一位小友到非洲南部的津巴布韦探亲,我顺口说了一句:"能不能给我找一枚硬币?"不料她的回答令我吃惊。因为她多次去过津巴布韦,对那里的情况很熟悉。她说该国由于通货膨胀,本国货币早已作废,现在市面上通用的货币是美元。大约是不想让我这个老头儿失望吧,她说她可以送给我一张津巴布韦已经作废的旧钞票,于是不久在我的收藏中又增加了一笔相当"惊人"的财富:一张面额一百万亿的纸币(编号为AA1788849)。这真是我这辈子见过的最大面额的钞票!如今它的价值是多少,不得而知,大概除了收藏,已经一文不值了。

　　现如今,国门大开,出国旅游、探亲、留学、创业乃至移民者,已是寻常之事。于是,旅居海外的作家学人以亲身经历、所见所闻撰写的作品,受到一些出版社的青睐,也是很自然的事。我因积习难改,对于外部世界充满好奇,而平日接触的传媒似乎热衷于新闻热点,很少关注真实的世界,于是只能退而求其次,从一些出版物的缝隙去窥探外面的世界了。

　　近日所读的《南非之南》(恺蒂著,上海书店出版社,2009年1月出版)是该社《海上文库》之一种,薄薄的一本小册子,收入了篇幅不短、内容各异的散文,以细腻的笔触,以亲眼所见、亲身经历的人与事,向读者讲述了那个号称"彩虹之国"的南非的巨大变化和伴随的困惑,许多内情对我而言是闻所未闻,读来很是耐人寻味。

　　《南非的良心:无声者的声音》是一篇对诺贝尔和平奖得主、南非大主教图图的专访,写得很生动,对图图大主教的成长、政治理念、行事

三、黄昏与书相伴

作风刻画得入木三分，其中谈到一件事引起我的极大兴趣。这就是1994年南非结束种族隔离制度之后，新政府面临的一个头等大事"是复仇和清洗，杀人偿命以血还血以牙还牙，还是以德报怨给全民族无论肤色黑白一个新的起点"。书中说，为了实现民族和解，解决因种族隔绝带来的积怨、仇恨的社会矛盾，以曼德拉为总统的南非新政府宣布成立"真相与和解委员会"，"处理一九六〇年到一九九四年五月十日间所有人犯过的罪行，对那些诚心忏悔请求宽恕的人实行大赦，对受害者进行补偿"。而图图大主教被曼德拉总统点名担任"真相与和解委员会"的十七名成员之一，而且是主持者——这有点类似中国"文革"后的平反冤假错案，但也不完全像。

关于这个"真相与和解委员会"的工作，一言难尽，作者最后做了一个颇似小结的阐述："'真相与和解委员会'不是法庭，它是一个舞台，给受苦难者述说苦痛的机会。在委员会听审的三年中，委员会成员遍行南非各地，让受害者当众讲出曾遭受的痛苦与屈辱，也让当年的官员、警察、打手和告密者供出所犯罪错，以此求得人民的宽恕。他们审问的，不仅是白人作恶者，也有黑人，包括国大党的成员，其中最著名的，要数曼德拉的前妻温妮。"

对于"真相与和解"的功效，尽管有这样那样的说法，但作者通过图图大主教之口，并且引证非洲其他国家如比属刚果、卢旺达的种族大屠杀为例，深刻地指出："所有的人都承认，'真相与和解'让南非成功地避免了许多人预料的血腥冲突，为新南非的和平发展奠定了基础，也为世界其他冲突地区的和解提供了一个楷模。"这是很了不起的政治智慧。

作者引用图图大主教的话说：以报复的方式伸张正义只会引起更多的种族冲突，杀人偿命的原则只会让死去的人越来越多。没有宽恕就没有未来。这个以宽容追求和谐的理念，实施起来并不容易，但南非做到了，因而今天的南非充满希望。

《南非之南》这本书的内容，主要涉及对南非社会现象的观察与思考，如南非的文学、城乡的两极分化、古老艺术的保护、危害社会殃及未来的艾滋病等，谈论的话题看似离我们很远，但是由彼及此，也并非没有可以思考之处。

书中有两篇文章论及南非的近邻津巴布韦：《来自津巴布韦的两种消

息》、《穆加贝：英雄还是独裁者？》，也引起我的好奇。文中提到，"津巴布韦曾经是非洲最富裕的农业大国，土地肥沃，有'非洲的面包篮之称'，现在大批土地荒芜，整个国家正在经历一场饥荒"，"城市里也同样人心惶惶，通货膨胀如卫星上天……"作者讲，她家的女仆每个月的工资大部分换成玉米粉、白糖、菜油托人带回老家，她的母亲和三个孩子还在津巴布韦。而在南非与津巴布韦接壤的满是鳄鱼的林普普河，偷渡者冒死也要偷渡到南非……

由此，也可解释津巴布韦曾经发行过面额是天文数字的货币了。

2012 年 4 月 20 日

难忘的意大利情结

不久前，老友万子美特地到寒舍来，将散发油墨香味的皇皇大著《万子美文集》（外文出版社，2012 年出版）相赠，令人不胜欣喜。

在我的藏书中，有一部分是特别珍贵的，这就是朋友的赠书，我将它们放置在专门的箱子里。这是我的精神财富。每当翻阅这些留下友人手迹的书，友情的回忆便油然而生，那令人难忘的岁月也就浮现眼前了。

《万子美文集》装帧精美，以米开朗琪罗的雕塑《大卫》、《摩西》、《圣母》分别为三卷的封面，封套则是波提切利的名画《春》中翩翩起舞的众神，显得十分庄重、鲜丽，洋溢着欢乐的气息。与封面设计相对应的是内容的厚重和深度。

万子美是一位著名翻译家，毕业于北京外国语大学意大利语专业，这套共三卷的《文集》有两卷是他的译作，一卷是《意大利中、短篇小说与喜剧》，包括加布列莱·邓南遮的中、短篇小说十八篇，朱塞佩·德西的短篇小说《天使岛》，哥尔多尼的喜剧《女店主》和《老顽固》。这些译作很早以前出过单行本，深受好评，也因此奠定了他在意大利文学翻译界的地位。一卷是意大利著名女作家艾尔莎·莫兰黛的长篇小说《历史——延续万年的丑闻》，由万子美、袁华清、徐青春译，据称这是我国第一部从意大利文翻译成中文的文学名著。

万子美长期生活、工作在意大利，他曾是《光明日报》驻意大利的首席记者，文集另一卷《意大利，意大利》是作者在意大利采写的各种内容的新闻报道，从"友好往来与合作、文明与文化交流、历史与风景名胜、传统与当代生活、教育与科学技术、经济模式与发展、社会问题与思潮"等方面，几乎是全方位、多角度地介绍了意大利，时间跨度从20世纪80年代初到90年代。他在那个特定的历史时期，坚持不懈地将南欧古老文明之国的现状及时介绍给中国大众。他为中意两国文化交流做出的努力，赢得了意大利政府的高度评价。为此他于1993年和2002年两次分别被意大利两任总统授予"意大利共和国功勋骑士"和"意大利共和国加勋爵士"称号，并颁发相应的勋章和证书，以表彰他作为文化交流使者的贡献。他是1861年意大利王国建立以来，唯一两次获此殊荣的外国侨民。

有趣的是，在《意大利，意大利》这一卷收入的报刊文章中，竟然有几篇是我俩共同署名的旧作，真是没有想到，也令人特别感动。

1988年那个地中海炎热的夏天，我应邀到意大利访问，万子美与我结伴而行，又当向导又当翻译。从罗马到威尼斯，从斯波雷托到佛罗伦萨，我们顶烈日冒酷暑，从一地奔往另一地，一辆刚出厂的雷诺面包车爆胎了，扔在威尼斯修理厂。等不及修好车，我们另外租车出发了。可见当时我们的工作效率，以及为了在有限的出访期内争取采访更多新闻的劲头。对我而言，只有短短的15天！

当时中国的高速公路建设刚刚起步，为了借鉴意大利的经验，经多方联系，我们得以在罗马郊外的高速公路第五管理区现场采访施工工地，向工程师和管理人员了解意大利高速公路建设的情况。后来在发表的通讯《在高速公路工地上》（文集《意大利，意大利》，288～290页）一文中，特别报道了意大利自20世纪50年代实施高速公路计划以来，国家很少投资，修米兰—罗马—那不勒斯的太阳路时，国家投资仅占3%，而且不给现金，其余由高速公路建筑公司自筹。1966年以后，国家一分钱也不给，完全由承建的公司自筹经费。但公司将会得到回报，这就是高速公路竣工后，国家交给该公司管理30年。一般来说，高速公路10年可以收回全部投资，以后20年就是纯利润。因此，这一管理体制也使我们意识到，意大利高速公路的修建，通常不会或很少出现贪污的现象，高速公路建筑公司也不会偷工减料，因为它们将来是高速公路的经营者。这就如同一个人自己盖房自己住一样，从中贪污和偷工减料都是不可思议的。

当时在意大利采访,我们有明确的目的性,希望借它山之石可以攻玉,给国人特别是决策者提供可供借鉴的成功经验。那一次,我们采访了威尼斯一家大型化工厂的环境保护、罗马的古城保护和文物修复,斯波雷托艺术节和小城镇开展特色旅游业的思路,以及意大利高速公路建设与管理模式……当然,我们辛辛苦苦拣回的它山之石,能否攻玉,那就不得而知了——我相信,万子美不会忘记1988年夏天的那次难忘的采访。

他在自序中说:"我先后在意大利生活工作了20多年,而且在那里经历的是我一生之中的黄金时段。"说《万子美文集》凝聚着他的意大利情结,该是恰如其分的。

2012年8月10日

马岛战争的遐想

30年了,那场发生在南大西洋的马岛战争,在人们心中的记忆并未随着时间而消失。这几天,媒体纷纷报道阿根廷人在乌斯怀亚集会,要求英国归还马岛。女总统克丽斯蒂娜在集会上发表演说,要求伸张正义;而在英国,退伍老兵也举行集会,首相卡梅伦针锋相对,声称支持当地居民的自决权……

人们的思绪又回到了30年前,甚至更加久远。

马岛战争结束不久,我到阿根廷,在首都布宜诺斯艾利斯,在南端的火地岛首府乌斯怀亚逗留。那时战争的硝烟刚刚散去,但战争给人们心灵带来的创伤远未愈合。从乌斯怀亚东去,驶向南大西洋,远远便能窥望那散落在波涛中的马尔维纳斯群岛,那里依然弹痕累累,血迹斑斑,在海滩和多石的山岗,许多新立的十字架在寒风中颤栗……

马尔维纳斯群岛,英国称福克兰群岛。这个位于南大西洋的群岛,阿英两国均宣称拥有主权,目前实际上在英国控制之下,但阿根廷始终不承认。群岛面积12173平方公里,由两大主岛和二百多个小岛组成。海岸曲折,岛上多丘陵,河流短小流缓。由于位于南纬51°40′~53°00′、西经57°40′~62°00′,属亚南极,气候寒冷潮湿,年平均气温5.6℃。年降水量625毫米,一年中雨雪天气多达250天左右。由于群岛周围海域丰富的渔业资源，尤其是蕴藏着丰富的油气资源，两国对它的争夺将会更加激烈。

发生在1982年4～6月间，为期74天的马岛战争，由阿根廷军政府挑起。尽管马岛离阿根廷本土仅500公里，英国远在万里之外，由于军事实力等方面的差距，英国派出海空军对马岛和周边海域的阿根廷军队发动反击，登陆并收复马岛。在这场战争中，255名英国士兵和650名阿根廷军人丧生。阿根廷在遭受一系列军事上的失败后，与英国签订停战协议。阿根廷的战败最终导致军政府垮台。

日前读了哥伦比亚著名作家、1982年诺贝尔奖获得者加西亚·马尔克斯的一篇文章《马尔维纳斯，一年后》，文中透露的马岛战争的幕后故事，令人心灵震撼。

加西亚·马尔克斯在中国读者中享有盛誉的代表作是魔幻现实主义的长篇小说《百年孤独》，这位观察力锐敏的作家在《马尔维纳斯，一年后》中，对马岛战争中失败的阿根廷做了近距离的剖析。

战争结束后一名阿根廷士兵从马尔维纳斯岛回来，在布宜诺斯艾利斯帕莱莫第一团驻地打电话给他母亲，恳求她允许把他的一个残废的、家住他乡的战友带到家里来。据他讲，那是一个十九岁的新兵，在战争中失去了一条腿和一只胳膊，此外，还失掉了双眼。为儿子生还感到高兴的母亲恐惧地回答说，天天看见一个残废人她不能忍受，不同意那人来他家。于是儿子放下了电话，对自己开了枪。他所说的战友就是他自己。他撒那个谎是想知道他母亲看见他肢体残缺回家时的情绪如何。

令人心惊肉跳的悲惨故事！这样结局的故事真是不该发生。然而谁能知道，一场战争改变了多少年轻士兵的命运？

加西亚·马尔克斯继续写道："这不过是近十二个月来在阿根廷流传的许多可怕的故事之一。这类故事都没有见报，因为军方的检查机关不准这类故事通过流亡者收到的私人信件在全世界流传。"

加西亚·马尔克斯的这篇文章披露的细节，很能说明问题："现在人们知道，有无数十九岁的新兵被强行送往部队，不经训练就去马尔维纳斯群岛同职业的英国兵作战。他们穿着网球鞋，衣服单薄得难以御寒，气温达到零下三十度(此时正值南半球的冬季——笔者注)。许多战士脱鞋时不得不连同冻烂的皮肤一起撕下来。由于长时间坐在战壕里，睾丸被冻坏，九十二个战士不幸遭阉割。由于缺乏遮挡强烈的雪光的防护眼镜，仅在圣卢斯地方就有五百名士兵眼睛失明。"和英国军队良好的武器和后勤保障相比，阿根廷军队的腐败触目惊心。加西亚·马尔克斯写道："由于严寒，许多人睡觉时被冻死。这些人也许算幸运的，因为另一些人无法从罐头里掏取硬如石块的肉团被活活饿死。"这是残酷的现实，不是魔幻。

关于马岛战争，后来出了很多书，军事史专家围绕外交、军事、战略战术、高科技等方面，剖析阿根廷失利的原因。其实，依老朽的愚见，还是大文豪加西亚·马尔克斯道出了内情，这恰恰是战史研究者忽略的，或许是有意避而不谈的。不管你承认不承认，尽管有这样那样的主客观的因素，导致阿根廷马岛之战溃败的一个重要原因，是腐败，极度的腐败。

可怜的是那些年纪轻轻的士兵……

2012 年 4 月 6 日

韩国学者笔下的《清史》

像我这样非历史专业的人，历来是从中国史学家撰著的中国通史或断代史获知改朝换代的血腥、列祖列宗的丰功伟绩的。尽管作者不同，但是内容大同小异，历史的脉络大体上是定型的、没有疑义。久而久之，也容易给人一些错觉。

最近购得一本《清史》(香港社会科学出版社有限公司，2003 年 10 月出版)，作者是韩国汉阳大学教授任桂醇，由陈文寿译，六百多页。尽管该书很多内容援引不少中国学者的论著，但这位韩国女历史学家的观点和对史料的选择，颇有独到之处，令人有耳目一新之感。

举几个例子：过去中国学者写通史或断代史，对于某个朝代国家疆域的范围多半语焉不详，或者干脆不触及这类数据。但任桂醇的《清史》却明明白白指出："18 世纪末，清的领土大体上由包括 18 个省约 354.830 万平方公里和约 1004.143 万平方公里的边疆组成，总面积 1358.973 万平方公里。"另又点明："边疆地区包括：东北方面为从现在的辽宁省、吉林省、黑龙江省、俄罗斯黑龙江一部、外兴安岭以南、乌苏里江东部到库页岛(萨哈林)的地区,西北方面为中亚的天山南北路周边和青海省,西南方面为包括西藏、云南、贵州省的广阔地区,以及沿海和岛屿。"清代全盛时期的国土数字给人印象很深,也由此想到帝国主义列强对我国领土的鲸吞和无耻政客的卖国勾当。

书中对清代精锐的军事力量八旗军的形成,在夺取政权、建立清王朝所起的作用,以及其兴衰的介绍是发人深思的。值得一提的是,清军入关、问鼎明王朝江山的当儿,满洲八旗不过9.6万人,加上蒙古八旗3.83万人和汉军八旗5.13万人,总共只有18.56万人,"凭借这么少的兵力进入中原并镇压中国此起彼伏的抗清军队,可谓是天定命运。"作者感慨道,当然这样讲是不够的。读者需要的是更深层的分析和由此提炼的历史教训。因为也是这支八旗军队,在不久以后的和平时期,演变成纲纪松弛、腐败不堪的"无用之物",书中"八旗军的衰退"对此做了简要的介绍。时至今日,"八旗子弟"成了养尊处优的腐败阶层不肖子孙的代名词。

注重从经济的层面分析历史事件的深层次背景,而不仅仅停留在肤浅的政治概念的、情绪化的判断,是任桂醇《清史》的一个很鲜明的特点。例如关于义和团运动,现在不少时尚的史家几乎众口一词指斥为中国人的排外情绪,是抵制西方文明的反动。对此任桂醇在《清史》做了比较客观的分析,指出义和团运动活跃于中国北方不是偶然的,重要的经济上的因素是"清朝丧失关税自主权,所以无法抵制列强的廉价工业品的输入,原来小农和贫农运用剩余劳动力生产棉布等手工业制品,维持生计。然而,随着大量廉价棉纺织品涌入,传统手工业者无法与其竞争,从而丧失谋生手段"。又说德国获取在山东省铁路铺设权,在购买土地过程中随意强挖铁路用地上的坟墓,拆除民居,这类行为极度刺激了中国人。由于修建铁路,导致南北大运河大批河运工人失业,失去生计,演化成严重的社会问题。再加上"传教士在治外法权下的为所欲为"、"皈依基督教者大部分不是良民,而是为害地方的无赖之徒",这种种因素都是酿成义和团运动的直接间接的诱因。总之,西方产业革命的成果在向落后的中国农业经济强迫输入时,给中国人民带来的不是文明的进步而是可怕的灾难,包括生存的危机和信仰的危机。当腐朽的清政府无法保护它的子民时，老百姓的选择必然是盲目的血与火的洗礼了。

如今，媒体频频报道的侵犯农民权益的强制拆迁，平坟，将工业污染转嫁到农村，癌症村的出现，官员的腐败和黑社会的猖獗，这些似曾相识的现实，恍如当年西方工业化给中国农村带来的灾难……

看来，读历史也要"货比三家"，光听一面之词肯定会上当受骗。

2013 年 4 月 19 日

《伊索寓言》的译本

《伊索寓言》的汉译本很多。在我的藏书中，就有不同的版本，譬如中国少年儿童出版社 2001 年 9 月出版的《伊索寓言》，是根据美国 GROSSET & DUNLAP Publishes, New York(1948 年版本)和 Penguin Group(1998 年版本)编译的(译者贾瑜凯)。最近看到的两种《伊索寓言》译本也很有特色，至少在外国名著的翻译史上是值得一提的。

一种是《全译伊索寓言集》(中国对外翻译出版公司，1991 年 1 月出版)，列入《苦雨斋译丛》，译者是周作人。这个译本很有年头儿了。流行很广的 1955 年人民文学出版社出版的《伊索寓言》，就是根据周作人的这个译本付梓的，只是当时书名改了，内容由出版者有所改动，而这次根据译者手稿重新恢复原貌的译本，在某种意义上也有着特殊的价值。

周作人的《全译伊索寓言集》，最大的特色系周氏直接译自希腊原文，比较而言，周氏译本比起从其他文字再转译为中文的译本，似乎更接近原汁原味了。

周氏译本共收 358 则寓言，附录收有周氏的《关于伊索寓言》一文，文章对这部文学经典的起源、作者、传播的历史做了简要介绍。值得一提的是，《伊索寓言》很早就流传到中国，贾瑜凯在"译者的话"中说，早在明朝《伊索寓言》就已传入我国。周作人认为，《伊索寓言》是 19 世纪末林琴南翻译此书选本用的名称，此前 1840 年教会出版的英汉对译本名为《意拾蒙引》，"意拾"是"伊索"原名的拉丁文拼法用英文读法译成的，原来应读作"埃索坡斯"。另外，周氏并不喜欢"寓言"这个名称，认为"也是好古的人从庄子书里引来的"，他认为在希腊古代这些只称为故事，"说得详细一点，是动物故事，被用作譬喻来寄托教训乃是后来的事"。

周氏对于《伊索寓言》的作者也做了一番考证：伊索(埃索坡斯)原是希腊萨摩斯人雅特蒙的家奴，以擅长讲故事出名，后来成了自由民。他生活的年代约在公元前570年，比孔老夫子长一辈。而最早的寓言集成于公元前300年间，名为《埃索坡斯故事集成》，由亚里士多德的再传弟子、巴勒隆的台美式利阿斯所编，收有200则故事，但已散失。以后又有多种版本流传。因此周氏认为《伊索寓言》"虽然写着伊索的名字，可是没有一篇可以指得出来确是他的作品"，他认为这些"动物故事起源于民间，文人加以利用，或亦有临时创作者，随地随时本无一定，也难有作者的主名，但照例故事积累，自然终多归着于一处一人……寓言的著作遂归于伊索即埃索坡斯一人的名下了"。

由于古代各民族的文化交流和相互影响，周氏也谈到希腊寓言受到印度、阿拉伯动物故事的影响，以后还受到基督教文化的影响。这些都是需要进一步探究的东西方文化交流的课题。不过，关于《伊索寓言》的教育作用，周氏的看法是很值得重视且令人玩味的。他说："伊索寓言向来一直被认为启蒙用书，以为这里边故事简单有趣，教训切实有用，其实这是不对的。于儿童相宜的自是一般的动物故事，并不一定要是寓言，而寓言中的教训反是累赘，说一句杀风景的话，所说的多是奴隶的道德，更是不足为训。"

另外一种《伊索寓言》译本是人民文学出版社的名家绘本《伊索寓言》(2003年9月出版)，这是由意大利和法国三位画家为伊索寓言创作的图画绘本，共收入178则寓言。这本名家绘本的作者都是多次在国际重要插图大展中获奖的画家，风格各异，而且内文强调的是"一般的动物故事"。画家们以各自独特的手法表现他们对经典的理解，不仅给人以强烈的艺术享受，也赋予经典作品以全新的艺术魅力。这种尝试，对于许多经典作品的再创作，也提供了成功的经验。

2012年10月26日

战争文学的佳作

我念大学那会儿，北大俄语系系主任是著名翻译家曹靖华(1897~1987)。20世纪30年代，鲁迅与远在苏联的曹靖华书信往来十分频繁，内容主要是商谈苏俄文学优秀之作的翻译出版,鲁迅把这种翻译工作比作"为起义的奴隶偷运军火"。曹靖华就是毕生"为起义的奴隶偷运军火"的翻译家。

不久前淘得一本曹靖华翻译的《梦》(文化工作社,1953年10月三版),列为该社《世界文学译丛》,由中国图书发行公司总经售。这本书注明作者是卡达耶夫等,实际上是一本众多作家的短篇小说集,其中有几篇还是童话或特写。很有价值的是,曹靖华写有一篇不短的"后记",详细介绍了翻译经过、作者简历以及作品出处。"后记"写于"1942年10月19日于渝郊,1946年11月30日改于南京",对于研究曹靖华的翻译生涯都是宝贵的资料——附带提一句,如今不少翻译作品前无序言,后无后记,译本出自何处,作者生平如何,均付之阙如,令读者莫名其妙。

《梦》收集的作品中,我很推崇卡达耶夫的短篇小说《梦》,小说篇幅不长,人物也不多,甚至也没有复杂的情节,更没有什么豪言壮语,然而却有着宏大的背景,丰富的想象空间,意境深邃,扣人心弦。

小说讲述的是布琼尼率领的骑兵军团,在1919年7月30日红军主力从察里津溃退时,担负着掩护部队后方和狙击敌人的艰巨任务。由于敌军势力强大,布琼尼的五千五百名骑兵三天三夜发起二十次冲锋,天气酷热,缺水断粮,除了渴、哑(因干渴骑兵的嗓子说不出话了)、饥、热的煎熬,又因为连日作战,人困马乏,"战斗员仍都勉强的骑在马上,再没有一点能力同梦魔奋斗了"。

"夏夜那微蓝的夜幕,慢慢儿在那钟摆似的在马鞍上摇晃的五千五百名战斗员上落下了。"这时,布琼尼向团长们下达命令:"大家都睡觉去!都睡,大家都睡。"当有人问起谁来担任警卫时,布琼尼的回答是:"我担任。"他看着表说:"全军都睡。整整给二百四十分钟休息。"他还说:"起身的信号——是我放手枪。"写到此,作家感慨地写道:"一个人拱卫着全军的酣梦,这人就是军长。这真是军规的惊人的破坏。"

接下来是小说最为动人的场面:五千五百名骑兵好像一个人似的,躺在山谷繁茂的草地上了。而他们的统帅布琼尼骑着马,在露营周围一圈一圈慢慢地走着,后面跟着他的困乏的传令兵。小说细腻地描写着布琼尼与骑兵之间的感情:"他围着露营走着,有时在升上来的月光里,辨认着自己的战斗员,辨认着他们,用父亲俯在睡着了的儿子在摇篮上的那种温柔的微笑笑起来。"

小说的结尾很富有戏剧性,当布琼尼即将唤醒沉睡的将士时,敌军先头部队的几名军官在黑暗中误入红军营地,被布琼尼发觉,当即举枪击毙为首的上校军官。刹那间,五千五百名战斗员,已经都在马上了。再过一分钟,多雾的旷野初升的阳光里,升起敌军骑兵扬起的灰尘,战斗打响了。

"旷野。夜。月。睡了的露营。布琼尼骑在马上。在他后面紧跟着的是难克服的梦魇……"这里不谈对布琼尼的评价及小说情节的真实性,仅就作品的艺术构思和独特视角而言,这是一幅动人的油画,也是一篇令人回味无穷的战争文学佳作。所以,曹靖华的"后记"中称《梦》是"一篇充满着深刻的诗意的短篇小说"。

2012年9月20日

艺术家对科学的贡献

英国伦敦自然历史博物馆的大量藏品中,有相当一部分是17世纪以来历次到新大陆或殖民地进行科学考察、探险旅行时,画家们以丹青之笔描绘动物(包括鸟类、昆虫、鱼、爬行动物、野兽)和植物(植株、叶、花、果实)的水彩画或素描(其中也有一部分出自科学家之手)。这些毫发毕现、栩栩如生的作品,非常忠实于生物的自然状态,类似中国传统的工笔画,也有的称为标本画。它是博物学研究常用的一种手段,也有人认为是照相技术尚未发明或没有得到普及之前不得已而为之的办法,这个说法肯定也有道理。不论是出于什么原因,随着每次出生入死的探险、考察或者旅行归来,除了带来科学的惊人发现,也积累了许多优秀的画作,其中不少画作实际上与科学史的关系十分密切,它们是科学考察成果的重要组成部分,与文字记录互为补充。

这大概也是伦敦自然历史博物馆收藏它们的原因。

由英国托克·赖斯编著的《发现之旅》(林洁盈译,商务印书馆,2012年1月出版)即是"以过去三百年间最有趣也最重要的自然科学探险为题,聚焦在这几次航程中搜集到的艺术与图像资料。每一趟航程都累积了极其重要的标本收藏,产生重要的科学新知"。(原书"前言")该书提及的

"最重要"的自然科学探险包括汉斯·斯隆爵士1687年的牙买加之旅、保罗·赫尔曼等人的探索锡兰、玛丽亚·西比拉·梅里安旅居苏里南、詹姆士·库克的横跨太平洋、马修·弗林德斯等的澳洲探险、达尔文乘"小猎犬号"航行，以及"挑战者号"探测海底深渊。重温这些在人类历史上有着重要的地理发现和科学探险的历史，欣赏如此众多有着科学与艺术价值的素描和水彩画，不能不使人缅怀那些充满探险精神，对大自然特别钟爱的伟大的先驱者。

艺术家与科学家的亲密合作，导致艺术与科学的结合，在科学探险时代达到了前所未有的高度，这在科学史上是耐人寻味的佳话。

科学探险活动积累的标本图，作画者的身份不尽相同。像旅居苏里南的玛丽亚·西比拉·梅里安，出生于德国法兰克福，本人就是著名的花卉画家和雕刻师。她后来定居荷兰，获得荷兰政府资助前往南美的苏里南，用了两年时间完成以蝴蝶和蛾类为主题（包含蛙、蛇、蟾蜍等在内）共60幅版画的《苏里南昆虫变态图谱》，该作以高超的艺术性和科学的精确性获得极高评价。现代动植物分类学之父卡尔·林奈在出版《自然系统》时对某些物种进行描述时就是参考梅里安的记述。

在官方组织的科学探险活动中，邀请职业画家参加后来已是惯例，因此积累的画作有许多是随行探险考察的职业画家的作品，也有的是回国后请画家根据采集的动植物标本绘制而成。如汉斯·斯隆爵士1687年的牙买加之旅，雇用了当地艺术家加勒特·穆尔对采集的700种植物及鱼、鸟、昆虫进行素描。尚未完成的，回国后由另一位艺术家埃弗哈德斯·基修斯接手完成。又如库克的横跨太平洋的航行（1768～1771），聘请了年轻的画家悉尼·帕金森负责对采集的动植物的绘制，由于数量巨大，帕金森往往只能对植物的重要部位进行素描，部分上色。回到伦敦后，又由参与出版计划的艺术家约翰·弗雷德里克·米勒复制并以水彩完成上色。

达尔文乘"小猎犬号"航行（1831～1836）是科学史上的大事，这次环球航行催生了达尔文的"物竞天择"的进化论，因而动摇了上帝创造万物的"神创论"。"小猎犬号"先后有几位专任画家。奥古斯塔斯·厄尔"画下一系列以船上生活为题的风景画和水彩画，也记录下达尔文在海里和岸边采集到的各种生物"。后来由于健康原因，他不得不离开"小猎犬号"。继任的风景画家是 32 岁的康拉德·马顿斯,"他的铅笔素描和水彩,成为小猎犬号航程绝大部分的图像记录"。

"小猎犬号"航行的最后一年,即 1835~1836 年,绕经加拉帕戈斯群岛,经塔希提岛、新西兰、澳洲返回英国,船上没有职业画家,因此对于达尔文在加拉帕戈斯群岛的重大发现——关于众多独特的生物及其变异,没有留下珍贵的绘画。回到伦敦,达尔文将采集的哺乳类动物和鸟类标本送到伦敦动物学会请求帮助鉴定,得到该学会著名的鸟类学家和画家约翰·古尔德的帮助。他不仅对其中的新种进行了命名和描述,还发现了形状不同的鸟喙属于同一种鸟,为自然选择的理论提供了证据。此外,他还根据标本为达尔文的《小猎犬号之旅的动物学》画了大量鸟类图片,书中说:"他在鸟类学上的能力,让他在达尔文演化理论的发展上做出重大贡献。"这个评价是恰如其分的。

当时许多画家热衷于科学探险、远洋航行,在恶劣的条件下,不畏劳苦,从事艺术创作,与那个时代人们钟爱探险事业,整个社会弥漫着对大自然的狂热息息相关。那是一个追求新奇事物充满激情的岁月,人们热衷于寻找新的土地和新的物种,渴望获得新知。许多博物馆、学会以重金资助科学探险,购买动植物标本。书中说,当时许多富有的荷兰人热衷私人收藏贝壳、矿石、鸟类标本,收藏精美的标本画成为一种时尚。

当然,值得一提的是,长期以来,这些动植物的素描或水彩画尽管为物种分类和博物学的研究提供了与实物标本相似的作用,但是这些作品本身在艺术界并未得到应有的评价,在科学界似乎也很少有人提及,以至于这些艺术家对科学发现的贡献不仅鲜为人知,也很少被科学史家所重视。

正是如此,我以为《发现之旅》的出版很有意义,很有价值。

2012 年 6 月 1 日

张爱玲的译作也值得一看

作为一位著名作家,张爱玲以她的作品赢得广大的"张迷",并且确立了她在文学界的地位,这是人所共知的。不过,尽管翻译作品在她的创作生涯中并不占特别重要的分量,我们从这些有限的译作中,尤其是作家为这些译作而写的前言、后记,从这些抒发胸臆的文字中,不难窥见张爱玲的审美情趣和独到的慧眼,这也是研究作家创作实践不可或缺的一个方面。

我所看到的张爱玲的翻译作品,仅限于北京十月文艺出版社推出的《张爱玲全集》的译文集《老人与海》(2012年3月),另有一本是《爱默森选集》,当另文介绍。

这里仅就张爱玲的译文集《老人与海》略做评说。

《老人与海》包括三篇小说,欧文的《睡谷故事》、玛乔丽·劳林斯的《鹿苑长春》,另外一篇就是海明威享誉世界的《老人与海》了。

张爱玲翻译《老人与海》是1952年,该年12月由香港中一出版社出版,1955年5月第三版时增加了一篇"译者序"。由此我们知道,当海明威的《老人与海》1952年发表,并于同年获普利策奖时,张爱玲以敏锐的目光捕捉到这篇非凡之作的分量,迅速将它译介到中国来,成为中国最早翻译这篇作品的作家。到了1954年,海明威也是因为《老人与海》的成功而获得诺贝尔文学奖,于是借中文版再版之机,张爱玲写了一篇"译者序"。她以张氏特有的幽默说:"我对于海毫无好感。在航海的时候我常觉得这世界上的水实在太多,我最赞成荷兰人的填海。"然后笔锋一转:"所以我自己也觉得诧异我会这样喜欢《老人与海》。这是我所看到的国外书籍里最挚爱的一本。"

能够被张爱玲视为国外书籍里"最挚爱的一本",这是颇不容易的。那么《老人与海》是怎样打动了这位心高气傲的女作家呢?"老渔人在他与海洋的搏斗中表现了可惊的毅力——不是超人的,而是人类应有的一种风度,一种气概。海明威最常用的主题是毅力。他给毅力下的定义是:'在紧张状态下的从容。'书中有许多句子貌似平淡,而是充满了生命的辛酸……"张爱玲如是说。在这篇短短的"译者序"中,她再一次难以抑制自己的感情说:"因为我太喜欢它了……无论如何,我还是希望大家都看看这本书,看了可以对我们这时代增加一点信心,因为我们也产生了这样伟大的作品,与过去任何一个时代作比较,都毫无愧色。"

从字里行间可以窥见,张爱玲对《老人与海》的钟爱包含了更多的难以明言的人生感慨。

玛乔丽·劳林斯的《鹿苑长春》，也是值得一提的美国儿童文学的经典之作。1938年出版，1939年获普利策奖，并拍成彩色电影。小说写的是佛罗里达州一户农家在山野垦荒的艰辛，着力描写这家的小男孩乔弟在大自然的怀抱中与各种动物的接触，书中刻画了男孩与一只豢养的小鹿之间的纯真友情。小鹿是乔弟孤独童年的伴侣，他省下口粮喂养这只生下来就失去母亲的小鹿，与它相依为命，看着它一天天长大。但是小说的结尾却是长大的小鹿天性使然，吃掉了他们一家在遭灾后辛辛苦苦播种长出的玉米苗，断了他们的生路。于是乔弟的父母不得不枪杀了小鹿。乔弟悲痛欲绝，离家出走，直到受尽饥寒磨难又回到家……张爱玲认为小说中小男孩乔弟的形象"是令人永远不能忘记的"，"那孩子失去了他最心爱的东西，使他受到很深的刺激，然而他从此就坚强起来，长大成人了"。

张爱玲是根据作者1938年的节本翻译，1953年9月由香港天风出版社出版，她在"译后"中对这部小说十分推崇，认为它具有"强烈的泥土气息"，"它是健康的，向上的，但也许它最动人的地方是与东方的心情特别接近的一种淡淡的哀愁"。并正确地指出："书中对儿童心理有非常深入的描写，可以帮助做父母的人了解自己的子女，写父爱也发掘到人性的深处。"这是很中肯的评价。

附带提一句，《鹿苑长春》的全译本1980年由人民文学出版社出版，后纳入该社的《廊桥书系》。译者李俍民。

至于欧文的《睡谷故事》，则是一个讽刺性的短篇小说，写一个喜欢谈神弄鬼的乡村教师反被装扮成鬼怪的乡民愚弄的故事。

2012年12月21日

从《恍惚的人》想到老年社会

从我所住的小区进城，虽然有几趟公交车，但每次乘车总是会遇上人满为患的情形。热情的乘务员对乘车的老年人很关心，帮助找座位，大声呼唤年轻人给老人让座。不过有时她也无可奈何地停止了努力，因为车上都是白发苍苍的老家伙，你让谁发扬风格让出座位呢？

每当这时，我不由得猛然醒悟，不仅自己早已加入了老人行列，我们的社会似乎也快步进入老龄化时期了。

近日看了日本著名女作家有吉佐和子的《恍惚的人》，这本小说是1972年6月由东京新潮社出版的，1975年由人民文学出版社翻译出版（译者是秀丰、渭惠），而且是以"内部发行"的方式出的，这也是那个特殊年代的出版通则所决定的。中译本"出版说明"讲，《恍惚的人》是以日本老人晚年的生活遭遇为题材的作品，风行一时，并改编成电影上映，可见这个题材很受社会关注。

小说写的是很寻常的家庭琐事：一户普通的日本家庭，操持家务的昭子，丈夫是公司职员，儿子读中学，他们和公婆住在一个院子里，各立门户。一个下雪天，昭子从超市购物回家，在路上碰见神情恍惚、穿得很单薄的公公茂造，便把他叫回家。不料这时才发现，婆婆突然患脑溢血死去，而公公却以为老太婆睡着了。

故事由此开头，因婆婆去世，无法自理的公公只能由儿媳照料。小说细致入微地描写了痴呆的老人孤独寂寞的心理和被疾病折磨的苦楚，以及一会儿清醒、一会儿糊涂，神思恍惚，离家出走使全家乱作一团的种种老年人的窘态。与此呼应，小说也客观地描写了日本的老人俱乐部和养老院的设施和管理状况。值得一提的是，小说着力刻画的女主人公昭子，是个心地善良、很贤惠的传统女性，对公公的照料可谓尽心尽力，从不嫌弃。正是如此，作家通过琐碎的日常生活的描写，将老年问题给家人带来的困扰和沉重心理压力，刻画得入木三分。小说最后以老人灯油耗尽结束了漫长一生而结束，但是社会进入老年化带来的种种矛盾，在掩卷之际愈加深深地萦绕在读者的心里。

现在回过头读这本40年前问世的日本小说，不由得联想到今天的中国。我的见闻有限，耳闻目睹身边老龄化的现状，恐怕比有吉佐和子小说里的情形严重得多。查有关资料，众口一词的结论是中国早已进入老龄化社会。根据是联合国统一的标准，60岁以上老人达到总人口的10％，或是65岁老人占总人口的7％，这个地区就算是老龄化社会。中国老年人口现已超过1.2亿人，2015年预计达2.21亿，约占总人口的16％，说明我国已进入老龄化社会了。

像中国这样的人口大国，一旦快速进入老龄化，势必也会带来许多新的问题。我们的社会为老年人提供了很多关怀措施，老年人的养老、医疗、娱乐以及老年医学研究也有明显进步，但还有许多亟待解决的实际问题，如媒体时常报道的"空巢"现象，失去独生子女的老人的凄凉晚景，孤独老人的社会关怀和临终关怀，还有安乐死的合法性，这里也包含被疾病折磨、生不如死的老人是否有选择结束生命的权利等医学伦理问题。

总之，当社会进入老龄化，老年学也应运而生了。"老吾老以及人之老"，让全社会的老年人生活得更健康、更幸福，这可是需要认真落实的大事。

2012 年 9 月 7 日

读《脉望夜谭》的联想

我是喜欢读"书话"的，自己也时而写点"书话"类的小文。以我有限的阅读见闻来看，坊间出版的多半是版本学家、藏书家、文艺家、作家的作品，至于科学家写的"书话"似乎凤毛麟角。其实由于所从事的专业及兴趣的不同，科学家看的书、喜欢的书，由此而衍生的"书话"颇有特别之处，是很值得提倡的。

江晓原教授的新作《脉望夜谭》(复旦大学出版社，2012 年 8 月出版)就是这一类的"书话"。作者是著名的科学史和科学文化学者，学贯中西，知识广博，因而他的"书话"涉及自然科学史(特别是作者专注的天文学史和性学史)的许多重要著作，兼及个人学术研究的心得，以及兴之所至的阅读体会，很有看头。

"书话"往往从一个侧面集中地反映了作者极富个性的个人阅读史。我们阅读"书话"实际上也是分享作者阅读的喜悦，不仅有助于扩展眼界，也从中获得很多启迪。《脉望夜谭》的内容一是古天文学，如《巴比伦泥版楔形文书天文表》、《1645 年的〈西洋新法历书〉》等；另一个很重要的方面是风俗史和性史，其中性文化史的研究长期以来是个敏感的禁区，作者对此有很多"拨乱反正"的深刻见解。如论述古代中国盛行的性开放的民俗"高禖之祀"与"仲春之会"(见《在灯红酒绿杀人夜想到〈金枝〉》)、由《柏林色情艺术馆藏品集》谈到其在文化思想史的价值(见《难道真有人将它编出来了？》)，对《医心方》的介绍、对张竞生的《性史》出版以来的遭遇的评述……这些涉及天文学史和风俗史、性史的话题正是作者治学经历的写照，娓娓道来，涉笔成趣，其中不少凝集着作者当年谘师访友、钻故纸堆的心血结晶。

除此之外，《脉望夜谭》也收入了作者广泛涉猎的其他五花八门的"杂学旁骛之书"，这恰恰是我最感兴趣的。譬如《一部奇书和一场虚惊——曹雪芹扎燕风筝图谱考工志》这篇文章，说的是北京大学出版社出版、据称是曹雪芹佚著的《废艺斋集稿》中的《南鹞北鸢考工志》(专讲风筝的扎糊和图谱)。关于这部奇书，红学家吴恩裕在1973年《文物》第二期撰文，认为《废艺斋集稿》确系曹雪芹的佚著，这一结论在红学界和文学界都曾引起很大轰动，也遭到质疑。因为曹雪芹的身世，在中国是受到社会普遍关注的文化之谜。

我在这里且不去论说《废艺斋集稿》的真伪之争，仅就江晓原的这篇有趣的书话补充一点我的回忆。在我的残留的少数日记中有这样一则：

1973年6月1日

到北大的时候，还只有六点半钟，可见我今天起身之早，动作之速。我们一行5人，有吴恩裕、侯仁之、我，以及侯方兴(侯先生的次子)、吴的小侄女。

从颐和园乘46路车，经万寿山后背，过青龙桥之东侧，沿着山麓与京密引水渠之间的公路，途经红山口、黑山扈、韩家川、亮甲店、大舟坞、黑龙潭到达白家疃(温泉公社的一个大队)。这里，据最近发现的文献资料证明，是《红楼梦》作者曹雪芹生前最后四五年栖居与安息的地方。

吴恩裕最近在《文物》第二期发表了一篇文章，题目是《曹雪芹的佚著和传记材料的发现》。其中谈到："雪芹大约于乾隆十五年左右从北京城里迁至西郊香山健锐营。到乾隆十九年，他已乡居四五年。根据传说，他初住香山四王府和峒峪村中间的地方，后来不知哪年又迁到香山脚下镶黄旗的北上坡。……"据新发现的敦敏的《瓶湖懋斋记盛》残文所述：[……春间芹圃曾过舍以告，将徙居白家疃。值余赴通州迓过公，未能相遇。]苦念萦切，乃往访其新居。几经询问，始抵其家[其地有小溪阻路，隔岸望之，土屋四间，斜向西南，筑石为壁，断枝为椽；垣堵不齐，户牖不全，而院落整洁，编篱成锦，蔓植杞藤（缺五字），有陋巷箪瓢（之乐），得醉月迷花之趣。循溪北行，越石桥而达。]

吴文认为，从（乾隆）二十三年起至二十八年（癸未，1763）他的死，他一直住在白家疃这里。

我们在白家疃西口下了公共汽车，穿过马路，斜插村庄，循着当年曹雪芹的足印，来到白家疃小学。这是一座庙宇，有匾额上书"贤王祠"。侯先生讲，据文献记载，是康熙十三子怡贤亲王的祠堂。在学校南边的一座殿宇的西边地上，有一块被破坏的残碑，经铲去洋灰，洗去积尘，果然证明是怡贤亲王之祠，并证明曾因该地"泉甘林茂，诛茅筑馆"，成为别墅，故有大戏台之建筑遗址。听学校教员讲，还有一块碑埋藏于地下不深处，已嘱学校取出，约定下周星期三再来观看。日过中午，去村西一旱沟中见一石桥遗迹，今桥面已高出路面，久已失去"桥"之作用，花岗石之长石条，斑驳残破，据老人们讲，已数百年了，是当年旗人修的，通往茔地的。据吴恩裕讲，这里便是当年敦敏来找曹雪芹所越水之桥也。一行人在石桥边留影纪念。

这篇残存的日记也许记下了逝去的一页历史。因为这次白家疃之行有两位大家参与，一是红学家吴恩裕，一是北京史专家、我的老师侯仁之。他们二位是留学英国的老朋友，当时我听说吴先生是伦敦大学政治学的博士，却对《红楼梦》如此感兴趣，不禁纳闷。后来一想，依当年的气候，他之所学不合时宜，也无用武之地，还不如搞点曹雪芹研究，无心插柳柳成荫吧。这当然是另一个话题了。

2013年2月1日

万里长城的今与昔

十多年前，站在金字塔下仰望，不由得想起当年拿破仑曾对远征的士兵说：四千年的历史正在注视你们！（大意如此）何等豪迈，何等激动人心。然而我当时想，拿破仑见到的金字塔与我眼中的金字塔是否一样呢？金字塔下堆满风化的碎石，沙漠的骄阳狂风岁岁年年侵蚀了她的容颜。这些，没有对比，似乎只有一点模糊的概念。

对比，是治学的常用方法。无论是自然科学，抑或是人文科学，在时间的长河里寻找变化的痕迹，对比是一把有用的尺子。但是如何进行对比，说来容易，做起来就颇繁难。

以万里长城为例，"秦时明月汉时关"的事儿谁能说得清呢？单是近百年来这座全人类的历史文化遗产保护的情况到底如何评估，究竟遭到怎样的自然的、人为的损毁，恐怕仅凭人们的记忆也说不清楚。即便有限的文字记载也失之以偏概全，加上长城所经之处绝大部分地处偏僻，人们对它的了解更是模糊。因此仅就这一课题，企图了解近百年的长城的"今昔对比"，也有很大的难度。

值得高兴的是，一位英国人为万里长城提供了百年回望的真实记录，这就是《万里长城百年回望——从玉门关到老龙头》（[英]威廉·林赛著，李竹润译，北京市文物局、五洲传播出版社，2007年1月出版），这部厚重的大16开的画册以老照片为参照，再到实地按老照片的视角重新拍摄以获得新的图像，"它首次以重摄老照片的方式来讲述长城百年变迁的沧桑故事。作者使用重摄技术，真实、直观地再现了它的过去和现在"。

这正是利用摄影艺术对长城的百年沧桑进行对比研究的大手笔。

谈到《万里长城百年回望》这本书，不能不提及它的作者。威廉·林赛毕业于英国利物浦大学地质地理专业，这位钟情于万里长城的摄影师兼作家，在1987年曾独自步行考察了从嘉峪关到山海关的万里长城，后来定居中国，娶中国女子为妻，专事长城研究与保护，创立国际长城之友协会，出版了多部有关长城的著作，而《万里长城百年回望》这本书是他三年间在广袤大地上奔走35000公里取得的成果。

本书由72组新老照片对比构成，从中可以看出，对比研究的难处不在于今日照片的拍摄，而在于是否能从尘封的历史档案中找到老照片。尽管重摄老照片也并非易事，比较而言，由于照相术传入中国的时间和相机的普及所限，有关长城的老照片迟至19世纪末和20世纪初才开始出现，而且均为外国探险家、传教士或旅游者所摄。如1871年苏格兰人约翰·汤姆森拍摄的居庸关长城；1907～1908年美国传教士兼探险家威廉·盖尔全程考察长城，他是早期全程考察万里长城的第一人，他所拍摄的照片弥足珍贵。与此同时，英国考古学家奥雷尔·斯坦因1907年"发现"了敦煌一带古老的汉长城；另外在鄂尔多斯沙漠中，1908～1909

年，美国探险家罗伯特·斯特林·克拉克和英国地质学家亚瑟·索尔比拍摄了那里的长城；1914年美国地质学家弗雷德里克·克拉普拍摄的陕西神木县境内的长城，都是极为珍贵的。作为国人拍摄的长城老照片，书中以较大篇幅介绍了著名摄影家、八路军摄影记者沙飞（原名司徒传，1912～1950）在1937～1938年拍摄的八路军将士在长城上抗击日寇的珍贵照片，这些照片不仅在当年成为鼓舞全国人民奋起杀敌的宣传品，在时隔80年后又被本书作者作为重摄长城的参照物。对于沙飞本人的故事可以写一本书，这里就不多说了。

此外，书中收集的涉及万里长城的老地图、版图、明信片，赋予本书更多的历史厚重感。

从茫茫戈壁中的玉门关到濒临大海的老龙头，《万里长城百年回望——从玉门关到老龙头》忠实地记录长城的今昔变化，它以新老照片的对比，穿插实地考察的记录和见证人的证言，以及历史的回顾和史料的佐证，形象地述说了长城的百年沧桑，何处损毁，何处修复，一目了然，从而唤起读者爱我长城、保护长城的强烈共鸣——这无疑是作者不辞劳苦，跋涉于崇山峻岭，并将保护长城作为一生奋斗目标的初衷吧。

2013年1月18日

消失中的传统文化

在这般闷热的三伏天，窗外小树林里蝉声聒噪，千年不变的嗓音刺激神经。这时，看什么书似乎都令人昏昏欲睡，于是我拿起一本充满寒意的《北极的诱惑》（江月著，长江文艺出版社，2007年7月出版）。以此消夏，也算是望梅止渴之举吧。

有趣的是，该书作者也是因为纽约夏天很热，于是萌生了一个大胆的念头：到遥远的北极，去圆一个儿时的梦。"作者简介"说她是一位在纽约皇后区公共图书馆工作的资深馆员，生于中国，喜欢周游列国。2003年她第一次去了芬兰、挪威的北极地区，2004年又去了加拿大巴芬岛一个偏远的因纽特人村庄。

《北极的诱惑》主要记录了作者第二次北极之行的见闻，其中关于加拿大北极地区的土著居民因纽特人的生存状况，是这本游记中最有价值的内容。由于"我不要住旅馆,我要与一个因纽特家庭'零距离',与他们同吃同住",作者的近距离接触,亲身实感,获得了宝贵的第一手资料,在同类的读物中是颇有特色的。

这个位于巴芬岛北纬72°41′的庞德口村,距北极点仅644公里,据说是世界最北的村庄之一,有1500人,95％是因纽特人。不过当作者在这个因纽特人村庄生活了一段时间之后,她不无遗憾地承认,昔日早期探险家所拍摄的老照片,因纽特人的传统生活方式和文化,早已消失得差不多了。这里的"因纽特人早已定居,根据季节逐猎物而居的传统生活方式已经是往事了。年轻一代的因纽特人有的压根儿没见过雪屋是什么样儿呢"。作者如是说。

在她的笔下,我们可以得知,这个偏远的北极村有一个小飞机场,"加拿大北极地区因纽特人的社区都有一个小飞机场,主要社区每天都有小客机往来";有发电站和两家"北极超市",有三名护士的现代式医疗所,重症病人由医用直升机送往巴芬岛南部的医院。公共图书馆里有几台电脑和因特网,有几千册书;还有学校。

作者居住的因纽特人家里,完全是现代化的,有客厅和五间卧室,客厅有沙发和电视、电话,有一台电脑,厨房和客厅之间有大冰箱,厨房有壁柜、电炉灶和不锈钢洗碗池,"村里的砂石路除了连接全村的住房之外,还通往村外的垃圾站、墓地和水库"。

当然,为了旅游业的需要,村里保留了早已废弃的草皮屋,有一个小博物馆展出代表因纽特人的传统文化的服装和文物,如骨针、骨刀、箭头、儿童玩具。当游客到来时,在游客中心会有穿传统服装的村民来表演一番。此外,"眼看着这种古老的技术就要失传,为了保持传统,当地政府申请到一笔专项资金,聘请了几位老妇教青年妇女制作皮衣皮靴……希望能把因纽特人的文化传统保留下去"。因为年轻人冬天穿的是羽绒服,不穿海豹皮靴了。

因此,我们在这本书中看到的当地因纽特人的传统文化、北极渔猎民族古老的衣食住行,基本上都是作者听来的、从文献中转述的,顶多是博物馆的展品,正如作者所言:"传统的社会结构已然解体,传统的生活方式的彻底消失,恐怕也只是时间问题。"

于是在离开巴芬岛的因纽特人的村庄时,作者不无困惑地说:"因纽特人的传统还能保持多久呢?"

由这个北极小村的演变,不难看出现代化大潮对于传统文化的冲击似乎是不可抵挡的。遥远的寒冷的北极地区尚且如此,发生在我们身边,由于城镇化加速导致城市乡村面貌的改变,更是速度惊人。传统的农耕文化迅速消失,传统工艺后继乏人,再加上利益驱动的助力,传统文化的根基随之动摇了。在我国城乡包括偏远的边疆山区,能够固守传统文化的地方已经有限了,除了特意保留的文化遗存和博物馆的展品,人们只能在怀旧文学中寻找童年的慰藉了。

作者在离开因纽特人的村庄时,她的导游半开玩笑地说:"你现在来得还不算太晚,等到这里有了麦当劳、星巴克、肯德基时再来,可能也就没有意思了。"读到这里,不禁令人震撼,也不由得想起或近或远发生的无可奈何的种种变化。看来这是一个必然的难以逆转的过程。

唯一可以告慰的是,北极的苔原、寒冷的极夜、神奇的北极光、暴风雪中的北极熊、封冻的大海和座座冰山……这些自然景色是亘古不变的,至少在短期内不会消失吧。

2012 年 8 月 24 日

历史、人生与细节

去年,有幸参与一个特别的评审项目,感触很深。该项目是为了"抢救"年事已高的老院士的历史资料,组织专人对他们进行访谈,录音录像,最后整理成文正式出版。这当然是件功德无量的好事,可归于口述科技史的范畴。

不过在评议时,也听到参与该项目的人员反映:在采访过程中,一涉及"文化大革命"期间受到的冲击、迫害、批斗和种种屈辱,很多老院士都抑制不住内心的激动,但表现的形式却是闭口不谈,不愿触动心灵的疮疤。这种心态当然可以理解,然而对于口述历史而言,将给至少十年的岁月留下无法填补的空白,这不能不说是个很大的缺憾。随着时间推移,老人们相继离世,一部分历史记忆将会随之消失,这是可以预见的。

我由此想到历史、人生与细节的关联。最近读了《困惑的大匠梁思成》(林洙著,山东画报出版社,1997年8月出版),从这本传记中我看到了一个真实的梁先生。正是透过一个个生动的细节,这位建筑大师(包括林徽因)的人生轨迹,他的追求、理想,他的感情世界,他的困惑和他的不幸,几乎全方位地呈现在读者眼前了。

这首先要归功于本书作者林洙,她是梁先生的第二任妻子。她从1948年就结识林徽因,1952年入清华大学建筑系,先在梁思成主持的《中国建筑史》编纂小组,后担任资料室主任,与梁先生有所接触。林徽因1955年去世。1962年她与梁思成结婚,陪他走完人生之旅最困苦的日子(1972年梁思成逝世)。正如作者在"楔子"中所言:"我与梁思成共同生活的时间,大部分在'文化大革命'期间,那是痛苦与恐怖的10年。"正是如此特殊的经历,《困惑的大匠梁思成》提供了梁先生一生,尤其是后半生弥足珍贵的许多细节。

1966年"文化大革命",梁思成是清华第一批被批斗的"反动学术权威",遭遇到最大冲击。挂黑牌子批斗,红卫兵抄家,停发工资,受尽了折磨与人格侮辱。书中透露了一些鲜为人知的细节:当红卫兵将家里的字画抄走,梁先生没有动心,但看到他与林徽因为人民英雄纪念碑设计的草图被毁,他忍不住伤心落泪了。最具讽刺意味的是,这位世界级建筑大师,一生为保护祖国古建筑到处奔走,培育了大批学生,营造了广厦千万间,却无栖身之地,一再被迫搬家,最后被赶到清华北院一间阴暗潮湿没有暖气的房屋,度过了他的余生……

有时不免想到,林徽因毕竟是"有福之人",她虽英年早逝,毕竟没有经受"文革"的屈辱,以她的刚烈,她是无论如何活不下去的。

梁思成、林徽因的一生是鲜丽光彩、充满传奇的。这是始终走在时代前列而学术思想不为世俗所容的伟大的殉道者。我有时想,我们影视界的大腕们为什么不能拍摄一部梁思成、林徽因的影片呢!他们一生,多少闪光的细节:他们乘马车在月夜游览阿尔罕布拉宫(西班牙格林纳达),兵荒马乱的年月到穷乡僻壤寻找各地的古建筑,北平北总布胡同的"太太客厅"高朋满座的激情岁月,抗战八年在李庄的清贫日子与学术丰收,还有林徽因以最后的生命之火参与新中国国徽的设计……最重要的是,梁思成为北京城(包括一切古建筑)的保护发出的呐喊,从观念到理论,随着时间推移,正在变成我们民族的智慧——当然也并非都能如此。

《困惑的大匠梁思成》还确认了坊间流传的梁思成为保护历史古建筑的一些精彩细节：

一是 1944 年冬，日寇投降前夕，为了反击日本侵略军，并在盟军对日本占领区空袭时避免轰炸文物建筑，时任国民政府教育部"战区文物保存委员会"副主任的梁思成紧张地工作了两个月，编制了一份沦陷区文物建筑表，对每个建筑的建造年代、特点、价值做了简单的介绍，并在军用地图上标出位置。为了与盟军配合作战的需要，全部资料均采用汉英对照两种文字。梁思成还将这份资料转交给当时在重庆的周恩来一份。

林洙说，1987 年她访问美国，当年与梁思成林徽因过从甚密的美国友人费慰梅将她保存的这套资料送给林洙一份。由此可知，这套资料还在。

另外一件事就是 1948 年冬，清华园已解放，北平仍在傅作义军队的控制下。一天晚上，清华教授张奚若带着两位解放军找到梁家。他们说明来意，是为攻占北平做准备，万一谈判失败，与傅作义的部队打起来，要尽可能保护古建筑。他们摊开一张军用地图，请梁思成在图上标出重要的古建筑，并划出禁止炮击的地区。这件事深深打动了梁思成和林徽因。

当然，他们也无法预知后来发生的许多令人困惑的憾事。

历史也好，人生也好，都是由一个个鲜活的、生动的细节构筑的，如同宏伟的建筑离不开一个个精巧的构件。

2012 年 5 月 25 日

不丹的追求

《秘境不丹》（多杰·旺姆·旺达克著，熊蕾译，九州出版社，2012 年出版）是我看过的有关不丹的自然、地理环境、历史、政体、宗教和社会、文化、风俗最详尽也最具权威的读物。

说它权威，是因为它的作者多杰·旺姆·旺达克，据本书护封上的介绍：她"1955 年出生于不丹西部的罗布岗村，之后在印度西孟加拉邦的大吉岭教会学校接受教育，1979 年与吉格姆·森格·旺达克国王结婚，成为不丹王后"。在同一护封上又特地标明"不丹王太后心血力作"，由此可知作者非同一般的身份了。

当然，并不是说王太后写的书一定就好，但《秘境不丹》确不乏个人独特的视角。作者在"关于本书"的简要文字中，坦诚地指出该书"几乎完全基于我自己的经历"，该书第一部分"与不丹一起成长"，"讲述我的童年和学生时代"；第二部分"我们这样生活"，涉及不丹的宗教、传统医学和建筑，以及精神信仰如何帮助保护了不丹的自然环境；第三部分"人民和地域"，以作者在全国各地的徒步旅行，深入乡村和偏远山区的经历，展现了不丹的山川壮美和人民淳朴的、多样性的风貌。

了解不丹，有几个数字是需要知道的：不丹面积 3.8 万平方千米（与瑞士差不多），人口 68 万，79% 的居民从事农业，森林覆盖率为 72%，20% 的国土常年为冰雪覆盖。

《秘境不丹》的作者以细腻的文笔和对祖国的挚爱之情，透过家事国事的回忆和充满自信的客观描写，揭开了这个长期封闭的山国的神秘面纱，把一个真实的、充满朝气的不丹呈现在世人面前。

不可否认，《秘境不丹》不仅客观地介绍秀丽的山川和传统的文化，也以相当篇幅介绍了不丹独具特色的执政理念和重大国策，这也是世人对这个喜马拉雅山包围的蕞尔小国刮目相看的原因。书中写道，1974 年不丹第四任国王吉格姆·森格·旺达克加冕不久，提出了国家未来发展的理念，不是依据国内生产总值，而是国民幸福总值。具体说来，包含公平的社会经济发展、全国各地区和社会各层面的共同繁荣、保存和保护原生态环境、保护并弘扬不丹文化遗产，以及行善政和提倡老百姓参与管理等。

在世界各国竞相攀比国内生产总值，不惜以牺牲环境和社会两极分化为代价的今天，不丹提出追求国民幸福总值的执政理念，无疑是对狂热的、发高烧的地球的一剂清凉剂。

如今，人们把目光投向这个山中小国，除了那里童话般的自然景色和田园牧歌的情调，也有不少人关注的是她的现状。追求国民幸福总值的治国方略，究竟实际效果如何，这是世人瞩目的。

书中介绍，从 1985 年至 2005 年，不丹的人均预期寿命从 47 岁提高到 66 岁，识字率从 23% 提高到 54%，小学入学率达到了 89%，全国现有 30 所医院，176 个初级卫生站，476 所教育机构。在环境方面，不丹因其生物多样性和对自然资源的模范管理,被命名为世界十大生物多样性热点之一。不丹立法不准许任何引起环境恶化和威胁野生动植物的工业和商业活动,所有利用河流的水电工程没有一个造成生态损害,而不丹水电提供了全国财政收入的40%。此外,不丹不鼓励发展大规模旅游,也不去开发丰富的自然资源如铜矿,以免造成对人类及自然居住地的破坏。

我对不丹骄人的成就十分钦佩,不过,我仍然感到困惑,或者说有很多问号在脑子里盘旋。不丹是怎样做到这一点的,这是我始终不得其解的疑问。

无论如何,许多人向往不丹,对这个被誉为喜马拉雅山最后的香格里拉的地方抱有浓厚兴趣,说明人们的观念正在悄然改变。过于快速的城市化带来的生存空间拥挤、环境恶化和疏离大自然的空虚和压抑,也许又将促使不少城里人向往农村,向往田园,向往森林和大山了。新的"围城"生态正在发生逆转,也许不用多久,当年千方百计抛弃土地涌入城市的农民,他们中的智者又将像候鸟一样返回祖先的栖息地,结束漂泊动荡的生活了。这似乎也是有趣的自然规律啊……

2012年7月13日

想起通古斯卡大爆炸

新春开笔,写什么呢?这些日子,世事纷纷扰扰,中国人在天上播撒礼花污染空气自作自受,朝鲜在地下核试验搅得四邻不安,美国暴雪成灾,澳洲山火漫延,……不过,比较而言,发生在俄罗斯乌拉尔山的天外来客似乎是世人最为关注的头号新闻。

2月15日当地时间9点25分左右,一颗流星坠落在乌拉尔山脉南部车里雅宾斯克州,巨大的火球在大气层形成炽热耀眼的光带,伴着猛烈的爆炸声,震碎了许多建筑物的玻璃,摧毁了数以百计的房屋,有一千二百多人因玻璃破裂而被划伤。目前可以确认的是其中一块陨石坠落在距离切巴尔库尔市区1公里的湖泊里,湖岸上有一个陨石坑,直径达6米,发现的陨石碎片属于普通球类陨星,铁的含量约为10%。相信有关这次的陨石事件今后还将有详细的报道。因为据说这次陨石事件是通古斯卡河地区流星坠落以来，撞击地球的最大陨石，也是人类有文字记录以来导致受伤人数最多的一次陨石坠落。

那么通古斯卡河地区流星坠落究竟是怎么一回事呢？

据《通古斯卡火球之谜》（[澳大利亚]萨伦德拉·弗马著，梁鹿亭、王芬芳译，南海出版公司，2005年11月出版）介绍，1908年6月30日上午约7点14分，中西伯利亚高原通古斯卡河地区杳无人烟的泰加林与沼泽上空，一团晃眼的火球，在天空留下长长的光带，在离地面8公里处爆炸，然后坠落，威力相当于1000枚广岛原子弹，致使2150平方公里的针叶林带夷为平地。数以百万的树木脱叶断枝，只剩下光秃秃的树干。爆炸形成的蘑菇云高达80公里，形成夹着石砾灰尘的黑雨。距离爆炸点1200公里远的村庄都能听见猛烈的爆炸声。距离更近的地方地动山摇，热风扑面，房倒屋塌，山林着火。在世界各地，也观测到通古斯卡大爆炸的各种迹象：地震记录、地磁扰动、夜空出现明亮多姿的辉光……

《通古斯卡火球之谜》一书以较多篇幅介绍了利·亚·库利克(1883～1942)三次赴现场考察通古斯卡火球之谜的经历。库利克是第一位实地考察的苏联科学家，爱沙尼亚人，在彼得堡博物馆从事矿物学和陨石研究。这三次考察分别是1927年2月至6月、1928年4月至10月、1929年2月至1930年10月。

他们乘坐横跨西伯利亚的火车到泰舍特火车站，那里在爆炸点以南900公里，然后迎着暴风雪，坐马拉雪橇穿行在崎岖不平的针叶林中，涉溪流，过沼泽，攀爬陡峭的山坡，钻进驯鹿小道，终于看到"一个椭圆形的高地，70公里宽，森林已被夷为平地，所有的树木都被剥得精光，以冲击波的方向从半截折断"。第二天，库利克又到达一个直径5～7公里的沼泽盆地，通过测量倒在地上的树的方向，确信这里是陨石坠落的中心，它的形状像一口"大锅"，"树一排一排地以与坠落中心相反的方向躺在地上，没有树枝，没有树皮，倒下的树排成了一个奇特的扇形图案……"

不过，遗憾的是，尽管库利克锲而不舍地考察了爆炸点的地形、土壤、枯树，挖掘冻土，排干积水，打孔钻探，却始终没有找到陨石的踪影。因而也给通古斯卡爆炸蒙上了科学之谜的神秘色彩。

该书也以很大的篇幅介绍了各国科学家一百多年来对这一现象坚持

三、黄昏与书相伴

不懈的探索和五花八门的解释，诸如彗星、反物质、小黑洞、球状闪电、小行星，甚至包括外星人的宇宙飞船、飞碟等等。这些解释各有千秋，细细琢磨，颇有趣味。

如今，研究陨石、寻找陨石，是南极地区科学考察的一个重要项目。因为那洁净的冰原，没有人类的污染，是保存天外来客陨石的最佳地点。

可以想见，车里雅宾斯克州的天外来客，以及人类如何应付类似的突发事件，必将成为科学探索和社会关注的一个热点。

2013年3月1日

舌尖上的乡愁

自从纪录片《舌尖上的中国》播映以来，一直不登大雅之堂的美食文化，不仅使国人的味蕾为之亢奋，也唤醒了人们对传统食物包含的文化要素的记忆。这些来自童年的、家乡的、族群的，既是个人又是集体的与食物相关的中华美食的一系列元素，刺激着久已麻痹的神经，使许多人从舌尖上体验到食物与生存模式相互依存的关联，从而也使中华文化获得了更深刻、更加大众化的阐释。

我也是这部纪录片的热心观众，当我看到安徽皖南休宁县的农家制作长着长毛的霉豆腐，以及村民津津有味地享用油炸霉豆腐佐以辣椒酱的镜头，我的心头唤起的不仅仅是这久违的美食，更多的是对故乡遥远的回忆……

其实，美食与文化有着悠远的渊源，这当然是由于"民以食为天"的观念深深植根于我们民族的文化基因之中。另一个不可忽视的因素是中华民族对于美食的追求极具创造性和想象力，我们的祖先对于饮食的烹饪技术和食材的运用，从来就是很包容的，善于吸纳各家之长，因而极大地丰富了中华美食文化。

此外，我以为，中华美食文化的发扬光大，还要归功于古往今来的美食家，他们中的不少人不仅精通烹饪，而且善于将美食的制作、食材的选取、人生的感悟、美食的鉴赏以及世道人心的冷暖融于菜肴羹汤之中，留下脍炙人口的美文，这对于弘扬美食文化也是一大贡献。

近日翻阅古清生的美食散文集《鱼头的思想》和《美食的乡思》（均系岳

麓书社2005年5月出版），颇有大快朵颐之感。作者是有名的美食家，著述甚丰，关于美食的散文集还有《大嘴吃八方》等多种，看了他的作品，方知他是一位以文字领略美食，从美食纵论文化的作家。

古清生的美食文字与他的人生经历密切相关，他多年过着地质队员飘忽不定的野外生活，后来又是漂泊在大都市居无定所的文化人，因此他的美食文字并不是津津乐道钟鸣鼎食人家的奢华，也不是一掷千金的豪门盛宴的菜单，我所看重的也恰是作者专注于村醪水酒、粗茶淡饭的散文。他从故乡的一菜一蔬，从乡野的柴灶铁锅烹烧的山珍野味中，从村姑老妪的煎炖爆炒的芳香中，从平凡淡泊的生活中发掘出中华美食的自然、纯真与鲜美，由此引发对故土的眷恋、对童年的美好回忆以及对亲情的无限追思。他的《龙坪山药炖板鸭》，记大别山南麓湖北武穴龙坪出产的山药；《味蕾上的故乡》记温州人钟情的"鱼生"——一种用小带鱼和萝卜丝盐腌加红曲的食物；《会唱歌的黄咕丁》写浑身长刺、会发出"咕咕咕"叫声的鱼儿被捕捉时的愤怒和味道之鲜美；《忆念中的地米菜》中写江南早春时节野地生长的一种野菜；以及写食物匮乏年月地质队员伙食的《蒸笼上的岁月》，写追忆童年美食的《菱角》……这些散发浓郁生活气息的文字，以幽远的清香和淡淡的乡愁，唤起读者的共鸣，诚如作者在《忆念中的地米菜》中写道的："我的江南，是水边的江南，是地米菜微微濡染的江南。清苦的地米菜，淡淡的清苦味儿，飘拽在岁月的那一头，如忽然的一撇拐走的弯弯小河，隐约地留存于记忆的更深处，让人在不经意的时候想起，并且会有淡淡的芬芳。"

这恰是古清生的美食散文的特色。

美食家会吃，讲究吃，固然是人所共知。但真正的美食家对食物还要有知识，能说出个子丑寅卯，这就要靠平时的积累和广博的见闻了。此外，本人精于烹饪，会做几个拿手菜，像著名的美食家王世襄，老作家汪曾祺、叶水夫那样，也是非常重要的素质。读古清生的美食散文，印象最深的是作家对美食对烹饪的痴迷，在吃的艺术上，不断地琢磨烹饪艺术上，确是达到炉火纯青的地步。限于篇幅，这里就不多说了。

当然，现如今，不论是美食家的美食散文，还是弘扬美食文化的纪录片《舌尖上的中国》，都遇到一个无法绕过去的难题，这就是中华美食与食品安全的矛盾。当瘦肉精、三聚氰胺、化肥、农药、抗生素等等人工元素将美食的原材料毒化之后,再谈美食,再谈美食文化,不禁令人齿冷了。

2012 年 12 月 7 日

身怀绝技的"鸟叔叔"

日前与中少社王洪涛兄通电话,得知一个不幸的消息,他说"鸟叔叔"死了,我顿时一惊,脱口而出:"他才多大呀?""58 岁,太可惜了……"王洪涛不胜唏嘘道。

我是从《神奇的"鸟叔叔"》(霞子著,中国少年儿童出版社,2012 年 4 月出版)得知人世间有这样一位神奇的人物,虽然《神奇的"鸟叔叔"》是一部童话,但是书中的主人公——"鸟叔叔"并非虚构的人物,而是有生活原型的,他就是辽宁省葫芦岛兴城市的阎福兴,一位身怀绝技享有"中国鸟王"之称的传奇人物。

说来也巧,12 月 23 日,北京入冬以来顶冷的一天,我和《神奇的"鸟叔叔"》的作者、女作家霞子,儿童文学评论家安武林在一起小聚,话题不由得谈起这位鸟王的身世和他的绝技。

阎福兴的身世极具童话色彩,霞子谈起当年她去辽宁兴城采访"鸟叔叔"的所见所闻,仍然激动不已。出生在辽西山村的阎福兴是满族人,由于家境贫寒,从 8 岁起就整天在大山里放羊。但是天资聪颖的他在大自然的怀抱中与鸟儿为伴,以山林为师,渐渐学会用手指吹奏模仿多种鸟鸣和乐曲,用吹笛子与鸟儿交流。最不可思议的,是这个在山林中长大的放羊娃真正做到了古人所说的"近山识鸟音"。他能听懂七十多种鸟语,其模仿的鸟语达到能与鸟类对话交流的程度。他还极有音乐天赋,在后来的岁月,他能娴熟地吹奏笛子、箫、巴乌、葫芦丝等乐器。霞子说,有一次阎福兴参观玛雅人遗址,发现有一种土陶的古代乐器,他拿起来看了看,说:"这是我的乐器呀!"当地人说:"这怎么会是你的?这是玛雅人的……"他笑笑问:"你们会吹奏吗?"对方如实相告,从来没有人吹奏过。阎福兴拿起来,一曲美妙的旋律飞扬开来,令人惊叹。

阎福兴不仅懂得鸟语,而且有很多与鸟儿交往的感人故事,他救过受伤的鸟儿,感恩的鸟儿也救过他的命,正是人与鸟类之间这种可贵的、纯真的、富有童话色彩的故事,深深感动了女作家,驱使她走入鸟儿的神奇世界,以阎福兴的身世为原型,创作了《神奇的"鸟叔叔"》。在书中,作家不仅仅描写了"鸟叔叔"童年成长的故事和绝活儿,而且用大量笔墨刻画了"鸟叔叔"献身于保护鸟类的公益事业,成为传播爱鸟护鸟知识的形象大使的感人事迹。

这恰恰是这部童话主题的升华。

霞子认为,《神奇的"鸟叔叔"》虽然是童话,但又不同于传统的童话,因为主人公的原型是现实中活生生的人物,虽然其中不乏虚构和大胆的想象,但许多故事情节也来自生活,所以她称之为游走于纪实与虚幻之间的"纪实童话"。

这是一种有益的尝试,甚至可以说是成功的创新。

正如霞子在《神奇的"鸟叔叔"》的"后记"中所说:

  阎福兴是一个对大自然充满爱心的大地之子,是满族人民的骄傲。没有谁赋予他宣传爱鸟的职责,可他却把呼吁热爱大自然和爱护鸟类当作义不容辞的责任。他是全国第一个将自家电话开通为"爱鸟热线"的爱鸟志愿者。每年在候鸟迁徙季节,经常去周围的海岛上演出,告诉大家不要伤害来落脚觅食的候鸟。他连续十几年参加全国青少年"手拉手夏令营",曾用"指哨"引来千只白鹭翩翩起舞的壮观景象,让孩子亲眼目睹人鸟和谐相处的奇迹。孩子们为之陶醉,纷纷要求学鸟语,成了"鸟叔叔"的忠实粉丝。

  他在众多幼小的心灵里,播下热爱自然珍惜生命的种子。孩子们放飞自家笼养的野生鸟,组成爱鸟组、爱鸟班以及爱鸟大队,纷纷走入保护鸟类的志愿队伍中。阎福兴说:孩子们是最有希望的一代,也是最有爱心的一代,他们是未来环境的保护神,我喜欢孩子们叫我"鸟叔叔",这是对我最大的奖赏。

如今,"鸟叔叔"飞走了,他像一个神奇的精灵,带着许许多多鸟儿的秘密匆匆离去。

霞子说,他没有传人,他熟悉的鸟语也没有来得及整理,也无人继承。

这是遗憾也是幸事,因为阎福兴生前就遇到过捕鸟者向他求教鸟语以便诱捕鸟儿的尴尬。他拒绝了残杀鸟类的人向他学习鸟语的企图,也

将这一绝技带走了。(当然我至今也不知道,我们的鸟类学家是否早已破译了鸟类的语言)

在这个滥捕鸟类、以鸟为美食的地方,还是让贪婪的人类以不懂鸟语为妙啊……

2013 年 1 月 4 日

《中国城墙》与中国筑城史

抗战胜利后的第二年,1946年初冬,我那时才6岁,母亲拉扯着我们三兄弟,由老家徽州前往九江,投奔先行到那里谋生的父亲。当年交通不便,先是坐卡车到芜湖,然后乘一艘由小火轮拖曳的木船,逆长江而上,走了整整三天三夜,终于在黎明前停泊在寂静的扬子江边。

记得跟着母亲走上晃悠悠的跳板,向江边的一条寂静的小街走去时,我睡眼蒙眬地向前眺望。突然在晨光微熹的背景出现一座黑森森的城楼,像是旧戏舞台上凶神恶煞的黑脸判官,只是更加高大更加威严,朝我一步步逼近。我被这城楼吓出一身冷汗,不由得惊叫起来,躲进母亲的膝下……

打开这本像城砖一般厚重的《中国城墙》(赵所生、顾砚耕主编,江苏教育出版社,2000年4月出版),我的脑子里顿时闪现出这一幕模糊的画面。如今,长江边上的九江城再也找不到古老城墙的残迹,一切都被岁月之河冲刷殆尽。只有几个地名依然顽强地厮守着昔日的地盘,它们分别是"南门口"、"西门口"和"东门口"。可叹的是,这座小城的后代子孙,每天像是叫魂一样,呼唤着早已死去的亡灵……

《中国城墙》是新千年的出版物,它收罗的内容,这些散布在中国大地大体保存完好的城墙及城楼,都是历经劫后硕果仅存的珍贵遗物。该书用比较简洁的文字和大量彩色照片,分别介绍了长城、北京城墙(包括紫禁城和宛平县城)、兴城城墙、西安城墙、平遥城墙、蓬莱城墙、开封城墙、商丘城墙、明中都皇城城墙(安徽凤阳)、寿县城墙、南京城墙、苏州城墙、襄阳城墙、江陵城墙、镇海北城墙、赣州城墙、崇武城墙、大理城墙以及台湾城墙,不仅为中国古城留下了一份翔实的记录,也为中国筑城史和古代城市研究积累了重要资料。

《中国城墙》阐述了这样几个观点：

1. 一切城市的城墙，从帝王之都到边远小城，都是城市发展到一定历史阶段的标志。在人类文明史上，一旦人类以土石筑起高墙，围以深沟，与周围的原野隔绝开来，仅以城门与外界沟通，就意味着财富逐渐富聚于城市，商品经济发达的时代的到来。因此，在通常意义上，高耸的城墙与城楼俯瞰着广大的相对落后的乡村，城乡的对立和紧密的商品交换又往往是城市永恒的主题。

2. 与世界其他地方的城堡一样，中国用以拱卫城市的坚固的城墙，在漫长的冷兵器时代，都是"保境安民"的防御之盾，是对抗外敌入侵的一道军事屏障。尤其是中国历史上国与国之间的城墙和举世闻名的万里长城，其抵御敌国与异族入侵的防御功能，是显而易见的。因此，许多屹立在大漠荒野边关塞外的敌楼、残墙、烽燧、烟墩（烽火台），都是古战场的遗迹，见证了金戈铁马血雨腥风的岁月。

3. 此外，城墙以其独特的美学价值和空间造型，物化了一个民族对历史的集体记忆，以及对过去岁月的追念，具有精神寄托的崇高功能。如同耶路撒冷的哭墙对于犹太民族一样，历经沧桑的城墙、角楼、瓮城、壕沟、城门、匾额乃至一砖一石，令人浮想联翩，怦然心动。历史的苍凉与无比的厚重感，使城墙在人们心中唤起的民族自豪感、对先人的追思，似乎很难用语言来形容。城墙的历史价值与艺术价值，以及在现代城市空间的美学价值，也许直到今天我们并没有真正认识，至少我们有限的认识仅仅是皮毛的、肤浅的。

与本书搜罗的大陆 17 个城市的古城墙、万里长城及台湾几处古城遗址相比，中国大地上的古城墙过去要多得多。究竟有多少，似乎也没有看到精确统计。著名建筑学家罗哲文在"序言"中提到："记得在 20 世纪 50 年代初期，开始拆除北京、南京、苏州等古城墙的时候，我曾经在我保护古建筑的工作岗位上，尽自己的绵薄之力来加以保护，因而被戴上了'城墙派'的'桂冠'。虽然由于当时不可抗拒的政治、历史因素，未能起到多少作用，全国数以千计的城墙还是相继被拆除了。""尤其使我难以忘怀的是我的老师梁思成先生，在 50 年代初拆除北京城墙的时候，他力谏无效，伤心地痛哭了三天三夜。此事已过去 40 多年，我至今仍然念念不忘。"

数以千计的城墙相继被拆除,以及"梁思成之哭",是研究中国城墙史不可忽略的史实。回顾往事,野蛮拆除数以千计的城墙的"壮举",用行政手段抹掉一个民族集体的历史记忆,除了说明没有文化的愚昧是何等可悲,还能说明什么呢?

如今,亡羊补牢,就目前仅存的城墙而言,似乎还可以做一点深入研究。例如各地现存的城墙也有很大区别:金碧辉煌的紫禁城、固守海防的蓬莱水城、抵御海潮的镇海北城墙、以特殊的涵洞抵御洪水的寿县城墙等等,说明我国历代的建筑师和能工巧匠,在修筑城墙时因地制宜,大胆创新,积累了丰富经验,这些古城墙经受了时间的考验。虽然城墙已经丧失了军事防御的功能,但是有一点是值得探讨的,即城墙的存在对于预防自然灾害仍然是有效的。书中在介绍山西平遥古城时说:"1977年8月5日,平遥遭受了百年不遇的暴雨,降雨量达323毫米,形成特大洪水,由于平遥古城的城墙挡住了滔滔洪水,古城内的4万居民和工商企业安然无恙,古城内的所有文物、建筑、环境得到了保护。"这恐怕不是个别案例。

关于城墙史研究,实际上是涉及中国古代城市建筑史、军事史乃至文明史的大课题。倘若学界以新的眼光,采用现代科学手段深入探讨,定然会有大的收获。

2012 年 5 月 11 日

西北科学考察团与鲁迅

前些日子,在网上查询有关西北科学考察团的信息,意外地得知,当年中国科学家与瑞典大探险家斯文赫定合作进行的科考,一些当事人的遗物如今由他们的子女亲属捐给了鲁迅博物馆保存,引起我的极大兴趣。于是我向老友、曾任鲁迅博物馆副馆长的王得后研究员询问,他证实了此事确凿无疑,因为西北科学考察团中方团长徐炳昶的子女向鲁迅博物馆捐赠遗物,王得后还参加了相关活动。得知我对西北科学考察团的历史有兴趣,王得后立即热情而慷慨地给我寄来两本书,一本是《走向有水的罗布泊》(陈雅丹著,昆仑出版社,2005 年 5 月出版),另一本是《高尚者的墓志铭——首批中国科学家大西北考察实录(1927—1935)》(王忱编,中国文联出版社,2005年6月出版)。前者是考察团地球物理学家陈宗器的女儿、画家陈雅丹为父亲写的传记,后者是中方团长徐炳昶的亲属王忱等人整理的有关西北科学考察团的历史资料汇编,非常珍贵。

西北科学考察团,全称是"中国学术团体协会西北科学考察团",考察时间从1927年至1935年,正如王忱的《高尚者的墓志铭》"前言"中所说:这正是"连年战火、内忧外患,民生凋敝,科教衰落的苦难年代"。然而这次由中国科学家与瑞典大探险家斯文赫定合作组成的大型科学考察团,却是我国第一次以我为主,与外国平等合作的科学考察,当时双方签订了19条协议,其中有"凡直接或间接对于中国国防国权上有关系之事物,一概不得考察"、"不得有任何借口,致毁损关于历史、美术等之建筑物"、"不得以私人名义购买古物"等,另外,协议还规定原则上不进行考古发掘工作,但遇有小规模的发掘,"得由中国团长同外国团长执行之",并规定考古"收罗或采掘所得之物件","统须交与中国团长或其所委托之中国团员运归本会保存"等等。这些条款,一改清末以来外国探险家、科学家在中国境内畅行无阻,任意发掘、考察,并将大量文物和动植物标本掠至国外的屈辱历史,成了以后外国人来华考察与我国签约的典范,其意义十分重大。

《高尚者的墓志铭》全文收入中方团长徐炳昶的《西游日记》(该书的最早版本,三十多年前我在琉璃厂中国书店见过,现在已是很稀罕的了),中方地质学家袁复礼的《蒙新五年行程记》,杨钟健、袁复礼合作的《天山龙发掘经过》,地质学家丁道衡的《绥远白云鄂博铁矿报告》,气象学家刘衍淮、李宪之关于气象观测的回忆,以及地球物理学家陈宗器的多篇考察报告。考古学家黄文弼学术成果甚丰,著作已分别出版,该书仅提供考察报告目录。此外,书中还收集了当年协商成立科学考察团的新闻报道和有关消息、往来信件、简报,以及中国学术团体协会西北科学考察团报告和斯文赫定撰写的《中国西北科学考察团诞生经过》等原始文献,弥足珍贵。

西北科学考察团组建时共有团员28人,其中中国团员10人、瑞典团员6人、丹麦团员1人、德国团员11人,后来中外又各增补团员5人,共计38人。

在为期8年的考察中遇到的困难,除了自然条件的恶劣,主要还在于当时中国西北地区政局动荡及中央政府的政令根本无法下达的混乱。即便在这种情况下，考察团在许多学科领域都取得了不寻常的成绩，填补了许多学科的空白。

例如中国年轻的地质学家丁道衡在包头的白云鄂博发现的大铁矿，他分析了该矿成因。当时徐旭生就估计道："或将成为我国北方的汉冶萍。"目前，在白云鄂博铁矿的基础上建立了生产能力巨大的包钢，而且在矿区发现有丰富的稀土矿藏，使包头成为全国最重要的稀土金属产地。包钢为丁道衡树立雕像以纪念这位地质学家的卓越贡献。

又如地质学家袁复礼在新疆准噶尔盆地发掘出包括7个新种的72具二齿兽、恐龙等爬行动物化石，使我国的古生物研究跃上一个新台阶。著名古生物学家杨钟健认为，"此其重要，殆不在中国猿人之发现以下"。袁复礼为此获得瑞典皇家科学院颁发的北极星奖章。瑞典一地质学家曾对斯文赫定说："你们费巨款作考察，即使只得此一件大发现，也属不虚此行了。"

另外，对罗布泊的实地考察，地球物理学家陈宗器和霍涅尔、那林对湖区的测绘，斯文赫定和陈宗器驾独木舟从孔雀河进入罗布泊考察，都是前无古人的。此外，此次考察在地图测绘、气象观测、地磁、动植物标本采集、人种学等方面都有不俗的成绩。

除了自然科学领域的巨大收获，人文科学领域也取得了引人注目的成绩：瑞典的贝格满博士在额济纳河流域发掘出上万枚古居延的汉简，这就是闻名于世的"居延汉简"，是研究汉代文化的珍贵考古资料。黄文弼对古高昌国遗址、罗布泊北岸西汉烽火台遗址(土垠遗址)的考古发现，贝格满、陈宗器对罗布泊地区小河及楼兰古城等多处的考古发现，都是西北考古的巨大收获。

除了科考的成果，这次科学考察在人材培养方面也是值得一提的。考察团的四名气象实习生是从北京大学物理系的学生中录取的，分别是马叶谦、崔鹤峰、刘衍淮、李宪之，在德国气象专家郝德指导下，他们很快学会独立从事气象观测。以后李宪之、刘衍淮完成任务后，入柏林大学深造。李宪之根据实际观测资料进行研究，发表博士论文《东亚寒潮侵袭的研究》，以后又找到台风的成因，成为著名的气象学家、北京大学教授。刘衍淮在柏林大学获博士学位后，任北京师范大学、清华大学教授,后在国民党空军从事气象教育,曾任台湾师范大学史地系教授。

附带提一句,上个世纪50年代我在北京大学读书,李宪之先生教过我们气象学。

现在回到本文开头的问题,鲁迅与西北科学考察团究竟有什么关系?

鲁迅虽然没有参与考察团的任何活动,但是鲁迅的两位好朋友却是这次中外合作科学考察的关键人物。除此之外,更为重要的是,作为始终站在时代前列、推动新文化运动的主将,鲁迅对这次科学考察十分关心,显示了他的远大目光。

鲁迅的两位好朋友,一位是刘半农(1891~1934),又名刘复,北京大学教授,著名文学家、语言学家,新文化运动的著名人物。刘半农1920年到英国伦敦大学学习实验语音学,1921年夏转入法国巴黎大学学习,1925年获得法国国家文学博士学位。他是当时成立的中国学术团体协会推举的常务理事,西北科学考察团名义上是中国学术团体协会组织的,刘半农负责与斯文赫定、与中央政府联络具体工作。19条协议便是刘半农与许多中国学者努力的结果。

另一位就是中方团长徐炳昶。徐炳昶(1888~1976),字旭生,河南唐县人,著名的史学家,留学法国,在巴黎大学攻读西洋哲学。学成归国后,先后任北京大学哲学系教授、北京大学教务长、北京师范大学校长。解放后,为中国科学院考古研究所研究员。著译甚丰。1927年,徐旭生担任"中国西北科学考察团"的中方团长。他知识渊博、为人正直、不卑不亢、意志坚定、临危不惧,赢得全团中外队员的钦佩,也为全团克服困难、团结合作打下了良好基础。

徐炳昶与鲁迅早有文字之交,鲁迅的《华盖集》收有《通讯》一文,即是鲁迅与徐旭生往来的四封信,时间分别是1925年3月12日、3月29日(鲁迅致徐旭生),徐旭生致鲁迅信则是同年同月的16日和31日。这是徐旭生主编的《猛进》创刊不久鲁迅给徐的信,信中提出针对中国的现状,"现在的办法,首先还得用那几年以前《新青年》上已经说过的'思想革命'……除此没有别的法"。"但我希望于《猛进》的,也终于还是'思想革命'。"信中也交流了对国民性的看法和办报刊的想法。

鲁迅经常被引用的一段名言,关于如何办通俗的科学杂志,便是出自给徐旭生的信:"单为在校的青年计,可看的书报实在太缺乏了。我觉得至少还该有一种通俗的科学杂志,要浅显而且有趣的。可惜中国现在的科学家不大做文章,有做的,也过于高深。现在要 Brehm 的讲动物生活,Fabre 的讲昆虫故事似的有趣,并且插许多图画的;但这非有一个大书店担任即不能印。至于作文者,我以为只要科学家肯放低手眼,再看看文艺书,就够了。"这番精辟的言论,概括了鲁迅先生对于传播科学,以及科学家从事科普创作的见解,而且非常具体地介绍了如何借鉴外国优秀作家的创作手法,至今没有过时,仍有很强的针对性。

1927年,徐旭生担任"中国西北科学考察团"的中方团长,与斯文赫定率团出征,以及此前中国学术界维护国家主权的努力,这些频频见诸报端的消息,鲁迅肯定是十分关注的。我们从《徐旭生西游日记》[民国十九年九月(1930年9月)初版,全三册,大北印刷所印制]"叙言"中可以看到,当考察团从大西北回来后,《东方杂志》的编辑立即找到徐旭生,转达了鲁迅先生的约稿要求。

徐旭生的"叙言"写道:"东归以后,《东方杂志》的编辑曾由我的朋友鲁迅先生转请我将本团二十个月的经过及工作大略写出来,我当时答应了,可是迁延复迁延,直延到一年多,这篇东西还没有写出来,这是我十二分抱歉的。现在因我印行日记的方便,把这些东西补写出来,权当作日记的叙言,并且向鲁迅先生同《东方杂志》的编辑表示歉意。"由此不难看出鲁迅先生对于这次中外合作科学考察的高度重视。他热切地希望老朋友徐旭生"将本团二十个月的经过及工作大略写出来",把考察中的见闻、科考的发现、取得的成果迅速地告诉国人,这无疑是一次最生动、有影响的科学传播。由此不难看出鲁迅先生的远见卓识。徐旭生在日记的"叙言"中写了六个方面的内容,即西北科学考察团的由来、西北科学考察团的团员、到额济纳河前分队的工作、额济纳河附近及西面大戈壁中的分队工作及其困难、入新疆后的困难及其工作之分配,以及此二十个月中工作的成绩,内容很详尽,但是这些文字仅是《徐旭生西游日记》的"叙言",其影响力比发表在《东方杂志》恐要差得多。

还有一件事与这次科学考察并无直接关系,而是由于斯文赫定与刘半农从"不打不相识"转而俩人之间建立了相互信任的友谊,于是衍生出斯文赫定与刘半农相商,拟提名鲁迅为"诺贝尔文学奖"候选人。

刘半农是鲁迅的老朋友,认为斯文赫定的建议未尝不是件好事,便托鲁迅的弟子台静农写信探询鲁迅意见。鲁迅收到台静农1927年9月17日的来信,当即于9月25日回复了台静农,予以婉拒:"九月十七日来信收到了。请你转致半农先生,我感谢他的好意,为我,为中国。但我很抱歉,我不愿意如此。"鲁迅拒绝诺贝尔文学奖提名一事,也是近代文学史上闹得沸沸扬扬的一桩公案,恕不赘述了。

本文收入《林下书香》,科学普及出版社2013年2月出版

惟有情真最动人

郭梅尼是位擅长人物采写的资深记者,1953年,投入新闻记者的行列。四十多年来,许多名不见经传的先进人物经她的发掘见诸报端,立即在社会上产生巨大的轰动效应。更多的人物通讯所产生的影响远远超出了新闻宣传的范畴,是一个民族在特定历史时期精神追求的象征,因此它的生命力随着时光的推移益发显示出新闻价值和社会价值。

世界图书出版公司将郭梅尼近二十年采写的众多人物通讯结集出版,书名借用了她的一篇写桥梁专家茅以升的通讯的题目——《人生当架几座桥》,使我有机会重新鉴赏郭梅尼精彩纷呈的作品。人物通讯的成功与否不仅取决于采写对象自身的魅力。郭梅尼的人物通讯能在读者心中激起波澜,并非只是采访对象选得好,作者的眼光、观察的角度以及真实地再现人物内心世界也起到很大作用。郭梅尼采写科学家不是罗列他们的成就,也不仅仅停留在浅层次地交代采访对象的学术经历上,她所关注的是追踪攀登者的足迹,挖掘他们在科学探索征途的心路历程,从而展示他们丰富的感情世界和多姿多彩的人生。在人物通讯的采写上,素材的剪裁上,抓住最能体现人物个性的重点精心刻画,这方面郭梅尼是独具慧眼的。她在写核物理学家钱三强的《通往科学家之路》中着力描写了钱三强取得成功的原因。她不惜笔墨地写钱三强如何肯做别人不屑的科研服务性工作,如何同法国物理学家约里奥一起动手做实验设备,如何向化学家葛勒黛夫人虚心求教化学测定,这些细节揭示了钱三强的成功绝非偶然,而是一步一个脚印地打下坚实的基础。这篇通讯还介绍了钱三强夫人何泽慧发现原子三分裂这一重大成果的艰辛,叙述了钱三强对这一现象认识的不断深化,终于在前人和同辈大量实验的基础上做出重

大突破的非凡经历。钱三强的成功之路深刻说明，在科学的道路上没有平坦大道可走，只有不畏劳苦的人才能达到光辉的顶巅。这篇人物通讯所蕴含的社会意义，不仅限于使读者了解钱三强，它更深层次地揭示了科学探索的艰难和成功的必由之路。

郭梅尼的人物通讯，既没有华丽的词句，也少有豪言壮语，文风朴实，但却有一种拨动读者心弦的艺术感染力。她笔下的人物所以具有打动、感染读者的魅力，全在于一个"真"、一个"情"字。所谓"真"，是真实地展示人物的精神世界、表现人物的喜怒哀乐，活生生地写出他们作为普通的人的性格，他们固然具有超出常人的坚强、勇气、追求和理想，也有人之常情的苦恼、失落、彷徨和痛苦。写女地质学家金庆民在南极冰原独自一人的孤独，写残疾青年的自卑与苦闷……这些感人至深的细节描写不仅没有削弱人物的形象，反而丰满了人物的个性，也从一个侧面衬托出他们克服自我达到理想境界付出的代价。

一篇人物通讯要想打动读者，首先要打动作者自己。郭梅尼的人物通讯处处渗透着作者对采写对象命运的关注，对他们遭遇不幸的同情。她写身残志坚的张海迪等，无一不是以莫大的同情心、女性的柔情，讴歌这些人物金子般的心，进而呼吁社会对他们的理解和关心。这正是党的新闻工作者所具备的高尚品质。

所以，我以为《人生当架几座桥》的出版，小而言之，是郭梅尼从事新闻工作的一个总结；大而言之，这本书对于我们今天的社会主义精神文明建设，不失为一本很好的教材。

《科技日报》1996年11月24日

潘帕斯的联想

最近看了几本书，在我看来，都有点忽悠读者、文不对题。比如爱尔兰女作家克莱尔·吉根的《南极》(浙江文艺出版社)，据说还是她的成名作，与地球上的南极毫不相干，而是一篇荒诞小说。内容是写一个拥有幸福婚姻家庭、精神空虚的女人，决定外出找一点外遇的刺激，结果是被色狼玩弄，失去自由，以致面临死亡的结局。小说最后写道："她想到了南极，雪和冰，还有探险者的尸体。然后她想到了地狱，想到了永恒。"这是通篇唯一的点题之处。这篇揭露世态人情的小说,应该承认是写得入木三分、很精彩的,但以南极为题却令人啼笑皆非(当然也无可非议)。

我由此想说的是,作为一点经验之谈,看书也好,买书也好,光看书名,有时会大上其当。尤其是网上购书,这似乎是免不了的麻烦。

又如英国威廉姆·H. 胡森(1841~1922)的《潘帕斯》(刘乔译,中国人民大学出版社,2009年8月出版),这本书的内文中插有不少历史的、风光的、人文的图片(不知原著如此还是中译本独有的),目的大概是有意强调内容的真实色彩,使你以为这是一部介绍潘帕斯地区的地理历史、风土人情的小册子。等你耐心读完之后,才知道完全不是这么回事。

潘帕斯(Pampas),是一个国际公认的地理概念。就如西伯利亚、撒哈拉一样,是指地球上一个特定的有着特殊气候和自然景观的地区。二十多年前,我到阿根廷,访问了潘帕斯。后来在一篇题为《骑在牛背上的国家》的文章中写道:"潘帕斯,在印第安人克丘亚语中,是'无树草原'的意思,它位于阿根廷中部,西起安第斯山麓,东临太平洋,方圆六十多万平方公里。阿根廷人常常自豪地说:'假使你从安第斯山犁地,一直犁到大西洋边,绝对碰不上一块石头。'说的就是辽阔平坦的潘帕斯草原。不过,在漫长的岁月里,潘帕斯草原一直在沉睡中。到了16世纪,欧洲殖民者发现了这块金子般的土地,他们从遥远的欧洲带来了为数不多的牛、马、羊,人们未曾料到,潘帕斯草原冬无严寒、夏无酷暑的气候,丰茂的牧草太适合畜群的繁衍了,以至在很短时间内,逃散在草原上的牛群迅速繁殖,形成了数以百万计的野牛群。阿根廷最初的主要经济活动,便是大量捕杀草原上无主的牛群大宗出口制革的牛皮和腌牛肉,从而孕育了阿根廷早期的'牛皮文明'。"

如今的潘帕斯草原,再也见不到到处游荡的野牛群了。在这个天宇寥廓、视野开阔的大平原上,公路两旁,一直到目力所及的地平线,都是铁丝网筑起的樊篱围起的一块块面积不等的牧场。时而,绿茵花丛之中,半藏半露着一幢幢造型别致的房舍,这是农民的家园。房舍旁边停放着许多车辆,小卧车、运输车,以及载畜的大卡车。车辆多少要看农场主的经济状况而定。这里的牧场很少天然放牧,主要是种植人工饲料,牛群也多是围栏饲养,间或也可见到铁丝网后面的草场上,一群群花白

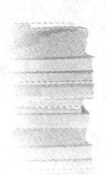

相间的奶牛悠闲地憩息,旋转的风车忙着抽水,骑着马儿的牧人在驱赶牛群。在交通便利的村镇,到处可见畜产品加工企业的现代化厂房。潘帕斯草原如今是阿根廷富庶的粮仓、肉库和奶罐子。

正是因为过去有一点亲历的记忆,很想再找几本有关的书了解潘帕斯草原的今天,因此从网上得知有一本介绍潘帕斯的新书,我十分欣喜。

现在把话题还是拉回来,谈谈威廉姆·H.胡森的《潘帕斯》吧。很有趣的是,译者刘乔在"序"中一开头就坦诚地说:"本以为接到的这本书是一本科学笔记似的散文集,想当然地认为鸟类学家胡森先生无非是在这本书里记载了一些南美自然界的生态面貌、草木分系、动物种类等,可是这次胡森先生没有记录花鸟虫鱼,他记录的是人——他以一个旁观者的姿态忠实、生动地描绘了19世纪初在潘帕斯草原生活的人,让我深刻了解到当时在南美高原上生活的西班牙人后裔是如何对待爱情、对待友谊、对待上帝的。"看来连译者一开始也被书名忽悠了。正如译者所言,作者是一位鸟类学家,然而这部以潘帕斯草原为背景、为书名的作品,收入的是六个内容没有关联的短篇小说,小说的内容反映了阿根廷"牛皮文明"时代的生活场景,毕竟离今天已经很遥远了,因此也无需在这里重复。

最后要提及的是,该书十四页有多幅潘帕斯草原的动物照片,其中有一幅是斑马。请问身为鸟类学家的胡森先生,或者编者,能否告诉无知的我们,南美洲有斑马吗?

2011年7月21日

田园将芜胡不归

如今,亿万农民从祖祖辈辈栖居的乡村涌入城里,得到了梦寐以求的城市户口,圆了幸福的"中国梦"。但是在举世欢呼城镇化的大潮中,是否也有一些另类思维的人逆向而行,从城里回到偏远的乡下去务农呢?在下孤陋寡闻,不得而知。近日读了《大地的事》(东方出版中心,2006年1月出版),才知海峡那一边的台湾,有一位名叫陈冠学的读书人,自愿弃职务农,过着日出而作、日没而息的生活。这当然也算得上是追求自己的梦吧。《大地的事》即是陈冠学的一部厚重的记录务农生涯的散文,在台湾出版后受到极大推崇,而我则把它视作中国生态文学的佳作,堪与梭罗的《瓦尔登湖》相媲美也。

陈冠学毕业于台北师范大学国文系,受业于大哲学家牟宗三,任过多年教职,精研庄子哲学。他是 20 世纪 80 年代初辞去教职回乡务农的,当时四十出头。《大地的事》原名《田园之歌》,是从他"置身在这绿意盎满的土地上,屈指算来也有足足的两年"开笔,分为初秋篇、仲秋篇、晚秋篇,记录了一年之中从九月一日至十一月三十日短短三个月的日记,1984 年出版。

台湾也是人多地少之地,但陈冠学的父母给他在故乡(离屏东不远)留下一份产业,"两甲旱田,一楹瓦屋,一头牛,一条狗,一只猫,一对鸡,耕作旱稻、番薯、土豆、芝麻、番麦……"(甲,台湾旧日地亩单位,约合 0.9 公顷多)。他笔下的家园:"一幢坐北朝南的平屋,坐落在大野之中。西面是已辟的田畴,直延伸到地平线","东边隔着三里地的荒原和林地,便是中央山脉,逶迤向南延伸。大武山矗立在东北角上,南北两座高峰巍然对峙——母亲叫它南太母和北太母"。"南面,对着窗,远远地是几户人家——都是族亲。再过去是硗野一带,是夏季山洪奔腾南下的驰道,冬季是干涸的溪床,极目望去,白石嶙嶙,南接对岸的高岸,西达于海,宽约七里,长则自山脚至海,不下二三十里","北面是一片更辽阔的田野"。他就是在这片远离尘嚣的乡野,过着大体上离群索居、自力更生、自给自足的农耕生活。

《大地的事》通篇没有轰轰烈烈的情节,内容平淡如水,记农事,记天气,记晨昏之时鸟鸣啁啾,记夜间灯灭老鼠在梁上撒欢儿,记黑夜滂沱大雨中的孤寂,记收获番薯驾着牛车去集市贩卖,为族人出售番薯而奔波的情景。记族人送来婴儿满月的"公油饭",以及风雨中邮差送来书信的喜悦。在这些平凡琐碎的生活细节的描写中,渗透着作者恬淡的情趣,心境的静谧,是那种摆脱了现代文明的城市病的轻松,是身心溶于大地之母的欣喜。日记中也并非全然是个人独处的描写,其中也有几件与人交往的"大事":一是来了一位素不相识的不速之客,晤谈数日,相见恨晚,谈叔本华哲学,谈老子小国寡民,谈理想的社会与人生;一是为族人老大不小的女儿物色对象,鼎力撮合,成其好事;还有一事是应族人之求,为村中一帮孩子启蒙,教他们识文断字……诸如此类的生活

三、黄昏与书相伴

细节,娓娓道来,既是平静生活的波澜,也折射出作者思想之深邃,志趣之高远,体现了他与族亲的深厚情谊。他不是游离于乡亲之外的局外人,而是他们中间受到尊敬和信赖的一员,这是难能可贵的。

作者并非鸟类学家,但是《大地的事》却以很大篇幅记录了他以敏锐的观察,看到听到的各种鸟类和它们各具特色的歌喉,以及鸟儿美丽的容貌、活泼的天性、愉悦的充满灵性的呼应。这些记载远远超过了鸟类学家的科学观察,似乎也是作者借物抒情,抒发内心的无限喜悦。作者并非因生计所迫回到乡村,他是自愿选择了逃离工业文明的城市,愉快地回到故乡的山林田野。倦鸟归林,他的心情堪比那无忧无虑、获得自由的鸟儿!

如今,城镇化浪潮席卷中国。媒体报道,许多乡村农民进城了,土地荒芜、人去房空的"空心化"现象日趋严重。当大批农民进城定居,取得城市居民身份之后,按理说也就同时失去农民身份,自然而然也失去土地山林的使用权。为此,权威人士指出,眼下国家应制定法律,将农村荒芜的土地收回,再一次进行土地改革,并允许愿去农村的城里人去定居、去种田,当农民。历史就是这般往复循环的。这是大势所趋,是工业化发展历史之必然。

"归去来兮,田园将芜胡不归?"

我欣喜地期盼这一天快来。

2013 年 5 月 10 日

下编

四、昨夜星光灿烂

[题记]

  我当了多年新闻记者,深知这一行的辛苦。正如许多同行所言,新闻本身是短命的,一张报纸从轮转机到读者手里,它的寿命往往过不了24小时。但是,记者的职业又决定了你每天早出晚归忙个不停地采访,为了抢在第二天报纸付印前见报,你还必须连夜加班赶出新闻稿。我在任何嘈杂的环境下都能定下心来写文章,得益于当记者时回到乱糟糟的报馆,一边写一边交给排字工人排字的训练。因此很多时候我过的是"夜猫子"的生活,一到夜晚特有精气神。

  尽管自我感觉不错,但残酷的现实是,你的劳动成果多数情况下只能与时俱亡,什么也不会留下,这是很现实的事儿。

  还算幸运,在我从事新闻工作的后期,在虚度年华十来年以后,历史的机遇、现实的需要,终于提供了新闻采访的一个特殊时期。为了"拨乱反正",纠正历史冤案,先是从全国科学大会起,开始注重人物的深层次报道。后来,我所在的报馆专门成立了机动记者部,我有幸滥竽充数,成为其中一员。该部门的头等任务是采访知名人士,特别是曾经在历次运动中受到不公正待遇的知名人士,这种采访既是与名人对话,客观上也是与历史对话。这些采访实录不仅在当年产生了一定影响,同时也多多少少保存了珍贵的历史。(不久前,我的南极考察记《我的南极之旅》,收入《20世纪中国科学口述史》丛书,似乎也可以证明这个道理。)

  昨天的新闻,即是今天的历史。收入"昨夜星光灿烂"标题下的作品,来自当年与名人对话的实录。每当想起他们,我的眼前出现了夜幕下星光灿烂的苍穹,那是何等震撼人心,那是何等绚丽辉煌,只是物换星移,一切都已不可抗拒地远去了……

与严济慈对话

严济慈(1901~1996),字慕光。浙江省东阳县横店下湖严村人。著名物理学家、教育家,中国现代物理学开创者之一,中国光学仪器工业和放射科学的奠基人。1923年毕业于东南大学(南京高等师范),后赴法国巴黎大学理学院留学,1927年获法国国家科学博士学位。回国后历任上海大同大学、中国公学、暨南大学和南京第四中山大学教授,北平研究院物理研究所所长兼镭学研究所所长。1935年当选法国物理学会理事,1948年当选中央研究院院士。新中国成立后,历任中国科学院办公厅主任兼应用物理研究所所长、东北分院院长、中国科学院数理化学部委员、技术科学部主任、中国科学院主席团名誉主席,兼中国科技大学教授、副校长、校长、研究生院院长。还担任过中国科协书记处书记、副主席及名誉主席,九三学社中央副主席和名誉主席,第六、七届全国人大常委会副委员长,中国物理学会名誉理事长,中国光学学会名誉理事长等职务。

我第一次采访严济慈先生是1983年6月,北京入夏以来的一天晚上。

严济慈的寓所在东长安街以北、北京火车站对面一条胡同里,叫后椅子胡同。天色已晚,看不清院子的格局,印象中这是北京城里很普通的小四合院,久经风雨,小径生苔,是多年的老宅了。采访是在一间窄小的会客室里进行的,印象最深的是水迹漫漶的壁上居然有一幅徐悲鸿的

严济慈(右)与作者合影

真迹，而且竟然是用图钉钉在墙上，上面也被房顶渗下的雨水浸染而留下水迹。后来知道，这是1935年徐悲鸿得知严济慈当选法国物理学会理事赠送的《喜鹊登梅图》。在收藏家看来，这恐怕是不可思议的事情。

这次采访，倒是很顺利。严老热情地接受了我的采访，他是浙江东阳人，讲话带有浓重的乡音，他讲的许多往事涉及近现代史许多的人和事，有些我听不懂，他就很耐心地边谈边在一张纸上给我写出，使我一目了然。

从这时起，我与严老的对话持续了十年……

金涛（以下简称"金"）：您从一个农家子弟成为世界著名的科学家，童年的生活对您一生的事业、成就无疑是有影响的。请谈谈您的家庭情况和童年生活。

严济慈（以下简称"严"）：这个问题，很难三言两语讲清楚。我是浙江东阳下湖严村人。东阳是个丘陵地区，山清水秀，风景很美。但是由于山多，可耕地少，人口又多，所以东阳人外出做木匠、泥水匠的很多，全国都有，有的长年累月出外谋生，有的农闲时外出做工。

在下湖严村只有三十来户人家，不到四十户。我家世代务农。到了高祖、曾祖这一辈，他们懂一点书，又会看病，日子逐渐好起来。高祖父开了一间中药铺，叫惠元堂，到我父亲手里还经营这个中药铺，先是在寿塔头这个地方，后来搬到离下湖严村三华里的后岑山。我父亲也懂中医。

我祖父弟兄三人。到祖父这一辈，在村子里是还算好的一家，他们都是读书人。伯祖父是个武秀才，祖父考科举在县里考取了，但到府（金华府）里却屡试不中。他三十岁里赴金华府考功名，生病死在路上。当时我父亲才十一岁。我的叔祖父严惟纶先生，号清波，也是读书人，一生没有考取功名，就在严家祠堂教蒙馆。

我是光绪二十六年（1900年）阴历腊月初四出生的[①]。父亲严树培排行第二，上有一个姐姐，下有一个妹妹和两个弟弟。祖父一死，父亲的担子很重。他种田、卖药，还要做点小生意，才能让一家人吃饱肚皮。

[①] 严老的出生日期，按老人自己的说法，是清光绪二十六年（庚子，1900年）腊月初四寅时，因月份小，若按公历计，应为1901年1月23日，姑此存说。

我七岁时，父亲和叔伯分家另立门户。按我们家乡的规矩，分家时祖产不能分光，要留下一部分，其余的才按户均分。我家六口人共分得三十七坪地，十六坪等于一亩地，才两亩多地。另外只有一间房，全家人挤在一间房里。为了维持一家人的生活，父亲到杭州向卖火腿的铺子借钱，然后去收金华火腿。因为东阳人家家户户过年都要宰猪，自己腌火腿卖掉。他还从平湖收草籽（紫云英，做绿肥用），运到东阳卖掉，也到诸暨贩棉纱，到杭州贩煤油。他又没有本钱，借高利贷，二分利，所以赚不了多少钱。有几次，父亲亏了本，一次是贩煤油，在钱塘江用木排运输，被别人做了手脚，在煤油桶里装了水，连本钱都丢光了，损失几十块大洋。还有一次运草籽，翻了排，也把本钱赔光了。

金：您母亲是本村人吗？请谈谈您外祖父家的情况。

严：我母亲姓金，叫金庆龄，是离下湖严村十公里的金宅村人。外公家是个大家庭，外公兄弟五个。他本人是廪生，四叔外公也是有功名的。我母亲和父亲同年，二十五岁生我。我排行第三，上有两个姐姐，下有一个妹妹、一个弟弟。两个老人希望有个儿子，所以我的二姐生下来只有一两个月，就送给人家做童养媳。童年的生活很艰辛。母亲织布拿到集市上去卖，姐姐也上机织布，妹妹也帮忙。我从小就放牛，上山砍柴，下田割禾，天旱车水，什么农活儿都干过。我现在年纪这么大，身体一直很好，主要得益于我从小参加劳动，打下了基础。

小时候，我除了干农活儿，还收过账，是父亲的小帮手……

金：请详细谈谈这方面的情况。

严：当时乡村的中药铺都是赊账，农民看病抓药都记账。到年底，粮食卖了，有了现钱，这才还清欠账。所以到了阴历腊月快近年关时，多半是腊月二十六日至三十日，有人来还账，父亲也派店里的伙计去四处收账，店里雇了一两个伙计。我七岁时进蒙馆，就是严家祠堂的蒙馆。我的第一位启蒙老师就是叔祖父严惟纶先生。有一次，父亲到杭州做生意，在书摊上买了一本从日文翻译过来的《笔算数学》的书。我从来未学过数学，也找不到教师可以求教，就自己一道一道题反复演算，弄懂每个定理。硬是把这本书啃懂了。从此，我对数学有了浓厚的兴趣。我在九至十岁时就在父亲的指导下学会打算盘，从十岁起我就会管账，这件事对我也是一个训练，培养了我认真仔细、一丝不苟的作风。

四、昨夜星光灿烂

金：童年时，您到外地去过没有？

严：小时候，拜年去过外祖父家。再就是父亲带我到过永康县方岩"拜胡公"。当地风俗，男孩儿长到十岁，大年正月去"拜胡公"，能够消灾祛病。当时我可能是十岁，永康方岩风景很好，山岩很陡，离我们家有一百里远。所以我记得还在那里住了一夜，至于"胡公"是什么人，有什么讲究，都没有印象了。

金：您家境贫寒，后来是怎么上学的呢？

严：我的姐姐、妹妹、弟弟连私塾都没有上过，家里生活很艰难。但父母看我聪明好学，还是节衣缩食供我读书。我十二岁进了东阳县立宏道小学插班。学校离家三十里地。我住在学校里，自己做饭吃。那时小学不读四书五经了，有语文、算术、常识等科目，因为我自学过算术，学起来不觉得吃力。1913年冬，父亲做生意被坏人坑骗，蚀了本钱，家里生活更加艰难。但父母还是鼓励我考中学。我报考了东阳县立中学，考试发榜，我考了第一名，成绩最优秀。父亲很高兴，但也很犹豫。因为上中学的开销大，何况那时我是父亲的帮手，我一走他就少了个人手。但父母亲是理解我的志向的，他们没有只顾眼前，决定就是省吃俭用也供我继续求学。

金：东阳县立中学在您的求学阶段占有很重要的位置，甚至可以说是您迈出的人生第一步。您从中国封闭的农村走向世界，是以东阳县立中学为起点的，是这样吗？

严：在东阳县立中学的四年，对我打下知识的基础是十分重要的。我是1914年考进东阳县立中学的。学校一边是县衙门，一边是城隍庙。它是1913年(民国二年)开办的。我上第三期，一班有三四十人，四年毕业。当时校长是程品文。国文老师是一位年纪较大、旧学功底造诣很深的嵊县人。我对各门功课都有兴趣，成绩都很好，尤其是在数学方面表现得更加突出，一些令人家头痛的难题，我很容易就迎刃而解，所以到了三四年级，有的难题教师解答不了，也拿来找我解答。历史、地理这些科目，最难的就是年代、人口、面积等数字，我也记得一清二楚。

当时给我印象最深的一位教师，是教英文的傅东华先生。傅东华，字则黄，浙江金华人，毕业于南洋公学。当时三十多岁。据说是因为反袁世凯而遭到通缉，逃到东阳来教书的。他思想活跃，英文底子又好，上课采用《泰西五十轶事》、《莎士比亚故事集》做课本，还鼓励学生读英文原著小说，提高英语阅读能力。他后来在商务印书馆译过小说《飘》。我受傅东华先生的影响，订阅了上海出版的英文《密勒氏评论报》，还经常阅读商务印书馆的《英文月刊》和《英语周刊》。当时《英文月刊》经常刊登小测验征文、问题解答等，傅先生就鼓励我们去投稿。我把自己的答卷投寄到杂志社，答对了还有奖励，可以免费订刊。我用英文写一些短文投寄给《英文月刊》，也在刊物上发表过。这些对我的英语水平的提高很有帮助。

金：东阳县立中学四年期间，您还对哪些事情印象深刻？

严：刚入学头一学期，1914年年底东阳县被土匪攻入，绰号叫"周老板"的土匪一帮人攻进县城，半夜三更来劫牢，将县城盘踞了一天。我当时住在学校里，惊慌之中跳墙而逃，不小心把脚摔伤，一直跑到郊外躲了起来。后来土匪逃出县城经过岑山，父亲闻讯跑到县城来找我，我回家养伤一段时间才再上学。

另外，在东阳县立中学和我要好的一位同学叫金灿（佛庄），他和我是班上成绩最好的，所以我记得他。

金佛庄和我同时毕业，他考上保定军官学校。有一年暑假，我在上海和他相遇，他当时是连级排长。1923年我到法国去之前回东阳，路过杭州又和他相遇。1925年他入黄埔军校，后来到南昌做蒋介石的警卫团团长，他到杭州是运动浙江独立的。1926年他从南昌到杭州去，在轮船上就有侦探跟踪，后来在南京被孙传芳抓去，不久就在雨花台被枪毙了。解放后我给聂荣臻同志去信，他说金佛庄很好，加入了共产党，是当时浙江省的三个共产党员之一，是入党后进入黄埔的。

金：1917年您以全校第一的优异成绩，在东阳县立中学毕业，而且在报考高等学校时，您被两所大学同时录取，这是怎么回事？

严：当时是春季开学，1917年年底我中学毕业回到家里，又到私塾读书。1918年夏天，我从东阳走路走了两天，走到诸暨下面几十里的一个渡口，然后坐舢板船沿钱塘江而下到杭州，准备报考大学。当时的大学没有现在这么多，只有北大和六所高等师范，即南京、北京、沈阳、武昌、成都和广州六所高等师范。每所高等师范分头到各省招生，有一定名额。浙江就在杭州报考，由浙江省教育厅出题主持入学考试，我的

四、昨夜星光灿烂

家庭经济不富裕，高等师范不仅不需要交学费，还供食宿，又可以读书，我就报考了离家最近的南京高等师范。考试结束，等发榜要一个月，我就住在凤凰山下一家公寓里。这个非正式的公寓是一个东阳木匠开的，一个月食宿五块钱。我没有事就跑到清波街的商务印书馆看书。不久我看到南京河海工程学校招生，这所学校由江苏、浙江、福建、山东四省合办，有预科和本科。我反正闲着无事，就去杭州第一师范报考。

后来，考试揭榜，我以全省第一的成绩考上了南京高等师范，同时考上了南京河海工程学校正科生。当时高师考试科目有数学、国文、英文、历史、地理、物理、化学，我考了第一名。当时在杭州，我一下子出了名。因为东阳县立中学开办以来共三届毕业生，第一、二届没有人考上全国的高等学府，只有考上省立法政学校的。加上我名列全省之冠，浙江省教育厅特地破例拨给东阳县立中学一笔教育经费以资奖励。后来我到南京高等师范进行复试，又名列第一。河海工程学校食宿要自己花钱，所以我选择了南京高等师范。为了我上大学，叔祖父卖掉祖产，为我筹措川资，同窗好朋也解囊相助，使我如愿上了大学。

金：1988年6月，南京工学院更名为东南大学，您作为老校友专程到南京出席了东南大学校庆大会。您在1918年考入南京高等师范，但是1923年是以东南大学第一届毕业生毕业的，这中间有些什么变化？

严：南京高等师范和所有的师范一样是培养中学师资的，包括文史地学部和数理化学部。1918年，南京高等师范受黄炎培先生提倡职业教育的影响，除两个学部以外，又办了专修科，有农业、工业、商业、教育、体育、英文等六个专科，但专修科和各系不是每年都招生。

1918年，我报考南京高等师范时，学校只招收商业、农业、体育、教育四个专修科，我就考入商业专修科。专修科是三年毕业，还有国文、伦理等科目。但我对商业没兴趣，还是喜欢科学。第二年我转入工业专修科，还是从一年级读起，但又感到工科没有意思。1920年，我又改学数理化学科，学制四年，这次是从二年级读起。所以，我是主张学生可以转系的，反对不准转系的做法，而且，我也赞成留级。我在一篇文章里讲过，读书主要还是靠自己，有好的教师当然很好，没有好的教师，一个人也能摸索出适合自己的读书方法，把书读好。我这样说，并不是说教师可以不要了，教师的引导是十分重要的。但是，即使有了好的教师，如果不经过自己的努力，不靠自己下功夫，不靠自己去摸索和创造，一个人也是不能成才的。

1920年，就在我转入数理化学科时，东南大学成立，与南京高等师范合在一起。东南大学实行学分制，我因头两年在商科和工科学习时，普通公共课程被我学完了，所以许多课程可以免修，上课的时间很少，有充裕的时间攻读数学和物理，涉猎别的书籍。当时没有第二外国语，我买了一本美国人写法文文法的书，就自修法文。毕业时，我的学分大大超过东南大学规定的学分数，所以我在得到南京师范的文凭的同时，又是东南大学第一名、也是唯一的毕业生。

金：在南京高等师范和东南大学，对您影响最大的教师有哪几位？

严：南京高等师范的校长是郭秉文，教务长是陶知行[①]。不过，对我影响最大的，堪称恩师的是何鲁先生，还有一位是熊庆来先生。何鲁先生是四川广安人。他夫人的哥哥，即他的大舅子叫朱芾煌，是袁世凯的红人，担任夔关监督。夫人的三个弟弟都是留法的。何鲁1919年从法国回国，应聘到南京高等师范教数学。他讲课所用的教材实际上是法国中学的课本，但学生都反映听不懂，反对他，罢课，结果只有两个人听他的课，其中一个就是我。法国中学的教育程度，在欧美国家中比所有国家都高，有力学课、宇宙课，分文科（哲学班）、理科（数学班）。中学毕业可直接进入大学。

这样一来，既然学生都抵制他上课，何鲁先生说："我们不要上了吧，有什么问题到我家来找我。"第二年，1920年何鲁离开南京高师，到上海中法通商惠工学院教书去了。这个学校是法国人办的，在法租界。何鲁是唯一的中国教授。每个教授都有一幢洋房。他当时刚结婚，没有孩子。他叫我暑假到他那里去。所以从1920年至1922年三年的暑假，何鲁和他的夫人去北京度夏，我就住在他在上海的寓所。他从法国带回的大批法国的教科书，我都看过。我读三年级时看四年级的书。我的法文就是那时打下了基础，会读，会写，会听。何鲁离开南京高师，就推荐熊庆来担任南京高师、东南大学数学系教授兼系主任。

我在大学未毕业时写了两本书，是商务印书馆王云五约的稿。我怎

[①] 即陶行知。陶行知原名陶文濬，1911年改名陶知行，1934年再改名陶行知。——编注

么会认识王云五呢?

　　我是在何鲁先生家里认识王云五的。原来王云五和何鲁是师生之交,曾在中国公学(学校在吴淞口)教过何鲁的英文。当时正值中学改制,初中四年改为初、高中各三年,急需编写新的教科书。王云五听何鲁先生介绍我的情况,就提出约我编写初中算术的教科书。我是大学三年级写《初中算术》的,大学没有毕业就由商务印书馆出版。现今中国六十岁至八十岁的知识分子,差不多都读过我这本书。另外一本由商务印书馆出版的书是《几何证题法》。我从 1920 年起,就在南京高等师范附中教书。当时内地有不少高中毕业生到上海、南京等地报考大学,南京高师办了暑期学校,我应聘在暑期学校讲课,给这些学生补习几何。当时学生很多,阶梯式的大教室,有几百人。我在暑期学校的讲稿在 1923 年出版,这就是《几何证题法》。这本书后来多次再版,许多人看了这本书还以为我是数学家。

　　金: 我国最早的科学团体是中国科学社。您在南京高等师范读书时就是它的正式会员。您能否讲讲关于中国科学社的历史情况?

　　严: 中国科学社是 1914 年由一些留美的学生任鸿隽、赵元任、杨铨(即杨杏佛)、胡明复、秉志等发起的。他们感奋于要用先进的科学技术唤醒沉睡的祖国,在伊萨康乃尔大学校园内成立了"中国科学社"。稍后,与留学法国的何鲁在巴黎的"学群社"联合,何鲁与杨铨是中国公学的同学,联合后仍保留中国科学社之名。这是我国第一个现代科学技术的学术团体。

　　1917 年,胡明复、胡刚复、杨铨先生等先后回国,把中国科学社迁回上海,社址设在大同大学。这所大学是胡刚复、胡明复先生的胞兄胡敦复先生创办的。中国科学社当时创办了我国第一个用中文发表的学术刊物《科学》月刊,主要刊登一些论述科学的重要性、探讨科学研究方法以及科学评论的文章。1920 年前后,何鲁、胡刚复、杨铨、竺可桢、周仁、秉志先生等先后到南京高等师范任教。为了提供一个学术交流的场所,通过张謇先生出面,在南京成贤街文德里谋得一处官产房屋,办起一个图书馆和讲演室。这就是中国科学社的新社址。由于缺少经费,图书馆的图书是从各位先生家里的藏书中搜集来的,讲演室也十分窄小。当时英国哲学家罗素爵士应中国科学社邀请访华,只好站在院子里讲演。

我这时正在南京高师上学。那时胡刚复先生兼任图书馆馆长。因为他的家眷在上海,图书馆就成了他的工作室和起居室。我受胡刚复先生的信任,经常出入图书馆,帮助整理图书,编目分类,我还有幸受教师的委托代为《科学》月刊初审稿件。那时,杨铨、何鲁先生也住在图书馆附近。他们经常来馆里与胡刚复先生一起研究社务和教学。我有机会向他们求教,受益匪浅。1923年当我刚刚毕业时,就破例地被中国科学社接受为正式社员。所以说是破例,是当时有规定,凡是未出国留学人员加入中国科学社的,只能称"仲社员"。1923年,我赴法留学前,何鲁、胡刚复、杨铨等先生还在中国科学社为我设宴送行,以示鼓励。

　　金:杨杏佛先生1933年在上海被国民党特务暗杀,您自1923年以后,和杨杏佛先生有些什么交往?

　　严:杨杏佛先生殉难五十周年时,我写过一篇纪念他的文章。我说他的难得之处,在于他不仅是一位卓有建树的科学家,而且还是一位为争取民主自由矢志不移的社会活动家。早在青年时期,他就投身于辛亥革命。他和任鸿隽、何鲁都是以青年时代参加辛亥革命有功被选送出国深造的。北伐时期,他跟随孙中山先生到达北京,担任秘书。中山先生逝世后,又回到上海任丧事筹备处总干事。1927年我从法国回国时,中国科学社迁回上海,1928年中国科学社在苏州东吴大学召开年会,我与杨杏佛先生等人同时出席。我们都是自带铺盖,利用学校假期,住在大教室里。大家深入切磋学术,研究社务,批评时政的情景,至今印象很深。杨杏佛先生是一位活跃人物,他多次大声疾呼要为创造一个"有饭大家吃,有工大家做"的新社会而奋斗。在这届年会上,我当选为中国科学社的理事。

　　1932年12月,为了反对蒋介石对抗日救亡进步人士的迫害,营救被捕的革命志士,宋庆龄、鲁迅、蔡元培、杨杏佛先生等发起组织"中国民权保障同盟",杨杏佛先生任执行委员兼总干事。12月17日,他到北京营救因从事抗日救亡运动被国民党宪兵秘密逮捕的许德珩、侯外庐、马哲民等先生。我当时在北平研究院物理研究所任所长,并兼镭学研究所所长。杨先生住在王府井大街南口路东的交通旅馆里。他在百忙中还到我们物理所,以及赵承嘏先生领导的药物所参观,了解情况。我们也曾到旅馆看望他。他认为我们物理所尽管人员少、经费缺、设备条件差,

四、昨夜星光灿烂

但是办得很有成绩，做出一些很有水平的工作。不料这是我们最后一次见面。1933 年 6 月 18 日凌晨，杨杏佛先生在上海法租界亚尔培路 331 号中央研究院国际出版品交换处门口被国民党特务枪杀。我当时为北平研究院镭学研究所迁沪正逗留上海，惊闻噩耗，痛失先生。6 月 20 日杨先生入殓，我亲往万国殡仪馆吊唁。面对先生遗体，悲愤不已。杨杏佛先生殉难时，年仅 44 岁。

金：1919 年的五四运动，对您有什么影响？

严：我是 1918 年考入南京高师的。第二年，北京爆发了轰轰烈烈的五四运动，很快传到南京和全国其他地方。我是从偏僻农村来的，一到南京这个中国南方的文化中心，立刻感受到新文化运动正在冲击着封建古国的旧文化。我所在的南京高师，1919 年前后有一批从欧美留学回来的教授，他们带来了科学与民主的思想，而且做了很多切实而有效的工作。所以，五四运动发生后，南京高等师范的学生立即响应，走出校门，举行了声势浩大的游行。这也是我生平第一次参加游行。

谈到五四运动，我的夫人张宗英不仅是参加者，而且是积极的组织者。她当年是南京第一师范学生评议会的议长，很出名的学生运动领袖之一。她曾经领导第一女子高等师范的同学驱赶保守落后的校长。1919 年夏，她考取北京女子高等师范，结识了李大钊、瞿秋白以及其他青年运动的领导人。

金：能否谈谈您和张宗英是怎么认识的？几年前我第一次采访您时，张宗英女士身体还很好。她很热情地谈起你们过去的生活，谈起北平物理研究所那一段生活，您连礼拜天也到实验室去工作。她说您"除了吃饭、睡觉、拉屎在家里，其余的时间都在研究所里……"，你们的相识一定是有一段罗曼史吧？

严：我爱人的父母是浙江绍兴人。我的岳父张绎墨（鹤龄）先生是位老教育家，在南京两江师范任教。张宗英才貌出众。当时有很多人追求她，包括一些达官贵人、豪门子弟也托人做媒。她从南京跑到北京去读书，也是为了摆脱这些人的纠缠。在北京还是受人瞩目，一年没读完又回到南京。当时是 1920 年，东南大学正式开办。她打算报考东南大学。这年夏天，她拉着一个女生来找我，这个女生是个特别生。特别生是指那种没有参加考试而入学的学生，多半是女生。她是慕名而来，找我给她讲课，补习数学等功课，我们就是这样认识的。张宗英是东南大学第一个女学生。以后，她的父母约我正式见面。1923年暑期我去法国留学前，我们正式订婚。订婚仪式是在秦淮河边一家餐馆举行的。请了两桌客人，介绍人是何鲁先生、胡刚复先生，张之高教授代表我的父辈。有二十多位知名教授出席。当年冬天，我用两本书的稿费，以及岳父和老师慷慨相助的一笔钱，到法国留学。张宗英到上海送我上船。她说："等着你的好消息！"我去法国后，她病了整整两年，只好改学文科。一直到1927年我回国，她等了我四年。我们于1927年11月11日在上海结婚。

　　金：法国是本世纪①20年代中国青年向往的地方，就像今天的中国青年热衷到美国留学一样。那时候，许多有志于社会变革的青年纷纷到法国去勤工俭学，也有许多渴望将西方的文化艺术和现代科学移植到中国大地上的青年到法国去深造。请您谈谈在法国留学的情况。

　　严：我是在何鲁、熊庆来先生的支持下到法国留学的。我没有官费，是靠自己两本书的稿费、暑期学校教课的酬金以及岳父和老师的资助自费留学的。

　　1923年11月，我从上海坐船到法国马赛，邮船在海上走了五个星期。我先到巴黎近郊梅陵乡村的一所中学补习法文，主要是口语。几个月后，我就可以听说法语了。我在补习的同时，到巴黎大学参加高等数学考试，结果成绩是优等。我没有在巴黎大学上过一天课，就考取了一张文凭。

　　巴黎大学五个学院，即理学院、文学院、法学院、医学院和药学院，其中理学院号称十万学子，入学不用考试，也不分年级，只要中学毕业有毕业文凭，到注册登记处注册，就算是巴黎大学的学生。课程也是公开的，每年11月的第一个星期一开学上课，任何人都可以去听。但是巴黎大学考试制度很严。按巴黎大学规定，二十几门主课，考试通过一门即可得到一张文凭，考取三张文凭即可毕业，获得硕士学位。但要考取三张文凭很不容易，每门功课必须经过笔试，笔试通过，还要进行实验室课的考试，考察实际操作能力和掌握知识的熟练程度。数学的第二次考试侧重应用题。因此每次参加考试的人往往有八九百人，经过第一轮

---

① 即20世纪。——编注

笔试能进入第二轮的不过二三百人。然后是口试,有两位学识渊博的教授和考生面对面地口试。口试的范围更加广泛,要求学生对一门功课全面掌握,靠侥幸取胜是很难的。巴黎大学规定,学生登记注册后,十年内都可以随时参加考试。一年举行两次考试,一次在夏季,一次在秋季。但有人读了七八年也没有考取一张文凭。

金: 您当时住在巴黎的什么地方?离巴黎大学远吗?

严: 从默伦到巴黎后,我在拉丁区冈姆路一家旅馆——伏尔泰旅馆的五层楼上租了个房间。这里离巴黎大学走路不过五分钟的路程。1924年夏天进巴黎大学,我选择了三门主课:微积分、普通物理和理论力学。这三门课在当时实际上就是整个数学、物理和力学,由巴黎大学理学院最著名的六位教授主讲。巴黎大学有两种教授:一是讲座教授,另一种是副教授。我每天基本上是从旅馆到教室、图书馆、实验室又回到旅馆,几年工夫没有去过塞纳河。只有很少几次到埃菲尔铁塔、卢浮宫参观游览,也是陪朋友才不得不应酬的。到了1925年夏天,我顺利地通过了普通物理和理论力学的考试。普通物理考得很难,在三百多考生中,我名列第二。口试是很隆重的,通常考生的家长、未婚夫,以及等待口试的其他考生都在场旁听。主持物理口试的主考官是著名的物理学家夏尔·法布里教授。我走到他面前时,他对我说:"先生,你的'作文'是最好的一篇。"他说的作文是指第一轮笔试考卷。接着他逐一提问,我当即作答。当他看出我能应答时,就不让我再说下去,而另提新的问题。这样他越问越高兴,我也越答越大胆,口试持续了半个多小时就结束了。

我在一年之中得了三张文凭,获得数理教学硕士学位。这在巴黎大学的校史上是没有过的,所以一时传遍了巴黎大学。按法国教育部规定,只有获得大学教学硕士学位的人,才能担任中学教师,可见他们对中学师资是要求很高的。

金: 夏尔·法布里教授对您走向物理学的研究具有很大的影响。您能否详细谈一谈你们师生的交往和您对他的印象?

严: 夏尔·法布里教授在光学史上是很有名的,他是法布里干涉仪的发明者。法国南部人。当时他已六十三岁。我在物理考试中获第二名,所以在我从巴黎大学毕业后,才有勇气立即给他写了一封信。

这封信的内容大意是这样的:

尊敬的夏尔·法布里教授：

我很荣幸通过了您主持的普通物理考试。我还要很高兴地告诉您，这次我同时还考取了数学分析和理论力学两张文凭。我想向您请教，下一步该怎么办？

我不久收到他的回信。[①] 7 月底我去见他，他首先问我："你是什么时候来法国的？"我回答是一年多前从中国来的。他接着问："你在中国什么学校念的书？"我说在南京高等师范。他又问道："你在中国念过法文吗？"我说没有，只是到法国后念了几个月的法文补习班。他再问道："你在中国做过研究工作吗？"我回答道："没有，我刚大学毕业。"法布里教授对于我的回答很感兴趣，更感到惊讶。最后，他对我说："中国的大学很不错呀。你就到我的实验室来工作吧。"就这样，我在巴黎大学理学院夏尔·法布里实验室开始了为期两年的研究工作。

金： 您能否通俗地讲一讲您当时主要研究什么？您后来因为这项研究而获得法国国家科学博士学位，在巴黎成为轰动一时的新闻。可否谈谈这项研究的科学价值？

严： 夏尔·法布里教授给我的研究题目是"石英在电场下的形变"。早在 1880 年，法国著名的物理学家比埃尔·居里（居里夫人的丈夫）和他的哥哥，也是物理学家的雅克·居里共同发现了晶体压电效应。他还研究了晶体和各种物理现象因果之间的对应关系，提出了世所公认的居里对称原则。比埃尔·居里发现，石英（水晶片）加压后两面即可产生正电和负电，这就是晶体受压生电的压电现象。他还进一步发现，在一定面积的水晶片加诸一定的压力，产生的电量是一个常数。反过来，如果在水晶片的两面通上电，水晶也会拉长或缩短而改变它的厚薄。这就是晶

---

① 法布里教授致严济慈的信，原文如下：
1925 年 7 月 26 日于巴黎
亲爱的先生：
原谅我未及时给您回信，因为我从英国旅行回来后才见到您的信。我建议您 29 日，星期三，下午四点半左右来索邦大学（Sorbonne）找我。
　　顺致
　　安好
　　法布里

四、昨夜星光灿烂

体压电效应的反现象。在1927年以前,比埃尔·居里、伦琴等科学家都测到晶体压电效应正现象的系数。按比埃尔·居里的老师李普曼的看法,正现象和反现象都是客观存在的,而且两个系数应该相等。但是晶体压电效应的反现象都仅仅是从理论上预测到,还没有一个物理学家取得实验数据。自从比埃尔·居里提出晶体压电效应以来,各国物理学家都在探索水晶片这一特殊性质的实际应用价值。比埃尔·居里和居里夫人在发现镭放射性时,曾经用水晶片制成一台测量放射量的天平。第一次世界大战期间,法国著名物理学家朗之万教授利用水晶片通电后发出的超声波,作为探测水下障碍的手段。这一发现后来在测量海底深度及军事上有广泛用途。

我的研究课题就是从实验上测量晶体压电效应反现象的数据。夏尔·法布里实验室为我的研究提供了一切方便的条件。我可以在任何时候出入实验室。按规定,实验室下班后,水电煤气停止使用,大门的钥匙由看门人保管。但对我是例外。我可以随时去取实验室的钥匙,即使是夜间做实验,水电和煤气照常供应。我做实验必需的化学药品、感光材料,填一张申报单,马上有人送来。

石英(水晶片)两面通上电后,它的厚薄变化是微乎其微的,通常只有一个厘米的百万分之一、千万分之一或万万分之一。用机械手段测量不行,所以我经常反复实验,最后用单色光作为"尺子",测量晶体通电后的体积变化,揭开了晶体压电效应的反现象的秘密。我的博士论文比夏尔·法布里教授指定的题目有些发展,包括三部分内容,即石英在电场下的形变,还有石英在电场下的伸缩和石英在电场中光学性质上的改变。论文题目是《石英在电场下的形变和光学特性变化的实验研究》。

还有一件很有趣的事。我的论文完成后,交给我的老师夏尔·法布里教授。按照规定,法国国家科学博士一级的论文,必须在公开答辩以前一个月交给学校,由巴黎大学印一百本交给专家教授审查。我当然心里很焦急,不知道能不能顺利通过,但只得耐心等待,每天仍在实验室里工作。有一天,夏尔·法布里教授来了,把我叫到一旁问道:"你的论文是否急于发表?可否等一两个星期?"我摸不清他的话是什么意思,只是说:"当然可以……"夏尔·法布里教授对我的回答似乎很满意,转身走开了。我就问实验室的同事:"这是怎么回事?"后来才知道,夏尔·法布里教授新近当选为法国科学院院士。法国科学院在每星期一下午举行的院士例会上，照例要宣读论文。不过，夏尔·法布里教授决定在他首次出席法国科学院的例会上，宣读我的这篇论文，这当然是给我极大的荣誉。所以，当夏尔·法布里教授就职法国科学院院士的消息发表时，《巴黎晨报》等各大报纸登了夏尔·法布里教授的照片，也登了我的照片。当天下午，一些新闻记者采访我。和我在一个实验室工作的法国科学家纷纷祝贺，他们说："我们的教师是以你的工作开始他的院士生涯的。"到了6月，在巴黎大学一间大礼堂举行了论文答辩，我成为第一个获得法国国家博士学位的中国人。夏尔·法布里教授很高兴地祝贺我。他说："你得了博士学位，我很高兴，但是我也很惭愧，因为我不能给你任命……"他为什么说这番话呢？因为按法国政府规定，荣获国家博士学位的人将同时得到高等职务头衔的任命，但这一规定只限于取得法国国籍的人。

我从东阳考上南京高等师范，以后东阳的很多学生到了南京高师，多的时候有十几个学生，大概是鼓起了他们的勇气吧。同样的道理，我第一次到法国留学，从此南京高等师范毕业的学生，来自东阳中学的学生也纷纷到法国，也有十多个人。

金：您在法国留学期间，中国正值历史上的动荡时期。你们留法学生可有什么反应？

严：我记得有一次，是1925年北伐军收复武汉租界发生冲突。消息传到巴黎，留法的中国学生在一家咖啡馆楼上集会，一致要求中国驻法使馆派人到日内瓦国际联盟交涉，要求取消帝国主义在中国的租界。我也参加了这次集会。当时巴黎各党派的人都有，有国民党的左派，也有国民党的右派，也有共产党人。会上各派都争着想去日内瓦请愿，最后公推在巴黎学医的朱广相代表中国留学生去日内瓦。朱广相后来回国，在北京的法国医院做医生，我们一直有来往。

金：您在客厅里挂的这幅速写是徐悲鸿的手笔。徐悲鸿当年在法国留学，你们是怎么认识的？他在什么地方给您画这幅画的？

严：1927年我得了法国国家科学博士学位后，立即启程回国。在回国的船上，有一天在甲板上有个人叫我的名字，我见他约有三十岁左右，是个斯斯文文的读书人，又是中国人，很高兴地问："您怎么会认识我？"

四、昨夜星光灿烂

他回答道:"您的相片登在《巴黎晨报》上,使所有在法国的中国人都兴奋极了!"他说罢,又告诉我,他叫徐悲鸿。

后来,他提出要给我画张像,我同意了。这幅画一直挂在我的书房里,至今已有六十多年了。我和徐悲鸿从此成为至交。回国后,我介绍他到南京我的母校东南大学创办艺术系。他给我的信还有很多封。在南京时我们常有来往,悲鸿一直不得志。他原来的老婆蒋碧薇是跟悲鸿跑出来的,她的父母亲在她很小的时候给她订了婚,她跟悲鸿跑了后,男家来闹,蒋碧薇的父母只好当女儿死了,"葬"了女儿,挽回男家的面子。后来蒋碧薇又跟张道藩了。悲鸿去了南洋,回来到广西桂林。我那时在昆明,他来昆明到过我家里。他当时也想到昆明来,我劝他不要来,因为我听说龙云的一个儿子不高兴他来。解放初,他住在北京火车站东边,我住在后椅子胡同,两家挨得很近,也常有来往。他给我画了三幅画,一幅就是这张素描,一幅是马,一幅是喜鹊登梅。这最后一幅是我1935年当选法国物理学会理事时他赠送的。

还有一个人也是在回国的船上认识的。他是对我国社会进步做出很大贡献的李石曾先生。

金: 您曾在一篇文章中将李石曾先生和蔡元培先生并列,称赞他们一生只做事,不做官,在传播新文化方面有很大功绩。特别是办教育,培养了不少人才。能否详细谈一谈您所知道的李石曾先生,以及你们之间的友谊?

严: 李石曾是在西贡上船的,他住头等舱。当时船上有回国的中国留学生约四五十人。因为他很有名望,有人提出要去看他。李石曾问船上管事的:"船上有什么人?"回答之后,他约我和徐悲鸿去看他。我就把我的论文和论文发表时巴黎的报纸送给他,他看了很高兴,称赞了一番。

李石曾,字煜瀛,河北高阳人。他是清朝丞相李鸿藻的儿子。因为他是小老婆生的,在家里受到排挤,不到10岁,李相国就让清朝驻法国公使把他带到法国读书。他是学生物的,思想是无政府主义,一生不做官,但一生做了很多好事。李石曾一生吃素,提倡唯生观。他早年在巴黎开豆腐公司。他说欧洲文明是从牛奶中来的。欧洲人的食品是以牛奶为主。而中国文明是从豆腐中来的。中国食品以豆腐为主。他企图把豆腐介绍到欧洲,但没有得到推广,后来他在北京大学教过食品化学和生物化学。第一次世界大战时，招了很多华工到欧洲参战，挖战壕。欧战结束后，针对很多华工在法国定居，语言不通、生活无着，李石曾提倡勤工俭学，帮助他们一边做工，一边学到一技之长。中国老一辈革命家，像周恩来、蔡畅、聂荣臻、李富春、邓小平都是到法国勤工俭学的。这件事究其根由当归功于李石曾。李石曾是国民党的元老。冯玉祥与蒋介石的合作，是李石曾促成的。1931年张学良在东北易帜也是李石曾的功劳。张作霖被日本人炸死，李石曾到北戴河说服了张学良，促成了此事。李石曾最重要的贡献是办教育、兴科学。他早年在河北高阳办过法文学校。北伐成功后，蔡元培在南京成立中央研究院。李石曾在北平成立北平研究院。他当院长，副院长是李书华，李书华当过南京临时政府教育部长。李石曾另外还办了中法大学。中法大学几所学院都用法国历史上有名的文学家、科学家的名字命名，理学院叫居里学院，文学院叫伏尔泰学院，生物系叫拉马克学院(在三贝子花园)。中法大学附中叫孔德中学。孔德是法国著名的哲学家。这所学校上法文。当时北平研究院办公地点在中南海怀仁堂的西四所和怀仁堂后面的福禄居。蒋介石北平行辕所在地是中南海居仁堂。

再说我从法国回到上海，不知是北伐军攻入南京，还是孙传芳打进南京，沪宁线火车不通。李石曾在上海设宴祝我载誉归国，出席宴会的有国民党元老蔡元培、吴稚晖、汪兆铭、张静江、魏道明等知名人士。1927年11月11日，我和我的未婚妻张宗英在上海举行婚礼，证婚人就是李石曾、郑洪年。男方介绍人是我的恩师何鲁、胡刚复，女方介绍人是陈中凡、胡肖石。

金：您回国后仅仅一年就再次赴法国深造，而且当时您结婚不久，生活很安定。您当时是出于怎样的考虑？

严：我回国后在四所大学当教授。这四所大学是上海的大同大学(校长是胡敦复)、中国公学(校长是何鲁)、暨南大学(校长是郑洪年，原交通部副部长)和南京第四中山大学(校长是张乃燕)。这四所大学分别在上海和南京，大同大学在上海南市，中国公学在吴淞口，暨大在真如，而且我担任大学一年级至四年级的物理和数学，每周的课时是二十七小时，包括八至十门课程，所以我每两周便往返于沪宁线，连星期天也不得休息。有时，一天讲课达七小时之多。当时我很有地位，工资也高。每月

四、昨夜星光灿烂

八百八十大洋,是我一辈子工资最多的时候。但我只教了一年书,从1927年10月到1928年10月,还清了第一次留法时欠的债,1928年年底又到法国深造了。

我再次去法国留学,一方面是因为当时时局很不稳定;另一方面,我认为,在20世纪末期,中国的科学研究还没有开头。中国最有发展的是地质,但那时地质是调查工作,不是研究工作。生物学也没有什么研究,都是采集标本。所以我第二次出去,是要使自己更充实,使科学在中国的土地上生根。临行前,在科学社欢送我的会上,我这样说:"我这次是代替我的儿子出去的,科学在中国的土地上生了根,到了我的儿子这一辈,中国科学水平提高了,他们就用不着出国。"就是这个意思。第二次到法国可算"博士后",还是做研究工作。当时用庚子赔款办的中华教育文化基金会甲种补助金,第一次给了四个人,我是其中之一。其余三人有丁文江,他是原淞沪督办,他用这笔钱到贵州调查地质;再一位是刘树杞,他是原湖北省教育厅长,到美国留学,后来是北大理学院院长;还有一位是上海教会学校——沪江大学校长,叫郭任远。他是第二次到美国,回国后任浙江大学校长。我这次是和我爱人张宗英一道去。我们的第一个孩子在出国前已经诞生,交给我岳父母照顾。我们在巴黎第五区租了一套有客厅、书房、卧室、厨房的公寓。这儿离巴黎大学很近,离我第一次在巴黎住的伏尔泰旅馆不远。我先在巴黎大学法布里物理实验室做研究。1929年,我来到居里夫人实验室。居里夫人当时买了一架新的显微光度计,让我帮她安装。我很快将仪器装妥后,就利用这台仪器做了干涉现象的测量。1930年8月,我到法国科学院大电磁铁实验室做研究,这个实验室即戈登(Cotton)实验室,拥有世界最大的电磁铁。戈登教授很欢迎我到他的实验室工作,他交给我一项研究题目,重新检验美国芝加哥大学理学院院长安利森的研究成果。安利森发表的论文《X光通过磁场在一种液体中的两种效应》,戈登教授要我检验安利森的结论能否成立。我经过测定,发现安利森的论点不能成立。我写的论文仅仅一页纸,戈登教授的评价却很高。

金: 请您谈谈对居里夫人的印象。

严: 很多人不知道居里夫人不是法国人,她是波兰人。她结婚前的名字是玛丽·斯克洛多费斯卡(Marie Sklodowska)。

玛丽·斯克洛多费斯卡,1867年11月7日生于沙皇俄国统治下的华沙。父母是中学教员,她是兄弟姐妹五人中最小的一个。她九岁丧母,十六岁时以金质奖章毕业于华沙中学,父亲无力供她继续读书,她不得不去担任家庭教师先后达六年之久。靠自己一点积蓄和姐姐的帮助,她于1891年到巴黎求学,经过四年的艰苦努力,于1894年以优异的成绩毕业于巴黎大学理学院。毕业后,她接受波兰国家实业委员会的委托,留在巴黎研究钢铁淬火后的磁性,因而认识了比埃尔·居里。1896年,也就是居里夫妇结婚后几个月,巴黎自然博物馆柏克勒尔教授发现镭和它的化合物能够天然不息地放出一种射线,和X射线一样,可以透过黑纸使照相片感光,留下痕迹。居里夫妇对这个发现十分重视。居里夫人测定了许多元素、化合物和矿物,结果发现钍和钍的化合物也具有放射性,并且有几种含铀矿物的放射性比纯粹的铀还要强得多。这个发现使他们不得不相信,在这些含铀的矿物中,除了铀之外,还含有放射性强的新元素。他们废寝忘食,昼夜不辍,从沥青铀矿中提炼这种新元素,终于在1898年的一年之内发现了两种新元素——钋和镭。居里夫人用钋命名其中一个新元素,是为了纪念她的祖国——波兰。

1900年,居里被提升为巴黎大学理学院医预科的物理讲师,居里夫人被聘任为赛佛尔女子高等师范的物理讲师。他们的工作条件很艰苦,没有实验室,只能在理化专门学校的一间破棚里工作。1903年,居里夫人以测定镭的原子量这一成果获得博士学位。1904年,居里夫妇和柏克勒尔一起,荣获诺贝尔物理学奖。巴黎大学提请国会通过设立放射学讲座,聘请居里夫人为实验室主任。1905年比埃尔·居里当选为法国科学院院士。不幸的是,他在1906年4月19日从理科教授联合会参加会议出来,被一辆急驰的载货卡车撞倒,头骨压碎而死,是年还不满四十七岁。当时居里夫人只有三十九岁。居里夫人化悲痛为力量,继承居里生前主持的放射学讲座,做了巴黎大学教授,把书教好,并把两人共同的研究工作继续下去。1911年,居里夫人又以制成金属纯镭这一成果而获得诺贝尔化学奖。此前,诺贝尔奖是从没有人领过两次的,居里夫人是唯一的例外。1922年,居里夫人当选为法国医学科学院院士。1923年12月26日,法国总统亲自授予居里夫人以年俸四万法郎的国会决议批准书,作为全国人民对她的热爱、敬仰和感激的表示。居里一生企求而

四、昨夜星光灿烂

未能见到的镭学研究所,在居里夫人的努力下,终于在巴黎以比埃尔·居里命名的街上建筑完工。这时爆发了第一次世界大战。在大战期间,居里夫人组织了医疗队,自己担任队长,冒着炮火,用她的镭和 X 光射线来保全受伤士兵的生命。战争结束后,居里夫人恢复了她的教学和研究工作。在镭学研究所里,她每天在那里工作,从不间断,直到 1934 年逝世,十五年如一日。经居里夫人培养出来的许多科学家中,有她的女儿和女婿约里奥—居里夫妇。他们因发现人工放射性而获得 1935 年的诺贝尔物理学奖。居里夫人一家,父亲、母亲、女婿、女儿四人三次获得诺贝尔奖,不仅在世界科学史上创造了奇迹,也说明他们对科学的重大贡献。

我在 20 年代、30 年代时与居里夫人以及她的女儿、女婿约里奥—居里夫妇有过几次交往,对她们印象很深。我的博士论文就是精确测定居里和他的哥哥雅克·居里发现的压电现象效应的反现象的系数。1925 年,我做博士论文,曾到居里夫人的实验室,向她借用比埃尔·居里早年用过的石英晶体片。她在实验室接待了我,带我到小花园里。我们在草坪中的绿色长椅上进行了长谈。居里的老师李普曼教授推断,石英晶体压电效应的正、反现象的两个系数应该相等。可是,在 1927 年以前,居里、伦琴等几位科学家都只能测出正现象——石英受压后产生的电量的数据,至于反现象,比埃尔·居里只能通过实验室证明它的存在,而无法测量其数据。我经过一年半的摸索和实验,采用单色光干涉测量石英通电后的厚度变化的方法,终于攻克了难关。

1928 年再次赴法,我曾到居里夫人的实验室去工作,她刚好买到一架显微光度计,让我帮她安装调试,后来,我还用这台光度计做了测量工作。1930 年年底,我第二次离开巴黎回国前,居里夫人向我表示,愿意送给我一些放射性氯化铅,以支持在中国开展放射学研究工作。1931 年年初,我出任北平研究院物理研究所所长,后来又兼任镭学研究所所长。为筹建镭学研究所,我于 1931 年给居里夫人写信,向她请教购买标准含镭盐以及如何更好地开展研究工作的问题。居里夫人收到信后不久,就给我回了信,给予了热心的指导,并对筹建中的镭学研究所致以良好的祝愿,希望它"旗开得胜,并逐步发展成为一个重要的镭学研究所"。另外,1929 年秋,我曾向居里夫人推荐正在法国留学的郑大章到她的实验室去工作。在居里夫人指导下,郑大章于1933年获得法国国家科学博士学位。他回国后,成为北平研究院镭学研究所的主要科学家之一。

我和约里奥—居里夫妇的交往更多些。1935年,我、约里奥—居里和苏联的卡皮查教授,一起被选为法国物理学会理事。1936年,我给约里奥—居里写信,向他推荐我在北平研究院的助手钟盛标到他的实验室工作。1937年5月,我应邀去巴黎出席国际文化合作会议、法国物理学会理事会,以及法布里院士退休庆祝会,有机会与约里奥—居里在一起探讨科学文化交流合作问题。这一次,我还带着钱三强来到居里实验室,把他推荐给居里夫人的女儿伊莱娜·居里,即约里奥—居里夫人。钱三强做她的研究生,做出了很大的贡献。

金:您1931年回国,筹办北平研究院物理研究所和镭学研究所,担任这两个所的所长。这个时期也是您一生科学研究成就最辉煌的时期。当时担任南京中央研究院院长的蔡元培,也邀请您到南京负责物理研究所,您是出于怎样的考虑选择了北平呢?

严:第二次从法国回来,是坐火车经过苏联西伯利亚回来先到北平的。当时北平给我的印象非常地好,很安静,又有这样的规模。北平人大半保持旗下遗风,待人接物彬彬有礼。我是第一次到北平,觉得北平是可以安定下来做工作的地方。那时的北平,所有的要做官的都往南京跑了,所有要赚钱的都往上海跑了。所以我决心留在北平,不再南下。当时困难还是有的,所址设在东皇城根42号,这里过去是李石曾读书之处,院内盖一座三层小楼,每层十六个房间,由物理、化学、镭学、药物四个研究所均占,盖房时装电灯都是我自己装的。药物研究所所长兼研究员赵承嘏先生,1922年在南京高等师范和东南大学任化学教授。1928年我第二次赴法,他也在巴黎,在巴斯德研究所工作。北平研究院有十多个研究所,当时经费也很可怜。一个月仅三万块钱的经费,中央研究院好一点,十多个研究所一个月有十万块钱。我担任所长的物理研究所一个月的经费是两千块钱,但好处是人员精干,四个研究所只有一个办事员,每个所不到十个人,都是大学刚毕业的年轻研究人员。四合院的平房就是他们的宿舍。我当时家住在弓弦胡同,每天步行上班,我每天晚上和星期天都在研究所工作。所以有时星期天有朋友来找我,我爱人就讲:"他除了吃饭、拉屎、睡觉在家,星期天也在实验室里。"

从 1930 年定居北平一直到 1938 年，这七八年的确是我一生安心搞科学研究的重要阶段。我自己发表科学论文是从 1925 年到 1938 年，不过十四年。1938 年之后，我就再没有发表过一篇科学研究工作的论文，因为 1937 年抗日战争开始了。这个时期，我一共发表了五十三篇论文，除两篇在《中国物理学报》上发表，其余都在法国、英国、美国、德国的权威学术刊物上发表。所以我常常说，一个人最能干、最好的时间还是三十岁前后。我自己的经历告诉我，绝不应该压制年轻人。当时我的年龄也只有三十来岁。我的助手钟盛标、钱临照、陆学善、顾功叙、吕大元等都不过二十二三岁，刚刚大学毕业。我带着他们研究，教他们外语和专业知识。等他们能独立做研究工作，我就把他们送到欧洲去留学深造。整个 30 年代，北平各大学物理系考选出国留学生，抗战期间在昆明西南联大，差不多都是由我命题主考的。为什么由我命题主考呢？因为考生来自各个大学，有清华的，有北大的，还有其他大学的。如果由某个大学教授命题，那个学校的考生就自然而然地占便宜了。于是，就让我这个不在大学教书，而在研究所工作的教授来命题。据我忆及，经我命题主考录取的一批留学生有：中英庚款考试录取者是钱临照、李国鼎、朱应洗(1934)、余瑞璜(1935)、彭桓武、王大珩(1936)、郭永怀、钱伟长、傅承仪(1939)；中美庚款考试录取者有龚祖同、顾功叙、吴学蔺(1933)、方声桓(1936)；中法庚款考试录取者有钱三强(1936)等。他们后来都成为优秀的科学家。

金：您第三次到法国时，一共待了多长时间？在此期间，发生了"七七事变"，抗日战争爆发对您的研究工作产生了怎样的影响？

严：1931 年"九一八事变"以后，担任北平研究院院长的李石曾感到时局不稳，开始活动将北平研究院南迁。他的助手、北大教授顾孟徐先生到上海成立世界社，在法租界办起中医医院，准备把镭学研究所和赵承嘏任所长的药物研究所迁到上海，放在世界社里。李石曾当时估计，日本人只能占领华北，他想利用上海的法租界保存中国的科学力量，所以 1933 年我去了一趟上海，就是为镭学研究所搬迁的事。

1937 年我到法国，李石曾也去巴黎。他坐意大利的船，二十五天就到了法国；我坐法国船，用了三十五天。我这次到法国，一则是文化合作委员会，本来中国代表是吴稚晖，他不愿意去，由李石曾代表他出席，李石曾又让我去当他的助手。另外，1935年我被法国物理学会选为理事，我要出席法国物理学会理事会，加上我的导师夏尔·法布里教授退休的庆祝会，几个会议凑在一起，所以我才第三次动身赴法。我到巴黎一个星期，震惊中外的"七七事变"爆发了。国际文化合作会议有一个保护各国古代文物的议案，讨论这项议案时，我走上讲坛说："各位先生，请大家注意一个现实问题。此刻，就在我们神圣的会议正在讨论保护各国文物古迹的时候，日本侵略者已扬言威胁，要轰炸北平。"我接着说："北平是闻名于世的千年古都，我提请世界舆论公开谴责日本侵略者这一毁灭文化的罪恶企图！"开完了几个会，我打算立即回国，每天打听开往中国的船期，筹划回国的日程。南京沦陷的消息传来时，李石曾对我说，这个仗恐怕要拖很久，可能回不去了。当时许多法国朋友也劝我留下，把家眷接到法国来。他们劝我："你现在回去干什么呢？"但我一想，国家处在生死存亡的关头，作为一个中国人，我不能袖手旁观。我虽然不一定能够拿起刀枪，但我有自己的岗位，可以用自己的知识为国家、为抗战效力。

　　有一天，李石曾跑来找我，说是中共的一位负责人从莫斯科到巴黎来，要会晤法国著名的物理学教授朗之万，让我去帮忙联系。朗之万教授是我的老师，1931年访问中国，在北平期间是我接待的。他在法国的威望很高，与居里夫人齐名。他还是著名的社会活动家。通过他可以在巴黎召开各进步团体参加者的群众大会。这位中共负责人就是前来法国宣传中国抗战的吴玉章。我找到朗之万教授，安排他和吴玉章会面，由于朗之万的大力支持，吴玉章多次在巴黎举行的公共集会上宣传中国正在进行的抗日事业，揭露日本帝国主义的侵略面目。我陪吴玉章出席这些集会，有时还替他当翻译。

　　1938年，我动身回国，从巴黎前往马赛，中途经过里昂。里昂天文台台长杜费教授邀请我参观天文台，请我吃饭。饭后，《里昂进步报》的记者前来访问杜费教授，他却把我吹了一通，记者当即要我就中国的抗战形势发表看法。我表示中国绝不会灭亡的。中国人民的抗战是正义的事业。不管战争要持续多久，情况多么险恶，最后的胜利必将属于中国人民，作为我个人来说，我将和四万万同胞同赴国难。我虽一介书生，不能到前方出力，但我要和千千万万中国的读书人一起，为神圣的抗战

四、昨夜星光灿烂

奉献绵薄之力。第二天,《里昂进步报》第二版登了我的抗日言论,但又误解了我的意思,消息中说我要带多少中国留学生一道回去抗战。第二天上火车时,一些同学说报上有你的消息。到马赛一上船,就收到一封电报,还寄来一封信。关心我的朋友们提醒我,千万不能在上海登岸。同船有一个安南医生,他是到法国开国际社会党会议的。他听说我准备去上海,就把那天的《里昂进步报》给我看,对我说:"你不能到日本占领的中国土地去,你的家在北平也会受到监视的。"

我临时决定在香港上岸。在香港呆了两个多月,期间我经由越南到昆明去了一趟。熊庆来先生这时回到云南大学当校长,我到了昆明看了看,决定把北平研究院物理研究所搬迁到云南,然后又回到香港,一方面和北平研究院李书华副院长商量南迁事宜并托人带信给我的妻子张宗英,嘱她带全家南下。我后来才知道,我在北平的家这时已经受到日本人的监视。"七七事变"后,我家住在安定门内永康胡同(清末太监小德张的房子)。胡同口经常有日本特务出没。张宗英一个同学的丈夫在路透社工作,他看了有关我发表抗日言论的电讯,把消息告诉我家里,说:"慕光不知道在外面干了什么事。"当时我家里有八口人,有我岳父母、我爱人和五个孩子,公开搬家很危险。我爱人就到清华大学去找当年东南大学的老师张子高教授,回家后不动声色,连夜收拾细软东西。过了几天,张子高教授用一辆插着英国国旗的汽车,扬言接老人孩子去郊游,将一家人送到东交民巷。然后,他们从北平到天津,辗转来到香港。

金:抗战期间,您一直在昆明。请谈谈您在这个时期的工作情况。1946年夏天,抗战胜利后,国民政府向我国科学界人士发了勋章,以表彰对抗日战争的卓越贡献,其中也包括您,能谈谈这枚勋章的来历吗?

严:我在香港迎接我爱人和一家人,然后坐船到安南的海防,再坐火车由老街到昆明。那时到昆明去要走安南,路很难走。安南是法国的属地,所以是很难去的。

当时,蔡元培先生也在香港,托我给他办护照到昆明去。蔡元培先生逝世后,他是葬在香港的。有人攻击他,说他没有到后方去,蹲在香港,死在香港。我在昆明给他公开证明,我说蔡先生托我办护照,到香港的法国领事馆办签证,说他不想去后方是不符合事实的。

我们到昆明后,先是住在一家法国人开的旅馆里,然后四处奔波,到处找房子。起初我在昆明住家，北平研究院办公室也在城里。物理研究所在城里找不到地方，这时植物学家蔡希陶在黑龙潭有个昆明植物研究所，蔡希陶也是浙江东阳人，我的同乡。云南四季如春，气候很好，植物种类很多。我看中了黑龙潭一座古庙，是一座多年无人居住的破庙，略微打扫收拾，就在这座庙里办研究所。当时日寇的飞机经常空袭昆明，我的家眷也搬到庙里面住下。后来我们在植物研究所对面的山坡买了一块地皮造房子。以后从昆明回北京，房子给了蔡希陶。

从昆明城里到黑龙潭有二十来里，沿途有很多村庄。当时路上有很多学校，像西南联大。我的几个孩子就在附近的南菁小学念书。另外，附近还有许多工厂，离黑龙潭不远有一家无线电厂，与黑龙潭一山之隔是中央机器厂。在昆明滇池，还有德国人帮助办起的兵工厂。我搬进那座古庙，住在楼梯底下一间小黑屋里，几天后突然发高烧，幸亏范秉哲医生半夜三更从昆明赶到黑龙潭，诊断是斑疹伤寒。他说："倘若晚来一步就救不了啦。"范秉哲医生也是在法国留学的。他来昆明在建设厅诊疗室工作。我一家人看病都是找他。在黑龙潭安顿下来，但北平研究院的仪器、书籍，有的无法搬运，有的在逃难中丢失，所以物理所搬是搬来了，也无法做研究。这时军政部兵工署有个署长，名字记不起来了，湖南人，可能是德国留学的(他解放后也到了北京)。他提出要我们做显微镜，先给一笔钱。附近的一个村子有一家无线电厂，也要求我们提供无线电通讯用的压电水晶振荡器。我们接受了这些为战时服务的仪器生产任务。在昆明招了一些中学毕业的年轻人做学徒，训练他们。我自己也和大家一起磨玻璃、磨镜头。几年里，我们为前线制造了五百架一千五百倍的显微镜，供医疗和科研教学需要；还有一千多具无线电发报机稳定波频用的水晶振荡器；三百多套军用五角测距镜和望远镜，供我国抗战军队和盟国英国驻印度军队使用。这是我国第一批自己制造的光学仪器，以前都要进口。更重要的是，我们因此培养了一批光学仪器和精密仪器制造的骨干。抗战胜利后，这批人到了东北、西安、上海，还有十多人到了北京等地办光学研究所，他们都是骨干。

抗战胜利后，国民政府给我和林可胜大夫颁发勋章，没有举行什么仪式，只是报上发了消息。林可胜大夫是协和医学院的。他通过美国医学界同行和美军的医生，为解决抗战急需的药品做了很大贡献。

金：抗战胜利后，您是否很快又回到北平？

严：我是在美国听到抗战胜利结束的消息的。1945年6月，美国国务院邀请我，还有中央研究院社会科学研究所所长陶孟和等五人，作为访问教授赴美国考察访问。我由重庆经加尔各答、开罗、卡萨布兰卡，西渡大西洋到美国。到华盛顿，我们目睹了欢迎艾森豪威尔将军归来的场面。当时我住在华盛顿由法国工程师拉法叶设计的一家旅馆。后来到威斯康辛大学和罗彻斯特大学讲学。在纽约，我最后一次见到李石曾，他那时在纽约搞吴稚晖中心，有一套机构。他娶了一个犹太夫人。他的英文这时讲得很好。

我直到1946年2月才回国，回国后，立即着手北平研究院的恢复和重建工作。当时我一个人在北平，大儿子严又光在清华大学，二儿子严双光在南开大学。"龙云事变"时，我爱人张宗英带着三个孩子还在昆明。可是那几年国内物价飞涨，内战又起，北平研究院缺乏设备，研究工作无法进行。1948年9月上旬，我在北平研究院第二届全国学术会议上说："目前能做研究而要做研究的，比十年前要多六七倍，比二十年前或许多三四十倍。但是研究的设备，没有十年前多，研究的环境，比十年前坏得多。这个严重的问题，希望诸公注意，希望诸公引起政府和社会的注意。目前坏的情形，倘再继续五年、十年的话，过去三四十年的努力，都要前功尽弃了。"我还说："做科学研究的人，为求知、为真理外，谁不愿他的工作在目前就对国计民生有所裨益呢？谁也计算不出来养一师兵要多少钱。但只知北平研究院每月经费只有十一亿法币，折合三百六十元金圆券。除修建费外，七个研究所每所每月只能分到一亿法币，即金圆券三十三元三角。研究员每月只有二百万，即金圆券六角余。要若干学者凭此来做某一学科的研究工作，此乃是对学术工作的一大讽刺。"我的讲话，北平的许多报纸都登了，都加了所谓"分量很重"的按语。

金：新中国成立前夕，有不少知名学者去了台湾，但您却留下来，并且立即投入新中国的科学事业，能否谈谈这方面的情况？

严：1948年3月25日，我被评选为第一届中央研究院院士，共有八十一个院士。9月下旬，中央研究院在南京开院士会，我从北平到天津坐船到了南京。会议期间，蒋介石在总统府请大家吃饭。到总统府去时，前面是几部小车，我们这些院士坐大卡车。我们在车上开玩笑说："大人坐小车，小人坐大车。"开完院士会，我立即动身去了昆明。当时确有很多人跑了，有的去了台湾。如果国民党找到我，我也脱不了身。我的姐夫早年是杭州政法学校的，后来历任江苏省高等法院院长。他去了台湾，但我的姐姐一直没有去，我弟弟都跟他走了，死在台湾。我到昆明后，我的大儿子严又光有一天在清华大学意外遇到了多年不见的舅舅张宗麟。那是1948年年底，北平已经解放。张宗麟是我爱人张宗英的叔伯哥哥。他当时任北平市军管会教育接管部部长。他对严又光说："赶快打电报叫你父亲回来……"我接到又光的电报，电文是"麟舅盼晤"四个字，便马上从昆明到香港，在香港等了一个多月，和胡愈之等人一道坐船到天津。

到北平后，1949年5月6日，我应邀出席全国民主青年第一次代表大会。我在会上做了《青年与科学》的报告。随后，我参与中华全国自然科学工作者代表会议（简称"科代会"）筹备会的工作。科代会筹委会的主任委员是吴玉章，我担任筹备会促进会的干事、会议召集人和后来的秘书长。吴玉章住在东四五条胡同，找我来筹备科代会。第一次筹备会议在北京饭店举行，有十七位同志出席，我参加了这次会议。会议决定由中国科学社、中华自然科学社、中国科学工作者协会、东北自然科学研究会四个科学团体发起，邀请国内理、工、农、医各界知名人士以及有关学术机关团体的代表，共同组成科代会筹备委员会。

1949年7月13日，科代会在北平灯市口路南的工程师学会会所里举行会议，有二百零五名筹委会成员及各党派负责人、各界知名人士及周恩来、徐特立、李济深、郭沫若、茅盾、叶剑英等出席。会议产生了科代会筹委会常委，讨论了筹备科代会的有关事项，推选出席中国人民政治协商会议第一届全体会议的正式代表十五名、候补代表两名。我也是其中一名正式代表，后来在第一届政协参加"宣言起草委员会"的工作。

经过一年多的筹备，科代会于1950年8月18日到24日在清华大学礼堂正式举行。出席会议的代表共四百六十九人。朱德、李济深、周恩来、黄炎培等出席了开幕式并先后讲话。毛泽东接见了全体代表。这次会议决定成立两个机构，一个叫中华全国自然科学专门学会联合会，简称科联；另一个叫中华全国科学技术普及协会，简称科普，两者是分开的。科联由李四光任主席，我作为秘书长参与科联的领导工作。一直到1958年，在筹备同时召开科联、科普全国代表大会过程中，许多人感到这两个组织有必要合并起来，统一开展学术交流和科普工作。这样在1958年9月23日，成立了统一的全国性的科技社会团体中国科学技术协会。由李四光任主席，梁希等任副主席，我担任书记处书记。

就在1949年9月初，郭沫若到北平研究院物理研究所来看我，这是我们第一次握手。郭老和我畅谈了新中国发展科学事业的宏伟前景，继而提出要我参加中国科学院的组织领导工作。我当时很犹豫，还想在科研第一线做些实际工作，所以我对郭老说："一个科学家一旦离开实验室，他的科学生命也就从此结束了。因此我希望您另觅人选，我也不擅长这方面的工作……"但郭老说："你的话是对的，不过倘因我们的工作而能使成千上万的人进入实验室，岂非是更大的好事！"

从此，我就长期从事科研的组织工作了。

金：1958年，中国科学技术大学成立，您又重新登上讲台。您的讲课受到师生普遍欢迎，至今许多您当年的学生对此记忆犹新。请谈谈您是怎样教书的，您对教学有些什么见解。

严：我先谈谈中国科学技术大学的成立经过。

1958年年初，中国科学院的许多科学家和领导同志提出，要改变我国过去采用的办教育的方式，把教育和科学研究密切结合起来，利用科学院科学家力量比较雄厚、各研究所实验设备条件较好的特长，创办一所新型的理工科大学。这就是中国科学技术大学诞生的由来。郭老亲任校长，他明确提出"全院办校，所系结合"的方针。这样，我和吴有训、华罗庚、钱学森、贝时璋等科学家都到学校去讲课了。我1927年第一次从法国回来教了一年书，以后再没有到大学里教书，现在是过了三十一年又上讲台。中国科技大学有十三个系，我给八个系五百多学生讲力学和物理。每周六小时，三次，每次两小时，在礼堂里讲课。但是来听课的有六七百人，附近一些大学的助教和学生也跑来听课，我一共讲了六年。

我是怎样教书的呢？1980年，我在《人民教育》上发表了一篇文章，后来《红旗》杂志也转载了，你可以找来看看。我说，讲课是一门表演艺术。如果一个教师上了讲台，拘拘束束，吞吞吐吐，照本宣科，或者总是背向学生抄写黑板，推导公式，那就非叫人打盹不可。一个好的教师要像演员那样，上了讲台就要进入角色，目中无人，一方面要用自己的话把书本上的东西讲出来；另一方面你尽可以手舞足蹈、眉飞色舞，进行一场绘声绘色的讲演。这样，同学们就会被你的眼色神情所吸引，不知不觉进入到探索科学奥秘的意境中来。怎样才能做到这一点呢？这就要求你必须真正掌握自己所要讲的课程的全部内容。中国汉字里的"掌握"这个词很形象，就是放在手掌之中把握住，也就是说要做到融会贯通，运用自如。讲课时能详能简，能长能短，既能从头讲到尾，也能从尾讲到头；既能花一年之久详细讲解，也能在一个月内扼要讲完。到了这种时候，就像杂耍艺人手中的球一样，抛上落下，变幻无穷，从容不迫，得心应手。要做到这一点，必须自己知道的、理解的东西，比你要讲的广得多、深得多。所以我认为，讲课不能现准备、现讲授，要做到不需要准备就能讲才行，而需要准备才能讲的不要讲。

教师对自己所教的课程掌握熟练，还要用自己的话去讲，才能做到少而精，深入浅出。如果你只会照书本讲，你讲一个小时，学生自己看半个小时就够了。好的教师，虽曾写过讲义，著过书，讲课时也不会完全照着自己写的书或讲义去讲。你只需把最精彩的部分讲出来就行了。我讲课很特别，等于上舞台表演。因为一个人对一门课真正做到了"掌握"，得心应手，基础非常扎实，真能有你的体会，你就不用准备，再讲给别人印象也很深。现在有些人做报告，报告稿子发给大家，还要念几个钟头，是很可笑的。这种稿子大概也不是自己准备的，是秘书准备的。你把报告发给大家固然很好，那你就着重讲几个要点，或者有所发挥，大家的印象就会很深。如果照着稿子念，那远不如让大家去看好了。可是现在没有一个人是这样做的。

　　金：再问一个问题，"文化大革命"对您的家庭有些什么冲击？

　　严：1966年"文化大革命"一开始，我们"九三学社"就接到"红卫兵"的通牒，（被）勒令取消。8月24日，"红卫兵"来我社中央召开会议，我和许德珩同志等站着挨了一个上午的训斥，我们俩相对无言。从德珩同志的表情和流露出来的一言半语中，我深深体会到他对国家的前途和命运的深深的忧虑。我和德珩同志是1923年在法国巴黎相识的。在五四运动时期，我就了解他是一位反帝反封建和追求民主科学的杰出代表，对他十分敬佩。1925年，他和劳君展在巴黎万花楼举行婚礼，我即席祝贺。我说这个"爱(愛)"字是"受"字头，"友"字尾，中间是一个"心"字，意思就是"受"字头表示结婚是人生受用的开始,"友"字尾表示结婚是友谊的尾声,中间这个"心"字表示两个人爱在心中。我说许德珩、劳君展他们两位都是爱国志士,他们的结合表示他们从友谊到心心相印,合两心为一,真挚的爱情使他们受用终身。

"文革"一开始,我家里就有人来把电话撤了,门口还放了人站岗。我那时是抽香烟的,我生气地把烟一丢,等着他们来抄家。但第二天,那个撤电话的人又来了,把电话装了上去,站岗的也撤走了。我想,可能是周恩来或者别的什么人把我保护了。具体情况我不知道。"文化大革命"期间我基本上待在家里。最要命的是我的二儿子双光,他在成都132厂担任技术总负责人,是副总冶金师,没有总冶金师。132厂是苏联帮助建立的,(设备等)都是苏联提供的。据说他是看不惯厂里的"造反派"的所作所为,给周总理写了一封信,"造反派"对他恨之入骨。他有一阵子逃了出来,在外面流浪一年半,也不敢回家。后来回家,"造反派"半夜三更派人抓他,他从火车上跳车跑了回来。以后他以为形势好些了,自己又回厂里,结果被"造反派"关起来活活折磨而死。1971年9月7日,我们接到双光已死的电话,我同四光火速赶到成都,双光躺在一领芦席下面,遍体鳞伤,嘴里只剩下一颗牙……"造反派"不让我们看尸体……我在成都见了当时在四川的一位领导,希望他过问此事。直到1981年双光的事才得以解决,给他开了追悼会。

说起来也很怪,1975年成昆铁路通车,北京组织了五六十人的代表团到成都视察,我也是代表团成员。到成都第二天安排参观的地方恰恰是132厂,你想我的心情是多么难过。双光死后留下两个孩子。一个儿子一个女儿,现在他们都在美国留学。

金:您的五个儿子都在科技、文化界有一定的建树,请您谈谈您对他们从小是怎样教育的。

严:孩子都是由他们的母亲管,我很少管他们。我自己也忙,30年代在北平研究院物理研究所,礼拜天我都要到实验室,不过有空儿的时候,礼拜天我也跟孩子们一起,经常到北海公园。那时候也方便,打电话叫出租汽车,一块钱就可以到香山玩。

几个孩子读书都很好。我一直认为,孩子的事,做父母的不必多管。当然那时候社会风气也好,家里各方面来往的人都是规规矩矩的。我对孩子的升学、工作，从来没有给他们活动过。大儿子严又光在昆明考上西南联大，后来又进清华大学数学系，1949年暑假毕业。那时北平已解放，但中央人民政府还没有成立。他们的领导冯乃超打电话给我，问我对他分配的意见。我说：服从分配，我没有什么意见。不久，一次遇到冯乃超我问："你为什么打电话给我？"他说领导上研究要将严又光分到中央一个保密单位，他们的老师提出抗议，认为应该让严又光留在清华做助教搞研究，严又光后来进了总参三部。老二双光是在巴黎生的，性情活跃，他考上南开大学化学系，毕业后分在重工业部。有个同班的同学分到南昌一家飞机厂不愿意去，他说我去好了，就去了江西。后来在成都132厂任副总冶金师，结果在"文化大革命"中被"造反派"活活打死。老三早殇。老四四光是我家唯一搞文的，燕京大学国际关系系毕业，现在在中国社会科学院美国研究所。第五、六个孩子武光和陆光都是留苏的，武光进了列宁格勒大学物理系，陆光进了莫斯科动力学院电工系。我的五个儿媳都是大学毕业，其中三个儿媳都留苏。现在第三代有八个在美国留学，还有两个也要去美国。我对他们的事都不过问。

金：您今年九十多岁，身体还这么好，有什么养生之道？年轻时喜欢体育锻炼吗？

严：我身体好，主要是因为我是从农村来的，从小什么农活儿都做过，打下了很好的基础。我一辈子没有打过球，也不会打扑克和下棋，仅仅在中学时上过体操课。我以前也吸烟，现在不吸了。我有时饮一点酒。生活很有规律，早睡早起，现在早晨起来练练哑铃。

金：几年前，我第一次采访您的时候，印象很深的是您说过的一句话。您说您不是新闻人物，而是书本人物。您能否进一步解释这句话的含义？我觉得这句话涉及到您对自己一生的评价，不知这样理解对不对？

严：我认为科学研究总是有连续性的，作为一个科学家，如果你发表的论文，十年之内没有人引用过，这就是说，你这个工作可做可不做，是可有可无的，与整个科学丝毫没有发生关系。

科学是没有国界的。以物理学来说，物理杂志很多，还有许多专门杂志，每月一本，一年就是十二本，很厚一大摞。全世界科技发达国家十几个，如果能把你研究的结论引用到书本上去，那是很少很少的。从杂志上能"跑"到书本上，"跑"到文摘上也寥寥可数。所以我说，一个科学家成为杂志、报纸上的新闻人物并不难，但要成为一个书面人物，至少是几十年，书本上都要提到他的研究成果，这就很不容易了。1930年我从法国回来，在北平研究院物理研究所工作，那时我自己做什么工作呢？是做个连续光谱的研究，氢气的、氢分子的、氢原子的连续光谱。这个光谱伸得很长，到了紫外线很远，比太阳的光谱还要远。在太阳的光谱中，后边的紫外线这部分衰减得很快。最早是我的法国老师夏尔·法布里知道有臭氧层吸收了的关系。大气里有臭氧，臭氧层在大气中的高度是多少？这许多工作他做了。我回到中国，我在法国刚刚弄了一个氢气的连续光谱，拿它来做吸收的底子，研究太阳光通过氢气的连续光谱，有个不连续的线谱区。这样在实验室内重新测量了臭氧吸收光谱的吸收系数，用这个返回去测量大气中的臭氧层厚度。我的这项研究成果，在外国、在气象界差不多用了三十年，到以后才被新的测量结果替代了，因为又有人研究了臭氧的吸收光系数同温度的关系，而高空的温度实际上是变化的。

另外，还有更重要的科学家，更杰出的，他们是科学史上的历史人物，像牛顿。对于这些对科学做出重大贡献的历史人物，愈浅显的教科书愈是提到他们的名字。

正是从这个意义上，我认为做学问的人不能满足于做新闻人物，而要扎扎实实做研究工作，对科学的发展争分夺秒做出成绩来，争取做一个书本人物。

本文收入《世纪老人的话·严济慈卷》，辽宁教育出版社2000年7月出版

唐敖庆印象

唐敖庆（1915～2008），中国科学院院士，出生于江苏省宜兴县，曾任吉林大学校长、国家自然科学基金委员会主任、国家自然科学奖励委员会主任、国务院学位委员会委员、中国科协副主席、中国科学院主席团成员、中国化学会理事长。

1978年3月初，一个春寒料峭的日子，我坐无轨电车到北京西郊二里沟的西苑旅社，到全国科学大会秘书处报到，由此开始了对这次会议的采访。

作为我个人来说，在我的新闻生涯中，这次采访报道，也具有特别的意义。在此之前，我多年时间消磨在戏剧方面。我在《光明日报》文艺部分工戏剧方面的报道，与文艺界尤其是话剧界接触较多，也看了不少人生舞台和戏剧舞台真真假假的戏。现在，因为工作需要，转而去触摸科学，采访科学家，与许多科学家有了近距离接触的机会，于是前后有差不多十来年，我的生活从另一个层面，也多多少少折射了科学在中国前进的脚步吧。

唐敖庆像

事情还要从全国科学大会说起。

1978年3月18日至31日，全国科学大会在北京召开。

全国科学大会是在粉碎"四人帮"之后这个历史转折关头召开的，被誉为"科学的春天"，由此改变了中国知识分子的命运。

与会的代表加上新闻记者、工作人员有六七千人。北京的几个大宾馆都住满了。首都新闻单位的记者多数安排在西郊二里沟的西苑旅社，这里当年是国务院的一个招待所，虽然并不豪华，却服务优质口碑很好，且交通很方便，这里也住了很多科学家。

西郊的友谊宾馆是大屋顶的中式风格的建筑群，环境优美，庭院宽敞，树木也多，当年在北京，这样气派的宾馆也不多，于是也是会议代表集中之地。每天，在宾馆的林荫道上，在一幢幢小楼的走廊过道，可以看见许多大科学家的身影，也可以看到久别重逢的科学家们兴奋交谈的场景。

印象很深的是，当时参与会议采访的，除了各媒体的记者，还有一些特邀的作家，我遇到的有徐迟、黄宗英、黄钢，还有来自广州的著名作家秦牧。

记得在人民大会堂举行开幕式那天，中共中央主席、国务院总理华国锋，中共中央副主席、国务院副总理邓小平都做了重要讲话，号召"树雄心，立大志，向科学技术现代化进军"，明确指出"现代化的关键是科学技术现代化"，"知识分子是工人阶级的一部分"，重申了"科学技术是生产力"这一马克思主义基本观点，澄清了长期束缚科学技术发展的一些重大理论问题，会场上暴风雨般的掌声经久不息。

这番激动人心的场面深深地打动了秦牧。这位老作家当天赶写了一篇现场特写的散文，以文学的笔法描写这排山倒海的掌声。他由这发自内心的掌声联想到知识分子的命运，想到"四人帮"统治下黑白颠倒的岁月，想到沐浴着春风春雨的此刻科技人员的喜悦，以及为了实现"四个现代化"的宏伟目标的豪情壮志……秦牧在全国科学大会期间还写了什么，我不知道。但是他找到我，将这篇刚写完的散文交由《光明日报》发表。我很高兴，立即将秦牧的大作送往报馆，很快就见报了。

关于全国科学大会的宣传报道，按照很长时间形成的惯例，会议的重大新闻如开幕式的消息、邓小平和方毅等领导人的报告，以及会议表彰的先进集体与先进个人的名单等等，都由新华社发通稿，各家新闻单位只需采用就可以了。这个惯例是中国新闻界的特色，至今也没有改变，尤其是重大的会议和活动的报道，新华社、中央电视台仍是唱主角。那么，各报社派出的大批记者驻会，他们的关注点究竟是什么呢？别的新闻单位的情况我不了解，但我所在的《光明日报》一向以知识分子的报纸自称，因而报道的重点无疑仍是专注于科技人物，而人物的报道又不可避免地涉及他们的经历，对科技政策的建言和对科研、教学的看法。在当时特定的政治背景下，又特别强调"拨乱反正"，落实知识分子政策，因此树立知识分子的优秀典型，宣传杰出的科技工作者的事迹，也就成为科学大会期间及会后很长一段时间的主题。

我在参与科学大会采访期间，获悉许多著名的科学家，包括从海外归来的在某个专业领域独占鳌头的领军人物，以及崭露头角的一些年轻的科学精英，早已被嗅觉敏锐的记者、作家盯上了。陆续见报的比较有影响的作品如徐迟的《哥德巴赫猜想》（写陈景润的报告文学）、黄宗英的《小木屋》（写女植物学家徐荣祥的报告文学）、理由的《她有多少孩子》（写林巧稚的报告文学）以及对周培源、苏步青、钱三强、华罗庚、杨钟健、杨乐、张广厚等科学家的报道，基本上都是始于全国科学大会日程非常紧张的那些日子里。那么作为一名初次涉足科技领域的记者，我的采访对象是谁呢？

从参加小组会、听大会发言、看简报，以及与科学家们接触，我的采访范围逐渐缩小，采访对象也逐渐清晰，一位是化学家唐敖庆，另一位是物理学家谢希德。

1978年，3月29日下午。

人民大会堂的万人报告厅座无虚席，会议安排了许多著名科学家的大会发言在这里进行。这天的日程表上有吉林大学化学系唐敖庆教授的发言，我坐在会场一隅饶有兴趣地倾听。听着听着，不一会儿，顿时像久久等候猎物的猎人，嗅觉立即激起一阵兴奋，虽然这个比喻对科学家有点不大尊敬，但此刻的心情大体上也只能这样形容。为什么呢？因为唐敖庆教授的发言，重点是谈开展基础理论研究对于发展我国科学事业的重要性。他不是泛泛而谈，而是结合他从事量子化学研究的实践和经受的种种刁难有感而发的。唐老的发言引起我很大的兴趣，还有一个背景，因为我知道，在"四人帮"猖獗一时的年月，周恩来总理提出的"要重视基础理论研究"的指示受到抵制、非难和批判。批判摩尔根的遗传理论，批判爱因斯坦的相对论，都是曾经发生在中国的丑闻。因为有这样的历史背景，我一直希望找到一个新的切入点去展开这个主题，但苦于不知从何入手。现在，唐敖庆教授的发言正是"众里寻她千百度"的对象，于是我没有犹豫，决定立即采访他，就他率领他的学生们在化学领域开展基础理论研究的进程做比较详细的报道。

采访进展很顺利，唐老高度近视，视力很差，戴着镜片厚厚的眼镜，但他的记忆力惊人，他向我谈起遥远的童年和艰难的求学生涯，谈起在美国哥伦比亚大学向理论化学高峰攀登的历程。不过他的谈话重点还是新中国成立后他所取得的一个又一个重大突破，也谈到1974年"四人帮"对基础理论研究的压制和干扰，一谈起这些往事，唐老又情不自禁地激动起来。

1915年唐敖庆出生在江苏宜兴和桥镇，幼年丧母，促他早熟，很小学会了独立生活。他的功课从来是全班最优秀的，初中毕业门门都是100分，然而由于家境贫寒，父亲无力资助他继续读书，劝他早点就业。就在这时，和桥镇初级中学一位教过唐敖庆的国文老师找到他父亲，诚恳地说："实在念不起普通中学，可以读师范，不能因小失大，误了孩子的一生……"正是这位国文老师的一番话，改变了一个乡村孩子的一生！不久，唐敖庆考入不收学费还提供食宿之便的无锡师范。师范毕业，他在家乡一所小学当教员。

四、昨夜星光灿烂

1936年，20岁刚出头的唐敖庆同时报考三所大学（北平大学、北京大学和同济大学），由于成绩优异，被三所大学同时录取。他选择了北京大学化学系，当时化学系主任是毕业于美国麻省理工学院的著名化学家曾昭抡教授。不久，日寇入侵，北平沦陷前夕，唐敖庆随南迁的学校师生来到长沙。但长沙也非久留之地，当时几百名师生分为两路，一路由粤汉路到香港，然后乘船到越南海防，再由陆路到达昆明。另一路则是迈开双腿，徒步三千里，用七十来天时间走到昆明去。

唐敖庆选择了后者。1938年的阳春三月，由北京大学、清华大学和南开大学临时组成的长沙临时大学（西南联大的前身）的二百多名师生，在闻一多、曾昭抡和地质学家袁复礼的带领下，向着重峦叠嶂的湘西缓缓移动。唐敖庆是其中的一员。这一次艰苦的长途旅行，不仅锻炼了他的意志和体力，沿途的所见所闻，满目疮痍的山村、刀耕火种的落后经济、老百姓过着食不果腹衣不蔽体的生活，深深地震撼了唐敖庆年轻的心，也是他有生以来印象深刻的难忘一课。

科学家的成长道路常常是因人而异，呈现出独特的个性色彩。在采访唐敖庆先生时，给我印象最深的是这位毕生从事化学理论研究的学者，从青年时代起就不是钻进象牙之塔、两耳不闻窗外事的人。他在读无锡师范时，16岁的他和几百名爱国师生到南京请愿，要求政府收复东三省、驱逐日寇，逼得蒋介石在陆军军官学堂的大操场会见师生，当众表态誓死抗日。后来考入北大，他也积极投入宣传抗日的集会游行。

1940年，唐敖庆西南联大毕业留校任教；1946年，和李政道、朱光亚、王瑞骁、孙本旺等，以助手身份随同我国知名化学家曾昭抡、数学家华罗庚、物理学家吴大猷赴美考察原子能技术。不过，到了美国以后才知道，美国的原子能技术是"国家机密"，根本不容外国人窥探，更休想到有关机构参观访问了。于是现实使中国的科学家们头脑清醒了，几位年轻人根据各自的意愿留在美国深造，唐敖庆在纽约的哥伦比亚大学化学系攻读博士学位。

通常，大学生、研究生在进修本系指定课程外，至多选修两门其他系的课程。唐敖庆虽是化学系的学生，却同时选修了数学系的全部课程。这就意味着他在同一时间内读了两所大学、两个系。这是一般人的精力难以胜任的。功课非常繁重，他时常是先在化学系上课，下课铃一响,他又急匆匆地赶到数学系听课,回到宿舍或图书馆,双份的功课、待看的参考书和作业压在他的肩膀上。

然而这些对唐敖庆来说并不是最困难的,最麻烦的是原本就高度近视的眼睛视力急剧下降,连看黑板、记笔记都很困难,坐在教室的头一排也无济于事。到医院里诊治,医生检查后摇了摇头,对他提出的忠告是彻底休息,言外之意是减少课程,最好是中断学业,此外别无他法,否则视力将会日益衰减。面对这种情况,他没有泄气,也没有动摇继续求学的决心。为了战胜学习的困难,他开始训练自己强记的本领,眼睛看不清,就用耳朵听,用惊人的记忆力将教授讲授的内容一字不落地储存在脑子里,像计算机储存信息一样。他就是这样,靠勤奋和博闻强记,战胜视力不好带来的困难,以最出色的成绩名列前茅,使老师同学为之叹服。

我采访唐敖庆先生时发现他的视力很差,戴的眼镜像瓶子底一样厚,他说他看不清坐在对面的人。

唐敖庆选定的专业是上世纪刚刚诞生的理论化学,他对其中的量子化学这门艰深的尖端学科倾注了全部热情。

我在采访唐老时也特别请他给我进行一下量子化学的"科普"。

他笑了笑,说道:"化学是研究物质的变化以及伴随这些变化而发生的现象。学过化学的人都知道,当两种或两种以上的物质结合在一起,变为另一种新物质,就称为'化合';反之,当一种物质分为两种或两种以上的新物质,就称为'分解'。这就是最普通的化学现象、化学反应。可是物质之间相互结合、分解的原因究竟是什么?要从根本上回答这个问题,则是量子化学的任务。量子化学是从电子、原子和分子的运动角度,来研究和揭示组成物质的分子和原子之间相互转变的规律,这些规律搞清楚了,人们对于物质的结构和它们的内在联系,也就逐渐认识清楚了。"他又补充说,量子化学是一门涉及化学、物理、数学等的尖端学科。

唐老三言两语,就把量子化学讲得清清楚楚,给我这个门外汉留下难忘的印象。

1949年夏天,他完成了题为《相互独立粒子的统计理论》的博士论文,向理论化学的高峰开始了首次攀登。然而就在等待论文答辩的时候,

四、昨夜星光灿烂

大洋彼岸的祖国发生了天翻地覆的巨变,新中国即将诞生了。那些日子,身为哥伦比亚大学中国同学会理事会主席、学生组织"新文化学会"负责人的唐敖庆更加忙碌了。他和朋友们筹划了一次集会,地点是哈德逊河畔一所国际大厦的地下厅,主题是庆祝中华人民共和国诞生。来自纽约、旧金山、芝加哥的爱国华侨华人和留学生三百多人欢聚一堂,庆祝伟大祖国的新生。作为这次集会的组织者之一,唐敖庆的心情更是激动万分,他已经等不及了,他决定放弃唾手可得的博士学位,早点回国,把自己的智慧和才能献给亲爱的祖国母亲。

不过,我从新闻的热点出发,采访唐敖庆先生的重点正是围绕他回国后从事理论化学所遭遇的种种困难,这正是当时科技领域"拨乱反正"的一个重要问题。

唐敖庆先生回国后,一直从事理论化学的教学和科研。从1952年创办东北人民大学化学系,到后来的吉林大学理论化学研究所,他倾注了全部精力和热情,率领一批精干的学术骨干,投入包括量子化学在内的理论化学的基础理论研究,企望在最短时间内使我国的量子化学跃入世界先进国家的行列。

1956年,唐敖庆参加了全国十二年自然科学规划会议。会议原来提出55项重大科研课题,报送周恩来总理。周总理亲自提议,加上第56项,即自然科学重大基础理论的研究,并且指出:"如果我们还不及时地加强对于长远需要和理论工作的注意,那末,我们就要犯很大的错误。"唐敖庆正是在这种思想指导下,信心百倍地向理论化学的高峰攀登。20世纪50年代,他一举攻克关于物质结构的分子内旋转规律的课题,使这个国际上几十年进展不大的科学难题迎刃而解,并因此获得国家科学奖。接着,唐敖庆根据国家计划,转入高分子化学研究。他建立的高分子动力学的统计理论,达到国际先进水平。60年代,他又率领研究室的同志,开展了配位场理论的研究,这项重要研究的成果被列为1966年北京国际物理讨论会的优秀成果之一,对发展我国的激光技术和化工生产具有重大意义。

就在唐敖庆取得一个又一个可喜的科研成果时,摧残科学的"文化大革命"席卷全国,吉林大学也不例外。唐敖庆和所有的中国知识分子一样,在相当长的时间里,他的科研日程表上是一片空白,他们的科学研究不可能不受到严重干扰。科研与教学都停顿下来。不仅如此,他还遭到一次又一次的批判。

在采访过程中,唐敖庆并不愿过多谈及个人的遭遇。他只是轻描淡写地向我讲起1974年的冬天发生的事。他所以清楚地记得这个日子,是因为这是他从美国回到祖国的第25个冬天。四分之一个世纪啊……

这天,在吉林大学的校园里又一次召开了唐敖庆的批斗会。这次批斗会也没有新东西,批"反动学术权威"唐敖庆的学术思想,尽管除了扣大帽子、无限上纲上线、发言气势凌人,唐敖庆还是听出批判者唾沫横飞的质问:"你搞基础理论有什么用?化学里边有什么基础理论?你说!"

唐敖庆很气愤,当时就想反驳这些无端的指责,因为这些批斗他的人明明知道吉林大学的研究室是根据国家的科学规划建立的,科研项目对国家建设和科学事业至关重要,为什么却要信口雌黄,不顾事实呢?

他想起1971年春天,他接到素不相识的一位青年人的来信,写信的是无锡树脂厂的一个技术员,他在信中写道:自己结合生产实践对环氧树脂的生产工艺进行了改革,收到显著效果,可是在理论上还没有弄清楚究竟是什么原理,信中希望唐敖庆予以指导。收到信后,唐敖庆毫不犹豫,立即千里迢迢赶到无锡,亲自登门拜访,使对方深深感动。唐敖庆详细了解了技术员改革生产工艺的全过程,毫无保留地谈了自己的看法。回到长春,他又组织力量对这项成果进行实验,帮助这位青年技术员从理论上找到正确答案,从而在科学研究上迈出了坚实的一步。

这类例子很多,深刻说明了科学理论与生产实践的密切关系,难道还需要再说什么吗?

唐敖庆压下了满腔怒火,在批斗会上一言不发。但是回到家里,他却陷入极度痛苦的境地,因为他已经预感到这是一个不祥的征兆。这些日子报纸上连篇累牍发表的署名"梁效"、"池恒"的大批判文章,联系吉林大学校园掀起的一股"反基础理论"的黑风恶浪,他看出这是来头不小的逆流,而且其矛头是有所指的。

唐敖庆想起1972年的一天,他辗转从亲友那里听到一个振奋人心的消息,周恩来总理对加强基础理论研究有一个重要批示。后来周培源发表的文章,打破了几年来万马齐喑的局面,进一步证实了这个消息。唐敖庆反复咀嚼周恩来总理的批示:"有什么障碍要扫除,有什么钉子要拔

四、昨夜星光灿烂

除,不要像浮云一样,过去就忘了。"他不禁心情振奋,激动不已。他在学校党组织的支持下,顶住重重压力,带领研究室全体科研人员,重新开展量子化学的研究,在较短时间内取得可喜的成果。时间才过了两年,工作刚有点起色,反基础理论研究的妖风愈刮愈猛,这难道是偶然的吗?唐敖庆越想越为党和国家的命运深深担忧。

那天晚上,全家人都没有睡。看见唐敖庆突然深陷的眼眶和消瘦的面容,老伴史光夏不禁一阵鼻子发酸。过了好久,她忐忑不安地说:"暂时不搞基础理论研究不可以吗?"老伴的话把他从痛苦的冥想中拉回到现实,他瞧了一眼忧心忡忡的老伴,对她,也是自问自答:"怎么能不搞呢?不搞基础理论研究要误大事的……"

几天之后,他在研究室党支部和全体同志支持下,悄悄离开了长春。他迎着扑面的寒风,带着刚刚问世的"分子轨道对称守恒原理"的新成果,先后到上海、南京、厦门、福州、大连等地的科研机构、工厂巡回讲学,让更多的同行了解量子化学的最新成果,熟悉它,运用它。

他以非凡的勇气,顶住"四人帮"的干扰和压力,在最困难的环境下做了一个科学家所能做的工作。"四人帮"垮台后,他终于可以理直气壮地开展量子化学的研究。1977年夏天,唐敖庆以中国化学考察组组长的身份前往美国进行学术交流,并在哥伦比亚大学向美国同行宣讲他和助手江元生合作的关于应用图论研究量子化学的论文,这篇论文是他们师生在中国政治动乱的年代克服种种困难完成的,是达到世界先进水平的分子轨道图形理论,被学术界誉为四十年来量子化学的重大突破,论文发表在刚刚出版的《中国科学》(英文版)。

"有青藏高原,才有喜马拉雅山;有喜马拉雅山,才有珠穆朗玛峰。我们年龄大一点的科学工作者,就是要发扬'人梯'精神,做铺路石子,为实现四个现代化多做一些打基础的工作,应该支持帮助中年和青年科学工作者,让他们奇峰突起。"这是唐敖庆常讲的话。就在全国科学大会召开之前,他在吉林大学举办的量子化学进修班,招收了来自全国三十多所大学和二十多个科研机构、企业的八十多名学员,唐敖庆亲自上讲台,亲自编教材,他培养的一批进修生、研究生,分布在全国各地,成为我国量子化学的一支重要的科研、教学的骨干力量。

我采访唐敖庆的报道,后来收入北京出版社1979年1月出版的报告文学集《科学的春天》，该书收入童第周、华罗庚、钱三强、张文裕、谢希德、吴仲华、张光斗、蔡希陶、黄家驷、林巧稚等10位著名科学家的生平事迹的文章，作者有杨志杰、张韧、张炯、金涛、刘心武、陈有为、周明、陈祖芬、理由，并以郭沫若在全国科学大会闭幕式上的讲话《科学的春天》作为序言。值得在这里一提的是，本书责任编辑是胡容同志，但书中没有留下她的姓名，这也许是当时出版界的惯例。《编后记》中写道："这本报告文学集，是我社特约作者在全国科学大会期间或会后采访部分科学家写成的。作者以文学的笔法，形象生动地描写了童第周、华罗庚、钱三强等科学家的不平常的生活道路、严肃的治学态度以及卓越的科学贡献。"此外，上海少儿出版社的《少年科学》杂志，也连载过我写的关于唐敖庆的报告文学《向理论化学高峰攀登的勇士》。

　　自从科学大会之后，再没有采访过唐敖庆先生，只是有一次开会见过一面，先生还记得我。但他后来到北京担任国家自然科学基金委员会主任，我就再也没有见过先生了。

　　　　　　　本文收入《科学的春天》，北京出版社1979年7月出版

谢希德的故事

　　谢希德（1921～2000），物理学家，福建泉州人，1946年毕业于厦门大学数理学系。后留学美国，获麻省理工学院博士学位。1952年10月回国到复旦大学任教，历任现代物理研究所所长、副校长、校长等职，1988年起任复旦大学顾问。上海市政协主席。1980年当选为中国科学院数学物理学部委员，1981年被选为主席团成员。专长为表面物理和半导体物理的理论研究。撰有《半导体物理学》、《固体物理学》、《群论及其在物理中的应用》等专著。

　　鉴于她对科学事业的突出贡献，美国、英国、日本等国的十多所大学授予她名誉科学博士称号。1988年被选为第三世界科学院院士。1990年被选为美国文理科学院外国院士。

　　曹天钦（1920～1995），生物化学家。1944年燕京大学化学系毕业。1946年赴英国剑桥大学留学，1951年获英国剑桥大学生物化学系博士学位，并被选为冈维尔·凯厄斯学院荣誉院士。1952年回国后历任中国科

学院生理生化研究所副研究员、上海生物化学研究所研究员、中国科学院上海分院院长、中国科学院生物学部委员。

长期从事肌肉结构蛋白的研究。首先发现了肌球蛋白中轻链、重链的亚基结构。最早应用荧光偏振法研究蛋白质的结构。他是中国最早在分子水平开展植物病毒和类菌原体的研究者之一。1973年对马王堆一号汉墓古尸肌肉结构的研究得到国际学术界的好评。参加和领导了中国人工合成牛胰岛素的研究。《肌肉与肌肉蛋白的结构与功能的研究》在1978年获全国科学大会重大科技成果奖。

谢希德像

出席全国科学大会的代表中,有不少是一对夫妻,如邹承鲁和李林,他和她都是在各自专业领域出类拔萃的科学精英。上海代表团的物理学家谢希德和生化学家曹天钦也是如此。

我对谢希德先生的采访,一开始并不顺利。尽管我去上海代表团驻地找到她,提出希望找一个合适的时间采访她,但是她对此很冷淡。当时大会日程安排也很紧,大会小会很多,采访代表往往要占用晚上休息时间,何况外地代表来京免不了要顺便办些公事私事,记者的采访也是强人所难。而且刚刚粉碎"四人帮"不久,许多人对于新闻记者也很戒备,不想也不愿轻易表态,免得惹麻烦。因此当时采访要想避免泛泛而谈的表态,并不那么容易。尤其是涉及个人经历、在"文革"中的遭遇,当事人更是顾虑重重。谢希德先生当时的想法是否如此,我不得而知。记得我再次去上海代表团驻地找她采访,却吃了闭门羹,工作人员转交了她留给我的一纸便笺,她郑重地要求"请不要采访我……",话说得很委婉,拒绝采访却是不容商量了。

曹天钦像

采访受挫，这也是新闻记者经常遇到的事。我当即改变战略，暂时避开当事人，采取迂回的办法，从其他方面突破。我首先找到曹天钦先生，在与他的交谈中，不可避免地涉及他与谢希德的情况。曹天钦性格开朗，人也热情，对于我的采访很支持，于是我渐入佳境，获悉很多有价值的素材。加上我从其他方面获得的情况，谢希德先生的形象在我的眼前日渐清晰，而且像是一座立体的雕像。

1949年新中国成立前后，是中国现代史上极其重要的时刻。许多留学海外的知识分子，在这个历史的转折点也同样面临着人生的重大抉择。

谢希德和曹天钦是抗战胜利后先后出国留学的。1946年，曹天钦前往英国剑桥大学专攻生物化学。翌年，谢希德也只身赴美国，先在斯密斯学院，以后又转入位于波士顿城的麻省理工学院，专攻理论物理。

当新中国诞生的消息像插上翅膀一样，飞渡重洋，传到英伦三岛，传到波士顿城时，他们再也无法安下心来待在实验室里从事各自的专业研究了。信件频繁往来，谈的话题是怎样回国去、什么时间合适，商量的结果是学业结束，马上一同启程。至于其他的可能，他们都毫不犹豫地婉谢了，包括导师的挽留、诱人的研究条件，乃至优裕的物质条件，他们只想早点回国，把自己的青春献给新中国的建设事业。

1951年春天，曹天钦在多年研究的基础上，发表了《肌肉纤维蛋白物理化学的研究》的科学论文，获得了博士学位。同年秋天，刚满30岁的谢希德，向物理学的高峰开始了第一次攀登，也获得了博士学位。该实现自己的诺言了！信件在大西洋两岸频频来往。他们积攒旅费，筹划归国的路线、日程以及这样那样的打算……

然而，好事多磨，回国的路并不顺利。就在这归心似箭的时刻，在朝鲜战场吃了败仗，敌视新中国的美国杜鲁门政府，突然宣布在美国留学的理工科中国学生，一概不许回中华人民共和国。通往祖国的道路，突然被封锁了。

怎么办呢？起初，他们商定的回国路线是曹天钦到美国去与谢希德汇合，然后一同由美国启程返国。现在看来，由于美国政府的新规定，他们不得不另作打算了。1952年3月，曹天钦从伦敦拍来一封急电，决定取消原定的先到美国来，再和谢希德一道返回的计划，他叫谢希德想办法尽早来英国，并且告诉她，已经订好了两张回国的船票。

四、昨夜星光灿烂

这是一条锦囊妙计,他们决定把英国作为归国的跳板。然而这个办法一开始也遇到了麻烦。一天清晨,谢希德穿过查理士河上的铁桥,来到英国驻波士顿领事馆,填写了一份申请到英国的登记表。她耐着性子等了一个月,再次来到领事馆,办签证的英国外交官委婉地说,由于战后英国面临的经济困难,就业问题十分严重,英国政府严格限制外国人入境,在目前情况下,不能发给她去英国的签证。谢希德急忙向他解释:"我并不是到贵国去就业,我准备回到我的祖国,只是路过伦敦……"英国官员沉吟半晌,然后说:"请你交出一份证明,确实说明你三个月之内离开英国到香港,或者到别的什么地方,那我就给你签证……"走出英国领事馆,心烦意乱的谢希德踟蹰在查理士河畔。她实在不知道有什么办法才能弄到一份证明,能使英国人允许她入境。她把办理签证受挫的情形告诉曹天钦,问他在英国能不能想想办法。但是无论如何,她心想,通往祖国的道路哪怕遍布荆棘,我也要冲过去,就像不可阻挡的查理士河,终归要流入大洋……毕竟天无绝人之路。在伦敦的曹天钦找到他的导师,著名的英国生物化学家李约瑟博士(1900~1995),请求得到他的帮助。李约瑟曾经担任过英国驻华使馆的科技参赞,这位中国人民的老朋友得知情况后立即驱车前往英国内政部,以他们夫妇二人的名誉为谢希德担保。他还拿出曹天钦预先交给他的两张船票,对接待他的官员说:"难道你们还不相信?"

李约瑟亲自出面担保,内政部的官员不能不另眼相看。很快,一个电话拨到波士顿,谢希德的签证解决了。

1952年8月的一天清晨,谢希德和曹天钦终于乘上英商蓝烟囱公司的客轮"广州"号,从安普敦拔锚启程回国了。经历了几个月的奔波、焦虑和等待,他们的心情充满了难以遏制的喜悦……

回到阔别多年的祖国,曹天钦在上海生化所继续研究蛋白质,谢希德在复旦大学物理系任教。建国初期,复旦大学面临师资缺、课程难于安排的暂时困难,尤其是基础课的教学,一般人不大愿意承担。在这个时刻,谢希德并没有因为自己是洋博士而有任何特殊要求,主动挑起了基础课教学的重担。

谢希德的教学任务特别繁重。刚刚开了一门新课,编好教材,打好基础,根据学校教学的需要,她又将去开拓新的领域,把比较熟悉的课程让给其他年轻教师。对此她从无怨言，回国后的短短几年，她前前后后共开设了普通物理的光学、力学部分，数理方法，理论力学，量子力学，固体物理等七八门课程。谢希德的教学与众不同，她并不满足于通用的教材，而是亲自编写讲义，不断补充现代物理学的最新成就，使学生在初学时期眼界开阔，熟悉物理学的国际动向。她总是在上课之前把讲义发给学生，使他们不至于在课堂上忙于记笔记而忽略了最关键的地方。

她认真的教学态度、诲人不倦的精神、深厚广博的知识，使多少学生至今还难以忘怀。

1956年，对于谢希德、曹天钦都是很有纪念意义的。一天，谢希德兴冲冲地从学校回到家，她满怀喜悦地要把一件喜事第一个告诉曹天钦，和他分享自己的欢乐。不料，早就回家的曹天钦也在等她，他也想在谢希德刚踏入家门时，把自己心中的喜悦第一个告诉她。于是，俩人一碰面，居然不约而同地说："有件事要告诉你……"

曹天钦说，也是无巧不成书，他和谢希德并不在一个单位，没有想到两个单位的党组织在同一天批准他们加入中国共产党，这是他们回国后很值得高兴的一件事。当天晚上，还有一个小插曲，住在同一幢宿舍楼二楼的好朋友——李四光先生的女儿李林和她的丈夫、分子生物学家邹承鲁，还有几位平时要好的朋友闻讯赶来，于是，以茶代酒，女冶金学家李林在她的小客厅里举行了一个小小的庆祝会。

也就是这一年，根据"十二年科学技术发展规划"，国家决定抽调北京大学、复旦大学、南京大学、厦门大学、吉林大学等五所高等学校物理系部分师生，在北京大学联合举办半导体专门组，加速培养半导体的专门人才，为攻克半导体这门现代科学技术的前沿学科做准备。这个临时成立的集中了物理学前沿学科的培训班，领军人物便是著名物理学家、半导体专家黄昆教授和表面物理专家谢希德。

谢希德接到通知十分兴奋，她是培训班的主要老师，担负繁重的教学任务。很不巧的是，他们的头一个孩子，也是唯一的孩子这时才满五个月，正是离不开母亲的时候。但是谢希德毫不犹豫，她把一切安排妥帖，把孩子交给了曹天钦，说："我走了，你又做爸爸又做妈妈吧……"

谢希德从上海来到北大，又回到她熟悉的燕园。未名湖畔的湖光塔影、燕园的小桥流水和成府的四合院,唤起她许多苦涩的和温馨的回忆。她的父亲谢玉铭曾是燕京大学物理系教授,继母张舜英也毕业于燕京大学数学系。她11岁时进入燕大附中,曹天钦和她同班,她俩真正称得上是青梅竹马。曹天钦的父亲是燕京大学资深的化学老师,只是因为没有出国留学,一直不能授予教授头衔……回到燕园,谢希德触景生情,许多往事时时刻刻都会情不自禁地涌上心头。

谢希德年轻时患病落下的残疾,使她行走不便,她又不会骑自行车,北大的校园楼房很分散,这可苦了谢希德。冬去春来,夏逝秋至。白天,谢希德不辞劳苦地从均斋奔往几里外的教室,下课后又匆匆地从教室奔往几里外的图书馆。夜阑更深,燕园的灯光一盏盏地相继熄灭,她所住的均斋灯火通明。她不知疲倦地翻译外国文献,起草讲稿,同教员们一道研究教学方案,进行业务辅导……只有满天的星辰和窗外一株垂柳,才知道她度过了多少不眠之夜。

短短两年,我国第一代半导体专门人才三百多名,茁壮成长起来了。在我国科研、生产单位从事半导体研究的业务骨干,大都是这次培养出来的。

1958年,谢希德和黄昆教授联名编著的《半导体物理》正式出版,这是我国第一部全面论述半导体的科学论著,也是我国半导体科学研究的重大成果。

回到上海,谢希德肩上的担子更重了。她忙于新建的复旦大学物理系半导体专业,教学任务很重;同时兼任中国科学院上海分院和复旦大学联合主办的技术物理研究所副所长,肩上又是科研的担子。摆在她面前的任务是在较短的时间内,培养我国的固体物理人才,在半导体物理的基础理论研究方面做出成果,填补这门学科的空白。

天刚蒙蒙亮,建国西路静寂无人的林荫道上,谢希德已经在等候早班公共汽车。她多少年如一日,总是提前来校,开始新的一天。踏进家门,匆匆吃过晚饭,曹天钦常常说她又开始一天的第三阶段战役。有时审定、修改研究生的论文,替青年教师校订翻译的外国文献,有时她连夜起草学术辅导的报告。过分的劳累,加上睡眠不足,体质衰弱的谢希德常常在公共汽车上不知不觉地睡着了。

这个时期,的确是谢希德一生中在学术领域硕果累累的时期。1962

年，她同方俊鑫教授合作，发表了《固体物理学》的科学论著。1963年至1965年，她和助手们开展了对硒化锌、锑化铟的能带研究，获得初步成果。他们先后在《物理学报》和《复旦大学学报》发表了一系列关于群论在固体物理研究中应用的科学论文。这些研究成果对于揭开物质结构的奥秘，探索半导体新的材料、新的器件关系极大，在国际上是才开始不久的基础理论研究课题，在国内更是遥遥领先的。

  1965年冬，谢希德作为中国固体物理代表团团长，出席了英国物理学会固体物理学术会议。英国之行，使谢希德的眼界更为开阔，赶超世界先进水平的信心更足了。她筹建现代化实验装置，开展固体能谱的研究。这是一项探索固体内部奥秘的基础理论研究，党和国家十分重视，把它列入科学规划，进口仪器设备。不久，装箱的各式各样的仪器陆续运到复旦大学校园。谢希德满心喜悦地带领助手们，向固体物理的高峰举步攀登。

  1966年10月，谢希德出席北京科学讨论会，回到上海，一个严酷的打击迎面袭来，她被确诊患了癌症。就在这时，摧残文化的"文化大革命"席卷全国，身患癌症、急需治疗的谢希德也未能躲过这一劫，她被造反派关进了牛棚。在这之前不久，曹天钦已被关进了牛棚，杳无音讯。一家人骨肉离散，谢希德不知何年何月才能见到她无依无靠的孩子，也不知道等待她的命运是什么。

  当谢希德踏进牛棚时，她不禁难以平静。因为这间关押她的牢房恰恰是她多年盼望、还未来得及使用的低温实验室。这是多大的讽刺啊！眼前的低温实验室面目全非，一片狼藉，精密的仪器推倒在地，变成一堆垃圾，数载心血付诸东流。作为一个为它付出了辛勤劳动，寄予无限希望的科学家，她怎能不痛彻肺腑啊！她不知道这一切究竟是为什么，这个在物理世界纵横捭阖的科学家完全不了解人世间的游戏规则，也弄不清昨天和今天瞬息之间变化的根由。1958年，周总理视察北京大学半导体工厂时，她聆听过的周总理的声音："不抓紧基础科学的理论研究，我们就要吃大亏，犯大错误。"不久以前，在北京科学讨论会上，党和国家领导人接见各国科学家，她也是被接见的为数不多的女科学家之一。然而曾几何时，从事科研却被判为有罪，罪孽深重，这是什么混蛋逻辑呢！这些未完成的科研项目，都是国家的重大课题。如今，科研队伍拆

四、昨夜星光灿烂

散了，仪器破坏了，资料散失了，几年之后，怎么向人民交代呢？

想到这些，她的心里十分焦虑。物换星移，一年过去，谢希德戴着"帽子"可以回家了。一年半以后，曹天钦也戴着无数顶"帽子"，可以回家了。自由是极其有限度的。"四人帮"的党羽颁布了一系列苛刻的禁令：不准她接触半导体科学研究，不准她出席外单位邀请参加的学术会议，甚至连国内发行的科技刊物，也被剥夺了订阅的权利……

在"四人帮"横行的日子，重病缠身的谢希德每天被迫拖着沉重的步履，提着沉甸甸的拖把，从物理大楼的一层爬上五层，汗流浃背地打扫楼道、厕所。多少同志含着泪水，恨不能夺下她手中的拖把，代替她去劳动。就在这种情况下，谢希德没有丧失信心，还在寻找一切可能的机会，做一点力所能及的工作。当她听见一个青年教师急需一份介绍电荷耦合器件的外国文献，她就托人从科技图书馆借出，用英文打字机打出来，悄悄地把文献送到这个教师的手里。当她被派到校办工厂去从事研磨硅片的繁重劳动时，发现硅片抛光的工序还是沿用陈旧过时的老办法，而国外有种先进的新工艺，既简便又能保证质量。她主动地把文献译成中文，介绍给一个年轻的教师，使硅片抛光长期落后的状态立即改观……

然而，残酷的精神折磨、繁重的劳动，使谢希德的病情相当严重。病症三次复发，放射性治疗和化疗使她的身体十分地虚弱。

她似乎意识到，时间对于她来说，已经不多了。她要在这有限的时间里做更多的工作。她让曹天钦到图书馆借来各种有关固体物理和半导体的外文图书、刊物，专心阅读，还把重要的内容摘录下来，记在卡片上。当对她的管制渐渐放松时，许多人悄悄来了，有的是她过去的学生，有的是一起共事的同事，还有的是大老远坐飞机、火车赶来的。他们一坐下就同谢希德探讨半导体的科学进展，或者是带着疑难问题向她请教。每次有客人来，谢希德总是毫无倦容，耐心地向他们讲授该怎么做、应该注意什么问题。可是，客人刚离家门，谢希德便脸色苍白，连上床都挪不动脚步。

她唯一的希望是在有限的生命之年，把她的知识贡献给祖国的科学事业。

心情最焦虑的莫过于曹天钦，他在采访时说，当时他的心情很矛盾。

按谢希德的身体状况,她需要绝对安静的休息。但是,他也最理解谢希德此时此刻的心情,他没有权利阻止她工作。他懂得科学家的心,因为他自己就是这样的人。不过,有一次,当他看到谢希德面无血色,正在痛苦呻吟,他再也控制不住自己,便悄悄地守候在门外,歉疚地婉拒了来访的客人。

谢希德从门缝传来的窃窃私语中,发现了这个秘密。这个性情温和的人突然生气了。她埋怨曹天钦说:"你怎么能挡住同志们?!你知道吗,他们来找我,不是万不得已,不会找上门的。半导体科研、生产有多少新问题等着我们去解决,我能躺下不管吗?"曹天钦只好苦笑着向她解释:"你现在病了……"

谢希德长叹一声,不过,她还是对曹天钦说:"你这样做,反而会加重我的病……"

曹天钦说到这里,不禁哽咽了。

幸运的是,坚强的意志、乐观的心态,以及及时的治疗,这种种因素,使谢希德转危为安,癌症被治愈了。她没有被疾病打垮,居然坚强地活下来了。

在"四人帮"刮起一股反基础理论研究的黑风的年月,白天,谢希德在学校打扫厕所,或在实习工厂里磨硅片,曹天钦在研究所里打扫实验室、敲煤砖,回到家里,他们都已筋疲力尽。这两位在各自领域都是最杰出的科学家,却不得不屈辱地从事着消耗生命的劳役。然而到了夜晚,只有这宝贵的几个小时是属于自己支配的。他们关门闭户,蒙上窗帘。为了祖国的明天,这一对宁折不弯的科学家,偷偷地打开书,摊开纸,开始了紧张的研究。

这间长不过 6 米,宽不到 3 米的房间里,谢希德又开始向半导体的新高峰进击了。她关注着 20 世纪 70 年代半导体科学技术的最新成就,对半导体表面物理这门最新的尖端学科进行探索。这是关系发展电子计算机和大规模集成电路的基础理论,她以惊人的毅力,在难以想象的困难条件下,系统总结了 20 世纪 60 年代末和 70 年代初期半导体表面物理研究的最新成就,写出了一本《半导体表面》。

1978 年 3 月,谢希德和曹天钦一同出席了全国科学大会。为了表彰他们为祖国的科学事业做出的卓越贡献,党和人民授予他们先进科学工作者的光荣称号。我后来得知，科学大会结束后，谢希德更忙了，她正在按照全国科学技术发展规划纲要，开始表面物理的基础理论研究。为了迅速培养人才，她将招收一批研究生，并主持复旦大学物理系固体物理等学科的教学和科研工作……

1978年7月25日，《光明日报》以整版的篇幅发表了我采写的报告文学，题目是《为了四个现代化的明天——记复旦大学物理系教授谢希德》，并配了一张谢希德讲课的照片。

以整版篇幅发表人物专访，说明报社是以重大人物典型来安排这篇报道的，这正是当时配合党的落实知识分子政策、"拨乱反正"的需要，影响是较大的。不过，作为记者，当我的作品变成报纸上的铅字，我的任务便随之结束，我的注意力又投向新的目标。

关于谢希德的报道还有后续的几件事值得在这里提及：

有一天，具体日子记不清了，肯定是1978年下半年的某日。总编辑杨西光让秘书打电话找我，让我立即去他的办公室。我去后才知道中央组织部来人，向我了解有关谢希德的情况。他们是看了《光明日报》上我写的报道后找上门来的。我不了解他们的意图，我只是根据我采访时了解到的情况如实地做了介绍，如同我在报告文学中突出地介绍她的爱国心和对教学科研的献身精神、巨大贡献，不过除此之外，我也谈不出更多的内容。中央组织部的人似乎对我的介绍比较满意。

我不知道中央组织部来人向我了解谢希德的意图，但我后来从报上披露的信息得知，谢希德的头衔越来越多了：复旦大学副校长兼现代物理所所长、中国科学院学部委员、中国物理学会副理事长、上海科协主席……还有许多我不知名目的头衔。后来，她又是党的十二大代表，并当选为中央委员。

在她出席党的十二大时，我记得还采访过她一次。那是1982年9月的一天，十二大闭幕了，她即将返回上海，抽出晚上一点时间，在她下榻的京丰宾馆接受我的采访。

见面后，我首先祝贺她当选为中央委员，她开门见山地说：胡耀邦同志代表党中央提出的教育和科学是今后20年发展的战略要点，是她这次来开会想得最多的话题。"由于我在大学工作，我想得最多的还是大学教育，"她说，"我们目前的大学教育不少方面是不能令人满意的。"接着她从招生制度、现行的教学方法和专业设置与学生分配等三个方面做了很中肯的剖析。比如专业设置这个问题，她曾多次在报上撰文，建议调整高校物理学科招生人数，呼吁利用现有理科的基础，加强各学科之间的横向联系，发展某些工程和技术学科，培养大批基础扎实、知识面广、能向边缘学科进军的工程技术人才。就这个问题，十二大期间她还同教育部长何东昌交换过意见。她认为，培养人才也要和搞经济一样，搞得活一些，要预见到随着现代科学技术的发展和人才培养的需要，教育制度也要相应地改革。我国现在大学理科的专业设置、培养目标、专业训练、教学计划都大大落后于现实生活的要求。关于科研方面的问题，谢希德说，胡耀邦同志在十二大报告中提到要组织各方面的力量对关键性的项目进行"攻关"，这一点非常重要。建国以来，许多重大的科研项目像原子弹、氢弹、半导体等，都是在国家统一部署下，依靠科研的四支力量即高等院校、科学院、产业部门、国防科研部门密切合作，集中兵力，共同努力取得成功的。"现在的科研条件比起建国初期要好多了，搞重点项目的'攻关'应该说是有利的，不过，现在协作的风气比较差，互相扯皮的现象还比较多。在这方面，缺乏强有力的领导，领导抓得不力是问题的关键所在。"

她还谈及科研教学单位的新老交替问题。也许是有感而发，她说："比如大学的系主任，三四十岁的人就可以担任，任期三四年，还可以更短些，最多连选连任一次，大家可以轮换，这比现在一担任行政职务，就把业务荒疏掉的做法要好得多。"说到此，她颇为感慨地说："有人说我们没有变外行为内行的经验，却有把内行变外行的经验，这种说法姑且不论，但却值得引起我们的深思。"这次采访时间不长，但谢希德的许多观点却一针见血地道出了当时科研教育方面的要害问题，至今也发人深省。后来我写了一篇报道，题为《崇高的使命 艰巨的任务》，发表在1982年9月16日《光明日报》头版。

在此之前，我和谢希德还有一次接触，时间大约是1979年。我到上海出差，下榻的衡山饭店离她住的宿舍不远，于是有一天我到建国西路她的住所看望她和曹天钦。当时他们的宿舍是个小三间，仍然被复旦大学的职工强占，两位科学家挤在一间房子里。谢希德每天只好到卢湾区图书馆去，在那儿找个座位，很晚才回家。看得出来，落实知识分子政策还有很大阻力。据说"文革"期间强占他们房子的是复旦大学的工人，学校另行分配给他住房，他执意不搬，学校有关部门也束手无策。得知这一情况，回到北京，我写了一份内参，嘱有关部门将分送中央领导人的内参单独发给上海主持工作的彭冲同志。这份内参果然奏效，经彭冲同志批示，复旦大学雷厉风行，一日之内，强占十多年的房屋腾空搬迁，谢希德的住房总算妥善解决了。

我得知这一消息，心里特别高兴。

自此以后，我再也没有见过谢希德、曹天钦。不过有一件事记忆犹新：20世纪80年代的一天，我从南京乘客轮溯长江而上，和我同一个客舱有一位旅客，交谈中得知他是复旦大学英语系教授。闲谈中我便问起他们的女校长，不料这位中年的英语系教授对谢希德先生由衷地敬佩。给我印象最深的有两点，一是谢希德虽然当了校长，还担任很多职务，但她依然保持普通教师的本色，每天上下班都坐学校的班车，和教职工坐同一辆大巴，多少年如一日。由于她每天都和大家朝夕相处，能够了解很多情况，随时倾听大家的意见建议，这一点特别令人敬佩。另外，谢希德出任复旦大学校长后，始终把人材培养作为头等大事。她充分发挥自己在国际学术界的地位和优势，把复旦年轻的教师送到国外培训，不仅是物理系的，其他各系包括社会人文学科的，她都利用各种关系，亲自写推荐信。针对当时有人担心出国进修的、留学的以后不会回国的议论，她说要相信他们都是爱国的。这位萍水相逢的复旦教授也许正是留学归来的一位，他很动感情地说："复旦的老师们特别感谢谢希德校长……"

本文收入《浪迹天涯》，中国新闻出版社1988年4月出版

追思裴文中

裴文中先生于1982年9月18日逝世，至今已有30年了。所谓"亲戚或余悲，他人亦已歌"，除了他的亲朋后人和当年共事的同事学生，或许在北京猿人遗址的陈列馆里，还会时不时地有人提起这位杰出的考古学家、古生物学家，但他的名字已渐渐淡出大多数人的记忆了。

笔者无缘见到裴文中先生，在他生前似乎未曾谋面，即使在某些会

议上远远地见过他，也没有留下太多的印象。那么，我有何资格写裴文中先生传记的文章？对这样一位科学史上的大学者进行评说，这里倒是有一点需要交代的小小的因缘。

记得那是1982年的深秋，我的朋友、著名的科普作家郭正谊先生（科普研究所所长）鼓动我去采访裴文中先生的夫人舒令漪女士。当时裴文中先生的追悼会开过不久，郭正谊大概看过我写的一些科学家的报道，知道我对于采访科学家很是痴迷，于是怂恿我写一篇有关裴文中先生的传记文章。我稍加考虑，便立即同意了。

裴文中像

裴文中先生的住所在北京西郊中关村一幢新落成的高楼，大概是中国科学院高级专家的宿舍楼，俗称高知楼吧，但具体门牌几单元几号我都忘记了。郭正谊先生陪我一同访问了年事已高的舒令漪女士，她很热情地在一间不大的客厅里接待了我们，回答了我提出的事先准备的问题。

当时舒令漪女士已是80高龄，人瘦瘦的，精神矍铄，思路敏捷，也很健谈，对于往事的记忆十分清晰，所以我的访问进行得很顺利。由于郭正谊先生是她的长子小时候的同学，多年过从甚密，访问过程中不时在一旁提醒老太太，也给这次访问提供了不少方便。

我很遗憾的是，由于种种原因，整理裴文中传记的工作未能进行下去，主要是很难找到合适的发表机会。时光荏苒，如今舒老太太也已作古，我实在对不起对我抱以希望的她。

但是，这件未竟的工作一直在我心中萦绕，包括当年我曾经访问过而未能整理成文字公之于世的诸多人物。我总希望能够摆脱缠身的俗务，在有生之年还清这些文债，这是对己而言；至于说到它的初衷，我倒企盼为中国的科技史留下多多少少有价值的资料，仅此而已。

今年整理旧物，翻出了当年访问舒令漪女士的笔记本。我当年访问舒令漪女士的见闻，虽不能概括裴文中先生一生的经历，却也有不少鲜为人知的史料，故根据笔记所录，稍加整理，冠以小标题，以飨读者，或可补正史之不足矣。

四、昨夜星光灿烂

(1)逝世前的一些事

1982年8月26日上午10时左右,裴文中在家里看完电视,突然发起烧来。在这之前,他的体质已是很虚弱,隔四五天就发烧。家属见他浑身寒颤,立即联系医院。因为不够级别,没有特殊照顾,也没有医生到家出诊。在海军军训部工作的儿子裴端立即联系了海军医院住院,经诊断是肺部感染,在他的病床和病历上都没有写上裴文中三个字,而是作为海军的家属写着"裴端之父",在部队接受治疗。

开始,裴文中先生的神志比较清楚。闻讯赶来的老友、古人类学家贾兰坡在看望他时,还向他询问了一个重要的学术问题,即关于第四纪冰川在中国大陆的遗迹。

贾兰坡问:"反对庐山有冰川的是谁?"

裴文中听见贾兰坡的询问,两眼微微睁开,费力地在记忆中摸索着,但一时说不出话来。

贾兰坡低下头,贴着他的耳朵问:"是不是德日进,还是杨钟健,还是你……"

裴文中听清楚了,他艰难地摇了摇头,喉管里吐出两个字:"不是。"

"你想想,是谁?"贾兰坡又问。

裴文中想起来了,他用毋庸置疑的口气说:"是巴尔博……"

贾兰坡很感激这位相交了半个多世纪的老朋友,但他没有想到这是他们最后一次探讨学术问题,而且是在裴文中先生处在死亡线上时最后一次谈论科学上的纷争。

不过裴文中先生毕竟没有得到他应该享有的抢救,而在这个生死攸关的时刻,他的亲属正在用微不足道的努力企图挽回他的生命。先是他姐姐的女儿从成都急急赶来,她是个医生,希望给舅舅以最后的帮助。在这前后,裴文中先生的妻子请来药物学家李家康,征询他该用什么灵丹妙药,李家康说要用进口的先锋毕索(先锋5号),但医院里没有这种进口药。舒老太太立即想到她的老师,现在是新药公司的经理,向他求援。听说是裴文中先生病危,新药公司经理二话没说,立即送来30瓶"先锋毕索",每瓶46元,但最后只用了9瓶,余下的21瓶退还给了新药公司。

在此期间,方毅同志来探望了裴文中。

9月17日，裴文中先生瞳孔散了，人已昏迷，但是他平稳地睡了一天，9月18日夜里12点19分，他没有一点痛苦地长眠了，终年79岁。

(2)从童年到滦县师范毕业

1904年1月19日(清光绪二十九年十二月初三)，裴文中出生在河北省丰润县(原属滦县)小集区纪各庄一户读书人家。他的父亲裴廷楷(字任卿)是清末秀才，因家道中落，一贫如洗，便在本村教书。辛亥革命后，他受新思潮影响，提倡平民教育，主张男子剪发、女子放足，为乡村教育做了很多工作，但他的改良措施不容于世，终身不得志。他曾在本村创办补习班和平民识字班，为高小毕业生和文盲做义务教员。他还当过小学校长和国文教员，直至1930年逝世。

裴文中是家里最小的男孩，深得父母的宠爱。他6岁时在本村小学堂读书，8岁即随父亲到开平高等小学就读，当时父亲在该校当校长。1916年，高小毕业的裴文中考入官费的滦县省立第三师范学校。当1919年北京爆发"五四"爱国学生运动时，年轻的裴文中和滦县师范的爱国学生一道，走上街头宣传，并与当地其他学校联系。他是班代表，参加学生会，是个学生运动的活跃分子。因此在运动结束后，与其他十几名同学一起被校方开除。

不料，开除爱国学生的举动遭到了社会各界的反对，学生们以罢课表示抗议，并且诱发了更大规模的学潮，最后校方不得不让步，恢复了裴文中的学籍。1921年他从滦县师范毕业。

家境贫寒的裴文中原想找一份糊口的职业，因为当时他的家穷得揭不开锅，往往是提着小口袋去别人家借粮。这时天津铁路局办的扶轮学校招小学教员，裴文中去报考却落选了。

他苦闷地回到故乡，不知该怎么办。没有职业，又没有书读，往后的生活可怎么过？

(3)北京大学

正当裴文中在人生的旅途彷徨之际，同村的少年时代的伙伴李慎之回到家乡度暑假，他是1920年考上北京大学的。两人见面，裴文中谈起他的苦恼，李慎之当即说："你可以报考北大呀！"裴文中疑惑地望着李慎之，对他的动议表示怀疑。"大学招生早就过了时候，没指望了……"他丧气地说。

"不不不,你不知道,北京的好些大学,像北大、汇文大学、北京高等师范,秋季还要第二次招生,完全来得及。听我的,过了暑假,你跟我一道上北京去。"李慎之说。

1921年初秋,裴文中和李慎之,还有本村的另一个青年结伴来到北京,住在前门外的一家小旅馆里。情况正如李慎之所言,各高校正在第二次招生,裴文中以优异的成绩同时考上了汇文大学(燕京大学前身)和北京大学,他选择了后者,成为北京大学地质系的学生。

但是他的父亲裴廷楹先生这时失去了开平第二小学校长的职务,失业在家,家中生活十分艰难,根本无力支持裴文中起码的生活费及读书开销,裴文中失去了经济来源。为了将学业维持下去,他一边上学,一边卖文为生。他阅读了大量的反映"五四"新文化思潮的书籍,《新青年》、《新潮》、《向导》、《现代评论》和《小说月报》等进步刊物给了他精神的营养。他为北京的报刊写稿,陆续发表了不少社会新闻的稿件,也为报纸的副刊写杂文和理论性文章,赚了稿费,生活不用发愁了。不过,专靠写稿仍然没有固定收入,有时稿费拖欠,饥饿不时威胁着他。裴文中后来又找到一份校对的工作,晚上上班,不耽搁上课,每月有8块钱的固定收入。

在北京大学地质系求学期间,裴文中不仅课余干过校对,1924年还被《晨报》的晏阳初请去办平民教育,编写稿件;后来又替平民教育促进会创办了《农民报》,担任编辑工作;1926年他又在孔德学校担任教员。这些工作虽然是为生活所迫,但客观上对他了解社会、观察社会大有裨益。他不是钻进象牙之塔、两耳不闻天下事的迂夫子,而是积极投身于社会生活,追求进步的爱国者。在1923年"二七惨案"发生后,北京各界在汇文中学大操场开会,声讨军阀政府,声援工人运动,他上台发言。在1925年"五卅惨案"发生后,北京各界举行游行示威大会,他是筹备工作组的成员。他在《晨报》发表的宣传反英反日的"三字长歌",被大会印成传单,广为散发,起到了广泛的宣传鼓动作用。1926年,在"六三"罢课罢教的爱国学生运动中,学生们在新华门与军警发生冲突,裴文中始终冲在队伍的最前列。

他于1924年11月在《晨报副刊》发表的小说《戎马声中》以反对军阀混战、为灾难深重的中国人民呐喊的主题,引起了鲁迅先生的关注。十年后，鲁迅在《〈中国新文学大系〉小说二集序》(1935 年 3 月 2 日，收入《且介亭杂文二集》)中说："这时——一九二四年——偶然发表作品的还有裴文中和李健吾。前者大约并不是向来留心创作的人，那《戎马声中》，却拉杂的记下了游学的青年，为了炮火下的故乡和父母而惊魂不定的实感。"又指出："蹇先艾叙述过贵州，裴文中关心着榆关，凡在北京用笔写出他的胸臆来的人们，无论他自称为用主观或客观，其实往往是乡土文学，从北京这方面说，则是侨寓文学的作者。但这又非如勃兰兑斯(G. Brandes)所说的'侨民文学'，侨寓的只是作者自己，却不是这作者所写的文章，因此也只见隐现着乡愁，很难有异域情调来开拓读者的心胸，或者炫耀他的眼界。"

(4) 入党后又失去组织关系

裴文中在北大期间，满怀爱国热忱投入学生运动，对军阀政府的黑暗统治和帝国主义侵略中国的暴行深恶痛绝，他同情生活在水深火热之中的劳动人民，用手中的笔披露社会的不公。然而他毕竟是一介书生，势单力薄，难有更大的作为。于是他渴求将自己融入先进的、代表最广大劳动者利益的组织之中，这就有了他加入中国共产党的一段经历。

当时，西老胡同 1 号的院子门口挂着一块不大的"马克思主义研究会"的牌子，裴文中常从那里经过。一天——那是 1926 年秋天，裴文中写了封信给马克思主义研究会，问入会需要什么手续，如有章程可否寄来一份。几天后，一个名叫杨副时的人给裴文中回了信，信里附了一份中国共产党党章，杨在信中说："你看看党章，到时有人跟你联系。"又过了几天，北京大学一名姓杜的学生找到裴文中，他是河南人，说是杨副时让他来的。这个姓杜的学生口头通知裴文中，说经过杨副时和李大钊介绍，吸收他加入中国共产党，让裴文中于某日某时到北大第一宿舍某号开党小组会。这就是裴文中加入中国共产党的前后经过。

当时同裴文中一起参加党小组会的有王澄宇、高滔、喻德渊、李陶等，河南籍姓杜的北大学生是领导人。此后，裴文中还参加过几次小组会，并分工负责过党内农村方面的工作，但是活动次数不多。1927 年奉系军阀张作霖的军队包围苏联大使馆，逮捕共产党人，李大钊等同志就是这次被捕遇害的。一时间，白色恐怖笼罩北京，北大首当其冲，反动的军阀部队到处逮捕赤色分子。裴文中当时住在马神庙中老胡同 9 号院内，和王澄宇住在一起。房东老太太告诉他，白天有个陌生人几次来打听他的下落。裴文中听房东老太太形容陌生人的相貌打扮，断定是军阀侦缉队的特务，知道环境险恶，便立即逃到朋友家中躲藏起来。这时他在北大地质系刚刚完成毕业考试，索性不回学校，到处东躲西藏，等到局势稍有好转，已到了学校放暑假的日子，他再去联络，却再也找不到一个党内的人。

因此，裴文中失去了与党的联系。这个问题也成了他历史上一个重大的疑点，跳进黄河洗不清了。

(5)毕业即失业

北京大学的地质系，追源溯流，前身是1898年创办的京师大学堂的地质学门，但是京师大学堂的地质学门没过多久就停办了。

京师大学堂校址在北京城内景山东马神庙路北，此地原是乾隆四女和嘉公主的公主府，后来即是北京大学的理学院，又叫一院。院内为清末所建的半西式建筑，如方形的教学楼、数学楼，长形的理化实验室等，清一色为二层楼，庭院式布局。文学院在沙滩红楼，俗称二院，红楼建于1918年，为一所砖木结构的五层楼建筑（包括半露地面的地下室），平面呈凹字形，早期底层是图书馆，李大钊先生做图书馆馆长时即在此。二楼、三楼均为教室。此外东华门北河沿清末译学馆旧址为法学院，俗称三院。而当时的学生宿舍有两处，一是理学院西面的"西斋"，二是红楼西面的"东斋"。裴文中在北京大学期间，北大的格局大体如此。

北京大学的地质系是1917年蔡元培先生任校长时恢复的，学制为预科2年，本科4年，由留德回来的王烈和留美回来的何杰担任教授，学生多从北洋大学矿业科转来。1920年，留英归来的李四光到该校任教；同年，美国著名地质古生物学家葛利普来华，在北大地质系任教，并在农商部地质调查所任职。裴文中在北大求学期间，地质系主任先为何杰，后为王烈、王绍瀛，当时王烈教结晶学与矿物学，何杰教普通地质学、经济地质学与采矿学，李四光教岩石学、构造地质学、野外地质学，谢家荣教矿床学，葛利普教无脊椎古生物学、地史学和中国地层学，教师阵营很强。

1927年裴文中从北大地质系毕业后马上遇到失业的难题。

他原与系主任王绍瀛商定，王同意待他毕业即留在北大当助教。岂料奉系军阀头子张作霖盘踞北京时,派刘哲改组北大,改名为"京师大学校",新任的地质系主任王烈不承认王绍瀛的约定,这样裴文中只得怏怏地离开北大。这是1927年8月间的事。

为了不致挨饿,裴文中找到北京四中校长齐树芳,权宜在四中代课。但这毕竟非长久之计,况且时届深秋,天气渐寒,衣食无着的裴文中只好去找地质调查所所长翁文灏先生,希望他收留自己做一名练习生。

地质所是中国成立最早的地质调查机构,成立于1913年年初,隶属政府工商部,最初只有所长而无调查人员,所长为丁文江。1921年丁文江离开,由副所长翁文灏代理所长。1926年6月,翁文灏正式担任所长。我国地质学界的老前辈孙云铸、王绍文、钱声骏、袁复礼、董常、朱焕文等均在该所工作过,还有一些著名的外国地质学家如德国人梭尔格、瑞典人安特生、美国人葛利普等。当时地质调查所对进人甚严,规定课程练习两年,期满合格,方派为调查员。所以裴文中向翁文灏提出的要求也是收留为练习生。

翁文灏颇有难色,直言告诉裴文中:由于调查所经费困难,无法收他为正式练习生。

翁先生很体谅裴文中的困难,让他做些研究工作,如果写出论文,可按论文水平高低给予资金,并说如果论文作得好,资金也和当练习生的工资差不太多。

翁文灏先生的用意也是颇深的,在实践中考察裴文中的业务水平和工作能力,也是给他一次机会吧。

这样,裴文中留在了地质所。他给调查员们搬石头、抬箱子、修理化石标本,干各种杂活儿,一切从头学起。

(6)周口店和"北京猿人"

裴文中在《龙骨山的变迁》(原载《中国科技史料》1982年第二期)这篇文章中详尽地回顾了他参加周口店龙骨山发掘的经过,特别是他亲自发掘出"北京人"完整的头骨化石的情况。在他的学术生涯以至中国古人类学的研究史上,这是一个特别重大的事件。

《龙骨山的变迁》写道:

> 龙骨山位于房山县周口店,是"北京人"居住的地方。它是一个馒头式的低平的小山,在周口店车站的西北方,不过有二三百米。

四、昨夜星光灿烂

> 从1927年起,我们就在这个无名的小山挖掘动物化石,因为动物骨骼的化石在中国的中药铺里叫作"龙骨",所以周口店的人们就给这个小山起了一个"龙骨山"的名字。
>
> 龙骨山这个地方出产动物化石,是一位瑞典人安特生发现的。他当时是北洋政府中的"矿业顾问",……1920年前后,他发现了周口店"鸡骨山"。后来经我们发掘,知道这许多"鸡骨",乃是野兔和鼠类的化石。当安特生挖掘鸡骨山的兔骨时,当地人告诉他:"在北边山洞里龙骨又多又大,你何必在这里面挖呢?!"他由当地人引导,发现了这个地方。
>
> 1921年安特生聘请了一位奥国人叫师丹斯基,来中国到各地去挖龙骨。师氏也曾到过龙骨山挖掘动物骨骼化石。师氏把这许多材料,带到瑞典乌普萨拉大学去研究。到1926年时,师丹斯基在乌普萨拉发现,在周口店龙骨山发现的化石中,有两颗牙齿,很像人类的牙齿。
>
> 这个消息传到北京,正赶上北京各学术团体开会欢迎瑞典的王太子(即后来的国王古斯塔夫六世,他是一位考古学家)。当时安特生已回国,但是又陪同瑞典王太子来到中国。在这个会上,安氏宣布了师丹斯基发现两颗人类牙齿的消息,当时引起了会场人们的重视。中国地质调查所与私立协和医学校协议,由协和医学校出钱,去周口店龙骨山继续去挖掘,以求多得些"人类"的材料。

从以上引文可以看出,周口店龙骨山的发现和动物化石及人类化石的发掘工作,是经过中外科学家多年努力的结果,并非一朝一夕所致。裴文中在文章中还谈到,按照中国地质调查所与协和医学校签订的合同,发掘及研究的经费由美国洛克菲勒基金会捐助,但任何标本化石均为中国国家财产,永远不许运往外国。另外,文章还提到,1927年的正式发掘是由步林博士负责,他是瑞典人,当年发现了一颗人类牙齿化石,经英籍加拿大人、协和医学校解剖系教授步达生(Davidson Black)研究,写出了专门报告。他认为周口店龙骨山发现的人类化石,是介乎猿和人中间的一种原始人类,与已发现的任何原始人类都不同,他给周口店的原始人类命名为"中国猿人北京种",俗称"北京人"。

虽然步达生将他的研究报告分送到世界许多权威研究机构和古人类

学专家手里,而且周游世界,展示他的发现,反映却令步达生失望。专家们一致认为,他的结论惊人,但所提供的实证材料太少,令人难以信服。

于是,这个重大的使命落在了裴文中肩上。

裴文中怎么会加入周口店龙骨山的发掘呢?这也是一个饶有趣味的问题。

1927年至1928年年初,裴文中在北京地质调查所当一名非正式的练习生,先是做勤杂工的活儿,后来争取到学习修理三叶虫化石。因为他没有固定工资收入,只有写出论文才得根据论文的质量获得奖金。

当他写出关于三叶虫化石研究的论文后,还引起一场不小的风波。有人十分起劲地诋毁他的处女作,以此要求所长翁文灏不要收留裴文中。翁文灏独具慧眼,看完裴文中的论文,不仅发给他30元的最高奖金,而且鼓励他继续从事研究,可以自己找题目。这无疑是对裴文中极大的鼓舞和扶持。

但是,裴文中却因此对地质调查所某些研究人员的学风十分反感。当时,李四光先生在上海筹办中央研究院地质研究所,招收职员。裴文中以师生之谊给李四光先生写信,并且很快收到李四光先生的覆信,请他即去上海面商。

接到李四光先生的信,裴文中却犹豫起来。在北京读书多年,各方面情况比较熟,上海人地生疏,两眼一抹黑,倘若不好谋事,连退路也没有,他又后悔自己太唐突了。

于是,裴文中手持李四光先生的信,找翁文灏先生商量。忠厚的翁老先生坦诚地说:"你不如在北京找事,因为你是北方人,在上海有许多不便之处。"裴文中实言相告,他毕业后一直在找工作,至今仍无着落。翁文灏当即表示,他可以代为设法。

几天后,翁文灏写了一封亲笔信给协和医学校解剖系代理主任、荷兰人富顿,向他推荐裴文中。富顿见信后并未召见裴文中,只是派人告诉他,可以去周口店帮助做发掘工作,月薪30元。

后来,裴文中才知道,富顿只是给他补了一个工人的名分。当年,一个北京大学毕业的人,求职之难不难想象。

1928年,周口店的发掘工作,外方仍由瑞典人步林负责,中国方面

四、昨夜星光灿烂

由古脊椎动物与古人类学家杨钟健负责，法国神父德日进充当顾问。裴文中于 4 月间随杨钟健同赴周口店，但他当时只是帮助杨钟健管理工人、账目和一些事务性工作。

在这年的春季和秋季，相继发现了古人类的牙床，春季发现的是一个小孩的牙床，秋季发现的是一个成年人的牙床（上有三颗牙齿）。到了年底，发掘出的动物化石日渐稀少，大家认为龙骨山的发掘已近尾声。

当 1928 年冬天杨钟健先生回乡时，他让裴文中代管他的事。转年开春，主要的专家们都认为龙骨山的发掘指望不大。先是步林博士参加了瑞典地理学家斯文赫定的探险队，前往西北考察；接着杨钟健和德日进也去寻找远古人类的新的遗址，前往山西；连翁文灏先生也认为周口店的发掘无甚重要。于是周口店的工作交给了裴文中，由他全权负责。在《龙骨山的变迁》一文中，裴文中写道：

> 出乎他们几位意料之外，在困苦艰难中开挖完了这一层最坚硬的石层之后，下边露出较软的土石层，里边龙骨还很丰富。据我当时查看，认为"北京人"居地的范围很大，还值得我们工作几年。因此，我坚决地反对停止工作，主张继续下去。到了 1929 年 12 月初，已经降过小雪，天气寒冷，北京命令我立即停止工作。但是我觉得只有几颗"北京人"的牙齿发现，没有重要化石，总不肯死心停工，于是又坚持了两天。12 月 2 日那天，在开掘地方的北部，发现了一个很深的小洞。我很兴奋，于是用绳子将腰系住，由几个工人拉住绳子，鼓起勇气下洞去了。我看见洞里各种动物的化石都很多，后来就让工人将我拉到洞上来。我一边上一边用手电筒向洞壁上看，最后将出洞的时候，看见洞口不远的地方有一个黑黑的、圆圆的东西，这引起了我的注意。
>
> 我出到洞外之后，与工人们又将洞口开大了一些，露出了我方才看见的那个黑黑的、圆圆的东西，原来是"北京人"的一个完整的头骨。我和工人们都高兴得喊起来。这是一个很完整的头骨，露出了一大半，其余尚埋藏在坚硬的沙土中。这个时候，天色已经晚了，洞中光线不足，我们点上蜡烛工作，但是还没有掘出来。已到了下工的时候，我怕夜间在野外放着不安全，于是决定用铁橇一下子把这个头骨取下来。我知道，这种方法是危险的，但是时间不允许。

果然用铁橇一用力,"北京人"的头骨震碎了。由头骨的破处,我们可以测量"北京人"的头骨的厚度。我们从此可以知道,"北京人"头骨许多部分都厚在十毫米以上,比我们现代人的头骨厚得多……

北京猿人头骨的发现,大体经过即是如此。两天后标本送到北京,专家们认为确是"北京人"的头骨。这个科学上的重大发现,立即通过传媒传到全世界,引起学术界的高度重视。

美国洛克菲勒基金会鉴于发现了"北京人"的完整头骨,决定继续给予龙骨山的发掘以资助,于是中国地质调查所正式将龙骨山从一家私营灰煤厂手中买下,成为国家的科学研究基地,修建办公室及配套建筑,为发掘与研究工作创造了基础条件。

机构也随之健全起来。中国地质调查所内部设立新生代研究室,负责龙骨山的"龙骨"发掘和国内动物骨骼化石的研究。加拿大人步达生作为洛克菲勒基金会的代表任该室主任,杨钟健先生作为中方代表为副主任,法国神父德日进为顾问。

由于"北京人"头骨化石的发现,人们对裴文中的看法也有所改变。随着龙骨山的发掘重点由古生物学转为古人类学,裴文中的研究也取得了极为重要的成果。他采集了大量有人工打击痕迹的石英,认为是一种石英石器,但遭到翁文灏、李济等权威人士的强烈反对,认为这些石英和马路上捡来的石头一样不是石器。裴文中不信邪,坚持继续研究,直到1931年法国史前学权威步日耶教授(H. Breuil)来华,完全同意裴文中的观点,于是这场学术之争才得以澄清。

裴文中对龙骨山人工石器的研究,以及发现"北京人"用火的痕迹和山顶洞人类文化遗物的发现,对于中国旧石器时代的分期具有重大意义。

龙骨山是裴文中学术研究的起点,经过几年的艰苦实践和刻苦研究,他在中国古人类学的地位终于得以确立。用他的话来说,他在龙骨山毕业了。

(7)负笈法兰西

1935年7月,裴文中从上海乘船前往法国,开始了他一生极为重要的时期,即学习西方先进的史前考古学的时期。从北京大学地质系毕业后,他的大部分时间是在周口店龙骨山的发掘现场度过的,将近七年的野外工作使他积累了丰富的实践经验,积累了许多极有价值的发掘资料,

四、昨夜星光灿烂

但他越发感到需要在理论上得以提高。他曾经说过:"我当时的想法,是想在国外多看些东西,多学些东西,不愿破费很多时间写论文,只是为了博士的虚名。"应该说,裴文中先生赴法留学的目的是非常明确的。

不过,为了获得赴法留学的机会,裴文中可是费了很大的周折。

事情的缘起是当时中国地质调查所新生代研究室主任、加拿大人步达生提出,他作为洛克菲勒基金会的代表,想借"北京人"头骨的研究,取得英国皇家学会会员(F. R. S)的最高学衔。但是,当初中国政府与洛克菲勒基金会订立协定,周口店龙骨山发掘研究的原始论文,只能率先在中国发表而不能在外国刊物上发表。可是,英国皇家学会也有自己的规定,即要获得F. R. S资格,必须在英国的刊物上发表原始论文。

步达生为此与翁文灏先生商洽通融之法,请求允许他在英国发表论文。作为报答,他答应为中国学者谋取加拿大与美国的名誉博士学位各一个。另外,双方也商定,作为中国猿人头骨的发现者裴文中,为他提供赴欧洲留学的机会。

对于裴文中来说,这当然是个再好不过的消息。他还获得可靠消息,到欧洲留学的时间将是1934年。

然而好事多磨。1934年,步达生逝世,情况变得复杂起来。幸好步达生在生前给英国著名人类学权威斯密斯(G. Elliot Smith)写过一封信,请他对裴文中给以帮助,特别是在裴文中的学位上予以支持。

翁文灏先生为裴文中出国留学多方联系。步达生一死,翁文灏只好让裴文中向美国洛克菲勒基金会申请助学金,以解决出国留学的经费。到了1935年5、6月间,洛克菲勒基金会突然申称政策有变,不能给留学生以助学金。裴文中接到美国的答复,一筹莫展。

这时,赴欧洲留学的日期日渐临近,其他经费有着落的留学生正在准备行装,而裴文中找到翁文灏,告之美国洛克菲勒基金会的回复,翁先生面有难色,不知如何是好。裴文中只好抱着试试看的想法,求助于地质学界前辈丁文江。岂料,山重水复疑无路,柳暗花明又一村。丁文江满口答应,决定从美国退还的庚子赔款奖学金中给予裴文中一个名额,成全他赴欧洲留学的理想。

这里还有一个小小的插曲,裴文中原拟去英国留学,因为步达生曾给英国古人类学权威斯密斯写过一封热情的推荐信。但在1935年春天,法国著名考古学家步日耶再度来华时，极力劝裴文中赴法国留学，法国神父德日进也劝他去法国，这样裴文中便改变初衷，前去法国了。

多年后，裴文中回首往事，仍怀着深深的感激之情写道："我首先感谢促进我学术工作的各位师长：翁文灏先生(中国国立地质调查所所长，他保送我来欧洲进行史前学和第四纪地质学方面的深造)、魏敦瑞(F. Weidenreich)先生(新生代研究室名誉主任)、杨钟健先生(北京办事处主任)、德日进(P. Teilnard de chardin)先生(该研究所顾问)，人们在道义上和物质上给了我巨大支持。"

1935年8月的一天，远涉重洋的裴文中在法国马赛下船，立即乘火车至图卢兹，由于事先同步日耶约好见面日期，裴文中下火车后即同步日耶乘汽车前往进行野外考察——他的留学法国就是以这样特殊的方式开始的。没有悠闲的校园生活，也没有浪漫的文化沙龙等待他，而是从龙骨山的发掘现场直接转入到法国和欧洲各地一个个著名的史前人类遗址，看来步日耶是以一种特殊的教学方式向裴文中传授史前人类考古学的真谛。

步日耶领着裴文中在法国各地整整转了两个月，于10月间才回到巴黎。他们先到比利牛斯山区，在一条河岸的台地采集古人类使用的石器，几天后，又去法国南部参观原始人类居住的山洞，观看洞穴中原始人的壁画。

步日耶是法兰西学院和人类古生物学研究所的教授，也是一位治学严谨的老师。回到巴黎后，他让裴文中暂住他家中，同时也向他提出严格的要求。步日耶说，两周以后，他将去别墅度假，两周后回来。在这前后一个月的时间内，裴文中必须尽快学好法文，以便克服语言障碍，能够自己独立活动，进行科学考察。他还说，在此之后，裴文中就不能住在他家里了。这当然是合乎情理的。

裴文中后来回忆说，1935年10月至1936年6月是他有生以来最用功的一个时期。

每天的日程排得满满的。下午，他专门请了一个教法文的人教他法语会话，另外在每天早晚念法文，中午他去人类古生物研究所进行史前考古学的业务学习。到了1936年6月，裴文中终于不负步日耶教授的期望，仅仅用了8个月拿下了法文，为史前考古学的学习和研究打下了扎实的基础。

步日耶放手让裴文中到实践中学习，1936年7月至9月，步日耶让他去法国中南部旧石器时代古人类遗址考察。这次，步日耶不去，反而让一名印度留学生跟随裴文中结伴而行，由裴文中指导这位印度留学生。

在短短一年多的时间里，裴文中的足迹遍及欧洲各地。裴文中后来回忆说："我的论文题目是由我的老师步日耶长老（法兰西学院和人类古生物学研究所教授）建议的。他在中国进行学术旅行时，我曾陪他参观周口店遗址。在欧洲，他允许我和他一起研究比利牛斯省、多尔多涅省、科雷兹省、纪龙德省和夏朗德省的旧石器时代的山洞以及加龙河、夏朗德河、塞纳河、索姆河、莱茵河、泰晤士河和台伯河流域的更新世阶地和地层。他还教我各种精密方法以区别旧石器时代工具和自然作用造成的各种容易误解的结果，我非常感谢他对我的无私的帮助。"（引自《论史前石器和假石器》）

谈到裴文中写论文，还有一番曲折的经历：

1935年12月间，裴文中曾去了英国伦敦，这次英国之行是陪步日耶教授参观在英国举行的艺术考古展览。当年步达生教授曾写信向英国著名古人类学家斯密斯教授推荐裴文中，请他给以关照。所以得悉裴文中来到伦敦，斯密斯教授约他见面，地点即是斯密斯教授在伦敦大学的办公室。

科学家之间的友谊和彼此间的信任是令人感动的，虽然步达生已经作古，而斯密斯教授却对一个素昧平生的东方人关怀备至，不忘故人的一份情谊。他在接见裴文中时郑重提出，愿意收他在自己的门下，攻读博士学位，而这正是当初步达生信中的要求。

裴文中很感动，但他却犹豫起来。

因为据了解在伦敦大学攻读博士学位，按规定须在英国居住两年以上，还要有户口证明，但裴文中由于留学的助学金有限，必须在1937年8月初回国，屈指算来已经不够两年时间。他向斯密斯教授委婉地谈及自己的困难。不料，办事认真的斯密斯教授马上找来伦敦大学注册课主任，此人是他的学生，请他予以帮助。他的学生立即表示，可以特别请求伦敦大学批准，将裴文中在英国居住期缩短为一年，问题就可以解决。

然而，裴文中还是谢绝了斯密斯的好意，因为他自己也是守信用的人，在此之前，他已与步日耶教授讲妥，在法国巴黎大学考博士学位，由步日耶教授做论文指导老师，他不能中途变卦。

后来回到法国，一打听巴黎大学的规矩，和伦敦大学的规定一样，也要在巴黎大学读两年才能考博士学位。经过步日耶教授和巴黎大学一位主考教授商量，让裴文中以一次交两年学费的方式，算作入了两年学，才算解决难题。

1937年6月，裴文中通过巴黎大学博士学位的考试，结束了短短的两年赴法留学生活，踏上了归国的旅程。因为事先翁文灏先生与德日进商量，让裴文中归国途中代表中国地质学会参加在苏联举行的第17届万国地质学会，裴文中于1937年7月去德国柏林，在柏林与李春昱先生汇合，8月赴苏联参加万国地质学会及会后组织的西伯利亚旅行。在西伯利亚，他参观了工厂和集体农庄，看到一望无际的麦田和苹果园，留下很深的印象。

裴文中计划由西伯利亚返国。这时国内时局发生重大变化，震惊中外的"七·七事变"爆发，当裴文中随各国地质学家来到苏联的克尔斯克那斯克时，一封急电送到他的手里。

电报是国民政府驻苏大使蒋廷黻发来的，内容是日本在东三省建立伪满洲国，从海参崴至上海的轮船已不再航行，劝他在会议结束后返回莫斯科，由欧洲取道返国，云云。

裴文中这时真是到了有家难回、前途未卜的境地。回到莫斯科，他在欧洲转了一个大圈，先是去柏林，在柏林订了从意大利去上海的轮船船票，接着马不停蹄赶往法国巴黎，又前往意大利那不勒斯，在这里上了船。在回国的船上，裴文中遇到一名法国的飞行员，得知他是到中国参加对日空战的，裴文中心里非常高兴，便一路上照顾他，给他当翻译，陪他从香港、广州到汉口，最终帮法国飞行员与国民党空军接上了头。裴文中出于爱国热忱，这时很想"投笔从戎"，去空军当一名翻译，多少也是为抗战尽自己一点绵薄之力，空军负责人也表示欢迎。

10月间到了南京，翁文灏先生劝他不要去当什么翻译，还是从事科学研究。又说，你的妻儿老小都在沦陷区的北平，你还是先去北平接家眷，然后再同地质调查所一同迁往湖南长沙。

由于日寇步步入侵，南京也保不住了。

他无论如何没有想到，他这一步迈出却再也无法抽回了……

(8) 协和医学院

1932年（民国二十一年）11月13日，裴文中先生与舒令漪女士在北京长安街的大陆春饭庄（即今日的鸿宾楼）举行婚礼。男方的证婚人是丁文江、翁文灏先生，女方的证婚人是李剑生（女子师范学堂附中学生会主席，为章伯钧夫人）等人。这年裴文中28岁。

舒令漪是1926年从山海关来北京考上女附中的，家住西城区后泥湾，后来转入女子文理学院附中，以后在北平大学工学院（校址在端王府）电机系读了两年就休学了。

在裴文中于1935年赴法留学深造时，他们已有两个孩子。

再说从法国归来的裴文中于1937年10月间由南京北上到了济南，津浦路已断，他从济南转去青岛，由青岛乘船至天津。

船到天津的塘沽，协和医学院派来的人上船接裴文中——当时协和医学院正准备开学，在天津设有接待站，接待人员为白俄人和留日回国的中国人。裴文中在天津住下后，却流露出不愿意去北京的意思。因为他听说，进北京一下火车，就要受到日本侵略军的搜查，还要给日本人行鞠躬礼才能放行。他说，与其这样，干脆不去了。他打算从天津坐船去香港，再转长沙，不去北京接家眷了。

协和医学院的接待人员闻讯后立即与北京联系，经过一番周折，他们说，协和医学院及他的家眷都要他立即回北京，而且担保不会有给日本军人敬礼的事发生。

裴文中是1937年11月回到北京的，他面临的局面是极其复杂、极为困难的。

据裴文中在《龙骨山的变迁》一文中所述：

> 1937年10月间，由于日本人要在北京制造伪政权，中国地质调查所不能维持下去，因此所内负责人和重要工作人员都悄悄地由天津乘船，经海路到南京去了。地质调查所在北京的所有财产（包括房屋以及内部设备、家具、标本等），都交协和医学院代管，以求保存。另外还有几位职员，不能或不愿意离开北京，薪水也由医学校代发。

就在这个时候,我由欧洲返回南京。那时正值上海的战事紧急,国民党的军队已退向南京,国民政府准备迁往内地。那时地质调查所的负责人劝我回到北京,把家眷接往内地去,以便安心工作。我由南京乘津浦线上的最后一趟车到了济南。那时国民党派军队炸了黄河铁桥,我只好由济南到青岛,再由青岛乘船到天津,然后转到北京。

负责协和医学院的美国人替地质调查所代管财产时,深切感到与日本人交涉非常困难。再加上地质调查所留下的几位职员意见不一致,使负责协和医学院的美国人感到没有办法。我到北京后,他认为可有人负责了,便要求我留在北京。我是无论如何不肯答应。后来协和的负责人暗自打电报到南京地质调查所,请求命令我留在北京,负责管理新生代研究室,并代管地质调查所在北京的财产。这样,我接到南京的指示,令我留在北京照管一切,非到万不得已时不准离开北京。我虽然不得已留在北京,但是与协和方面订了口头协定,大意是我只负责研究任务,不管财政,不对日本人出头交涉。当时日伪北京政权的有关人员,曾屡次要接收地质调查所的财产,但由于美国方面声言有"投资"关系,都没有接收得了。我虽然声言不负责交涉责任,但是实际都要由我决定对策,故而,日伪方面对我是恨之入骨的。

裴文中从此每天去协和医学院上班,根据地质调查所所长翁文灏来信所示,他负代管地质调查所及新生代研究室之责,新生代研究室即在协和,另外还要照顾一位年老行动不便的美国地质学家葛利普(A. W. Grabau)的生活。除此之外,他还应聘到燕京大学兼做教授,在历史系教课。

这样的生活一直持续到太平洋战争爆发。

(9) 铁蹄之下

1944年5月13日这天,日本便衣特务逮捕了裴文中,将他从家里(西兵马司58号)押往位于东珠市口的三谷部队,当地人称为"阎王殿"的日本宪兵队。

裴文中似乎早就料到迟早会有这一天,不仅不害怕,反而视死如归,大声喝骂,与押送他的日本特务对打起来。

四、昨夜星光灿烂

自从1941年12月8日太平洋战争爆发、日美宣战以来，裴文中的日子就不好过了。日本军队占领了一切美国在北京的机构，协和医学院不久改为日本的军医医院，大部分中国人都遭散了。燕京大学校长司徒雷登、协和医学院院长胡恒德(Dr. Houghton)也都被日军拘留在集中营。

大约是12月8日，太平洋战争爆发以后没过几天，那时协和医学院还通知裴文中去照常上班。一个日本军人闯进裴文中的办公室，他自称是接收协和医学院的负责人田冈大尉，用威胁利诱的手段劝裴文中识时务，与日本人合作，并一再追问"北京人"头盖骨的下落。裴文中是装聋作哑，一问三不知。田冈大尉便改变方式，假惺惺地邀他到咖啡馆闲谈，说是交个朋友，但万变不离其宗，话题又回到与日本人合作以及"北京人"头盖骨的下落。裴文中不管他来软的硬的，始终是所答非所问，终于田冈大尉恼羞成怒，撕下假面具，马上派宪兵来找裴文中的麻烦了。

日本宪兵对裴文中就不客气了，威胁他，企图用武力制服他，还没收了他的居住证(即"良民证")，规定他不得离开北京城，也不许乘车外出，以防止他逃往大后方。当协和改为日本的军医医院以后，裴文中只得待在家中，他原来想逃到家乡，再去大后方，现在这条路彻底断了。

可是，老是赋闲在家，一家老小的日子怎么办？1942年的夏天，为了养家糊口，裴文中应聘到北平师范大学地学系教书。地学系主任林朝棨[①]是台湾人，见裴文中面有难色，就说："师范大学教书是教中国人，也没有日本人干涉……"听他这样说，裴文中这才打消了顾虑，一直教到1945年日本投降之后。

即便如此，日本鬼子仍不放过他。1944年5月，日本特务机关将裴文中逮捕后，将他关进监房，连系裤子的一条旧皮带也没收了，怕他自杀。审讯他的日本特务叫河端，自称是日本早稻田大学法律系的。

关了一个来月，审不出什么名堂，到了6月18日，河端把裴文中从监房里提出来，对他说："你犯了抗日罪，判你15年徒刑，你还有什么

[①] 林朝棨(1910~1985)，台中丰原人，台湾大学教授。1937年出任新京工业大学教授，1939年在北平师范大学和北京大学教地球科学。1946年回到台湾，在台大理学院地质学系任教。1963年以《台湾之第四纪》论文获日本东北大学理学博士学位。1977年从台大退休。主要著作有《台湾地形》、《台湾地质》。

话要说吗？你服不服，你觉得重不重，公平不公平？"

裴文中勃然大怒，反唇相讥道："太轻了！按你们的说法，我应该枪毙。"

河端嘿嘿一笑道："如果你跟我们合作，当然另当别论，你再考虑考虑。"见裴文中不理会他，便转移话题，继续盘问"北京人"头盖骨的下落。

裴文中不耐烦地打断他的话，说道："徒刑就徒刑，枪毙就枪毙，何必这么啰嗦！"不料日本特务不但不恼怒，反而嬉皮笑脸地说："你把日本人看错了，我们日本人大大地好，现在我就放你回家去，你今后还抗日不抗日？""要我不抗日，有一个条件，就是你们日本人统统退回你们的国家。你们占领中国的地方，杀害中国的老百姓，是中国人就要抗日……"裴文中回答道。

河端没有理会他，又问："你承认不承认满洲国？"

裴文中心里明白，他在师大上课时讲到我国东北各省时从来不提满洲国，只讲辽河流域、松花江流域。于是他说："我是研究地质和考古的，是研究几万年几亿年以前的事，那个时候什么国也没有……"

这时，轮到日本特务失去耐心了，见裴文中软硬不吃，他连忙挥了挥手："走吧！走吧！"

就这样，把裴文中释放了。裴文中后来才知道，日本特务机关突然释放他是有原因的。因为在他被监禁时，伪满洲国中央博物馆自然科学部部长远藤隆次到北平，此人在日本学术界很有地位，与日本军界也有一定的关系，于是北平师范大学地学系林朝棨先生就托远藤隆次设法营救裴文中。远藤隆次久闻裴文中大名，于是想了一个办法，以邀请裴文中参加扎赉诺尔的古人类考察为由把他保释出来。

待裴文中回家后，林朝棨立即陪同远藤隆次前来拜访，并说邀他暑假期间去扎赉诺尔发掘那里的古人类化石。裴文中不明就里，虽然他多年来一直没有机会从事本专业的工作，心里十分向往野外考察，对扎赉诺尔的发现也很关心，然而他不知道日本人又在捣什么鬼，于是婉言拒绝了远藤隆次的邀请。"我在师大教书，怕没有工夫，不好请假……"裴文中托词说道。

听他这样说，坐在一旁的林朝棨先生着急了，连忙说："你放心去

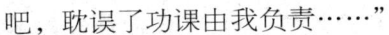

吧，耽误了功课由我负责……"

裴文中这才没有一口回绝，说考虑考虑。

不久，远藤隆次回去后发来正式的邀请函。裴文中知道，去与不去，都是两难的事。不去，日本宪兵队随时可以抓他、杀他；去吧，日本人又可以大做文章，利用他的学术地位，胡诌什么中国科学家与日本人合作。

两害相比取其轻，在林朝棨先生的劝说、帮助下，裴文中不得不去了一趟扎赉诺尔。

谈起在日寇铁蹄下过的日子，舒令漪老太太记忆犹新。她说，裴文中为了生活，不得不另谋出路。那时教授的收入很少，物价又是一天天飞涨，一大家人生活无法维持。裴文中就和李金声(山东师范大学历史系教授)"跑合"，即跑合作西医生意。为了送药，他在月光下练自行车。有一次到崇文门外送药，夜里11点多还没见回来，一家人急得像热锅上的蚂蚁，到了12点他才回来。一问，原来是天寒地冻，到处冰天雪地，裴文中不敢骑车，小心翼翼地推着车走回来的。

为了生活，他们不得不把结婚的纪念物——一只银盾，以及孩子出生时打的银质的长命锁、葛利普先生离开中国时赠送的一架钢琴，凡是值点儿钱的，都送进了西单商场的首饰店或典当行。只有这架钢琴，裴文中无论如何舍不得，说是纪念品，当初也是典出去，没有卖掉。抗战胜利后，又赎回来了。

舒老太太还说，1945年日本投降那天，裴文中天没亮就蹬着自行车，上德胜门外的"晓市"，将家里的破铜烂铁拿去贩卖，打算换点米面蔬菜一家糊口。正当这位举世闻名的古人类学家伫立街头，望眼欲穿地等待买主时，一位姓杜的老朋友骑车赶来，面露喜色地大声喊道："不用卖了，回家去吧！"

裴文中不解地问："怎么啦？"

姓杜的老朋友说："日本鬼子投降了……"

裴文中呆呆地站着，泪水不知不觉地溢满眼眶……

这一天，可等来了。

正如裴文中的悼词所言：

抗日时期，日寇为追索中国猿人头盖骨下落，曾在北京将裴文中同志逮捕审讯,他为保护祖国的宝贵文物,表现了高尚的民族气节。

(10)抗战胜利之后

"搞我们这一行,不到野外,不到现场,等于白活。"这是裴文中的口头禅。

他一辈子很少看病,只要有机会就跑野外,舒老太太回忆说:"我们结婚50年挂零,在一起的时间三分之一也不到,一直就跑野外,我一辈子习惯了。"又说:"解放前,大冷天,他坐马车,穿件翻毛羊皮袄,跟赶大车的有说有笑,一出去就特别高兴……"

这正是裴文中这位古人类学家的真实写照。由于从法国留学回国后,整整八年一事无成,也不能从事他心爱的科学研究,他的内心深处非常焦虑。这种紧迫感和现实的种种困扰,又常常使他感到百般无奈。抗战胜利后,裴文中一度充满希望。他接到地质调查所李春昱的来电,指示他协助王竹泉先生接收地质调查所在京的财产,而另一位地质调查所派来的接收代表高振西先生(地质部陈列馆馆长)迟迟未来。裴文中和王竹泉便先将地质调查所接收过来。不久,国民政府委派王翼臣为冀鲁热区的经济部特派员,因地质调查所归经济部管辖,王翼臣抵京后又令裴文中协助王竹泉去接收日本发发公司的地质局,以及位于祖家街的度量衡工厂等。到了1945年冬天,高振西来京,与王竹泉、裴文中一起恢复了地质调查所,裴文中这才开始了久已中断的野外考察。

1947年6月,经与兰州的西北地质调查所所长王日伦商议,由该所提供部分经费,裴文中赴甘肃武都采集化石。裴文中由西安至兰州,再由兰州至渭河流域、洮河流域和西汉水流域进行考古发掘。到了1948年,裴文中仍然想去西北继续野外考察,对方(兰州的西北地质调查所)拒绝提供经费。这时恰逢北京图书馆的顾子刚找到裴文中,答应捐赠1000美金作为赴西北考古的经费,于是裴文中才得以继续西北的考古考察。当他于1948年10月由青海返回兰州时,时局发生巨大变化,他事先托人买的由兰州飞北平的机票,已是最后一班飞机了。

国民党统治时期,物价飞涨,那时地质调查所在兵马司猪尾巴胡同。据舒老太太回忆,裴文中每天准时上下班,别人一发工资马上就去买面,一袋面十四万法币。裴文中还是规规矩矩等到6点才下班,等他去买面,一袋面涨到十四万五千了,他不死心,再骑车往南走,再问,涨到十五万了,等他回到家,一袋面涨到十七万了,一路涨了好几万。这个日子没法过了。

在此期间,裴文中写过抨击国民党统治的文章《今日之乡村》,发表在《大公报》,并由美国新闻处译为英文,发表在《纽约先驱报》等报刊。他还用考古游记的形式揭露国民党政府的黑暗,遭到军统特务的注意,托人转告裴文中不要招惹他们,否则吃不了兜着走。正是由于看透国民党政府的腐败,裴文中一度希望到张家口,投奔解放区。他托北师大的学生庄禾(庄开正),请他向张家口解放区探听一下去那边的可能性。庄禾转告他,经请示,城工部部长刘仁说,裴先生到解放区去,没有适当的工作,北平快解放了,裴先生不如在北平等待解放。

1949年北平被人民解放军围困的日子,北平研究院副院长李书华先生亲自登门拜访,李书华是河北昌黎人,和裴文中是老乡,又都是留法的。当时裴文中是北平研究院的地质委员。两人交谈中不免谈到时局,于是李书华告诉裴文中,北平不日就将被共产党占领,劝裴文中同他一起飞往南京,机票已经准备好了。

裴文中听罢,断然拒绝道:"我绝不能与国民党同流合污!"

关于裴文中先生在新中国成立后的状况,本文不再赘述。

本文原载中国科学院《院史资料与研究》,2011年第1期(总第121期)

回忆吴宝铃

吴宝铃,满族。海洋生物学家。奉天(今辽宁)绥中人。1949年毕业于北京师范大学生物系。1957年至1961年在苏联科学院动物研究所进修。历任中国科学院海洋研究所助理研究员、副研究员、研究员,国家海洋局第一海洋研究所副所长,中国海洋学会第一、二届理事。1957年开始,从区系分类、形态、生态、生殖、生活史、地理分布、虫管化石和系统发生等方面对海洋环节动物多毛类进行全面系统的研究。1964年首次在我国对污染生态进行了研究,报道了我国有机质污染指标——小头虫并对其进行种下分类。主持完成了渤海湾环境质量评价及自净能力的研究、京津渤地区污染规律和环境质量研究。撰有《中国淡水和半盐水多毛类环节动物研究的初步报告》、《小头虫的亚种分化及其生态特点》、《黄海的多毛类游走亚纲》等论文。

吴宝铃像

1986年1月13日，南纬62度12分的南极洲乔治王岛显得分外忙碌。

这是南极洲一年一度的黄金季节，白昼一天天延长了，极地的太阳似乎为了弥补它在冬季的懒惰，直到深夜也迟迟不肯落山。冰封的麦克斯韦尔湾已经解冻，只有零星的浮冰和不时漂来的冰山，仍然还透露着严冬的信息。在积雪初融的山坡，东一簇西一簇的地衣和苔藓从寒冷中苏醒，贪婪地吮吸着热力微弱的阳光，舒展它们冻僵的躯体。荒凉冷寂的海滨，像集市一样突然热闹起来，一群群巴比亚企鹅和阿德莉企鹅远涉重洋，欢天喜地地在这里谈情说爱，有的雌企鹅快要做妈妈了。

对于探索南极奥秘的人类来说，夏季是探险和科学考察的黄金季节。这天，在智利马尔什基地的小码头，一艘800吨的轻便考察船"阿拉卡扎尔"号正在升火待发。由智利南极研究所组织的1985～1986年度的南极考察，邀请了西班牙、美国、澳大利亚、法国、联邦德国和中国的科学家参加。考察船将穿过冰山重重的南大洋，前往南极半岛进行多学科的海洋综合调查。

尽管"阿拉卡扎尔"号万事俱备，由于天气原因，从智利南端的彭塔阿雷纳斯港起飞的班机却一再延误，还有几名外国科学家尚未到达。然而，时间不等人，南极洲的夏季是短暂的，错过了时机意味着考察计划的告吹。

这时，两公里以外的马尔什基地机场也显得分外忙碌。这是智利空军辖下的机场。在孤悬冰洋的乔治王岛，它是唯一的与南极洲大陆沟通的空中走廊。机场已接到彭塔机场的通告，天气好转，从彭港起飞的班机一个小时后即将到达。

四、昨夜星光灿烂

果然，当闻讯赶来的柯亚德博士到达机场，阴云笼罩的天空露出了一角蓝天。柯亚德博士是智利康塞普西翁大学海洋学教授，这次南极考察的负责人。

顷刻工夫，北方的天空出现了一个黑点，地勤人员赶快跑来，驱赶在机场等候的人群。这是一座简易机场，砂石跑道，只能起降直升机和C-130大力神运输机。不多一会儿，引擎的隆隆声越来越响，一架草绿色的"大鸟"展开双翼从人们的头顶掠过，接着在空中转了一个大弯，重新飞掠而来……

顿时，一阵飞沙走石，C-130大力神运输机徐徐降落。

舱门打开，柯亚德博士看见一位身材伟岸，穿着南极羽绒服的中国学者提着沉甸甸的旅行箱走出机舱。

"您是吴宝铃教授吗？欢迎您！"柯亚德博士迎上前去，热情地问道。

"是的，您是……"来人正是吴宝铃，他用英语答道。

随即，两位不曾谋面的海洋学家紧紧拥抱起来。他们彼此都很熟悉对方，只是相见恨晚。

"很抱歉，我们的考察船马上起航，你来不及休息了……"

"是吗？我还担心赶不上了。"吴宝铃说，"我们早就到了彭港，可是天气一直不好。"

"你甚至也没有时间去看望你的同胞，他们离这儿不远。"柯亚德博士指的是乔治王岛上的中国南极长城站，"不过，等我们考察回来，你有的是时间……"

就这样，吴宝铃一下飞机，还未来得及喘口气，立即登上了"阿拉卡扎尔"号考察船。一声嘹亮的汽笛响彻宁静的海湾，像是欢迎他的到来。接着，考察船迎着凛冽的寒风，向着冰山出没的南大洋驰去。

只有这时，吴宝铃才能静下心来。他倚着船舷，深情地眺望着冰封雪盖的乔治王岛，眺望着眼前翻涌的琼浆似的波涛。啊，这就是南极洲，他梦里寻它千百度的冰雪世界，第一次实实在在地呈现在自己的面前。这不是做梦吧？从青年时代起，从他还在苏联留学的50年代，到达北极考察那一刻起，他就暗暗发誓，一定要前往地球南端的南极洲。如今，鬓发已经霜染，年纪也过了六十，他做梦也未曾想到，青春时代的夙愿却在此时得以实现。

每个人都有自己执着的追求,他的追求是什么呢?
(1)吃海鲜未忘海洋开发
说来也不凑巧,吴宝铃是在 1985 年 12 月 27 日由北京启程赴南极的,笔者当时正在南美洲访问。我离开智利首都圣地亚哥不几天,他飞抵圣地亚哥,我们失之交臂。回到北京不久,他从智利给我写了一封信,云:"我到圣地亚哥(30 日),您 26 日刚走,未遇怅甚!"并附来一纸小稿,题为《吃海鲜》,全文照录如下:

来南极途中在洛杉矶停一天一夜,住距机场不远的好莱坞公园对面的松鹤园旅馆。餐厅厨师小何热情招待,有宾至如归之感。次日下午,小何驾驶新购的马自达小汽车,带我们去逛全美最大的洛杉矶购物中心,虽是圣诞节后,但正值新年廉价期,商品丰富,顾客如云。因晚 6 点要赶到机场,走马观花,遛了一会儿,便驾车去不远的加州旅游胜地之一的"海鲜"海滩。除洛杉矶外,纽波特也有一吃海鲜所在地。

在国外吃"海鲜"最贵。在澳大利亚歌剧院对面的"海鲜馆",一餐 30 多澳元,吃不到什么,不过是个儿小的日本对虾、生牡蛎、意大利式烧章鱼。在英国纽卡塞达夫海洋研究室附近,用 1 英镑可买一个熟蟹子,此外还有贻贝(海红)、鱼等。

只有在加州吃海鲜可说是"别具一格",真有特色。洛杉矶海滩有四五个海鲜摊馆。最大的一个,老板是墨西哥人,铺面很大,品种多。这里是真正吃海"鲜",是先让你看了活蹦乱跳的大龙虾,大似我国南方膏(生殖腺)满肉肥的青蟹一样的红色大海蟹,每个一二斤重,还有蛤蜊、翡翠贻贝、章鱼、乌贼等。然后任你挑选,称重议价后,当场蒸熟,坐在长凳上,一边远眺海上风光,一边品尝。很多是合家大吃一顿。这的确吃得"鲜味"。墨西哥的老板生财有道,有专船到海上抓鱼捕蟹,唯有龙虾是来自东海岸梅因州一带盛产地。海蟹馆的货源这样充足,有求必供,想到我们海洋生物及水产学家应加强研究,满足我国广大群众对水产品日益增长的要求,在我国沿海也搞几个这样真正鲜味的"海鲜"点。

这篇短文,出自一位海洋生物学家的手笔,读来饶有趣味。尤其是文章最末,吴宝铃还始终不忘发展祖国的海洋事业,"满足我国广大群众对水产品日益增长的要求",让大家都能吃到真正的海鲜,这也是他多年从事海洋生物研究的主旨之一吧。

不过,请读者不要误会,吴宝铃所研究的并不是膏满肉肥的海蟹,也不是味美肉细的大龙虾。作为一个海洋生物学家,吴宝铃最擅长的是海洋环节动物门的多毛类。他是我国第一个系统研究多毛类的专家。

如果你到过海边,在潮水刚刚退去的沙滩上,只要细心观察,就会发现许许多多的孔穴。这时你不妨轻轻挖开泥沙,就会见到一种颇似蚯蚓的蠕虫,全身分成多节,每节有一对疣足,上面遍长刚毛,这即是遍布世界海域的多毛类动物。

多毛类又称海蚯蚓,或者沙蚕,是个庞大的家族,全世界约有 6000 多种,我国沿海约有 900 多种。它们的形态也千差万别,最大者有 1 米多长,活像一条海蛇,小的才不过 1 毫米,要在显微镜下才能看清。

吴宝铃 1949 年毕业于北京师范大学生物系。1957 年赴苏联列宁格勒苏联科学院动物研究所进修,在著名海洋生物学家乌沙科夫教授指导下从事多毛类的生态和系统演化的研究。从那时起,差不多 30 年的岁月,吴宝铃系统地进行了多毛类的分类、生态、动物地理、生殖生物学和生活史等方面的研究。在这以前,多毛类研究在我国基本上属于空白门类,前人仅做过零星报道。为了揭开多毛类的奥秘,这位精力充沛、不知疲倦的海洋生物学家跑遍了世界许多海域。从中国的鸭绿江口到北仑河口,以及海南岛附近的海域;从冰天雪地的北极海、巴伦支海、新地岛附近的海域,到椰风蕉雨的印尼、马来亚的赤道海域;日本的濑户内海、加拿大和美国的太平洋沿岸;美国东岸的大西洋、墨西哥湾;欧洲的白海、北海、挪威海,以及澳大利亚沿岸,都留下了他的足迹。

多毛类这种外貌丑陋的海洋生物,在海洋的大千世界里似乎算不上什么奇特的珍稀动物,为什么吴宝铃对它们格外偏爱,怀有如此浓厚的兴趣呢?

吴宝铃讲过一个有趣的故事:

50 年代,苏联的里海突然发生了令人忧虑的怪现象。里海原盛产各种鱼类,不知什么原因,鱼类越来越少,以至到了资源枯竭的境地。科学家们纷纷来到里海,寻找鱼类减少的原因。他们发现,造成这一现象的根本原因是鱼类缺乏生存必需的饵料,即多毛类在里海中数量太少。

原来多毛类从它的卵、幼虫到成虫都是鱼类的饵料，缺少它们，鱼类就难以繁殖了。原因探明后，解决的办法也应运而生。他们想出了一个绝招，把亚速海的海底淤泥大量投入里海，由于淤泥中含有大量多毛类，结果里海又复活了。

类似的现象，吴宝铃也亲眼目睹过。那是一次在南海调查时，宁静的大海海波不兴。当一轮银盆升上海面，海上笼罩着水银似的月光时，吴宝铃发现大批沙蚕(即多毛类)纷纷涌出海面，这时鱼群从四面八方赶到沙蚕密集的区域觅食，这正是捕捞鱼类的大好时机。吴宝铃由此受到启发，他认为如果能够有计划地增殖近海养殖沙蚕的数量，对于增加鱼类资源不失为一项有效的措施。

辽阔的海洋，生生不息的万千生物之间，就是如此这般构成了相生相克、相互依存的生态之网。它像是能量流通的食物之网，高等生物以低等生物为饵料，越是低等的生物数量越多，越是高等的生物数量越少，形成金字塔状的食物网。而数量繁多的多毛类，作为鱼虾的主要食物，在海洋生物的食物网上占有不容忽视的地位。

此外，科学家们在研究中还发现，多毛类的一些种类是监测海洋污染的指标生物。在那些受"三废"污染的海岸，常常富集多毛类的小头虫。近几年，吴宝铃在青岛沿岸和英国泰恩河口，对海洋污染和小头虫种群数量变动关系的研究，为保护海洋环境提供了科学依据。

科学家还发现多毛类另一个重要用途。它的虫管化石沉积，可以作为寻找石油、天然气资源的依据。吴宝铃对胜利油田的虫管化石的鉴定，为寻找高产油气井提供了广阔的前景。

(2)献给冰雪女神的见面礼

乔治王岛的菲尔德斯半岛海边……

海潮借助狂风的威力汹涌地扑向海滩，天空乌云低垂，飘落片片雪花。不远的海滩高地上，橘红色的中国长城站装配式房屋包裹在风雪之中，房前的一面五星红旗在猎猎作响。

海边渺无人迹，连嬉戏的企鹅也慑于潮水的汹涌，躲到安全地带了。但是，对于吴宝铃来说，这样的大潮却是难得的"天赐良机"，他早早就独自来到海边，脚蹬高腰水靴，深一脚浅一脚地来回奔跑，仿佛是追逐那奔腾的浪花。

四、昨夜星光灿烂

几天前，"阿拉卡扎尔"号载着他驶向南极海域。为期10天的航行是令人难忘的，南极的冰雪女神在他的眼前展示了最为动人的姿容。这次考察的重点是海洋底栖生物，但是作为一个学识渊博的海洋生物学家，吴宝铃的视野却包罗了丰富多彩的生物世界。

"南极真是一个天然实验室啊！"只有亲身来到南极，吴宝铃才领悟了在他的眼前是一个蕴藏着无穷奥秘的世界。这里是我们星球唯一没有受到人类干扰的"净土"，这里有许许多多人类至今尚未揭开的自然之谜。有一次，潜水员从海底50米深处，采集了大批海藻，个体很大。这个发现使吴宝铃感到震惊。海藻通常依靠光合作用生长发育，从而形成海洋的初级生产力，这在地球上其他海洋中均是如此。但是，50米深处是见不到阳光的，这说明在南大洋存在着另一种营养方式，一种不依赖光合作用，而是靠微生物起作用的营养方式。他经过研究发现，深海生存的海藻是通过吸收苔藓虫的废物而获得养分的，这无疑是一个重要的发现。

回到乔治王岛的马尔什基地，吴宝铃选择了菲尔德斯半岛海岸的潮间带作为自己研究的课题。这里需要说明一点，吴宝铃此次南极之行是应智利南极研究所的邀请，不属于我国南极长城站的科学考察范围，但是，他在选择考察地点的时候，却选在长城站站区范围之内。在这位科学家的内心深处，是希望为我国的南极考察填补一项空白。

他的研究课题是潮间带的生态。在马尔什基地的海边，有他专用的一所集装箱实验室。在暴风雪席卷乔治王岛时，他在实验室中观察采集的生物标本；而当大潮汹涌的日子，他便像弄潮儿一般，去追逐暴涨暴落的浪涛。因为在此之前，科学家们普遍认为，南极海岸的生物是不分带的，这个结论是否符合实际，是否具有普遍意义，吴宝铃决心去解开这个谜。

只有潮水急剧涨落的日子，他才能观察潮间带的生物。因此，越是潮水汹涌，他的工作越发忙碌。在大潮急剧退去的海滩，他沿着几条断面逐一观察，细心采集不同部位的生物，计算它们的种类组成、栖息密度以及某些种的生殖状态。这是一项极需要耐心的工作，容不得丝毫马虎。采集的标本还要带回实验室观察、鉴定，进行数学模式的研究。

菲尔德斯半岛海岸的潮间带，经过吴宝铃的反复研究，终于发现了生物的带状性。他从多毛类和南极帽贝的生物量，划分出明显区别的三个带,并且确定了其中的优势种。

"在菲尔德斯半岛的海边,栖息大量的南极帽贝,最多的一平方米达到130～140个。南极帽贝吃海藻,一个夏天可以长到原大的120%。"吴宝铃说,"我们从海鸥的胃含物中发现,40%是南极帽贝,可见南极帽贝的死亡率很高。经过这番研究,我们可以看到南极乔治王岛海鸥—帽贝—海藻之间的动力学关系。尽管这是初步的成果,但可以看出,南极的生态系统是很脆弱的,对于南极生物资源的开发利用,一定要持慎之又慎的态度。"

南极的夏天为期短暂,吴宝铃的工作也异乎寻常地加快了步伐。他像是追逐为时不多的白昼,在有限的时间内尽量多了解一些情况,多研究一些课题。在他的心中,一个埋藏很久的念头渐渐明朗,趋于成熟了。

结束了菲尔德斯半岛潮间带生态的研究,他穿梭似的访问了乔治王岛的波兰站、智利站和阿根廷站,了解外国同行海洋生物研究的进展。接着,他应智利康塞普西翁大学柯亚德博士邀请,访问了智利的几所著名大学。后期最突出的成果是他和柯亚德博士合作的一项课题,他们借助电脑对一种南极多毛类进行鉴定。一百多年以来,德国的、英国的、美国的、瑞典的、苏联的学者都对这种多毛类做过研究,众说纷纭,莫衷一是。吴宝铃和柯亚德博士用电子显微镜对这种多毛类进行了生殖生活史的观察,鉴定出该种生物属于多毛类梳鳃垫龙介,是南极特有种,从而澄清了前人鉴定中的谬误。

他和柯亚德博士合作的论文《南极多毛类梳鳃垫龙介研究》即将发表,这算是献给南极冰雪女神的一份见面礼吧。

(3) 后半生将搞极地生物学

56天的南极之行后回到北京,已是北半球的初夏了。

我们一见面,吴宝铃开口就是那句发自肺腑的感慨:

"南极真是个天然的试验室!

"完全是自然状态,有很多可供研究的课题。苏联生物学家发现乔治王岛有100多种地衣、50种苔藓、50种海藻,还有3种海豹、1～2种海鸟,他们研究得很细,出了厚厚一本图册。我国长城站也应该搞一本详细的动植物手册。"

他显得很兴奋,话题常常从一个方面跳到另一个方面。"不会潜水寸步难行,今后我们搞海洋生物的,一定要自己潜水。海洋生物学家应该学会潜水,我指导的几个研究生,我都要求他们学会潜水。"

"你对这次南极之行有什么印象?"我插了一句。

"时间很短,但是收获很大,最重要的是取得了发言权,对今后南极的海洋生物研究,从哪些方向着手,抓什么课题,心里有底了。"吴宝铃说,"南极的原始生态一定要保护,鉴于过去对鲸、海豹滥捕的教训,商业性的开发南极生物资源,如捕捞磷虾,必须持慎重态度。"

"今后,你还打算去南极吗?"

"我的后半生,将搞极地生物学。当然,多毛类、海洋环境污染这些课题还要搞,但是,我将把主要力量投入极地生物学。"他郑重地表示,"如果身体允许,我还要去南极的。"

本文收入《浪迹天涯》,中国新闻出版社 1988 年 4 月出版

暗夜的灯火——记钱三强、夏鼐的一件往事

人世间的事情真有点说不清道不明。譬如我始终没有见过钱三强先生,但是我和他却有过一次书信往来——也是唯一的一次。至于和考古学家夏鼐先生,倒是在一起开过会,见过面,却没有机会深谈过。总而言之,我与他们算得上素昧平生,没有什么交情。

然而,一个偶然的机会,使我得知 20 世纪 50 年代,在那一场席卷中国的历史狂澜中,因夏鼐和钱三强暗中相助,有两个年轻人的命运得以改变,而这件事深深感动了我。

究竟是怎么回事?且听我细细道来。

1957 年那场政治风暴,把两个涉世未深的年轻人卷入旋涡。他们是一对夫妇,男的叫仇士华,女的叫蔡莲珍,复旦大学物理系毕业,一同分配到北京,在中国科学院钱三强教授主

夏鼐像

持的物理所工作。不料,一夜之间,飞来横祸使他们变成了"右派"。结局可想而知:逐出实验室,开除团籍,下放劳动,降级降薪……他们在痛苦迷惘中绝望了。

那一场猝不及防的政治灾难改变了很多人的一生,这已经为许多现实的悲剧所证实,无需我来多加饶舌。但是我所说的这两个年轻人的遭遇却是另外一种结局。是悲剧中的喜剧,还是漫漫长夜的一点亮色,我就说不清了。

有趣的是,要交代这两个年轻人的命运转折,还必须谈到近代科学史上一项重大发现,因为这是事情发生的特殊背景:

1946年,美国化学家利比发现,任何一块古代人类的遗骨、一块有机物的残骸或者古代人类点燃篝火留下的焦炭,都可以通过测定其中包含的放射性碳素(即碳14)的含量,反过来推算它的年代。利比发现,当生物活着的时候,它们从大气中摄取一定量的碳同位素,一旦生物死亡,碳同位素就会缓慢地衰变。利比测出了碳14的半衰期为5568年,即每隔5568年碳14量就减少一半。这种方法应用于古代文物的年代鉴定相当精确可靠,这即是当今广泛使用的碳14年龄测定法,利比因此获1960年诺贝尔化学奖。

当利比的著作《放射性碳素断代》问世后,夏鼐立即意识到这是科学技术渗透到历史考古的重大事件,对考古断代、提高考古科学水平十分重要。1955年他在《考古通讯》发表文章,率先向国内同行介绍碳14法,并希望我国也能尽快使用这种技术解决考古学上最繁难的年代鉴定问题。

作为考古所所长的夏鼐深知,这事儿谈何容易。考古学是和历史遗迹、古墓、古物打交道的社会科学,多年来与现代科学技术几乎绝缘。碳14、同位素、衰变、半衰期……许多人连听都没有听说过。要筹建一座现代化的实验室,考古

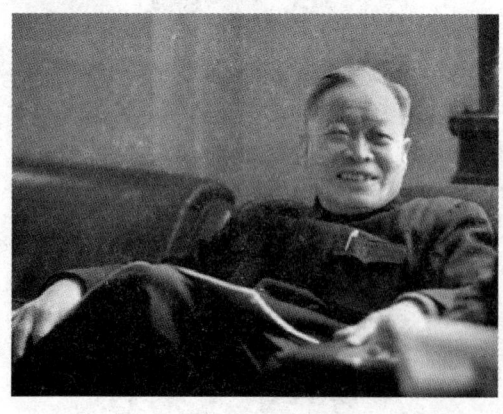

钱三强像

四、昨夜星光灿烂

所首先面临的是没有懂放射性物理的科技人员，全国这方面的人材奇缺。

夏鼐为此四处奔走，他首先想到清华的老校友、著名核物理学家钱三强。

钱三强在新中国建立后担任中国科学院近代物理研究所（后改名原子能研究所）的副所长、所长。有一次，夏鼐见到钱三强，谈话中提到希望协助筹建一座碳14实验室时，钱三强为难地说："你说的这个方法我知道，我们所的技术力量完全有能力做到。不过，这样的项目，在我们这里排不上队……"夏鼐默然了，他知道物理所承担国家繁重的科研任务。

过了不久，他又找到钱三强。这一次他不提建实验室的事，干脆向钱三强提出，希望从他们所里调几个科研人员。

"调人？"钱三强有些愕然，说，"可是我这里的人都是搞物理的，搞原子能……"言下之意当然是怎么能去搞考古呢？

轻易不求人的夏鼐郑重其事地说："我不是要抽你们现在用得着的人，你们不是还有闲着不用的人嘛……"夏鼐压低声音说，这是彼此相知的老同学的口吻。

"谁？"钱三强更加惊愕了。

"仇士华、蔡莲珍……"

钱三强不由得打量着夏鼐，环顾左右，也压低声音："你……你认识他们？！"

夏鼐坦然地摇了摇头，的确，他并不认识仇士华、蔡莲珍，也不沾亲带故。他是从物理所一个熟人那里听到这一对夫妇的遭遇，他们的学历和水平，正是夏鼐求之不得的。

"我那里没有什么国防机密，都是些老古董，你就把他们调给我们所吧……"夏鼐恳切地说。

钱三强沉吟片刻，给了老同学一个实事求是又有回旋余地的答复："这件事我做不了主，不过，我可以跟人事部门谈一谈，尽力促成此事……"

就是这次谈话，一位举世闻名的核物理学家和一位世界级的考古大师的对话，在那个政治高压年月非同寻常的古道热肠，改变了两个年轻人的命运。

1959年2月，仇士华、蔡莲珍忐忑不安地怀着疑惑来到考古所，他们事先并不知道个中原委，更无从知道夏鼐先生几次三番的游说和钱三强先生顶住巨大压力的从中周旋。当他们到新的岗位报到后，得到的信任是想也不敢想的。夏鼐先生把一本利比的著作《放射性碳素断代》英文版交给他们，同时也把筹建一座现代化的碳14实验室的任务放在他们肩上。夏鼐先生没有多话，然而他的信赖、他的器重，尽在不言中。尤其是放手让他们从事曾经被剥夺的科学研究的权利，在特定的历史背景下，使仇士华、蔡莲珍感受到人世间最大的信任和温暖。

这一件尘封的往事公之于世，却是在夏鼐先生去世以后。

1985年6月19日，夏鼐先生在北京逝世，享年76岁。当时，一位中央领导同志指示《光明日报》报道夏鼐的事迹，于是我有幸参与其中，去考古所采访，收集有关情况。

记得在仇士华、蔡莲珍家徒四壁的家中采访时，夫妇俩怀着激动的心情，讲述了许多夏鼐先生为建成碳14实验室而操心的感人故事。实验室的水电迟迟没有解决，夏鼐得知后亲自找总务科同志商量办法。每次出国访问，他总要跑来问他们需要什么国外资料，用自己节省下来的零用钱，买回急需的科技文献；当他们根据国外文献，系统整理了国外放射性碳素断代的资料后，夏鼐让他们整理成文，交《考古》杂志发表；"文革"期间，科研工作中断，他们夫妇下放干校，当夏鼐从干校回来恢复工作后，马上将他们夫妇调回，继续从事碳14的课题研究。在我采访时，仇士华夫妇都是副研究员，仇士华担任考古所的碳14实验室主任。

仇士华激动地说："我们当时已经被扫进了历史的垃圾堆，是夏鼐先生把我们从垃圾堆里拣回来了……"这番话深深打动了我。

于是，我将采访素材整理成文，很快排出了清样。由于内容涉及钱三强先生，为慎重起见，我将文章清样寄到中国科学院，并附一封给钱老的短笺，请他对文章中涉及他与夏鼐的谈话内容是否有误等予以核实修改补充。几天后，收到了钱老退回的清样，文中涉及钱老与夏鼐先生交谈的文字均用红笔标示，旁边注明"有这回事"，并且签上名字。这说明钱老对于此事是记忆犹新的，尽管这已是27年前的往事。我们收到钱老退回的清样，不久即在《光明日报》发表，题目是《碳14和两个年轻人的命运》，这是有关夏鼐先生系列报道的一篇。

如今，又过去了二十多年，夏鼐先生和钱三强先生早已离开我们。

然而每当想起这两位自然科学和社会科学的巨匠,在黑云压城的年月,向素不相识的落难者义无反顾地伸出援助之手,我依然深深地感动。

虽然这不是什么惊天动地的大事,如果设身处地想想当年的政治氛围,对于当事人而言,这要担多大的风险!需要何等的勇气、胆识!

这是黑暗中的灯火,这是狂风大浪中的一个救生圈,这是坠入深渊的一瞬扔来的救命绳——不,一切的比喻都是拙劣的,这是中国科学家的良心!

本文收入《岁月遗痕》,学苑出版社2010年7月出版

吴中伦的云南之行

1981年初冬,中国林学会组织了一次海南岛科学考察。

那时海南岛还隶属广东省,是该省一个行政区,交通不便,经济也比较落后,但是也因此保留了较多的自然生态和很有特色的热带风光。参加考察的科学家和其他人员乘飞机从广州到海口,一进入海南行政区招待所,满目皆是迎风摇曳的棕榈树和椰子树,树上挂着累累椰果随时可能坠地。外墙刷成土黄色的不高的楼房散落在树丛中,推窗即可听到鸟声啁啾,令人赏心悦目。参加这次考察的老科学家有林学家吴中伦,土壤学家熊毅、席承藩,植物学家林英,还有一些中青年科技工作者,中国科协书记处书记林渤民也作为这次考察的负责人亲自坐镇,此外还有中央新闻媒体的记者。人员陆续到齐,在海口开了几天会后就分乘大面包车,沿着环岛公路开始考察。

这次考察历时一个多月,我与吴中伦朝夕相处。他是一位德高望重、极其谦和的学者,著名林学家、森林生态和森林地理学家,中国林业科学研究院研究员、中国科学院生物学部委员(院士)。考察期间,与吴老多次晤谈。他出身贫苦,完全是靠自学成才,后来赴美留学,获耶鲁大学硕士学位和杜克大学博士学位。采访中我还得知,吴老有一部尚未付梓、鲜为人知的云南植物考察记。回京后蒙吴老厚爱,找出保存多年的日记抄写本(三卷,有残缺)。吴老讲,日记的原件藏云南大学,头尾尚各有一本。我仔细阅读,深感日记之价值,曾建议吴老出版,但吴老笑笑,未置一词。估计当年也无处出版。为不致湮没,我曾不自量力写过

一篇介绍文章，题为《吴中伦的〈云南植物考察日记〉》，载于《中国科技史料》第 20 卷第二期(1999 年)，大概我也是吴老这部日记最早的读者之一。

如今斯人已逝，这部珍贵的日记 2006 年 1 月由中国林业出版社整理出版，书名为《吴中伦云南植物考察日记》，这也是对这位把毕生献给中国森林事业的科学家最好的纪念。拙文也有幸忝列文集之中。

近年来，随着西部开发和旅游业发展，许多学人纷纷以亲身经历著书写文，揭开了云南边陲地区神秘的面纱。但是我们读吴中伦的《云南植物考察日记》，犹如读《徐霞客游记》中最精彩最翔实的"滇游日记"，仿佛时光倒流，又回到 20 世纪 30 年代那个特殊的年月。

关于吴中伦先生赴云南考察的缘由，据吴老称：1934 年，国民政府外交部与参谋本部因与缅甸勘定两国疆界，决定派员赴云南边境调查。当时中央大学的张海秋教授是云南人，建议利用这一机会派科学工作者一同前行，调查云南自然资源。他的建议遂被采纳，于是决定由中国科学社生物研究所与中央大学各派一员。当时吴中伦在中国科学社生物研究所工作，学术上崭露头角，深得著名植物学家钱崇澍的赏识。钱先生便征询吴中伦的意见，问他是否愿意赴滇考察。因云南地处边陲，交通不便，且当时社会极不安定，深入荒莽丛林，不仅旅途艰险，而且生命安全也不能保证，故钱先生望吴中伦三思而定，不料吴中伦闻讯当即应诺。不久，中央大学委派农学院森林系助教陈谋先生同往，并有工人数名，于是乃有了云南植物资源调查的壮举。

《云南植物考察日记》是 1934 年至 1935 年间吴中伦先生赴云南进行植物资源调查时逐日记下的。它之所以可贵，首先是出自一位自然科学家的手笔，内容翔实，文笔优美，科学性强。其次，这次考察行经地区乃是交通闭塞、与外界联系绝少的云南少数民族地区，因此日记的内容对了解该地区的自然、社会的情况提供了不可多得的第一手资料。其三，由于日记作者观察力强，在长途跋涉的旅途中，不殚劳苦，对所经地区的自然环境、植物种类、森林资源、民族成分、风土人情、农业生产、道路交通、边疆教育、工商贸易、边防设施等等，或详或略，忠实地加以记载，为我们提供了一幅云南 20 世纪 30 年代的色彩斑斓的风情画卷。

1934 年 5 月，吴中伦、陈谋一行由上海乘船经汕头、广州、海口至

四、昨夜星光灿烂

越南海防,然后从海防乘火车至老街,辗转进入云南境内,由此开始了他们的万里之行。现存日记起于1934年6月29日,讫于1935年3月30日,即从越南老街入我国境内的云南河口起,到西双版纳的勐遮止。

这次为时一年的考察路线是自越南入境至河口,即乘火车由河口至大树塘,嗣后,由大树塘乘火车至开远。7月3日乘火车由开远至昆明。7月4日至8月6日在昆明做考察准备工作。正式考察始于8月7日,由昆明至禄丰、舍资、楚雄、云南驿、凤仪、下关,于8月21日至大理。8月27日自大理出发,渡洱海,赴鸡足山采集标本,于9月10日返大理。9月16日登苍山绝顶,20日返大理。自9月21日至10月12日因候外交部专员共赴保山,一直在大理闲居。10月13日离大理,经大仓、庙街、蒙化,至巍山,21日经下关返大理。11月8日自大理出发,经合江浦、漾濞、黄连铺、永平、板桥、永昌(保山)、蒲缥、桥街、老寨、橄榄寨,于12月4日至腾冲。12月8日至18日由腾冲至凤仪、跌水河、琉璜塘、黄瓜箐,又返回腾冲。12月26日自腾冲出发,经猛(勐)连、龙陵、芒市,在芒市度元旦,转年即民国24年(1935年),由芒市至遮放、蛮猛(今芒勐)遂返。8日由芒市出发,经勐板、镇康、勐混、孟定、班洪、耿马、双江,于3月12日至澜沧。3月18日旋即由澜沧出发,经勐朗、勐兵、东岗、挪来、文彪、孟连、糯复、孟宋、景迈、勐满,于3月31日至勐遮。三卷日记到此为止。

据笔者当年询问吴中伦先生,接下来的路程是到西双版纳的车里(今允景洪),在九龙江遇到大象,并找到罕见的柚木,然后经流沙河至思茅。据吴老回忆,思茅当时正值疟疾流行,十室九空,惨状目不忍睹。以后经普洱,渡把边江至墨江,同行考察的陈谋先生不幸染病去世。料理丧事后,他和余下的工人沿峨山、玉溪返回昆明,结束了这次为期一年的万里征程。

在云南考察期间,除了从越南老街入境至昆明一段是乘火车以外,吴中伦在整个旅行途中均为步行,每日少则几十里,多者近百里。他曾自称:"余等行路者以走跑锻炼已有成绩,因此终在轿马之先。热则躺身片刻于绿影之下,渴则摘野果于道旁。观山望云,闻鸟声之啁啾,审虫声之唧唧,或谈论故事,虽在奔走而未知其为劳焉。"不仅如此,他每到一地,无论是地方政府安排的客房,或是边地狭小污秽的鸡毛店,抑或是寺庙僧寮、学校教室，以及少数民族村寨的陋屋，均不顾旅途的劳顿、条件的简陋，坚持将每日考察行经的路线、沿途的见闻详细写入日记。有的时候，因投宿甚晚，当天来不及整理，事后也必定补记。因此，读他的这部日记，我们就犹如同作者一道穿行在云南的崇山峻岭之中，新鲜事物层出不穷，有应接不暇之感。

在日记中，植物采集的内容以及沿途植被的状况是记得最多也最为详尽的。举例来说，9月5日赴鸡足山金顶寺采集。鸡足山位于宾川县西北40公里处，为我国佛教名山之一。最高峰天柱峰海拔3220米。山上松柏繁茂，寺庙星罗棋布。日记中写道：

……由寺右小径前往，行不久路歧为二，砍笋者谓右上者为小路，上顶较近，惟易错误。余等为免入歧途乃从下路峻下。至一涧，涧流激急，淙淙飞溅，跨涧西上不百步遇石路……折西北行，或崎或坦，北凭削岗，南临深坡，逶迤缓进。一路林木颇佳，观之多为壳斗科植物，在北岗略间有松柏科植物，繁茂则不及南坡之盛，此盖以南麓气候较为温和，而北岗又加烧炭者之砍伐，故益觉零散矣。且眺且望，约四里至慧灯禅院（海拔8830呎），寺院颇小，背依云顶峰，前临桃花箐之东麓，时白云满壑，未能辨识。于寺前稍憩复前进，沿途之树木有甜槠(Castanopsis cuspidata)、高山栎(Qurcus Semecarpifolia)、水冬瓜(Alnus)……然盖以时加斧斤，故乏参天巨树。至8500呎以上则高山枹，渐有大树可见，高者可达20米，干可数围。约十里将至古今栏寺，有冷杉松(Abies)，然无花、果，又有楝木属(Carsus)，高大如大之高山枹相埒。至寺，又有石楠属植物(Photinia)。

11月15日由永平至永昌途中所记：

今日所见森林，自永平西上至厚坡十里皆为牛山，过坡稍有小松，然亦不得为林，迨至铁厂大花桥，一路均为平坝，益无林可言。即目见坡麓亦荒若牛毛不足称述。及由大花桥上行，一路目之所及，葱茏排翠，有数处密茂如积。至于种类亦颇繁多，以壳斗科为最多，约占百分之九十以上，其中以锥果属（计有三种）为大宗，次之永昌槠、栓皮栎，此外有桦木科之水冬瓜，松柏科之长毛松、铁杉，杨柳科间亦有之……由博南山顶下至7500呎，长毛松渐为纯粹林，

四、昨夜星光灿烂

于坡峭处杜鹃亦不鲜，犹以永国寺南坡为最。如此至将近山麓，阔叶树继长毛松而起，最多者首推猕猴桃科，弥漫箐谷簇立，甚宽长之叶，日光竟无从透隙。余曾至一山谷，行于是林以下，虽烈日高悬，亦无幕幕云天，除此外，又有虎耳草科之八仙花属（Hygdrangea）、八角枫等。由山麓至杉阳，又为平坝，除沿河两岸有柳、猕猴桃科等外，均为草原，惟其生长优良，有桔梗植物一种，其高宽达丈许，气候之温和，其适合植物之生长亦可想见矣（此间有甘蕉）。

又如12月初由保山过怒江入腾冲境内屡见森林，日记中均有记载：

......由栗粟坟再前进，渐入林中，远闻吱吱啼鸣之声，知猴鸣。未几越鸣越多，响鸣山谷，有如孩啼，有若犬吠，嘈杂嚣尘。余等仿鸣之亦不惧，四山相和，惟始终不见有行踪。林亦茂密，线光不一，参天乔木，比比皆是。间有丁香、八仙花之类，或红或白，又有长藤，高达十余丈，而细则犹不盈拱。约三里出林，上一坡，下顾所经大箐，自山顶至涧边，一无空际，以后所过林木不及出栗粟坟一段之佳。......论余来滇后所经森林之茂之郁，首推今日。如博南山固亦有张天幕地绵延数里之大森林，然树密而小，盈围者寥寥无几。然今日自出栗粟坟，干梁之材多不胜数，且皆挺直如笔，高耸云端，粗逾数围。然因其树之挺而高，又乏旁枝，故标本甚难采到，即欲识其科属亦目力所不能，况以林之密郁然，如进洞穴，目力更不能远达。故此段之种类大半不能推知......（12月2日）

9日记在凤仪镇见到罕见之台湾杉："早晨起，银霜满瓦，空气袭人，由蒋君领导往视镇东古杉树，其树高矗云端，胸围约三十许尺，顶枝已枯，旁枝婆娑，为腾冲惟一古老之树。"又如："......赴孟连后山采得标本数种，中有龙血树颇珍奇，夷名'木街生'，遍生满山，花绿白色，累累满树，照映全寨，增进风景不少。"（3月20日）

日记中类似记载比比皆是，其中凡记植物均注明种属名（或中文，或拉丁文），一时未能识别者，采有标本均记录标本编号。据吴老称，此次考察中所采标本达五六千号之多，途中曾分数次由邮局寄出。据日记中记载，由于当时云南边疆社会不宁，邮件被掠事件屡有发生，吴中伦一行邮寄的植物标本因此受损不小。

对沿途所见的森林资源与植被状况，日记中通常均有详尽记载。个别重点采集地点，因逗留时间长、采集范围广，且有较充沛时间整理日记，记载更为细致。苍山采集之日记便是其中一例。

吴中伦一行于9月17日登大理苍山采集标本，但因时间关系，且同行诸人体力不支未能造登绝巅。"余以此次不远万里来得攀登是山可谓幸矣，而今未能越峰绝顶未免于心中有所憾憾也，以是决定今日率工人二名再行登顶。"于是19日吴中伦再度攀登苍山之巅。日记中记曰：

一晚未熟睡，时醒，静闻松涛之澎湃，山流之奔腾，大有声壮江河，势奔雷电之概。至下半夜声稍弱，而檐流滴滴不绝于耳。……至五时滴滴之声渐息，余总觉或已晴明，亟起推窗窥视之，晴云停空，彩云绚丽，风平雨停，晴意四溢，山光如洗。乃即命工人起煮饭并整顿用具，至七时始毕，亟前发。由寺后北径上，于低湿之处尚有宿雨潴积，鞋履咸湿。然以上顶心急，亦不择干湿，荒奔半时，至小岭峰，西望可见应药峰下银瀑奔激，映日耀目。再上至前日午膳处，犹仅九时半而已。稍憩后峻上，道途巇险，较难速行。至中和东麓岩洞将十一时，腹馁体僵，即就洞中稍烧食，至十一时草食毕，即前行。由洗马塘北峻上，其峭削处须贴胸而上，幸有杜鹃、刺柏可资援引，惟根浅苔薄不能多施劲力，否则根拔身坠，将为齑粉矣。匍匐猿升至顶，已十二时许。登巅其宽窄处，竟不盈尺，即最宽之段亦不及丈。时骄阳隐迹于云门，罡风呼呼而迫，人立于上，摇摇如将下坠，其气慄慄砭人肌骨，亟下坐。有小叶杜鹃二种，弥漫密铺，履之甚柔，坐定，出温度表视之，气温已降至华氏四十四度，海拔13200呎。四瞩甚远，西瞰坡如壁立。碎砾散布，毫无森林可言，仅荒草疏缀而已。再下视，为一小平原，即漾濞县。又有河一，曲折于眼下，水黄似浆，不啻一黄色马路，即漾濞江是也。仰眉平眺，层峰列峦，不知有若干山峰，细辨之，近翠遥苍，至于与云雾相接而已。回眸东视于峰麓，洗马塘如明镜之装于翠毡丛林，如锦上之铺花。远览之洱海，横陈鸡山，匍匐城廓阡陌，不啻鱼鳞檐瓦耳。再东，峦层峰杂，一如西望，东不及西之高巍纠纷也。移目南瞩，至高拔鳌，有最高峰似较中和犹高数千尺，峭削更甚。惟于胁下土层较厚，稍有树林之点缀，比较苍翠。余等在顶，采得标本数十种。由峰北匍匐行时，偶遇风袭，有刮倒之虞，惟非北行更

四、昨夜星光灿烂

难下矣。……今日在顶望见植物,均高不盈尺,且皆叶小枝密,铺罗崖顶。概以山高风冽,空气薄而蒸发速,且水亦不易蓄积,故叶小以减蒸发,杆低以免风刮,枝密铺覆以积掩水分也。

吴中伦先生的日记不仅限于客观地描述自然现象,而且对自然现象加以科学的解释,足见他对自然现象观察的细致与敏于思考的学风。如他对苍山顶巅植被外形的解释,就深刻不过地阐明了植被与地形的关系,此皆实地观察所得的真知也。吴中伦先生在考察中对植物资源的保护以及遭到人为破坏的现象都十分关注。他在日记中写道:"顾山景之欲期葱茏蔚茂,首须有绵绵之崇(丛)林,否则即不免濯濯,且森林一茂,雨水即可调节,乃水旱之灾自灭。且造林可以供给木材,亦为经济上之一收入。今苍山峰秀峦丽,实胜鸡山多多,然其不及鸡山之有名,虽云庙宇稀少之故,然其于一万尺下目击皆濯濯牛山,亦未始不无有所关也。"因此,吴中伦很推崇清人宋湘的诗句:"不见苍山已六年,旧游如梦事如烟,多情竹报平安在,流水桃花一惘然。古雪神云看几回,十围柳大白头催,才知万里滇南走,天遣苍山种树来。一粒丹砂一鼎封,一枚松子一株松,何时再买三千石,遍种云中十九峰。"(道光二年岭南宋湘诗)他在日记中写道:"愿地方人士能承宋湘之遗志,以完成'何时再买三千石,遍种云中十九峰'。如是则益可增大理之胜,苍山亦可美胜矣,而水旱之灾亦不防而自绝矣。"(9月22日)如此精辟高论,出自70年前一青年科学工作者之口,诚为可贵至极。

吴中伦对边疆少数民族保护森林资源感到由衷地高兴。如高黎贡山之景迈茶山森林受到保护的情况,日记中记道:

平上,林密风清,越一大坡渐见有村落,初余以为即景迈,问之知为南柱,村人持钵、葫芦满装冷水,并携杯碗。彼等遇余即分倾冷水以为赠,当此极渴之时,得有此一劳而获之仙露,诚无异天赐焉。在村之附近有茶林,尚称优美,高若二丈许,常可见妇女登树摘叶。过村上坡,特有芳馥之香阵阵扑鼻,细审,见深林中有白花树一大株,绚烂夺目,急奔至前,则其树原在箐之彼岸,有鸿沟之隔,只能叹可见而不可接矣。三叹而归原路前进,殊极蔚葱之大观,长木巨树莫不参天逾围,为余自临各高黎贡山后第二次所见之大森林也。时已日斜,奔踏于枯叶金光之上,身历于巨大树木之中,颇觉大自然之幽雅伟浩，自知其微乎其微矣。窥此间林木之佳，概以人民在山种茶，故不乱放野火，良干之材得以无焚。此山何名，即鼎鼎有名之景迈茶山是也。因其森林茂密无损，有禁定伐林之像，故各种奇花异卉亦莫不幸存其间，因是则可采之植物亦甚多。（3月29日）

由此，他对森林火灾屡屡发生也深感痛惜：

沿路颇有茂林，亦有被焚而仅剩焦干残根，计其大者亦有盈抱者，如此森林随意焚燃，宁不可惜乎。在深木之间尚可见到如伞之桫椤及蓬莱等，有热带森林状盛高或下。约行六七里，达第一坡顶，路下流至深箐，更上则见烈焰如云，急竿东谷而上，继之爆烈之声亦隆隆入耳。至坡顶细望之发火处林木极佳，所燃之面积广可数十百亩，白烟袅袅，火光紫紫，虽葱茏之林木，将一变而为焦土，真可惜之至。至坡顶，树上很多兰科及寄生科植物，常有一树寄生数种至十数种，一树而有多种之花叶，无异妇人头上之珠珉、玉环之饰。不过，再思如此树今虽美，而不久将为枯木矣。（2月28日）

他在日记中还对各种自然现象做了细致描述，为了解云南的地质、地理、农作及社会现象提供了极可宝贵的第一手资料。现摘数例可窥豹一斑。

日记中记有著名的腾冲地热现象：

出六保街南行，为石板大路，约半里歧二，一东出，一西出，余等从西歧者。沿路赤土荒裸，有事开垦者，然为数尤鲜，开出之土草根绵扎，土质瘠脊，非经二三年之种栽必难获丰收。然较之荒废则受益多矣。行十五里至一山口，翻口而下，天气渐热，有桃金娘科植物，疏不成林。过数林连至一坳，路傍涧水湍淙。不久，下瞰涧中，炊烟芃然，以为行人烹煮，及近绝无人声，而硫磺气阵阵穿鼻。未几路右折，可望出烟处，乃为由地下喷出之烟。再西转，挑夫所指更西处曰，彼处即"硫磺塘"，随视之，一缕白烟蒸腾渗入云汉。急趋之，其旁有草屋四五间，硫磺味益重，沿路出小烟之处多不胜计。有于出烟较多之处，开田平土，以收集天生磺及硝，周环石垠、乱枝，防人畜之践踏也。至四周树木甚鲜，盖其土层殊薄，故仅能芜生茅草而已。如此望而且行，不觉已至硫磺塘。……将行李收拾停当，亟出往视所谓滚锅，锅正在所寓之旁，出视其锅大，直径达6米，圆形，水泡滚滚上涌，冲出水面约有一米左右。细视之，滚穴大者，共有四处，以居中二枚及偏西之一、三枚穴为最大，靠近边缘者较小，至于小穴，则无从测视。以水沸甚力，故汽发浩涛，沿锅边缘有天生磺及硝石之溢积，更有硝石凝固。岸旁，小砂砾砾如珠岩，视之至再。就近观察，于屋旁有大岩二堆，多孔隙，在北者洞穴更多，更有尚在出气者。视其石纹乱杂无章，外层多棍状或指状贴附外层。余初疑为火山喷口，故以火岩Lava（火山岩）视之，及后用锤击之，其内层纯为白色硝石，因此知其决非火岩。（12月16日）

又记腾冲黄瓜箐地热，并言利用温泉医疗之设施：

  此间有蒸锅者，可睡锅上，任气之热蒸，如此可活泼血脉之流转，得疗风湿诸症。然仅二室，每室仅能卧二人，故只能分次蒸薰。入其室，热气蓬然扑面，解衣而卧，初时热不可耐，转之不安，即而稍惯。然其所填者为杂草、乱蒿，为水汽所蒸有恶味，更以蒸薰者众，汗气亦重不可闻。因此余躺卧数分即起……（12月17日）

1月29日由镇康至猛（勐）混，曾探猛混一洞穴，日记记曰：

  洞在村南小丘，林箐掩覆，越田塍而南稍上，穹穴当前，垂珠吊玉，石花迤淋，洞深而黝，高可数丈。洞口有题曰："洞天福地"。入洞右行，水声潺潺，拽杖而行，渐进渐黑，有小鸟翱翔梭集，未几见水涛涛作浪，自西穴而倾入注东穴，其势之浩荡，隆隆于山穴之中，真若万马之骋驰。在水边积泥沙软如堆絮，以无光不得入。据村人曰，深可三四十里，未悉确否。折出再上入右穴，深约百步，洞尽，有观音佛像，其外有韦驮塑于大岩上，绿苔斑驳，藤萝增翠，诚洞天福地矣。

考察之中，吴中伦对沿途各地的农业生产殊为留心。例如：

  芒市之坝，东西八十余里，南北五十许里，地势平坦，灌溉便利，且以气候温暖，土壤肥沃，以是农产极丰。居民多栽稻，除自己供食外，更输往龙陵等处，以易其他物品。其耕作方法，每年栽一次，于五月间下种，至六月（农历端午节）移种，株距宽约及一尺，然以土肥，故发蘖殊盛，每株能发至几大拱。据云（一亩）一箩谷秧可收多至百箩少至五十箩，稻能高至六尺，且不施肥，于种后仅耘一次。至冬作栽者颇少，所栽豆或麦亦不施肥。……至盛夏可热至九十余度（华氏），而晚间则骤降，故甚易受病。至冬节不甚冷，极少有降霜者，即降亦薄，日出即消，故附近颇多热带植物，如番木瓜、槟榔、榕树、露兜树、芭蕉等等。（12月31日）

又如记楚雄之农业生产情形：

农作，稻约占十分之四，玉蜀黍占十分之三，其他占十分之一点五，豆多与玉蜀黍间作，约占十分之一，其他尚有烟草、小豆之属。其耕种方法，稻株栽，玉蜀黍撒播等诸畦播，畦宽约一尺，每畦植一条，株距约一尺半，现农民正忙于中耕，玉蜀黍多种于较高处。（8月11日）

晚至郊外，遇一农人，询此间农作制度，彼云于稻作后栽麦或大豆，此间所用肥料为人粪尿或牛马诸粪。此间有仙人掌高达丈余，多栽于墙顶，免窃贼之内进且殊美观，诚一举两得也。（8月12日）

日记中记各地之动物者甚少，但也有数处提到所见之奇异动物，颇为有趣："蚁之合群，人皆知之，然在内地之蚁，每群数至多不过数斗，普通不过数升数合而已，而在此沿边境内，蚁之多令人不可思议。据余所见蚁堆大者，高可一二丈，周围更可惊，有至数十丈者，甚于江浙一带土坟，不过散在山间，人多不注意耳。此种蚁堆不特专在荒野山坡，在房屋内亦有，如今澜沧县署收发室中之蚁堆，其大亦有数尺，高亦有二三尺，将来该蚁堆如再增大，澜沧县之收发室，恐全部为其占有矣。"（3月20日，记于孟连）又记："在户永时，该处小学校长来谓，彼有大蝴蝶一对，送本社由邮寄去。其蝶长约三寸，宽可八寸，诚为难得之品。"（3月10日）

吴中伦一行在云南的考察，经过的地方多是少数民族聚居之地。他对各少数民族的特征、服饰、风俗、生产、集市、房舍、生产工具等都做了细致观察，他还向傣族群众学习傣语，并了解植物的民族语言名称。这些都在他的日记中有所反映。

如记傈僳族建于悬崖上之房屋：

回顾潞江坝，犹淹没眼下，蒸腾之气望之汗下。进密菁沿小平河而上，两岸峻壁并峙，林密如积，不见天日，水声雷鸣，行其中毛骨悚然。行一里，渡济德桥而南，奔湍狂吼，折西上行，下瞩、上盼，咸为峭崖，几成垂直，遇崩毁之处，赤土尽露，益令人战栗不胜。于如此峭峨之削壁，竟见有房舍之架建，询之，知多属僳僳人，其人之善于攀援，能尽用如此崎险之地，能不令人起敬。观其上下路径无异一线奔瀑，然彼辈犹能负物上下，恐虽猿猴亦将不及。视其屋均木制，凭崖面洞，以坡之倾斜，其前部用长木柱次第短之，至于后部平角再铺板其上，然后为墙檐。因此虽地基极倾而其房仍平。（12月1日）

需要顺便指出的是，吴中伦先生在日记中还如实地记录了当时边疆少数民族生产的落后、生活的贫困，以及缺乏教育设施、医疗条件等种种困苦，这些材料尽管并不完整，但是对于研究民族史仍然具有一定的参考价值。

例如日记中记有昔日边地种鸦片之状况，如由双江县至澜沧县途中，"在坡边有鸦片烟地，已开花结实。老妇数人在划烟。所作划烟者，用小剔刀在已长大之烟果上刻以数纹，俾烟浆之泄出者也"。（3月5日老义箐所见）另在猛（勐）满至猛（勐）遮途中，"过涧即有村，曰蛮（芒）角，至缅寺小憩，时有村人在压榨罂粟子油，做法先将罂粟子蒸熟，然后装入小竹笼密盖以竹器，使籽不能乱出，于是放木槽中，槽有一流出口，将装籽之竹笼放入木槽之一端，他端则塞以木块，如鞋匠之楦鞋，将木块用槌捶入，竹笼受压，籽油即被压出，由流出口流出，其下有钵盂相接，不令他泄"。（3月31日）这些已成为历史陈迹的记载，对于了解云南边疆的过去，不能说没有一点参考价值。

除此之外，吴中伦在日记中还不止一次提到帝国主义觊觎我国的南疆，采用政治、经济、商业、文化等侵略手段，侵犯我国权益和主权的行径。作为一位爱国的科学家，吴中伦对此表示极大的愤慨，并在日记中抒发了自己的爱国赤诚。下面一段日记就是一个典型例子：

八月二十六日……前晚往访此间由英领所雇佣之采花经理王汉臣君，彼昔曾从英人采集。后英人死，英领即雇长驻滇省采集标本、种子。余等至，彼以所采标本相示，观其所采以石楠科及樱草二类为最多，皆美华可爱。有数石楠科不特花色艳美，而且叶茂碧绿。更有数种其叶芬芳袭人，计其种类，不下半百。彼除采标本外，又收种子，至集成送诸英领，再由英领献诸国内。按目今世界植杜鹃 (Rhododendron) 最多者，首推王家公园 (Kew Garden)，而杜鹃之种则多出自吾国，尤以云南一省为最丰。然今吾国对此类之收集，尚乏完备之处，故欲研究是科者，反须至英国方能觅得各种之标本，岂不有愧。同时亦可见英人研究之野心，而吾辈研究植物者有见此而不为之痛心欤。

接着，吴中伦在日记中写道：

> 如今云南为吾国之领土，英人竟如此聘佣华人，周详采集已有八年之久，而犹继续聘用，以期完全无遗。吾国对本国之领土岂尚能忽视乎。

吴中伦在日记中对英国通过雇佣人员掠夺我国珍贵植物资源一事发表了自己的见解，他说："于科学之研究，虽云无国际之界限，一般社会人士亦因此议，而觉外人之来此采集国内生物可以不必计较。实则不然，顾一国之文化，须求诸外邦之研究，于一国家之光荣不免堕落，且外人将国内之植物种子输至自国，迨其研究，得知其经济之价值，再广为繁殖利用，即如今英王家公园之杜鹃，其能用作观赏者即广予繁殖，供诸各国而获其利。前日往访王君，彼尚采有百合多种，均花美而球肥，其物既可作观赏之用，尚可用淀粉食料。反之，如国人能自行采集研究利用繁殖，再沽诸外邦，既可挽回利权，又可增加国家之体面。至调查之法，其实亦仅须由政府创设一生物采集调查训练所，训练若干技术人员，分驻各处工作，则二三年后即可调查周详，致知格物矣。"不难看出，在这一段日记的字里行间，跳动着一位正直的科学家的爱国之心。

吴中伦先生50年前留下的这部《云南植物考察日记》，为我们保留了半个多世纪前云南许多地方的珍贵资料。笔者在阅读这部日记时曾经有过这样的遐想，倘若今天沿着吴老一行当年走过的路线做一次旅行（这在今天来说并不困难），必定会有很多有趣的发现。不论是自然面貌的变化抑或是社会经济的发展，肯定是相当惊人的。边疆的落后面貌必定有很大的改观，昔日少数民族尤其是处于原始生活状态的少数民族，已经跨越几个时代进入社会主义。但是，另一方面，森林植物资源的破坏，也许比起50年前的状况更为严重。单单从这一点来看，这部日记的价值就已相当可观了，因为它给我们提供了一把历史对比的尺子。

当然，日记本身毕竟不同于科学考察报告，它所记录的材料由于种种原因还比较零碎，缺乏系统性，加上吴老一行的考察，因为客观条件的限制，仅限于当时交通较为便利的地区，不可能深入无人之境，考察的日程安排甚紧，因此考察的内容和深度都不能用现代的科学考察的眼光加以衡量。正如吴中伦先生日记中谈及的："余等自省出发即步行至今，稍有训练，虽不能健步若飞，然与轿尚能比较稍快，以此些微之多余速度，勉强留心路上植物，因须留心路上植物，自不能再留心路径之崎岖，故余每日必须滑跌数次，如此溜滑撞跌非不痛也，因否则将有失此次来滇意义。每当发现一较奇植物，即迅为采摘，有时以树高或距离尚远，采集一种须费十余分钟，即近在路上伸手可得，一种植物之采摘，至少亦须三四分。在此三四分至十余分之逗留后，周君已可先余一二里。为免路上危险计，必须飞奔赶上。既经采集，手中必有标本之捏携，行走颇为不便，故赶上须费十余分至半时，在此飞奔之时，当难再留意路上之植物。故余觉此次路上收获之所以不能丰富者，最大原因实在于此。由此以观，此次本团随周君等来滇，欲乘彼等深入边地，以欲采集边地之珍奇品种，殊非得计，虽然奔走之中仍可获一二珍品，然东鳞西爪难窥全豹，于此种之发现或有可能，若欲调查边地之真相，则相差远矣。"当日科学考察的艰难，由此不难看出，这更使我们感到这本日记的来之不易了。

在科学史上，不少科学家在野外科学考察时逐日写下的日记，不仅对于研究科学家的生平活动具有参考价值，而且有的日记的价值与学术著作等量齐观。我国明代大地理学家徐弘祖的《徐霞客游记》、英国生物学家达尔文在贝格尔舰上的航行日记，其学术价值举世公认。吴中伦的《云南植物考察日记》，在我看来，也是这样一部具有重大科学价值的日记。

关于吴中伦的《云南植物考察日记》，大体情况就是如此。

不料，2010年10月收到广州暨南大学生物系教授、著名科普作家劳伯勋10月2日来信，信中说：吴中伦的《云南植物考察日记》，"由于文中写到与吴同时去考察的中央大学农学院森林系助教陈谋先生。陈有三个女儿，其小女儿陈紫惠是我初三的同学，我即将尊文提到其父处相告。因她急于想买，我连邮购电话的那页也寄去"。"紫惠姐妹三人，现母亲、二姐均去世。而对父亲最怀念的乃是最小的她。为了怀念她们的父亲，她们去过云南，初时见到父亲的墓，但后来去已见不到墓，不知迁往何处。如今，陈紫惠正在设法购到吴中伦的《云南植物考察日记》，以求从中找到其父亲的足迹。据云其父当年努力做学问，考察工作中也十分积极认真，若不是因病去世，后来当亦成了教授学者了。"

劳伯勋10月29日来信称："陈谋先生的小女儿紫惠，自接到我复印去您书中所示吴中伦先生的书后，登(疑应是"顿")时成为她全家的大事。日前接她来电，云已由她在出版社工作的女儿通过邮购购得，现在正研读中。在此，让我代她谢谢您的关切。"

本文收入《吴中伦云南植物考察日记》，中国林业出版社2006年1月出版

胡风：一次夭折的报道

整理杂乱的旧物，一个多年前用过的采访本滑落下来，粗糙的牛皮纸硬纸板封面上，红墨水写下的两个好生熟悉的字——胡风——赫然入目，勾起我许多忘却的往事。

多年前离开新闻岗位，我把前前后后几十年采访的原始记录绝大部分处理掉了——新闻本是短命鬼，一旦将采访记录变成个个铅字，采访本子也"寿终正寝"。何况，既然从此告别了这一行当，过去的经历也不愿旧梦重温，又有什么必要保留这些陈年旧账呢？

但是，这么一个采访本例外夹在一摞旧书里没有化成纸浆，似乎不是我的疏忽，回想起来，我是特意将它保存下来，以便日后整理成文。在我的记者生涯中，这是唯一的一篇没有发表的采访笔录，我记不得还有什么经过采访而半途而废的人物专访。

没有整理发表这篇很重要的采访，也不是因为我的懒惰，而是种种客观原因将它扼死在摇篮里。几十年的时间转瞬即逝，我一直耿耿于怀引以为憾，我始终感到内疚，我觉得自己对不住我的采访对象，也愧对许许多多的读者。

如今，新闻的时效已不复存在，连同对这次采访的敏感因素也似乎淡化，我想我该将这次新闻采访作为一次历史事件公之于世，尽管这迟迟未能发表的新闻本身也是历史的不幸。

四、昨夜星光灿烂

查了查这次采访的时间，竟是1980年12月2日，当日鲜活的新闻，不折不扣变成沉闷的历史了。

这天，我先去了北京友谊医院，因为几天前我从同事那里得知，二十六年前在中国文坛消失了的著名作家胡风已经获释，并在友谊医院的病房住院治疗。医院距我所在的报社只有一站路，步行不过十几分钟，但我来到友谊医院，几番询问，一位护士告诉我，胡风的病情加重，前几天转到北京医学院第三附属医院治疗。

不知道是不是因为友谊医院经常有外国人来看病，所以将这位敏感人物转移到比较偏远的另一家医院，反正我按护士提供的线索，又

胡风与梅志

赶到北京医学院第三附属医院。也许是我的介绍信起了作用，没有多少麻烦，我被引进一间很宽敞的单人病房。而且，医护人员事先提醒我，胡风的病情很重，患的是精神方面的病，神智不太清楚。我的心往下一沉，不知道自己的采访会有什么结果。

病房里生着暖气，我见到了胡风和他的爱人梅志。胡风靠在病榻旁的一张沙发上，穿着驼色的毛线衣。我以前从未见过他，甚至没有见过他的照片。我仔细端详这位饱经磨难的文学家，印象最深的是他那硕大的脑袋，顶着不多的枯黄的头发。他高昂的头，眼神中透出迷离而忧郁的目光，紧闭的双唇用异样的沉默回答我的询问，不知是对我的突然来访表示怀疑或者另有想法。

记不清我是怎样打破最初的僵局的。我向胡风、向梅志说明来意，谈到了胡风的平反是当时中国知识界最为关心的一件大事，人们非常关心他的命运，并向梅志悄声询问了胡风的病情和治疗情况。在我说话时，胡风一直沉默地靠在沙发上，目光并不移向我，而是茫然地似看非看地

注视着房间对面的墙壁，他的神态表明他的病情之重。

梅志从一开始就非常热情地接待我的来访。这位身材瘦小的女性同她蒙冤的丈夫共同度过黑暗的岁月。我很惊讶她那弱小的肩膀怎能承受如此沉甸甸的重压，然而她坚强地活了下来，而且挨到了看到光明的一天。我于是把采访的希望寄托在她身上，因为她低声告诉我，胡风原来挺好的，最近心情不好，旧病又复发了，像当年在监狱一样精神失常，出现幻听，不能控制自己。

我坐在离胡风不远的一把椅子上和梅志交谈，这时胡风突然嘴里言语不清地咕哝着，似乎要说什么却说不出来，我连忙将另一个采访本放在沙发的扶手上，让他写下想说的话。他的握笔的手不听使唤，哆哆嗦嗦颤抖着，于是在我的笔记本上留下了胡风珍贵的笔迹——胡风，谷非。梅志在一旁给我解释说："那是他的笔名，他要告诉你他的情况……"

胡风显然是在模糊的意识中，在稍稍清醒的状态下同意接受我的采访。我猜想，他的潜意识里是多么希望让世人知道他身受的不白之冤，让历史给他一个公正的说法，他期望着这一时刻的到来，经历了太久太久……

梅志的心情恐怕也是如此，她在明了我的意图后几乎无需思索地倾诉了胡风和她在漫长岁月中不知反复思考过多少遍的一切。他们的身世，30年代的文学活动和文学主张，胡风案件的始末与历史渊源，他们身受的苦难和冤屈，他们的信念和坚贞不屈的意志，以及发生在平反之后的困惑。我似乎面对着一部陌生的历史，一幕令人震惊的席卷中国知识界的冤狱的案卷，随着她的平静得令人心冷的叙述，我的心情也难以控制，但我始终克制着，像一台录音机不动声色地记下她所说的一切。我尽量不打断她的思绪，只是在非穷根究底不可时才插上几句，因为她向我述说的是我闻所未闻的历史内幕。

下面是梅志的谈话：

胡风，本名张光人，还用过张古因、谷音、谷非等笔名，1902年生，湖北蕲春人。中国作家协会理事，1955年5月17日被拘留，后被逮捕。1965年11月26日北京市高级人民法院判决，以反革命罪叛处有期徒刑14年，刑满后剥夺政治权利6年。1980年11月1日再审，撤消1956年判决书，宣告胡风无罪。

四、昨夜星光灿烂

我是江苏常州人，生于1914年，在上海培民女中高中毕业后找不到工作，1933年胡风从日本回国，我在韩起家见到胡风，他当时是左联宣传部长，1933年年底我们同居了。我们的大女儿出生时，那是1935年秋天，鲁迅先生到我家来看望过。胡风与鲁迅先生多次见面，多是在上海北四川路内山书店，我们住在法租界，几乎每个月都去鲁迅先生处，他们说的内容我都不懂，许广平也不插嘴，每次见面他们谈得都很高兴。1936年发生了口号问题的论争，左联解散。起因是萧三转信给鲁迅，鲁迅把信给了胡风，胡风又转给了周扬。鲁迅对解散左联有看法，说顶好不要解散，要解散也要发个宣言。我们是做了工作的，不要溃散了。但他们没有这样做，便解散了，鲁迅为此很感惋惜。后来成立文艺家协会，又出现了口号问题。

对国防文学的口号，胡风、鲁迅都没有多大兴趣，他们也未参加文艺家协会。1936年4月下旬，冯雪峰从陕北瓦窑堡回到上海，当天胡风到内山书店，内山告诉胡风，冯雪峰在鲁迅家里，胡风赶去，见面很高兴。从鲁迅家里出来后，冯雪峰回到住的小旅馆，给胡风一个小纸条，说要联系一个关系，后来没有找到此人，说是做生意去了。

过了两三天，冯雪峰对胡风说，国防文学的口号不太合适，根据党的统一战线政策，要一个更明确更进步的立场。胡风说，那就提"民族解放斗争的人民文学"吧。冯雪峰说，"人民文学"不如"大众文学"，胡风说，"大众文学"在日本是低级的，冯雪峰说我们不是这样理解的，如大众语。还叫胡风写文章论述"民族革命战争的大众文学"。胡风说，这件事要和鲁迅先生商量商量。

后来征求鲁迅先生的意见，鲁迅也同意，用"民族革命战争的大众文学"这个口号，胡风就写了《人民大众向文学要求什么？》。冯雪峰看了同意，鲁迅先生看了认为也可以，口号是三个人商量定的，这就是"民族革命战争的大众文学"这个口号的经过。

胡风的文章发表后，国防文学派群起而攻之，说是闹分裂。鲁迅为此写了文章，冯雪峰在后面讲了话，他们也不听。胡风从此以后也没有就口号问题写过文章。但他们掌握杂志，铺天盖地地写。后来徐懋庸跳出来，他们还想在东京把郭沫若弄出来，当国防文学的头头儿。后来鲁迅先生逝世，此事没有做成。

鲁迅先生逝世，胡风忙着办理丧事，受冯雪峰委托，主持葬礼是胡风，瞻仰遗容和送葬我都去了。

抗战爆发，我到了湖北蕲春胡风家里，他后来赶到家，不久爆发了"八一三"淞沪抗战。胡风这时创办《七月》周刊，内容多是抗日前线的报导，销路很好。从上海回到武汉，胡风又陆续出版《七月》半月刊，从武汉撤退到重庆，一共编了6集。1941年初夏，皖南事变爆发后，由重庆去香港。日本鬼子在香港登陆又从香港辗转到桂林、重庆。

《七月》被国民党当局取消，登记证也吊销了。胡风又登记筹办《希望》，花了一年时间，要3万元登记费，最后还是周恩来帮助解决，付了3万元，才把登记证要下来。

《希望》从1943年至1944年出版，当时人们希望钻研一些理论问题，文字比较重。这一段时间发表了路翎的《从攻击到防御》。路翎当时只有十七八岁，创作非常敏锐，胡风很欣赏，认为是天才，俩人成了忘年交。舒芜也是路翎介绍的，也很能写，发表了他写的《论主观》，胡风还写了按语，希望对这个问题展开讨论。这篇文章打响了。据说昆明的学生排队购买《希望》，但是引起一些老作家的反感。《希望》发表的杂文批评了一些文艺界的时弊，也招致一些人批评《希望》。胡风希望大家写文章，也没有人写。《希望》第五期又发表了舒芜的文章，于是胡风被认为是不听话的。不过周恩来同志还是支持胡风的工作的。

《希望》办得很艰难，胡风办杂志都是很艰难的，他说我要办就要介绍新作家，形成了自己的流派，但他们认为是搞宗派。许多人希望在胡风办的杂志上发表作品。《希望》第三期，五十年代出版社的金长茂（民盟的）不敢出了，因为文艺界对胡风问题已经形成成见。第四期只好自筹资金出版，这已是抗战胜利了。当时从延安来的文艺工作者何其芳开始批判胡风。他们把毛主席在延安文艺座谈会上的讲话越解释越偏，把文学创作上的问题都说成是政治问题，而胡风总结自己办刊物的经验，对一些刚刚有点苗头的人，不能一看到不对就打下去。何其芳、林默涵等人对胡风的批判，可谓渊源已久。

四、昨夜星光灿烂

解放后，我们一直住在上海，1953年秋天迁到北京，在地安门附近买了一幢小楼，是个小四合院，太平街20号。胡风是中国作家协会驻会作家，《人民文学》编委。解放后，胡风发表的作品有《从源头到洪流》（1952，新文艺出版社）、《为了朝鲜、为了人类》（天下图书公司）、《和新人物在一起》（1953，新文艺出版社）、《时间开始了》（诗集，天下图书公司）。当时，路翎从朝鲜战场回来，发表了很多作品，很受读者欢迎，编辑也说好，《中国文学》还译成英文介绍到国外。他的小说《洼地上的战役》更响了，洪深、吴祖缃都说好，但有人就说气味不对，志愿军战士之死，朝鲜少女的爱情，《文艺报》、《解放军文艺》展开批评。结果，其他与胡风有关的人的作品也不用了，从而在暗中打击所谓的胡风分子。

胡风感到这些问题要向中央反映，他认为他们这才是真正用宗派来打击作家，包括多年的历史问题，所以他决定写，但没有和很多人说，只和少数人商量过。

胡风认为向中央反映，如果采纳一定可以网开一面，因为路翎那时正在写长篇小说。开始只想写一个经过，不想那么长，写了总的理论问题，又写了人事问题，还写了应该怎么做（建议部分）。当然是比较尖锐的，如应该允许办同人杂志，吸收青年人办杂志，并不是不要党的领导，还有戏剧方面的建议。

在提建议时我就反对这么写，我说犯忌，涉及建国以来党对文艺工作的成绩，太危险，触犯天条。可是有的年轻人说，我们提提意见，向党交心，赤胆忠心，有何不可。

胡风也认为没有半点儿反党，或者篡夺党的领导权的意思，对我的话听不进去。

当时客观形势也促使胡风下决心写，《红楼梦批判》的问题出来后，周扬、沙汀、聂绀弩、乔冠华都鼓励胡风发言，他在文联扩大会议上发了言。

胡风把意见书交给了习仲勋同志，呈送毛主席、刘少奇副主席、周恩来总理，当时习仲勋没说什么，只对胡风说他不久要调工作了。

梅志谈到这里，插了一段关于舒芜的简单介绍，说舒芜夫妇当年到上海住在胡风家里，此人是世家子弟，学古典文学的，他揭发了胡风，后来又揭发了冯雪峰，巴人的文章里谈过此事。

如此动胡风，舒芜的几封信起了作用，林默涵抓到了这个（把柄），毛主席亲自过问。胡风一生写给朋友的信至少有三五千封，从舒芜交的信和各地抄出的信，整理了三批材料，在《人民日报》发表，毛主席为《人民日报》写了编者按。以私人信件为材料整人、打人从此开始，"文化大革命"更是发展到最甚地步。舒芜还在《文艺报》发表《致路翎的公开信》。

1955年初夏，5月16日夜，刘伯羽带八九个便服的公安人员来我家。当时正值傍晚，一家人正在吃饭。公安局六局的局长亲自来，了解有什么人来我们家，出示了罗瑞卿签字的拘捕证。从六七点钟开始抄家，将胡风的日记、手稿、书籍一共两箱子带走。十二点左右先把胡风带走，到第二天清晨五点，天刚亮又把我带走，从此我十七年失去自由。

当时我们家里大儿子刚自立，女儿在师大附中读书，十五六岁。小儿子才8岁，我母亲已78岁，有一个保姆。公安部派了三个人守电话，守了两三个月之久。

我被用汽车带到东四的一个大院子里，有四个公安人员值班看守。到了冬季，又将我转移到南池子。以所谓的历史问题，正式下了逮捕证。但关了三个月后，公安部对情况都清楚，他们内部也有分歧，但也无可奈何。

胡风先是弄到安定门，拖到十月，关进秦城监狱。

我一直关到1961年2月，因我老母亲病故，才放我出来料理丧事。当我母亲病重时，也不准出来。

1965年三届人大召开时，熊子民来京开会，询问胡风在哪里，生死如何。我向公安部提出要探监，给胡风送点衣服，答复是不用，放心。

到了1965年五六月，公安部来通知可以送东西，带信。隔了几个月，说是可以见面。第一次我去监狱探望在押的胡风，我去秦城监狱看望胡风，他说身体还好，还说在狱中写了一些诗。这是我们十年间第一次见面。

后来，隔了几个月，又说胡风的态度不好，不认罪，要我劝他。

四、昨夜星光灿烂

只有认罪才能释放或从轻处理。胡风知道后反诘道："我认什么罪？我理论上有错，不能说是反革命呀！"我也不能承认有什么罪可认。

我前前后后去了23趟秦城监狱，1965年11月以反革命罪叛处有期徒刑14年。宣判回来要他写感想，他写道："我心安理不得。"他吃饭大吃，看了不少书，还订阅了《人民日报》、《光明日报》以及《世界知识》、科学杂志。这年年底，公安部通知，从12月30日起胡风"监外执行"，胡风回到东郊金台西路小庄的家。他享受"上海作协驻京作家，文艺一级"的待遇，我由内政部安排在四川省文化局资料室当资料员，但从未到职。

在家过了春节，上面要我们去四川。1966年3月到成都，由成都市公安局安排"监外执行"，住在成都上成街公安厅宿舍。到了五六月"文化大革命"开始，在成都住不下去了。九月，公安局用吉普车将我们送到苗溪茶场，这是一座劳改农场，位于雅安境内，是关押高级政治犯的，盖了不少青砖房子，有纱窗、抽水马桶，条件不错，胡风在这里实际上是保护起来，马识途也在这里。住了不到一年，1967年又回到成都，住在一所大院子里，里面关了不少人。

胡风原以为到1969年满刑，可以恢复自由，岂料上面根本不打算让他出狱，又给他加刑，1970年改判无期徒刑，押送到大足县第三监狱。胡风希望破灭，精神崩溃了，第二年便精神错乱，神经幻听症发作。他要求上诉，但不许上诉，理由是诬他写了反动诗词。还将胡风关进大牢，让他从事清理乱麻和漂洗的体力劳动。胡风更是想不通，他患了自我迫害狂，自己用砖头将头打破以自杀来表示他的抗议。

胡风的状况日益恶化，公安部门在1972年年底将我从苗溪茶场调来，允许我待在他身边照顾他。1973年我到了大足，和他一起坐牢。胡风的精神错乱变成了自我恐怖狂，他时常幻听到恐怖的刑罚的声音。他的情况时好时坏，在1974年、1975年，他的精神状况稍好时可以写点回忆的文字，写自传，1975年以后又不行了，精神错乱很厉害。当周恩来总理逝世的消息传到监狱时，胡风坚决不信，说这是假的。1976年年底至1977年，胡风被送往劳改医院治病，精神状态有所好转。后来又回到监狱，还能写点东西。

1979年1月16日,胡风得到通知正式释放,到成都安排工作,住在省委招待所里。

1980年3月,胡风和我回到北京,被安排在和平门2号楼的两套单元。漂泊了一生,在监狱中度过四分之一世纪的胡风,有了自己的家。许多因胡风而受难的幸存者和老朋友来看望他,贾植芳、牛汉、绿原、路翎、何满子、王戎、任敏、耿庸来了,李向林、萧军、丁玲夫妇、文怀沙、江枫、聂绀弩来了,中央统战部部长张执一来看望他,胡风望着许多熟悉却又苍老的面孔,想起许多因他而受株连的朋友,心里非常难过。他们中有许多人被迫害致死,如阿垅、吕荧、方然、彭柏山、张中晓、郑思……还有许多与胡风素不相识仅仅是喜欢他的诗、他的文章的年轻人,也受到株连而横遭迫害,他更是心中不安。他常常自艾自责地说:"我活下来了,可他们却不明不白地死了……"

梅志还谈到,胡风入狱后一直坚持向监狱交伙食费,他说我没有罪,我不是犯人,伙食费我自己出。她还谈到,在胡风身陷囹圄的二十多年,他们全家没有工作,失去收入来源,一家人的生活完全依靠胡风当年办刊物的收入和几本书的版税,靠这点积蓄勉强维持。

我对梅志的采访谈不上非常深入,从以上根据原始采访记录整理的文字也可以看得出来。不过,时至今日,当我重新阅读当年的采访笔记,我还是十分惊讶梅志在短短几个小时,能够如此全面而系统地为我勾画出胡风案件的来龙去脉和全面精确的轮廓,这对于今天的许多读者恐怕也是新鲜的。在当时没有录音的条件下,我忠实地记下了她的谈话,基本上没有漏掉她谈话的主要内容,没有曲解她的谈话,获得许多当时鲜为人知的内幕。这也是可以告慰的。当然,今天有关胡风案件的真相已有许多文章和著作做了详细介绍,特别是众多当事人的回忆录的披露,我的采访已成了明日黄花。但是在1980年12月那个特定的时候,我是国内新闻界率先采访他们的少数人之一,而且我所采访的内容毫无疑问在当时具有巨大的新闻价值。可惜,我的这次报道不幸夭折了。这不能不说是一个历史的遗憾。

据我回忆,当时的中国,政治气候还是乍暖还寒的早春天气,胡风虽然已经平反,恢复了自由,给了他安慰性质的荣誉,诸如四川省政协

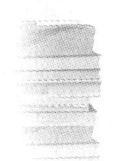

四、昨夜星光灿烂

委员之类,但是对胡风问题的公开平反,对胡风案件更深层的分析,乃至对胡风近况的报道,由于许许多多错综复杂的原因,包括一些至今仍是历史秘密的原因,仍然是一个敏感的新闻禁区。

我当时很天真,结束了对胡风、梅志的采访之后,打算立即着手写一篇人物专访,作为"拨乱反正"、平反冤案的典型报道。在此之前,我曾经陆续发表过为知识分子恢复名誉的报道,但没有一个人比胡风更能引起我的兴趣,更为典型地代表中国老一代知识分子在错误路线下身受的苦难。我甚至想好了文章的开头,写作的提纲也拟出来了,可是当我将自己的想法向总编辑杨西光同志汇报后,这位洞悉政治气候的正直长者听罢沉吟起来,他似乎不好多说什么,只是劝我暂时不要写……

我的职业训练使我明白,这是一个不合时宜的题目。我也知道,胡风案件从20世纪50年代到80年代贯穿了一个时代,它的典型意义是太深刻、太明显、太容易引起人们沉痛的深思。虽然事情发生在胡风一个人身上,但它的立案方式、株连之广、处理方式,以及种种违反法律、侵犯人权的做法,已经无可挽回地将许许多多直接或间接的参与者永远地钉在历史的耻辱柱上,不管用什么漂亮的词句,或是其他美妙的借口,历史都会严厉而公正地审判他们,这是他们非常害怕的。何况,胡风案件是共和国成立以来第一场规模空前的"文字狱"。以言论定罪,以思想定罪,以日记定罪,以偷梁换柱的手法罗织罪名,先定罪名后搜集罪证,以行政手段代替司法程序,以舆论工具将一个人置于死地不容申辩,以及一人有罪株连九族,等等等等,揭开了践踏法律、践踏人的基本权利、残酷的阶级斗争的历史序幕。从此阶级斗争和党内斗争一浪高于一浪,五七年"反右"斗争、庐山会议对彭德怀的批判,最后发展为十年浩劫的"文化大革命"……而这一幕幕血雨腥风的历史始自胡风受难之日。

我的采访不能公之于世,在当时乃是必然的。此后,我没有再去访问胡风和梅志,我听说他们搬进了木樨地的公寓,他的著作也陆续付梓问世。我也听说1985年6月8日胡风去世后国内报刊的沉默,也风闻他的遗体冰冻在太平间而迟迟不开追悼会的风波……

胡风死了,他已经成为历史的过去。围绕胡风的文学论争和文坛的恩恩怨怨是是非非,似乎随着时光的流逝而被人们淡忘。不过,这一段围绕着胡风而衍生的种种人间悲剧,该是一个清醒的民族刻骨铭心不该忘却的，这里面有太多太多的教训，因为胡风问题不属于他个人或者他的家庭及周围朋友，而是一个民族的悲剧。

这个惨痛的悲剧，怎样才会不再重演，仍然是我们这个民族需要思考的。

不过，对于这次报道的夭折，尽管有其历史背景，我仍然感到内疚，感到对不住胡风、梅志先生。因为在那个特定的时期，他们多么希望党报为他们伸张正义，他们对我的采访寄寓了太大的希望，然而后来发生的一切，令他们失望了……

1995 年 8 月 31 日追记

巴金印象

1982 年 2 月 18 日至 23 日，在如诗如画的厦门鼓浪屿，中国海洋学会科普委员会召开了第一次会议。

这个会议为许多老朋友提供了见面的难得机会。十年浩劫，音讯渺茫，重新聚首，恍如隔世。大家在这绿意盎然的小岛上除了回忆风雨如磐的岁月，也企望在新的时期干一番事业，这也是中国海洋学会科普委员会和海洋出版社联名召开会议的初衷。

上海科学技术出版社《科学画报》主编饶忠华是我的老友，他也参加了鼓浪屿的会议。当时，饶忠华和林耀琛正在主编《中国科幻小说大全》，由海洋出版社组稿，这件事于我多少也有点干系。因为当初海洋出版社决定这个选题时，孙少伯社长曾建议我来负责，但我婉言推辞了。《中国科幻小说大全》内容包罗清末以来一个多世纪科幻小说在中国的诞生和发展的所有作品，要求无一遗漏地缩写成故事梗概，按发表年代编排，工作量相当大。我一来没有精力，更主要的是也没有这个能力，于是就推荐了饶忠华当此重任。老饶满口答应，与林耀琛合作，在上海组织一班人马，查找历史文献，分头编写，进度很快。

鼓浪屿会议期间，有一天晚上，饶忠华谈起《中国科幻小说大全》即将付梓，想请几位知名人士为该书写序，由科学家、作家和科幻小说家各写一篇。商量的结果，决定请茅以升、巴金和郑文光各写一篇。由于我和巴金先生有过接触，饶忠华要我帮忙向巴金组稿。我很犹豫，心想

四、昨夜星光灿烂

巴金在上海，何必舍近求远，让我去组稿呢？可是饶忠华说他们与巴金不熟，还是非要我出马不可。

会议结束，我先到了上海，买好了回北京的飞机票，可巧又是住在上海科学技术出版社的招待所，于是我决定去拜访巴金，落实请他写序的任务。

我第一次到上海拜访巴金，是1979年1月间，正是江南雨雪纷飞的寒冬。当时我奉命筹划《光明日报·科学副刊》的出版，急需组织一批有分量的稿子。我先到了南京，找到南京大学物理系教授施士元，他曾是居里夫人的学生，我请他撰写回忆在居里夫人身边学习、工作经历的文章，施士元先生爽快地答应了。接着我到天文系拜访著名天文学家戴文赛教授。当时他患癌症病卧在床。他的寓所门上贴上了谢绝会客的纸条。我在天文系党总支的同志陪同下，到戴先生的卧室里见了他一面。戴先生很消瘦，神志却十分清楚，他向我兴致勃勃地讲起他的著作《天体的演化》的修改，因为我当时提到要请人撰文介绍这本书。那天南京下了一场大雪，我踏着厚厚的雪离开了戴先生的寓所，心情十分沉重，因为我从他夫人那里知悉，他将不久于人世，而他在和我谈话时仍然念念不忘他的工作、他对于天文学的热忱，使我深受感动。而实际上，医生已经宣布他患的是不治之症，他在人世间没有多久了。一个头脑清醒、思维敏捷的科学家，却被躯体某一个部位的疾病夺走生命，一点办法都没有，这是多么残酷的现实！（后来，大约一个多月吧，我得知戴先生逝世的噩耗。）

此前，《自然》杂志的资深编辑张风到北京组稿，我向他谈起办《科学副刊》的事。张风先生是上海老报人，他向我提供了一条线索，说巴金和已故的著名生物学家朱洗是老同学、老朋友，建议请巴金写一篇回忆文章。这是个好点子，所以来上海前，我特地向《光明日报》的资深编辑黎丁先生询问巴金在上海的地址。黎丁和巴金是30年代的老朋友。

1979年1月10日我如约造访巴金。当我谈起组稿的事，巴金没有推辞，而是欣然答应。他说他正在写一本《随想录》，在这本书中他要写下十年浩劫中遭遇不幸的朋友和亲人，他说朱洗是他早年在法国求学时的好友，虽然朱洗是一位生物学家，但是他们在文化事业上还有过长期合作。巴金说，朱洗虽然是"文化大革命"以前逝世的，但他本人甚至他的

巴金像

坟墓也未能逃脱这场灾难。谈起这些伤心的往事，巴金的神情很是悲哀伤感。他还谈到他的身体不好，虽然自己有很多计划，要写作、翻译，可是找他的人很多，会议也多，他说希望给他时间。"我的时间不多了……"巴金发自肺腑地说。不过，关于朱洗的回忆，他答应一定写，并列入《随想录》中的一篇。我记得临走时巴金赠给我人民文学出版社再版的《家》(1978年再版)，我十分欣喜。(这里附带说一句，我之所以记得访问巴金的准确日期，得益于他的赠书，巴金的题签都写有日期。)

再一次见到巴金是1981年年底了，全国人大五届四次会议在京召开。有一天，我到西郊八大处北京军区招待所，这儿集中了上海、广东、港澳等地的人大代表，巴金和唐弢先生同住一间客房。在会议休息时，有时在楼梯上与巴金邂逅，但仅仅寒暄几句没有深谈。

1982年2月25日，我从厦门坐火车到上海。买好了第二天到北京的飞机票，是下午3点的，我在上海停留的时间只有一个上午，于是我在26日的上午再次访问巴金。这次访问的目的如前所述，是受饶忠华委托，请巴金为《中国科幻小说大全》写序。

从打浦桥乘96次公交车到了武康路，不料事隔三年，我把巴金寓所的门牌号码记错了，把113号记成了137号，结果发现137号是一家街道工厂，和记忆中的巴金寓所完全对不上号。我边走边打听，走到一个大院子门前，不知是什么机关，传达室里坐着两个军人。我问他们巴金的住所在什么地方，其中一位年轻的战士告诉我就在附近，他怕我找不到，又跑出来热心地为我带路。

经过一番周折，我终于站在113号门前，大铁门，一扇门上开了个门洞，右边的墙上安装了电铃。三年前访问巴金的记忆浮现眼前。我按了按电铃，从院墙里传来一个老妇人拖长的声音："来了——"

不一会儿，门开了，一个个子不高、上了年纪的胖胖的老妪，探身

四、昨夜星光灿烂

朝我打量，询问道："你找谁？你是哪儿的……"她的四川口音很重。我自报家门，老妇仍然挡驾，说巴金身体不太好，感冒了，如果没有特别急的事，最好不要打扰他。有些事可以找他的女儿去办……大概是找巴金的人太多，挡驾也是日常功课，说得十分流利。这也可以看出，做名人也有做名人的难处。我恳切地说，我是路过上海，下午就要飞回北京，我问她我可否只占几分钟时间和巴金见见面。大约是我的恳切态度打动了老太太，她同意了，请我进去。她这才告诉我，她是巴金的妹妹。

这是一幢两层楼的西式洋房，红瓦屋顶，房前有一块不大的院子，有树木和草坪。这在寸土寸金的上海，是有身份的人才能享受的待遇。我走进这幢楼房，前厅右侧有楼梯通到楼上，老太太朝楼上高声喊道："四哥，××同志来看你，他下午就要回北京……"说罢，她又招呼我到楼下的客厅里等候。三年前，我就是在这间客厅里拜会巴金的，一切如旧，八只铺了罩布的沙发摆成一圈，占住了客厅的大部分面积，进门左侧，是靠墙的一排书柜。前面的窗台上摆着一钵素雅的水仙，正对窗户的墙上，挂了几幅山水画，客厅里弥漫着宁静而温馨的家庭气氛。

我正在辨认画上龙飞凤舞的落款，巴金从楼上下来。他身穿蓝中山装，棉袄棉裤，捂得严严实实，一见我便说，他有些感冒、咳嗽。巴金接着告诉我，他已经79岁了，他一再反复地说，他不行了，活不了几年了；他还有很多的计划没有完成。听他这样说，我心里很过意不去。我的来访也是占用了他的宝贵时间，这无异于犯罪啊，我心里这么想。于是，我立即向巴金说明来意，长话短说，用最简短的语言说明近几年中国科幻小说发展的情况，以及国外对科幻小说的重视，接着我问了几个有关的问题。我还特别提到，作为中国作家协会主席，希望他对发展中的中国科幻小说提点希望。

巴金的回答虽然使我有点儿失望，然而，现在回过头看，巴金是非常诚实的，没有一点儿虚情假意，他是真正讲真话的。他说他没有读过科幻小说，不过听到科幻小说发展的情况，他很高兴，这很好嘛！

"现在年纪大了，精力不行，没有时间看新出版的杂志，科幻小说也不例外。"他又说，他现在每天工作时间并不短，但效率大不如前，一天写不出多少字。

我把话题又拉回来，说鲁迅、茅盾先生早年都翻译过凡尔纳的作品，我问他当年到法国留学时是否注意过凡尔纳的作品。我想当然地以为，巴金曾经到法国留学，毫无疑问是接触过凡尔纳的科幻小说的。如果在这方面能展开谈谈，岂不是很有价值的话题。但是巴金说他在法国时并不知道凡尔纳，他说鲁迅、茅盾先生比他早（指从事文学活动的时间），到了他从事文学创作的时候，主要是探索人生，生存与解放，与吃人的社会做斗争，因此没有精力过问科幻小说。他接着又说，在今天，搞"四化"建设，最基本的一条是要依靠科学。因此科学幻想小说是大有发展前途的。"科学的想象永远是宝贵的。"他这样说。

对于我此行的主要目的——请他为《中国科幻小说大全》写序，巴金坚持不写，他解释道，主要是顾虑慕名而来求他写序的人太多。他诚恳地说："我是一个作家，我要为读者写出作品，而不是写自己不熟悉的东西。"这番话是发自肺腑的，所以他接下来说，他不愿意当中国作协主席，他只要求当一个作家，给他创作的时间。于是我乘机询问他目前的创作计划，巴金说《随想录》共有四本，目前已出版了两本，赫尔岑的《往事与回想》五卷，刚出版一卷。"人总是要死的，我也是要死的。文学的希望是中青年作家，中国的科幻小说也要靠青年作家去努力。"巴金说。

于是，我也趁热打铁地表示，他对中国的科幻小说和年轻一代科幻作家提出了很好的希望，我打算加以整理，形成一篇短文，请他过目后作为序言，见我如此"纠缠"，巴金点头默许了。

这时巴金起身咚咚地跑上楼，过了一会儿，他将签名的《探索集》相赠，还告诉我，他把上楼下楼作为一种体育锻炼。我后来将巴金有关科幻小说的谈话整理成文，寄给他请他审定，以便作为《中国科幻小说大全》的序言，不料收到的却是他的回绝。他在回

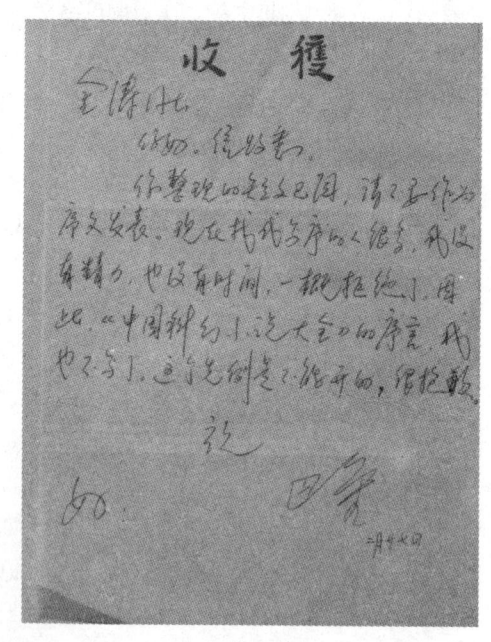

巴金的回信

信中再次重申"不能开这个先例",所以后来《中国科幻小说大全》出版时也没有名家的序言了。

虽然我白忙了半天,没有完成老友饶忠华的托付,但我理解巴金先生的苦衷,这也是名人的难处。

本文收入《岁月遗痕》,学苑出版社 2010 年 7 月出版

戏剧家最"没戏"的日子——记曹禺

退休不久,我有两年多隔三岔五经过平安大街,到张自忠路的段祺瑞执政府的大院里上班。说是上班,其实就是打工,给一家文艺出版社编编稿,有时也利用老关系组织些书稿。段祺瑞执政府是北京城里一座保存相当完整的西式建筑,宏伟宽敞的中式红漆大门面临康衢,一对虎视眈眈的石头狮子守着大门。大院里挤进了很多文化单位不说,具有历史文物价值的主体建筑还被当作家属宿舍,走廊里堆着大白菜,铁丝上晾着湿淋淋的裤衩被单。谁也想不到这儿便是 1924 年"三一八"惨案的发生地,热血青年血溅街头的地方。当年爱国学生举行示威游行,在执政府门前遭到军警枪杀,刘和珍、杨德群等人即是在此遇难。鲁迅先生在《为了忘却的记念》中称之为"民国最黑暗的一天"。

在执政府以西,毗邻的一个院落,门旁有一块石板标记,明明白白写着"欧阳予倩旧居",说明这里曾是著名戏剧家欧阳予倩的故居。上个世纪 70 年代的一个冬天,我常来光顾这个小院。不过这时欧阳予倩先生早已作古,这座中央戏剧学院的家属宿舍里住了好几家人,我要去的是曹禺的家。

我结识曹禺,用老北京的话说,是这位大戏剧家最"没戏"的日子。按老北京的俗话,"没戏"是没指望、没希望的意思。那是"文革"期间,曹禺先生头上的光环,诸如北京人民艺术剧院院长、中央戏剧学院院长、中国戏剧家协会主席以及这个委员那个代表等等,显赫美丽的职务已经成为过去美好的回忆,像突然作废的钞票失去了使用价值。这是他一生尤其是解放后无职无权、穷途末路、惶惶不可终日的特殊时期。然而,不幸中的大幸,他老人家虽然被"打倒"了,却没有进班房、关牛棚(也许当时也过了那个时期),"造反派"也不来找他的麻烦。在我眼里或者许多

人眼里，他只是一位赋闲在家的老头儿。我之所以和他萍水相逢，有过一段交往，纯属偶然。这是一个特殊年代的极其普通的事儿，依我看来，在此之前或者在此之后，我们根本不可能认识，更谈不上有任何交往。

这大概也算历史的机缘吧。

曹禺像

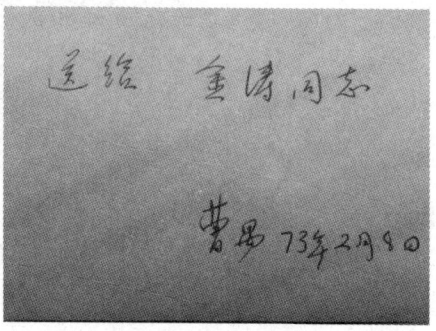
曹禺在照片背面的题字

有一天，我在上班，他给我打来电话。当年，电话可没有如今普及。他家里当时有电话，可见还享有某种待遇。他在电话中问我能不能去他那里一趟，"曹老，有什么急事吗？"因为有一次也是他打来的电话，很急的样子，说是坐公交车把钱包丢了，问我有什么办法。我哭笑不得，连说我毫无办法。这次又是什么事呢？电话中他不肯说。下了班，我蹬着自行车从南城跑到东城，到了他府上。他神神秘秘拉着我到一旁，低声问："你说，共产党员能立遗嘱吗？"听他话的口气，曹禺大概是中共党员。他问这个干啥？我摸不着头脑，"你怎么想到立遗嘱？"我问。他这才吞吞吐吐地说，他有四个女儿，两个是前妻生的，早都工作了，他想立个遗嘱，把积攒的钱留给两个尚未成家的小女儿。我一听，头都大了。这么大的事儿，我一个外人，能说什么呢！无非是哼哼哈哈，说几句不痛不痒的客气话。

那时，他家里只有三个人，除他之外，是他的夫人方瑞，一个瘦弱而和善的妇人，大家闺秀，如今经受关节炎的折磨，生活起居都不太方便。另一位是女佣，河北人，六十多了，人很慈祥很勤快，对人也很客气，姓谁名什，记不住了。不过后来不知什么原因，女佣被辞退了。当时他们住的房子是中西合璧的样式，三间朝南的正房，外面有廊子，进门当中是客厅，西边通向卧室，东边是一间堆放了很多杂物的卫生间，另外可能有厨房和女佣的住室。以前具体有多少间房,不太清楚,也没有问过。主人的心境,进门扫一眼似乎可以一目了然,曹禺的家里给人很凌乱的感觉,虽然家里有女佣,但是也不怎么收拾,有种过一天是一天的印象。曹禺的穿着也是邋里邋遢,不修边幅,身上穿一件老鼠皮色的确良面子的对襟棉袄,面子袖口满是油渍,出门头上扣一顶栽绒的可放下遮耳朵的棉帽子,厚厚的棉裤和棉鞋,乍一看和胡同里送煤球的老汉没什么区别。

有一回曹禺破例在东四十条路口的饭馆请几个朋友吃饭,我也在座。他一不小心,将一盘炒粉丝撒了一桌,众人说算了算了,曹禺却用手抓起粉丝送进嘴里,吃个干净,然后用袖子当抹布,将桌子擦干净。他的袖口的油渍大概是这么来的。方瑞说:抗战期间,曹禺在重庆戏专教书,重庆的冬天很冷,曹禺穿一件旧棉袍子,睡觉时脱下就当被子盖。这天大清早赶到学校上课,走上讲台,正要讲课,忽然他浑身乱动,两只手伸进袖子里乱摸,又在全身上下摸个不停,脸上的表情也怪怪的。课堂里的学生见他这般模样,不禁十分惊讶,以为他在演示什么表演上的技巧。谁也没有想到,忽然间从他的棉袍子里面窜出一只耗子,吱溜一下跳下讲台,不见踪影了。方瑞女士所说的是不是曹禺的学生亲眼所见,我不清楚,但她说,那只小耗子是晚上太冷,钻进了曹禺的棉袍子,结果又跟他去上课。不料,曹禺一上讲台,小耗子便不老实待着,全身乱窜,于是就发生了这么一幕。

方瑞有一回又讲起他们年轻时候的往事,说是她和曹禺谈恋爱时,也是在重庆,曹禺不知道从哪儿借来一辆挂斗的摩托车,要带女朋友去郊外兜风,也是臭显摆的心理吧。

曹禺开着摩托,方瑞坐在车斗里。重庆山路弯弯,爬坡下坡,一路上风驰电掣,好生潇洒。摩托车冲出山城,驶入山区,曹禺加大油门,速度更快,驶过一片稻田,摩托车拐了个急转弯,飞也似的往前冲了过去。不一会儿,摩托车猛地刹车,停在一处风景名胜的门前。他颇为得意地回过头,正待女朋友的夸奖,不料顿时傻了眼,因为车斗里的方瑞不见了。曹禺慌忙调转车头,沿原路返回,去寻找失踪的女朋友。不多一会儿,发现方瑞坐在稻田的烂泥巴里,在那里抹眼泪……

在那个年月,我们的谈话,大都是在过去的园地里拣些陈芝麻烂谷子,说罢哈哈一笑,绝口不谈窗外的风云。心照不宣,彼此都方便,省得招惹是非。我虽然也从旁人嘴里听说过曹禺在"文革"初期的一些传闻,不过都不是亲眼所见,只能说是盗版的东西。比如说他和北京人艺的"牛鬼蛇神"发配到乡下劳动,这大概是"文革"初,工宣队对他特别"照顾",让他干最脏最累的活儿——淘大粪。他是绝顶聪明的人,自知在劫难逃,嘴里不仅毫无怨言,还恭恭敬敬听从安排,干得特别地欢。干活儿时,他仿佛又到了戏剧舞台,双手攥着淘大粪的勺子,在大粪池里搅过来搅过去,搅得臭气冲天。他个子矮,手无缚鸡之力,像是武大郎攀杆子——前后够不着,结果是弄得全身都是大粪。但他绝对不洗,也不换衣服,走到哪里都是满身大粪,到食堂打饭、提着小马扎开会学习、回到"牛鬼蛇神"挤在一起的宿舍,他的身上发出的臭味让所有的人掩鼻而过,别的"牛鬼蛇神"也无法忍受。大约没过几天,工宣队根据群众的反映,只好调动他的工作,不让他搅大粪了。问他有何感想,他一本正经地回答:"我们这些人连造粪都不行,真是应该好好地改造……"

不过,有一次,他主动地讲起红卫兵来家里抓捕他的经历,这可是破天荒头一次。

那也是一个阴沉郁闷的冬日,大约是1966年吧,曹禺和家人都睡下了。忽地咚咚的敲门声把他惊醒。冲进来的是中央戏剧学院的"造反派",他们的头头儿是叶向真(叶剑英元帅的女儿)。红卫兵小将们不由分说地把曹禺抓起来,让他即刻跟他们走,门外停着一辆大卡车。不用说,曹禺吓坏了,也不敢问让他去哪儿。方瑞吓得浑身发抖,话也说不出来。"我这时突然特别镇定,我心里想,十冬腊月,这么出去不打死也会活活冻死,我对他们说,行,这就走,能不能让我穿上棉裤……红卫兵们说可以,我便慢条斯理地穿上了棉衣棉裤。他们两边架着我连拉带拽上了大卡车,把我蒙上眼睛,汽车就在城里兜圈子,我也弄不清汽车往哪儿开。过了很久,大卡车停下,我被他们推推搡搡弄到一间房子里,他们让我老老实实贴着墙根站着,然后才将蒙在眼睛上面的布解开,灯光很亮,我的眼睛一时还睁不开。等我睁开眼回头一瞧,糟了,我心里凉了半截……"曹禺不愧是戏剧家,说得有声有色,突然卖了个关子,停顿片刻。

"你看见什么啦?"我问。

四、昨夜星光灿烂

"这是一间很大的房间，当时也不知道是什么地方，后来才知道这是中央乐团的排练厅。我起先是面对墙壁，待我回头一看，发现抓来的不止我一个，还有不少人。我一一看去，好家伙，有彭真、刘仁，还有周扬、田汉、夏衍……完了，我心里想，把我算在这一条线上了，我是彻底完了。"他接着说，"红卫兵们对我们究竟会怎么样，我心里直打鼓，可是后来也没有什么动静，乱糟糟的，看管也放松了。这时我看见夏衍的烟瘾发作，他也没带香烟，看见刘仁在一旁抽烟，他还跑过去找他要根烟抽，刘仁很不乐意地掏出烟盒，给了他一根。我心想，什么时候了，你还不忘抽烟……"

"后来，听说是周总理过问此事，让红卫兵放人，他们才不得不把我们放了。临释放时把我叫去，一个头头儿对我约法三章，出去不准说出这里的情况，否则我们就对你不客气。我连声诺诺：保证绝对不说一个字，打死也不说。又问，我们对你怎么样？我毕恭毕敬地说：对我非常好……不仅给大白馒头吃，还不收粮票。他们对我的回答很满意。"

这是曹禺唯一的一次谈起他在"文革"中的遭遇。

即便身处逆境，曹禺还是念念不忘戏剧创作，给我印象很深，而当时我觉得这是不可思议也是一厢情愿的空想。曹禺可能不是这样想的，至少他的脑子里还在想着，酝酿，构思。那时全国正在学习马克思的《法兰西内战》，大约也是根据毛泽东的最高指示。曹禺有一天突然说，他正在根据《法兰西内战》构思一个反映巴黎公社工人起义的剧本，他兴致勃勃地向我这个唯一的、根本不懂戏剧的观众，讲起他的构想："大幕拉开，是巴黎公社墙墓地，被反动派军队枪杀的工人躺在血泊中，他们像一尊尊形态各异的雕塑。悲壮的《国际歌》的旋律自远而近、由低而高，震撼人心。忽然，那倒在血泊中的一尊尊雕塑活了，站立起来，倒在地上的红旗也立了起来……天幕上出现'法兰西内战'的鲜红大字……"他说的是序幕，故事情节没有透露。至于这个剧本，他后来写下去没有，进展如何，我就不得而知了。

不久，我也开始了多年最"没戏"的日子，离开北京，上了"五七干校"，在广阔天地淘大粪、"啃地球"去了。我从此再也没有去过曹禺的家，也失去了在一块儿神聊瞎侃的乐趣。多年后，记得是"四人帮"倒台好几年了，有一天在人民大会堂的大厅里邂逅曹禺。那时，他的头上又罩上许多显赫耀眼的光环,身穿笔挺的黑呢子中山装,脚上是擦得反光的黑皮鞋,气宇轩昂,容光焕发,比起当年我们相识时显得年轻多了,人也胖了,还有一个秘书模样的小青年,在一旁小心翼翼地侍候着。他老人家在人民大会堂大厅里拄着拐杖,不禁令人想起在紫禁城里骑马。我们驻足相视约5秒钟,大约是我太老了,他认不出我了,终于擦身而过。

那是我最后一次见到他……

2007年11月6日

由钱锺书的一张照片想起的

今年是钱锺书先生百年诞辰。学术界以召开研讨会、出版文集、追思先生的风范和道德文章的特殊方式,缅怀这位学贯中西的著名学者,这类消息屡见报端。我虽然与先生素昧平生,却也似乎是冥冥之中的缘分,竟然将藏于一堆老照片中的有关他老人家的照片拣出,郑重其事地用挂号寄给杨绛先生,了却了多年未竟的一桩心事。

我手里为何有钱老的照片,说来话长。这里还要补充几句,我在10月初给老友郭曰方(中国科普作家协会副理事长、诗人)发一电子邮件,请他帮我打听杨绛先生的住址。我知道郭曰方兄也是住在南沙沟的大院里,那里面有多幢宿舍楼,我不记得杨绛先生具体住在哪一幢楼。很快,认真的老郭回了信,他是到居委会打听到消息,还告诉我,杨绛先生已届九十八高龄,身边只有一个小保姆……看了他提供的地址,我立即将两张照片(钱老和杨绛先生各一张)、一本我新出的书《岁月遗痕》,并附上一封短信,用挂号寄去了。人生有时候往往会突然感觉时间的紧迫,尤其是像我这样的年纪。

其实,在拙作《岁月遗痕》里面,收有一篇短文,是写我是如何采访杨绛先生并见到钱老的。只是我当年拍的照片一直是作为资料藏在书柜里,这回我决定将原版照片送给杨绛先生,给老人家一点温馨的回忆罢,这是我发自内心的期望。

时间倒回到1986年。当时,《光明日报》一个不定期的栏目《文坛漫步》,由我来采写。记得我先后采写了白少帆(中央民族学院台湾文学专家)谈琼瑶的小说、林兆华(北京人艺著名导演)谈布莱希特的戏剧《二次大战中的帅克》、薛金炎(沈阳音乐学院作曲系教授)谈古典音乐的普及等文。到了1987年,得知杨绛先生因翻译塞万提斯的《堂吉诃德》获得西班牙国王授予的骑士勋章,西班牙驻华使馆为此举行授奖仪式。我还得知西班牙政府赠送的塞万提斯青铜雕像也屹立在北京大学风景如画的燕园。于是我萌生了一个念头:想就《堂吉诃德》这部世界名著中译本的问世经过,写一篇专访。几番打听,费了不少周折,杨绛先生应允了我的采访请求,并在电话中约定了时间。(杨绛先生一般是不接受记者采访的,我也是通过我的老友王逢振说情,他与杨绛先生是社科院外文所的同事,由于这层关系,杨绛先生才破了例的。)

当我如约找到杨绛先生的住所,轻扣房门,开门的是一位面含微笑、身材中等的长者,他穿一件中式对襟蓝色罩褂的棉袄,举止文质彬彬,我一眼看出,他是文坛泰斗钱锺书先生。我连忙自报家门,说明来意。钱老立即把我让入门内,经很窄小的门厅步入一间会客的房间。房内布置简陋,仅有一对旧沙发、一张书桌,靠墙是一排书柜,都是普通的旧家具。

"您请坐,她马上就来——"钱老说罢,又忙着从墙角的一张小桌取出茶具,斟了一杯茶,亲自端了过来。我慌忙迎上去接过茶杯。钱老如此恭谦有礼,使我受宠若惊。

不一会儿,杨绛先生从里屋出来。钱锺书先生便退出了书房。我和杨绛先生也是第一次谋面。她是个慈眉善目的学者,但给我的印象更像和蔼可亲的老妈妈。那天,她一身家居打扮,穿件毛线外套,看不出像七十多岁的人。

对她的采访进行得挺顺利,采访的话题集中在《堂吉诃德》中译本的翻译经过。本来这个题目很难挖掘出有新闻价值的内容,可是由于中国特有的国情和知识分子的命运,使这部世界名著的翻译出版竟有一段曲折坎坷的经历,这是我始料未及的。杨绛先生谈到,《堂吉诃德》当初列入社科院世界名著翻译出版计划,由于过去出版的译本均不是西班牙原著的译本,她接受这项国家重点课题后,首先自学西班牙文(她原是学英文的)。待到进入翻译过程,政治运动一个接着一个,根本不能静下心来从事翻译,其间甘苦一言难尽。待到十年浩劫,完成的译稿只能尘封于外文所的资料库里,而她和钱锺书先生已被扫地出门,到广阔天地接受再教育去了,前途未卜,也根本难以顾及堂吉诃德的命运了。尽管杨绛先生讲这些往事时,一如她的清丽淡泊的散文,没有激昂慷慨之辞,也没有丝毫怨天尤人的愤懑,始终像是聊家常一样娓娓道来,但我却感到心灵的震撼和隐隐的痛楚。

直到采访结束,钱锺书先生一直没有露面。

我的采访变成了见报之前的样稿。为了事实的准确,要将清样送交被采访者过目。于是,我再次如约来到杨绛先生的住所。

这次我带了一架美能达傻瓜相机。在杨绛先生审看清样时,钱锺书先生听见电话铃响,从里屋出来接电话,在这一瞬间,我拍了钱老接电话的镜头。接着,我又请钱老允许我给他拍一张照片,他没有拒绝,就在书桌前坐下来。恰巧这时有一位花城出版社的客人来访。我立即请客人为我们三人照了一张合影。

钱老在接电话

钱锺书先生陪客人到里面的房间去了。于是我向杨绛先生提出希望采访钱老的想法。当年我的采访手记留下这样一段话,全文照录如下:

下午到南沙沟给杨绛送清样,是记她谈《堂吉诃德》一书翻译经过的,为《文坛漫步》栏目的一篇。后谈及钱锺书时,我问:你认为钱先生的成就主要是什么?杨说不好回答,他的治学范围很广:《谈艺录》、《管锥编》、《宋诗选注》,涉及古今中外,哲学、佛学、美学、文艺理论……"你们认为他的主要成就是什么?"杨绛反问道。我问,钱先生最近研究什么?她说也不好回答,她说:钱看书,改他的旧作,增补《管锥编》,有人笑他是"文改公"。我说,我的采访要找一个突破口。杨说,攻不破的。她赠我《小癞子》与《记钱锺书与〈围城〉》两册书。

四、昨夜星光灿烂

钱锺书（右）、杨绛（左）先生与作者合影

　　正如采访手记中所记，由于事先准备不足，对钱锺书其人其书缺乏钻研，我提的问题相当愚蠢而唐突。因此，聪明的杨绛先生反问了我一句："你们认为他的主要成就是什么？"我只能无言以对。我承认，直到今天，面对钱锺书先生博大精深的学术著作，我仍然如同站在耸入云天的高山之下，仰慕已久却不知从何处登攀，也无从窥见它的全貌。

　　临走之前，杨绛先生将她的近作《记钱锺书与〈围城〉》和译作《小癞子》相赠。书中排错之处，杨绛先生亲自加以改正，可见她治学之严谨。这几张照片，我一直珍藏着，算是那一次采访的见证吧。

　　屈指算来，已是二十多年前的往事了。

本文原载《科学时报》2010年12月17日

忆丁玲

　　丁玲（1904年10月12日～1986年3月4日），现代女作家。湖南临澧人。1927年开始发表小说。1928年，代表作《莎菲女士的日记》引起文坛的热烈反响。1930年参加中国左翼作家联盟，完成第一部长篇小说《韦护》。1933年被捕，被软禁在南京，1936年脱离禁锢，离开南京到陕北。成为到达中央苏区的第一位知名作家。在苏区，丁玲历任"中国文艺协会"主任、西北战地服务团主任、《解放日报》文艺副刊主编、陕甘宁边区文协副主席等职务。创作出《我在霞村的时候》、《在医院中》等许多思想深刻的作品。1948年,丁玲写成著名的长篇小说《太阳照在桑干河上》,1952年荣获苏联斯大林文艺奖金,该小说被译成多种文字。新中国成立后,1955年和1957年,丁玲遭受残酷迫害,被错划为"反党小集团"、"右派"分子,下放到黑龙江垦区劳动改造12年,"文革"中又被关进监狱5年。粉碎"四人帮"后,丁玲的冤案逐步得到平反。

丁玲像

丁玲先后任《文艺报》主编,中央文学研究所(后改称中国作家协会文学讲习所)所长,中国作协党组书记、副主席和《人民文学》主编等职。

1986年3月4日,丁玲因病在北京逝世,享年82岁。

记得是第一次远征南极回国之后,那是1985年5月初的一天,我去看望著名的女作家丁玲——那时她还健在,和她的老伴陈明同志住在北京木樨地一幢高层楼房里。

以前我并不认识丁玲,她的大名当然知晓,也多少知道这位女作家坎坷的一生。不过我去看望她,纯属是礼节性的,因为她给我写过一封约稿信。

这是怎么一回事呢?

1984年至1985年,我作为一名新闻记者参加了我国首次南极考察的采访。随着乔治王岛升起了五星红旗,南极健儿在暴风雪中拼搏,为建成中国第一个南极科学站日夜施工,考察船迎着狂风恶浪驶向冰海……这些来自南极的现场报道,在远隔万里的祖国掀起了前所未见的"南极热",极大地鼓舞了全国人民。那些日子,我们这些新闻记者也特别忙。白天,见缝插针地采访;当队员休息时,我们就得赶紧摊开稿纸,就着灯光爬格子——那时还没有电脑,也没有手机和因特网,通讯手段更落后,一篇稿子写完,还得想办法用电报或国际长途电话传回国。

四、昨夜星光灿烂

有一天,我在考察船上遇到总指挥陈德鸿,他把我叫去,把好几张电报传真交给我,笑眯眯地说:"给你,约你们写文章的信都发到南极来了……"我一看,原来是国内不少刊物发来的约稿信,希望我们这些随船记者给他们提供专稿。其中还有著名作家叶圣陶、丁玲、舒群、牛汉、魏巍、刘绍棠为他们创办的《中国》文学双月刊写来的热情洋溢的约稿信。丁玲和舒群又给陈德鸿总指挥发了电报:

> 我们怀着崇敬、兴奋的心情,热情地祝贺你们征服艰难险阻,胜利地登上菲尔德斯半岛,第一次把五星红旗插上南极洲的土地上……反映你们的英雄业绩,颂扬你们的高贵品质,是《中国》文学双月刊的神圣责任。我们继续注视着你们。恳切希望得到你们的支持和帮助。

我翻了翻一封封约稿信,叹了口气,对总指挥陈德鸿说:"24小时不睡觉,也完成不了这么多的任务。我先得完成本职工作……"那年月,思想很单纯,内外分明,虽然身在万里之外,必须首先为本单位写稿。我把约稿信退给了总指挥,"看看别的记者有没有精力吧……"我诚恳地说。

我后来回到乔治王岛,躲在一个充气帐篷里,俯身在一个自制的小桌子上——那是一个废弃的木箱,钉上一块木条,支撑着一盏灯泡,我就是在这个被暴风雪刮得摇摇欲坠的帐篷里,日夜不停地写着。我正在写一篇全景式报道这次南极科学考察的报告文学,题目也想好了——《他们是开拓者》,还刚刚开头,我必须抓紧时间在长城站写完。

1985年新年刚过不久,由武衡同志率领的祖国代表团飞到乔治王岛,又捎来了许多报刊编辑部的约稿信。也许前些时候发来的电报没有收到预期的效果,文学界的老前辈丁玲、舒群又发来亲笔署名的信函,托祖国代表团专程送来。信中指名道姓点了我和几位同行的名字,希望我们为刊物撰稿,可见约稿人的殷切。看到这一封封热情感人的信,我们既感到全国人民对南极考察的关心,同时也感到无形的压力。

于是,回国后,经过一番打听,终于在复兴门外木樨地的一幢高楼里,拜望了丁玲,向她表示我的歉意。我带去一点小小的纪念品:一张盖有长城站邮戳的明信片、一块长有南极地衣的小石头和一枚中国首次南极考察纪念章。

头发花白、年事已高的丁玲坐在小客厅的一把有靠背的座椅上,她的面容是我在照片上见过的,圆圆的脸,短发,像慈祥的老祖母。我坐在她对面的长沙发上,陈明拿着一张当天的报纸,笑吟吟地对我说:"这几天,我们都在看《光明日报》,你写的《现在可以说了》把我们吸引住了……"

《现在可以说了》是我写的南极报道之一,在我回国后,开始在《光明日报》上连载,分五次登完。报道的内容就是我们在别林斯高晋海遇到风暴袭击的经历,我报道了在那次风暴中船员们和科学家们的忧虑、恐惧以及他们面对死亡迸发出来的勇气和信念。的确,历史可以作证,没有他们坚定、沉着、团结得像一个人一样的勇敢精神,我们是不会活下来的。

陈明同志提起的话题,显然也引起丁玲的共鸣。她向我询问那次考察船遇到风暴的险情,一连问了我好几个问题。之后,这位经历过人生种种磨难的老作家向我敞露了她的心迹。

"你也是死过一次的人了……"丁玲细声细气地说,她所说的"死过一次",我想就是我们的考察船在风暴中险些遇难这回事。"人死过一次,能够活下来,对生活中的得失、荣辱、名利,就会看得很淡泊了,就不会那么斤斤计较了。我也是死过一次的人,没有想到今天还会活着。在北大荒,我们差点被折磨死,许多同志都以为我们熬不过来了……"

陈明在一旁接过话茬说:"你何止死过一次,早就死过好几次,不过每次你都活下来了……"

丁玲微微一笑,接着又对我说:"有这样的经历是难得的。人的一生,不论是自然的,或者是人为的,你战胜了死亡,你更有勇气战胜别的困难,更加无所顾忌地把全部精力投入你热爱的事业。你遇到任何苦恼时都不妨这样去想,假如我那回死了呢……"

丁玲谈着谈着,不由得沉浸在往事的回忆中。这位世界著名的献身革命的女作家,以《太阳照在桑干河上》获得过斯大林奖金,我小时候就听过她的大名。然而,新中国成立后,她在1957年被打成"右派"、"丁陈(陈企霞)反党小集团",后来更惨,又成了"反革命分子"、"人民的敌人",在北大荒劳改多年。她忽然讲起在北大荒劳改时的一个辛酸的故事。

四、昨夜星光灿烂

那是一个风雪交加的夜晚,天很冷,雪很深。北大荒的冬天冷死人啊。我们住在老乡家里,一个院子的偏房里,正屋的房主人是一对年轻的、结婚没多久的夫妇。这天夜里,我们早早睡了,突然被房主两口子的争吵声吵醒了,一听,好家伙,又骂又哭的,动手了,是为什么事,听不清楚。于是我们穿好棉衣,推开门到院子里,隔着窗户大声劝架。因为房门关得死死的,进不去,只能站在雪地里喊着叫着,可是他们越闹越凶,根本不理会我们。我们一看这架势,保不齐会出人命,于是赶紧冒着鹅毛大雪,深一脚浅一脚,跑了好几里路,到队部去求援,说尽了好话,就差下跪叩头,终于把队长从热被窝里请出来。不料想,匆匆忙忙赶回来,一进院子,就听见房主两口子的鼾声如雷,人家不知啥时候偃旗息鼓,睡得可香了。你瞧瞧,我们跑得一身臭汗,却遭到队长的一顿抱怨……

丁玲仿佛自言自语:"一辈子不知道干了多少这样的傻事啊!"老人说罢,一脸茫然。

我当时也不懂丁玲为什么讲起这个故事,她的言谈话语,看似聊家常,却包含着深刻的人生哲理,凝集着她对于自己的一生辉煌与屈辱、名望与灾难相伴相随的感悟。这一点,我多多少少有所触动。但是只有过了多少年,当现实生活给了我惨痛的教训,我才懂得丁玲谈话的真谛。

她对我送的微不足道的小礼物很是好奇,手里把玩着那棵灰绿色的小小的地衣,听我说起南极地衣不畏严寒、在风雪中傲然生长的个性,她似乎被深深地触动了。

我很感谢丁玲发自内心的教诲,我记住了她的话,尽管有时候我还不能像她那样大彻大悟,还远远做不到她所要求的那样淡泊。不过,南极的风雪严寒,南极的狂风恶浪,尤其是那"死过一回"的经历,已经渗透在我的血液中,成为主宰我的信念和力量。所以,1990年夏天,当国家南极委员会要我担任电视片《南极与人类》文字剧本的总执笔,我本来是可以婉言推辞的,但我二话没说,在炎热的盛夏,整整一个星期,足不出户,废寝忘食,拿出了各方面都比较满意的剧本初稿。当然,要把文字变成电视图像,还必须亲自到南极去指导拍摄,浙江电视台派出了摄制组,于是,在告别南极五年之后,我又随着中国第七次南极考察队踏上重返南极的征途。

那天临走，丁玲将新出的《丁玲文集》相赠，亲笔题词，这是留给我永久的纪念。

未刊稿

记作家陈登科

陈登科(1919年4月～1998年10月)，江苏涟水人，中国作家协会顾问、安徽省文联名誉主席、安徽省作家协会主席。

1940年秋参加革命，从一个粗识文字的青年农民、新四军战士，写新闻通讯稿起步，进而成长为一位著名作家。

他的第一部中篇小说《杜大嫂》出版于1948年。1950年完成成名作《活人塘》，1952年完成《淮河边上的儿女》。1964年出版的长篇小说《风雷》，是一部反映中国农业合作化的作品，产生很大反响。也因为这部小说在"文化大革命"时期横遭批判，陈登科被关押长达五年之久。

粉碎"四人帮"后，创作了以"文化大革命"为题材的长篇小说《破壁记》(与他人合作)和反映20世纪20年代苏北人民苦难生活的长篇小说《赤龙与丹凤》等。作品在海内外具有较大影响，先后被翻译成多种文字。

[作者追记]

1980年9月7日上午，我到北京市第四招待所(离车公庄不远)主楼的一间客房里，访问了安徽作协主席、著名作家陈登科。我之所以采访陈登科，是由于他在"文革"中的遭遇十分典型。十年浩劫，他坐了整整五年牢，经受了种种磨难，而这一切竟是缘于他的一部长篇小说《风雷》遭到批判，被扣上了"鼓吹刘少奇的修正主义路线"的莫须有的罪名，而疯狗一样的江青一句毫无根据信口雌黄的诬陷，更是雪上加霜。于是他就失去了人身自由，身陷囹圄，险些送上老命……

类似陈登科的遭遇，在"文革"期间委实太多了。由此不难看出，在没有法制的专制制度下，一个文弱书生的脆弱和无助。尽管陈登科当时也算得上安徽的一位知名作家，但也难逃厄运。这一段血腥与黑暗的历史，如今已经被健忘的人们淡忘了，再过若干年，恐怕人们对它的真实性也将完全否定，这是很可怕的。由此也想到，治当代中国文学史的学

四、昨夜星光灿烂

者们是不该忽视这个特殊时期发生的时代悲剧的。

这篇专访发表在香港《开卷》1980年11月号（主编杜渐）上，文前编者加了一段"按语"：

> 十年浩劫，坐了五年监狱，折磨、屈辱没有消磨他的意志，他回顾了过去，展望了未来，更加意识到一个人民的作家的职责……
> 他说：他的创作，要真正反映人民的心声，人民的愿望。

问：陈登科同志，这次在北京召开全国人大五届三次会议，听说你是人大代表，所以特地来访问你。你能否谈一谈粉碎"四人帮"以来这些年的创作情况？

答：好的。我真正回到文坛是1977年7月，当时万里同志到安徽主持工作，把我找回去。我从1968年2月21日被捕，投入监狱，一直到1973年5月31日宣布释放，在监狱中关押了五年多。我的家在合肥，释放后并不让我回合肥，理由是说我在合肥，活动能量大，把我送到皖南九华山下的一个小县城——青阳。我未到之前有关当局已经向青阳县分管公安的领导打了招呼，实际上是画地为牢。不过比起在狱中，毕竟是有所不同，所以七三年释放以后，我重新拿起了笔，开始创作长篇小说《赤龙与丹凤》，第一部在1974年4月12日脱稿于青阳县血吸虫防治站。当时条件很艰苦，我和妻子只有一间小房，稿纸也没有，小说是写在医院的记账单子上的。为了纪念这一段不平常的经历，金石家朱丹为我刻了一枚圆章，上书"九华山人"四字。我说我可不是隐士，他又磨掉重刻成"九华山民"，九华山下的一个公民嘛！

问：你当时写作，有没有人干预？

答：我是随时随地准备着抄家的，所以我写的《赤龙与丹凤》这部以北伐为背景的历史题材的稿子，写好就放在桌上，等他们来抄。第一部刚写完，"批林批孔"开始，风声很紧了。我和妻子跑到贵池，偷偷买了船票到上海，名义是治病，我以前身体是很棒的，五年的铁窗生涯，得了高血压、心脏病、糖尿病，满头黑的头发都白了，不过最近白头发又黑了不少。我到苏北老根据地走了一趟，当年我是在苏北战斗过的。十一月重回青阳，继续写《赤龙与丹凤》第二部、第三部，一共四部，共一百三十多万字，现在刚出版第一部。

问：最近人民文学社出版了你和萧马同志合著的《破壁记》，这部著作是什么时候开始创作的？

答：这是去年的事。去年有的朋友劝我写写现代题材，他们认为我写的《赤龙与丹凤》这类历史题材的作品可以先放一放，先写点有现实意义的作品，我觉得这个意见也有道理，就和萧马同志合作写《破壁记》。当时出版社催稿很紧，五月份就要交稿，这本书共三部，现在出版的是第一部，第二部现在开了个头。

问：你能不能简单地谈谈《破壁记》后两部的内容。

答：这三部的时代背景大体是这样划分：第一部是写 1975 年邓小平重新上台，写到邓小平下台结束；第二部从总理逝世写到"天安门事件"；第三部从"天安门事件"后写到"四人帮"垮台。

问：你能不能透露透露今后你的创作打算？比如写完以上所说的几部作品，你还有什么计划？

答：我在监狱五年构思了三部小说，一部就是历史题材的《赤龙与丹凤》，准备从北伐写到抗战胜利。另一部是写监狱生活的《面壁记》。写在监狱中各种各样人的遭遇，上自中央政治局委员，下到一般的平民百姓。采用的手法有点类似《天方夜谭》，每个人讲一个故事。

问："四人帮"时期监狱的黑暗，外面也有传闻，但局外人对具体情况还不太了解。

答：监狱的情况是可想而知的。我没有坐过国民党的监狱，至于我们的监狱，我只要举几个例子就可看出它的黑暗。一进去任何时候都不放风，我住的那间牢房只有一个很小的窗户，门上有一个小洞，囚犯要从门洞里爬进来。我是单独关在一间小牢房里，五年除了提审没有一个人说话，我当时真担心放出来连话都不会讲了。合肥这个地方你是知道的，夏天热死人，冬天又特别冷，牢房条件之恶劣是不难想象的。至于囚饭，大概和猪食差不多，早饭是一碗稀饭，一盘臭咸菜；中饭是一瓦钵饭，四两，米是从来不用水淘的，白水煮青菜汤一碗，菜是不洗净的，里面有时还有大便纸；晚饭是一碗稀饭，一点豆腐渣。你看过墨西哥电影《姆拉托》没有，那里面描写鞭打囚犯的惨叫声，我关押的这几年，一到夜晚，惨叫声不绝于耳。

问：你是关在合肥的省监狱吗？

答：省监狱、地区监狱、县监狱，都关过，而且越到下面越糟。那

四、昨夜星光灿烂

时我唯一的希望是拉出去批斗,因为开批斗会至少可以见见阳光,呼吸新鲜空气……

问:三部小说就是在这样的环境里构思出来的?

答:是的,都打好了腹稿。

问:第三部是写什么内容?

答:第三部叫《颂歌声中》,共计十卷,正面写"文化大革命"的十年动乱。第一卷《百花争艳》;第二卷《风雨云烟》;第三卷《牝鸡之晨》;第四卷《萁豆相煎》,取曹植的七步诗"煮豆燃豆萁,豆在釜中泣,本是同根生,相煎何太急"之意;第五卷《刀光剑影》;第六卷《枯木霜天》;第七卷《鸿鹰展翅》;第八卷《海阔天空》。

1967年11月江青点名说我是特务,当时我藏在北京一个朋友家里,决定去上海。可是怕火车经过安徽被人劫走,我就到天津坐轮船到大连,又从大连坐海船到上海。我在大连港蹲了十天,等着买船票。这十天的收获真是难得,我听到各地的旅客谈起全国发生的情况,生动极了。《海阔天空》这一卷的素材就是来源于此。第九卷《无罪进监》、第十卷《颂歌声中》。

问:这样庞大的写作计划,何时可以和读者见面?

答:这部书,在我活着的时候也不准备出版。我也不为儿女留下什么遗产,这部书算是治训子孙而写,将来由他们去处理好了。

问:目前你着手写什么作品?

答:今年上半年我与萧马等完成了三部电影文学剧本:《淝水大战》,发表在《电影新作》五月号;《路漫漫》写徐悲鸿的,《花城》九月号发表;还有一部是《散花使者》,写黄山的神话,香港想拍电影。不过这都不是我的正业,我还得写小说。这次人代会结束,我准备找个地方躲起来继续写《破壁记》第二部,春节之前写完;再写《赤龙与丹凤》。写完《赤龙与丹凤》,再写《破壁记》第三部。我今年61岁,计划十年写完三部小说,写完《颂歌声中》,这辈子就不写了。

问:你的创作力非常旺盛,现在还担任哪些行政职务?写作时间有保证吗?

答:"文化大革命"以前我不是专门搞创作的,担任文联的行政工作,现在下决心摆脱行政工作,集中精力搞创作。现在除了担任安徽省文联副主席、作家协会安徽省分会主席、省文联党组副书记之外，不再兼其他职务。不过写作在合肥还是不行，时间保证不了，还得找个地方躲起来。

问：听说去年召开的文代会上，你做了一次很精彩的发言——《放下你的鞭子》，是阐述你的文艺见解的，你对当前文艺界的状况是怎样看的？

答：我在文代会上的发言，去年在《上海文学》十二月号上发表了。这个发言是针对当时的文艺状况而言。《放下你的鞭子》是我与公刘等人对石丁同志在一次小组会上的发言而写的，石丁说起来是我的同乡，他是江苏阜宁人，我是涟水人。我们还是老同学，1950年中央文学研究所第一期，我们和马烽、康濯都是同一期的学员，是好朋友，但艺术见解不同。我是看了简报，知道他发言的内容，然后和公刘等联名写了那篇《放下你的鞭子》。

我始终认为，文艺界应该很好地总结经验教训，历史的教训不能忘记。回过头看一看，文艺界极左路线并不是"四人帮"时期才有的，50年代就存在，这是我们亲身经历的。批判《红楼梦新证》，本来是学术问题嘛，就应该按照学术讨论的方式进行，可是不是那么回事。批《武训传》也是如此，具体一部作品如何评价，可以讨论，但是也拔高到政治问题。从那时候起文艺界就是搞极左，你不承认不行，所以后来"四人帮"利用了这一点，在50年代的基础上加以发挥，把文艺上一点点问题都统统夸大为政治问题，最后是大家一起，大大小小全部下水，中宣部自己也成了"阎王殿"。因此如果今天还不能认真地总结这个经验教训，还会走这条老路。

问：你的这个看法是很击中要害的，不过目前文艺界的看法存在很大分歧，特别是对某些作品的评价，如揭露社会阴暗面的作品，就遭到不少人的非难。

答：过去的教训是很深刻的。按照那条极左路线，结果是导致创作道路愈走愈窄，走到最后，到60、70年代实际上是消灭了文艺，只剩下八个样板戏。今天有人还把社会上的不良现象归罪于文艺作品，这是不公平的。从来没有一个朝代是靠文艺治国的，也没有因文艺而乱世的，文艺既不能治国，也不能乱世。有人用"悲歌亡楚"的例子来加以反驳，其实这也是站不住脚的。项羽被困垓下，没有悲歌也必然失败，也会自刎乌江，不会逃回江东的，因为决定的因素是项羽政策上的错误和军事上的失败，没有悲歌也是要亡楚的。"四人帮"时期天天唱赞歌又如何？按"四人帮"那一套做下去，不也要亡党亡国吗？我认为，共产党人是唯物主义者，要历史地看问题，现在动不动把社会现象归罪于文艺，我是强烈反对的。

问：目前人们普遍感到，文艺创作出现了新气象，文艺创作有了不少新的突破，冲破了一些禁区，但相形之下，文艺理论界是保守的，还是用老一套的僵化公式来衡量文艺创作，这对文学艺术的繁荣是很不利的。

答：实践是检验真理的唯一标准。三十年文艺发展的历史已经证明哪些是成功的，哪些是失败的。我也是从亲身经历，从五年监狱生活中，使自己头脑清醒过来，思考了许多问题。白桦的《今夜星光璀璨》，我看从艺术上看，打破了过去描写战争的框框，是成功的。有人说死人太多，我看世界上没有不死人的战争。淮海战役时我是随军记者，实际情况比电影里更为残酷。这样描写有什么不可以？它说明今天的一切得之不易，是无数先烈用鲜血生命换来的嘛！还有关于社会主义社会有没有悲剧。刘少奇、陈老总、贺老总的遭遇不都是大悲剧吗？如果硬要说社会主义不产生悲剧，人们对这些就无法理解。我们为什么要回避这些现实，文学作品反映这些现象是为了教育子孙后代，以后不能重演这样的悲剧，这有什么可以指责呢？所以我看现在还是教条的思想禁锢某些同志的头脑，要繁荣文艺，不冲破框框不行。

问：文艺界存在的另一个问题是片面强调了文艺为政治服务，把文艺与政治的关系理解得太狭隘。

答：这个问题不是解放后才有的，战争年代就已开始。比如明天要动员青年参军了，马上关起来杜撰一个青年踊跃参军的作品。建国以来，更是如此，文学艺术变成了政策的图解。文学本来是写人，写活生生的人，写人的思想境界的，我们的许多作品为什么不受群众欢迎，原因就在于此。可惜的是，文艺理论界至今还没有触及这个问题。

问：你对我国文艺界的前景有何看法？

答：近三年来，文学创作有了新的生机，突破了很多框框，看不到这点就是悲观的观点。比如过去在文学作品中不能写爱情,尽管现在还有人反对,但是许多作家不信这一套,照写,这就是突破嘛!还有什么伤痕文学,作为一个搞创作的,我不承认这个名词,这是理论家他们强加的。所谓揭露"四人帮"、反映十年浩劫的作品,是真实的、历史的、无法掩盖的,文学上必然要反映,为什么要把它们称为伤痕文学?难道还能歌颂"四人帮"的所作所为?我认为,文学如果不去反映这段历史的真实面貌,文学创作就会走上绝路。

这里就联系到一个作家的职责,作家如果缺乏正义感,你还当个什么作家?如何反映人民的愿望、人民的心声,作家不能不考虑这个问题。如果还照50年代以来的那条路,按照某些理论家的要求,我们就将背弃人民。过去许多作品不被人民群众欢迎,主要原因就是不敢面对现实、面对生活,不敢反映生活中客观存在的东西。读者会说,作品里所描写的怎么和我们听的、看的不一样呀。这种瞒与骗的文学,欺骗了读者,对社会最终产生了很坏的影响。从几十年的创作实践,包括我自己在内,这个教训还不够吗?"大跃进"时我写了不少电影,美化、捏造,到现在没有一部是站得住的,这说明违心之言是不能成为真正的文学的。五八年、五九年出版了那么多的作品,欺骗人民,没有一部能流传下来,当年的"鲜花"和"毒草",现在看来,恰恰倒过来了。现在文艺理论界对某些作品的非难,仍然是50年代以来教条的翻版,他们不是先研究作品所反映的是不是社会的存在,而是纠缠于应该不应该反映、如何反映。说穿了,就像阿Q头上的癞疮,怕别人说他是秃子,连说"光"这个词都犯忌讳。

问: 在这种情况下,今后你将遵循怎样的创作信念指导自己的创作?

答: 作家有他自己的职责,这就是推动社会前进。因此在他的创作中,要真正反映人民的心声、人民的愿望。人民是要前进的,希望国家富强起来,人民不希望我们国家倒退到封建社会。但是在现实生活中,有很多是封建的东西,如干部的特权、官僚主义等等。作家的职责就是要揭露、鞭笞这些阻碍历史前进的东西。我们的信念是共产主义,当年参加革命是抱着这个信念;关了五年监狱所以能坚定地活下来,也是由于有这样的信念;今后当然也是如此,为着实现自己的信念去创作,为人民而创作。

本文原载香港《开卷》1980年11月

十世班禅一夕谈

西藏人民出版社2009年12月出版的《天珠——藏人传奇》（刘鉴强著）45页指出："1979年3月，邓小平在北京接见达赖喇嘛的代表，几天后，提前释放所有仍在服刑的'西藏叛乱'参加者376名，对已经刑满释放仍在'戴帽'进行'监督改造'的六千余人，一律'摘帽'。进入1980年，'拨乱反正'的步子加快，出狱后的十世班禅大师被补选为全国人大副委员长。"

这一段话，可以作为本文的背景资料。

——作者题记

1980年10月14日，香港《大公报》第三版以大半个版面发表了我采写的独家专访，题为《访班禅》。

也许是因为这篇专访是粉碎"四人帮"以后第一次向海内外详细披露藏传佛教的宗教领袖班禅额尔德尼·确吉坚赞重返中国政治舞台的消息，《大公报》发表这篇专访时，版面也做了精心处理，除了刊登班禅大师接受采访时的照片外，还别出心裁地将一页有班禅大师亲笔修改的手迹加以放大，标以"佛手真迹"的说明。记得当时我写好稿件后，为慎重起见，将原稿交由班禅大师审定，他用了不长时间非常仔细地看完，并做了一些修改补充，原稿的空白处留下了他的黑色钢笔字的手迹。可惜的是，当时没有留下原稿，国内新闻机构也尚未普及复印机，也没有复印一份，原稿直接交给了香港《大公报》。如今，这篇留下"佛手真迹"的手稿，恐怕早已不知去向了。

《大公报》刊登的"佛手真迹"，缘于文章一开头班禅大师接受采访时的一番话："我离开全国人大代表已经十六年之久，这次回到了人大，同大家欢聚一堂，共商建国大计，我极为感动，感到特别亲切。这是党中央对我的热情关怀，也是西藏人民对我的强烈同情。我作为西藏的代表，感到非常荣幸。"在这开场白后面，班禅大师加了一段分量很重的话："因为，我对西藏有浓厚的感情，西藏人民也对我极为信赖。"这段意味深长的话，便是《大公报》特意用特写镜头加以处理，并以"佛手真迹"标明的点睛之笔。今天看来，班禅大师的这番话乃是深思熟虑的神来之笔啊！

我是1980年9月3日晚上7：30采访十世班禅大师的。

这年8月28日召开的全国政协五届三次会议和接着于30日召开的全国人大五届三次会议，虽然不是人大、政协换届的会议，可是由于是在特定的历史背景下召开的，它的意义和影响是众所周知的。这是粉碎"四人帮"以后召开的第一次全国人大、全国政协的重要会议，标志着中国从十年浩劫的深重灾难中走向安定团结百废待兴的转折。这次会议的重要性也受到国内外媒体的高度关注，除了允许外国记者采访，首都各新闻单位也组织阵容强大的新闻记者驻会采访。我所供职的报社专门成立两会报道组，我是其中的一员。

会议期间，最深的感受是见到许多在中国政治舞台销声匿迹多年的知名人士。他们在那个不堪回首的动乱年代不是关"牛棚"就是被打成"黑帮"。如今他们不仅恢复自由，落实了政策，而且以人大代表或政协委员的身份步入庄严的人民大会堂，参与国家重大事务的决策，这本身在当时就是公众注目的重大新闻。在代表驻地，我遇见76岁的老作家巴金和唐弢先生同住一室，两位文坛耆宿悄声细语，谈兴正浓。在人民大会堂的大厅里，满面春风的剧作家曹禺健步而行，很难想象几年前他在北京人艺的传达室看门的落魄。在北京代表团驻地，我见到了衣着朴素的数学大师华罗庚和著名桥梁专家茅以升，也碰见将笑声带给大众的相声大师侯宝林。听说我的老校长马寅初还要就《婚姻法》和计划生育问题发言，因人口论而受到批判的马老大概还要重申他对中国人口问题的见解……

但是令我震撼的是8月25日例行的一次记者招待会。主持招待会的是主管人大会议宣传的曾涛，他曾是新华通讯社社长。这次记者招待会透露了当天人大常委会通过的重大人事变动和机构更动，如免去余秋里兼任的国家计委主任，由副总理姚依林兼任国家计委主任职务，余秋里兼任国家能源委员会主任等等。此外，曾涛同志还透露，人大常委会还决定提议班禅额尔德尼·确吉坚赞为人大常委会副委员长，提交全国人大通过。

听到这个消息，记者的直觉使我立即意识到这是一个爆炸性新闻。班禅额尔德尼·确吉坚赞重新恢复副委员长职务，重返中国政治舞台，

四、昨夜星光灿烂

意味着中国共产党落实民族、宗教政策,"拨乱反正"的重大举措。班禅的复出对于稳定西藏,团结广大藏族人民,包括西藏爱国人士和藏传佛教僧侣,都是非同小可的大事。

在这一刻,我也想到一件往事:1966年"文革"刚开始,我被派往中央民族学院,目睹了该院的"造反派"揪斗班禅大师的场面。当时我们这些新闻记者奉命前往各高等院校,了解各校"文革"的动态,并向中央有关部门提供情况。自那以后,班禅大师在中国的政治舞台消失了,报纸上再也见不到有关他的消息,他的命运恐怕和许多爱国民主人士一样,失去了起码的自由,但具体情况我无从知道。

记者招待会很快宣告结束,我立即走上前,向正要离开座席的曾涛同志问道:"曾涛同志,我是《光明日报》记者。请问,我们是否可以采访班禅?"

曾涛同志笑笑,回答也很干脆:"当然可以!"

我对他的回答很满意,似乎拿到了采访的通行证。

经过一番联系,采访班禅大师的安排定在9月3日晚上,这是人大五届三次会议召开期间。由于会议日程安排很紧,采访只能在晚上进行,地点是班禅大师在京的寓所。我们这次采访一共有三个记者,除我之外,还有罗明扬(摄影记者)和马雨农。后来在《光明日报》发表的专访由马雨农执笔,按当时的惯例,两人署名。因此,我应《大公报》驻京办事处吕德润先生约稿写的专访,也署上两人的名字。

我在《访班禅》的专访中这样写道:

> 这是坐落在北京东城东总布胡同的一个幽静的院落,坐北朝南的正房是幢两层的小楼,靠西毗连的是间大会客室。苍茫的暮色中影影绰绰可以看见庭院中的树影和阶前的花卉。当我们在会客室坐定时,一个秘书模样的藏族青年跑来抱歉地说:班禅大师刚从人民大会堂开会回来,正在用餐。请我们稍候一下。

查我的采访笔记——当年从事新闻采访的笔记,因时过境迁多半散失,所幸仅存的几本还保存着采访班禅大师的潦草笔录。班禅大师的寓所是邻近贡院西街的东总布胡同57号。这个接待客人的会客室坐西朝东,南面和东面开有玻璃窗,西墙张贴有毛泽东、周恩来、华国锋三人的标准像。沿着西墙墙根摆着一大两小的沙发。沙发前面不远有一张铺着红绸台布的圆桌,桌上放置一尊花瓶,至于瓶中插了什么花卉,如今完全没有印象了。我还注意到沙发后面靠墙有一排木格架,摆放着电视机,两旁堆满一卷卷红布包裹的经卷。会客室给人印象十分简朴,没有过多摆设,有一扇门通向里间。两壁垂挂的深黑的帷幕,以及到处可见的红布包裹的经卷,透露出主人非同寻常的身份。

在我们等待班禅大师的时候,有四个年轻的服务人员站在会客室内外,从肤色和衣着看都是藏族。他们是班禅大师的贴身警卫,抑或是他的仆役?我没有打听,也无从得知。在《访班禅》的专访中,我这样写道:

> 我们在会客室坐了不到十分钟,秘书把我们请到班禅的书房。这时,穿着藏族服装的班禅大师,笑吟吟地迎上前来和我们一一握手,并用熟练的标准的汉话向我们问好。
>
> 书房不大,不超过二十平方米,室内的陈设朴素大方,一张写字台靠墙横立,后面沿墙一排书柜,摆满各种汉文书籍和藏文经卷。斜对着写字台,是一套半新不旧的沙发。沙发对面的墙上,挂着几幅绘有宗教故事的绢轴,看起来也有相当年代了。班禅把我们让到沙发坐下,他自己便坐在写字台后面的椅子上。这时我们才注意到,写字台前点了几炷香,烟雾缭绕,而在班禅身后的柜中,有几尊尺余高的佛像。我们就在这样的氛围中开始了采访。

如今从照片看,写字台上除了台灯、笔架和堆满一桌的文件,还有一台老式收音机,那沙发对面墙上挂的几幅宗教故事的绢轴,便是西藏的唐卡。我记得在采访即将开始时,有一个小小的插曲引起我的注意:当班禅大师在椅子上坐定,采访即将开始时,有人进来给他上茶,端茶的是个藏族男青年,毕恭毕敬,双手托着放有茶杯的托盘,目光不敢正视,蹑手蹑脚地进来。突然一个单膝跪地的动作,双手将托盘举过头顶,送到班禅大师身旁。这时,班禅大师拿起茶杯,放在写字台上,他才躬身站起,向后一步步退出房间。

在这一瞬间,我们几个记者不由得交换会意的目光。看来,身为十世班禅的黄教教主,他的崇高地位在藏族僧俗的心目中是视若神明的。即使在他的府邸,规矩也是大着呢。

我在《访班禅》的专访中也谈及对班禅大师的印象:

> 四十二岁的班禅身材魁梧,说话声音十分洪亮,他的汉话讲得

四、昨夜星光灿烂

班禅大师接受采访

可以说极为标准,因此根本用不着翻译。而且他的思路敏捷,性格爽朗,待人诚恳,完全没有半点官架子,这就一下子打消了我们的顾忌。这里所讲的毫不夸张,也绝无溢美之辞。不仅如此,我和班禅大师第一次握手,以及面对面的交谈时,内心深处不由得感到这位被藏族人民尊奉为神的教主,确有一种难以名状的震撼人心的魅力。这是无法用语言表达的直觉,如果将眼睛比作心灵的窗户,那么我正是从班禅大师不时闪动的炯炯目光中,看到了他的尊贵威严,他的自信和不同凡俗。那绝对是与生俱来的和我们这些肉眼凡胎的芸芸众生完全不同的目光。这个深刻铭记的印象,从那时一直埋藏在我的记忆里。

事先,我对这次采访的重点做了些准备,拟请班禅大师谈谈对这次人大、政协会议的感想,尤其是对这次人大强调加强法制建设的看法。另外,作为西藏宗教领袖,我们还希望他能谈谈人们感兴趣的西藏问题,这也是一个十分敏感的问题。在经历了漫长的是非颠倒的十年浩劫之后,作为亲身经历了失去自由、丧失尊严,如今又重返政治舞台的举世瞩目的宗教领袖人物,他对宗教问题的看法,是我们最为关心的。

我们对他重新当选人大常委会副委员长表示祝贺,并简要地陈述了采访的要求。班禅大师几乎不假思索,立即胸有成竹地用标准的汉语侃侃而谈。

"我离开全国人大代表已经十六年之久。这次回到人大,同大家欢聚一堂，共商建国大计，我极为感动，感到特别亲切。这是党中央对我的热情关怀，一方面也是西藏人民对我的强烈同情。我作为西藏的代表，感到非常荣幸。"班禅大师说这番话时目光炯炯，神情颇为激动，他还说："我是兴致勃勃参加了这次会议……"他告诉我们，今天下午他在小组会上做了专题发言，为了体现民族自治，他的发言先用藏语讲，然后又用汉语复述一遍，所以用的时间较长，因此他回来已经很晚了。

我没有听到班禅大师在小组会的发言，但是他用汉藏两种语言发言，肯定是意味深长的。在接受我们的采访时，我估计他又再一次陈述了他在小组会议发言的基本观点。

班禅大师一开始高度评价了叶剑英在人大会议的开幕词和邓小平在政协会议的开幕词，"这次会议的报告比较好，主要特点是既肯定了成绩，也提出了问题，过去都讲好听的，这次报告是十分科学的，符合辩证法的"。说到这里，班禅大师说了一番充满哲理的见解："宇宙间没有绝对的东西，没有十全十美的东西，问题在于敢于肯定成绩，同时又要敢于正视问题，想办法解决这些问题。比如一个人有了病，有病就要医。如果讳疾忌医，不去治病，疾病就会夺去他的生命。一个国家也是如此。"

接着他回顾了建国以来我国走过的风风雨雨，对于十年浩劫给国家和民族造成的灾难极表痛心。他在接受采访时对自身的遭遇始终闭口不谈，然而我仍然可以从他的谈话中听出话外音。

"目前我们国家许多问题，'文化大革命'遗留下来的问题，究其原因是发扬民主不够，民主是空的，连党内生活也不正常，一个人的思想决定一切，大家围着一个人团团转。"班禅大师话锋一转，接着说："民主作为一个现代化的国家是必不可少的，一有不同看法包括正确的批评和建议，就一巴掌打下去，我们的国家吃亏就吃在这里。"

他说："'文化大革命'没有人身自由，搞逼供信。""如果采纳不同意见就不会出现这个问题。彭德怀一提出不同意见就打下去，其他人更不在话下了。"

这些言谈话语，如今看来并非惊人之语，然而在采访的当时，出自这位宗教领袖之口，在我看来是十分尖锐且击中要害的。所以他围绕民主与法制建设，十分中肯地指出："现在粉碎了'四人帮'，各方面'拨乱

四、昨夜星光灿烂

反正',正本清源,我认为重要的是发扬社会主义民主,健全社会主义法制,有了这两个东西,我们就有了希望。"

班禅大师还语重心长地谈到团结问题,关于这个问题,我感觉他是有所指的。但我在专访中并未披露,原话是这样的:"另一方面,团结有很大的问题,人与人之间的关系不像过去那样,过去是一个目标,但是现在心里想个人的东西多。感情创伤不那样简单啊!今后不要轻易地无根据地说什么,不要搞运动,任意对别人攻击陷害,以后不能再搞了。现在'四人帮'清除了,还可以打小报告呀。当然,对危害人民的是可以打的,有的是无原则的小报告,弄得人人自危。上面不要轻信这种人的话。过去这种人很吃得开,得到领导的宠爱。要团结起来向前看,过去的东西少想,不要纠缠不休,主要侧重于今后。"

班禅大师大谈团结问题,是否想起不愉快的往事,是否有切肤之痛,抑或仅仅是泛泛而谈,我没能细问,也无法参透大活佛胸中的妙法玄机。

"在谈话中,我们发现班禅对人民群众目前普遍关心的许多问题非常了解,他熟悉下情,体察民心,并对此发表了具有真知灼见的见解。"在《访班禅》中,我这样概括他的谈话内容。他的谈话涉及范围很广,有轰动一时的渤海2号事件、青少年犯罪问题和当时正在开展的人生观讨论、知识分子和人才外流问题、成套设备引进和浪费现象,甚至对传媒的宣传也一一提出批评和改进建议。

话题终于转到我们很感兴趣的西藏问题,班禅大师用较长的时间畅谈了维护国家的统一和加强民族团结,对于西藏在极左路线干扰下出现的"情况极为严重"的现状也并不讳言,而且指出其危害性和进一步搞好西藏工作,建设团结、富裕、文明的新西藏的措施。至于最为敏感的宗教问题,我起初有点担心,毕竟提倡无神论是中国的国情,现在要求这位西藏的宗教领袖、藏族僧侣民众信奉的活佛亲口回答宗教问题,是否有强人所难之嫌,甚至冒犯这位大师呢?

不料,使我惊讶的是,在谈及宗教时,班禅大师不仅谈古论今,从公元838年古吐蕃王朝国王朗达玛灭佛谈到十年浩劫西藏许多寺庙遭到毁灭,而且引经据典,引证了马克思、列宁和鲁迅的论述,侃侃而谈宗教的产生和存在的合法性。可惜,当时没有录音机,未能将班禅大师的讲话录音。倘若当初能够录下音来,世间将会保留一份十世班禅大智大慧弘扬佛法的音响资料,那是多么珍贵的文化遗产啊!

关于班禅大师对西藏及宗教问题的谈话内容,《访班禅》的专访中几乎全文照录,又经过他本人的审定,时到今日,我已经没有更多的细节补充,因此照录如下:

作为西藏人民的代表,班禅理所当然地对西藏的今天和明天,对西藏地区的政治、经济、民族、宗教等问题尤为关注。在谈话中,班禅强调指出,西藏只有统一在中国共产党领导下的社会主义祖国大家庭中,才有辉煌灿烂的前景;西藏人民只有维护祖国的统一,加强汉藏以及各民族的大团结,坚定地走社会主义道路,才有美满幸福的未来。他认为,这是他从自己三十年的正反两方面的经历和经验中确认的一条真理。班禅在谈话中告诉我们,三中全会以来党中央十分重视西藏问题,中央书记处多次开会专门讨论了西藏的工作,批发了有关文件,明确了西藏工作的方向和任务。而且胡耀邦和万里等同志亲自到西藏视察,对西藏当前工作提出了总目标,作了一系列重要指示。他说:"对于党中央对西藏人民的极大关怀我无限感激,对党中央提出的'八项方针'和'六件大事',我热烈拥护。"他认为如果能够认真贯彻,而不是"雷声大、雨点小",那么就能够打开通往"团结、富裕、文明的新西藏"的光辉大门。

在谈到西藏目前的状况时,班禅指出,由于林彪、江青一伙极左路线的干扰、破坏,西藏各族人民遭受了一场空前浩劫,情况极为严重。它突出地表现在党的民族政策、宗教政策和干部政策破坏殆尽。历史遗留下来的贫穷落后的差距重新拉大了,已经融洽的民族关系再次紧张起来。前些年,西藏的民族自治徒有虚名,自治区和其他省份没有两样。由于不尊重藏族的风俗习惯,藏文失去了它的政治、民族应有的地位,领导部门行文,绝大多数使用汉文,甚至不管藏文水平多高,仍当作"文盲",造成许多人不愿意学藏文,导致藏文在西藏气息奄奄。最严重的是在经济政策上,不考虑生产力发展水平和自然条件的特殊性,生搬硬套内地的"经验",生产上搞瞎指挥。政治上搞穷过渡,甚至浮夸成风,虚报逞强,不顾人民群众的死活乱征乱购,使许多群众没有饭吃。

班禅认为,要把西藏的工作做好,恢复和发展汉藏民族的兄弟情谊，使各族人民同心同德地建设"四化"，西藏必须在中央的统一领导下，充分行使名副其实的民族区域自治权利；必须实行特殊的适合西藏的灵活政策，尽快促进西藏经济的发展；必须落实民族政策，加强民族团结；必须极大关心群众生活，努力改善和提高西藏人民的物质生活和文化生活。他说："民族平等是民族团结的前提，民族团结是民族平等的产物；没有民族平等，就不可能有民族团结。因此，民族不团结、民族闹分离是民族不平等，是民族压迫、歧视和不公正的必然结果。"他认为目前在执行民族平等和团结政策方面，仍然存在着各种问题，有的甚至是严重的问题，应该引起足够重视，他说，对于那些违背党的民族政策，无视少数民族的切身利益，歧视和排挤少数民族，不尊重和侮辱少数民族，践踏和剥夺少数民族的合法权利的人和行为，要做不妥协的斗争。

班禅认为，西藏实行充分的独立的自主权，使西藏人民行使自己的权利，关键在于各级地方权力机关要让西藏人民自己真正当家作主，逐步实现干部民族化，使他们真正有职、有权、有责，而不是受人支配的木偶。他认为在目前西藏人民生活相当贫困的情况下，最迫切的是尽快扭转西藏人民贫困的局面。因此，发展西藏的经济，必须从西藏的实际出发，充分考虑西藏的自然条件、经济结构、民族特点，人民的思想觉悟、生活状况、生活需要等等因素。他说："在坚持社会主义道路的前提下，什么政策、制度和办法最有利于发展西藏的民族经济，最有利于调动西藏各族人民的积极性，提高他们的生产、生活水平，就应该采取和实行。"

这位西藏的宗教领袖、中国佛教协会名誉会长还就宗教问题发表了他的看法。他首先讲了西藏历史上一个有名的事件：公元838年，古吐蕃王朝国王朗达玛，为了消灭佛教，曾经在西藏掀起了声势浩大的灭教运动，焚烧经书，捣毁佛像，杀戮高僧，关闭寺院，在大昭寺内开屠场，强迫僧侣还俗，让他们去当屠夫和猎手。但是，结果和他的愿望完全相反，宗教并未消灭，朗达玛本人却死于暗箭之下，导致强盛的吐蕃王朝土崩瓦解。

班禅用历史上的这个例子和十年浩劫中企图用行政命令的手段来消灭宗教做了对比，寓意深长地说："结果怎么样？完全事与愿违,适得其反。它只消灭了宗教的物质,却极大地促进了宗教的精神。它空前地激发了广大信教群众对宗教的热情与虔诚。广大信教群众在无法解释的社会不公正与极端困难的环境中,宗教再一次成为他们精神的寄托。这就是铁的事实,严酷的现实。"

班禅说:"宗教是一种社会意识形态,有其产生、发展、最后消亡的历史。宗教既然是历史的产物,有其赖以产生和存在的历史根源、社会根源和认识根源,因此,对于宗教问题,绝对不能企图按一个人的主观意志用强制手段加以解决。"他说,他一直是赞成宗教改革的,宗教中掺杂的封建压迫、封建剥削和封建特权等不良因素,必须加以废止。但是在宗教改革时应把真正的宗教同其掺杂的封建因素严格区别开来,应该保护真正的宗教,保障公民的宗教信仰自由的权利以及他们的正当的宗教活动。班禅说,在50年代,由于较好地执行了党的民族政策和宗教政策,尊重了藏族人民的宗教信仰,没有侵犯他们的宗教生活,因而大大促进了汉藏民族的兄弟情谊,历史上遗留下来的民族隔阂大大消除,加强了民族团结,广大藏族信教群众内心中拥护共产党、热爱社会主义祖国,大家同心同德维护祖国统一,使西藏一直保持安定的、前进的大好局面。大家一直把这个时期视为西藏历史上的"黄金时代"。他由此得出结论,宗教工作对我国的安定团结和各民族之间的团结关系重大,必须引起充分重视。

近两个小时的采访不知不觉过去了,班禅大师毫无倦意,自始至终没有离开座椅,坦诚地回答我们的提问,远远超过了我们的期望。最后我们向他表示感谢。向他告辞时,他又告诉我们,五届人大三次会议结束后,他将前往青海、甘肃、四川等地视察,明年他将赴西藏。

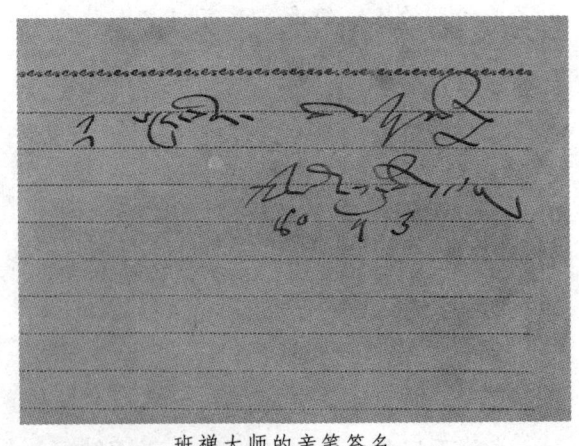

班禅大师的亲笔签名

说到这里，他很动情地说："我已经多年没有进藏了，我很想念那里的人民……"

"我爱中国，因为她是我的祖国，是我可爱的母亲，我永远爱她，随时准备为她献身。"班禅大师用这番充满感情的话结束了他的谈话。

这时，我向班禅大师提出一个小小的要求，请他给我签个名。他笑了笑，接过我递上的采访本，用他桌上的钢笔签下了藏文的签名。这是我至今保存下来的唯一的纪念——这个藏文的签名，也许是最珍贵的"佛手真迹"吧。

在班禅大师亲自送我们离开他的书房时，他忽然说："你拿这个签名，到扎布伦寺去，他们会给你开大门欢迎的……"但是，从那以后，我再没有拜会班禅大师，也无缘去扎布伦寺，只有这次难忘的采访，将他的音容笑貌永远铭刻在我的记忆里。

2001 年 10 月 19 日追记

我师张景哲

在世界各地考察旅行，每到一个地方见到新奇的自然现象，都会情不自禁地想起我的老师张景哲教授，想起过去他在课堂上的教诲。

二十年前南半球的夏天，我们乘坐一辆吉普车在泛美高速公路上跑了整整一天，车子已经很旧了，幸好它没有抛锚。我很担心它一旦出了毛病，我们就惨了，因为一路上没有碰见一辆过路的车子，也不见人烟。公路两旁，是绵绵不绝的流动沙丘，寸草不生，极其荒凉。绵延的山岭也是裸露的岩石，见不到一星半点绿色。

在秘鲁西部的沙漠中旅行，可以发现有趣的自然现象：这里，就在公路一侧，太平洋贴着海岸，碧海蓝天，浪花飞溅，却吝啬地不给大地一点点雨水。大洋与沙漠为邻，这真正令人不可思议。

记得在穿越沙漠的途中，我们也在沙漠中的绿洲短暂停留，这些绿洲是安第斯山的冰雪融化才形成的。在绿洲的小镇上，我们在一家小饭馆用餐，抬头望去，惊讶地发现，这里的房子居然都不盖房顶，一问方知，这一带多年也没有下过一滴雨。在小镇的街上，一幢幢房屋也是敞开房顶，望着天空，只是用芦席或塑料布遮挡阳光，以至几百年前印加帝国以前修筑的土坯金字塔和古城城垣，都能够完好地保存下来。

不过我对此并不特别惊讶，因为早在我当学生时，我的老师就把答案告诉了我：南美洲秘鲁西海岸的洋流是冷水型的，又称洪堡洋流，在它流经之处，造成寒冷干燥的气候，不可能形成降水，这即是秘鲁西部太平洋沿岸沙漠蔓延的原因。不过洪堡洋流富含有机物、营养丰富，因而秘鲁太平洋沿海又是世界著名的渔场。

我在秘鲁西部的沙漠中旅行，几天后又来到秘鲁最著名的渔港卡亚俄，那里远远便可闻到空气中浓烈的鱼腥。我参观了渔粉加工厂，亲眼目睹那里远洋捕渔业的发达，这些都印证了老师向我传授的知识。

我的老师即是张景哲教授。

张景哲教授是我在北京大学求学时的老师，也是毕业论文的辅导导师。但是关于他的生平，我知道的很少。我曾求助于无所不包的因特网，然而搜索的结果十分令人失望，仅仅从一个很偏僻的网站上得到了极其简单的介绍，这大概是先生家乡还未忘记故人，而其他的网站竟然没有先生的消息，只是在介绍有关先生的出版物或论文中偶尔提到先生的名字，社会几乎忘记了他。

先将网站上的介绍转录如下：

> 张景哲(1918～)，河南郏县人。1937年考入清华大学地理系。1942年西南联合大学毕业后留校任助教。1947年赴美国留学，先后获克拉克大学地理系硕士学位、马里兰大学地理系博士学位。1957年回国后，任北京大学地理系教授。60年代初，北京大学组建以张景哲为主的城市气候科研组，是中国最早从事城市气候研究的集体之一。编写了《古巴》、《巴拿马》两本书。曾是商务印书馆出版的《世界地理》总编辑委员会副主任。

以我的记忆，网站的上述介绍是准确的。屈指算来，我师今年该是九十高寿了。然而我却无法给先生祝寿，甚至连封贺信也无处可寄。十年前(1998年)，北京大学百年校庆，我就读的地质地理系自然地理专业的师生团聚时，始终没有见到张先生。询问的结果，说他举家迁往美国了，这我当然知道，但先生迁到美国何处，具体地址、电话，没有人能告诉我准确的信息。时至今日，音信渺茫，我十分怀念他……

张景哲先生是1957年归国的，我也是那年秋季入学。但是真正认识

四、昨夜星光灿烂

他，是大三听他的课。他开的课是世界地理，一门深受同学们欢迎的专业课。先生身材伟岸，风度翩翩，北方人高高的个子却又有南方人的清秀，脸庞清瘦白皙，不论是西服领带，还是中山装，衣服总是挺括整洁，显得很有精神。他思路敏捷，待人真诚，和蔼可亲，没有城府，但却言语不多，绝不夸夸其谈。说话抑扬顿挫，没有半句废话。记得他的左手无名指戴着一枚戒指，多少保留海外归来的习惯，这在当时是不多的，给我印象很深。

先生讲世界地理课，并不按通用教材照本宣科，而是抛开它们，完全按照新的理论体系来勾画地球各大洲的自然面貌。他的理论体系来自美国学者桑斯威特(C. W. Thornthwaite)提出的气候分类法，即按照一个地区的气温、降水量和可能蒸发量换算出来的温效指数和湿气指数来划分不同的气候类型。再根据气候类型来解释一切自然现象，从而使得复杂纷繁的自然界变得有规律可循，十分清晰。这同一般的教科书堆砌资料，不从自然界的规律去解析自然现象是截然不同的。桑斯威特气候分类法是 1931 年和 1948 年先后两次提出、不断完善的，先生及时将它介绍到中国来。在当时"一边倒"的政治气氛下，大学教材都是苏联的译本，这是需要一定的勇气的。

他讲课又善于用简单明了的语言将复杂的现象解释清楚，条分缕析，由浅入深，而不像有的人故作高深，将简单的问题复杂化，所以教学效果极好，同学们都愿意听他的课。可惜的是，先生讲课稿没有整理出版，我至少还没有见过国内类似的高水准的世界地理教材。

先生对城市地理的研究开拓了地理与环境研究的空间，这在中国是一个全新的陌生的领域。城市作为工业文明带来的特殊人工生态，密集的高楼、纵横交错的道路网、川流不息的汽车、大面积的水泥地面，以及大量排放的废气，都使得城市形成了特殊的气候。这个观点今天看来似乎并不新奇，但是在近半个世纪以前，却是振聋发聩的学术观点。我印象最深的是先生提到城市热岛现象，他曾在夏天的中午，顶着烈日，带着仪器，去天安门广场测量地表温度，并与他指导的学生们在郊区的农田、草地测量同一时刻的地表温度进行比较，说明城市中心区由于下垫面是水泥地面导致的气温升高。城市热岛效应如今已是各国城市气候研究的重点，也是城市规划设计必须事先考虑的问题，先生在这方面的研究是开创性的。

就我个人来说,更重要的是,先生讲的课给我们打开了认识世界的窗口,激发了我们对探索大自然的浓厚兴趣。我后来虽然无缘继承先生的衣钵,从事本专业的工作,但是我的人生之路,归根究底,先生的教诲使我受益匪浅。这方面的情形,下面再说。

我与先生接触最多,还是大学最后一年,这一年已经不安排什么课了,集中精力写毕业论文。先生根据我的情况——我曾经在三年的夏季野外实习,参加了内蒙古鄂尔多斯的沙漠考察,于是给我出的论文题目是用桑斯威特气候分类法对鄂尔多斯的干旱气候进行专题研究。为此,我不止一次到先生家里聆听他的教诲,他对论文的大纲、论点和要求,一次次不厌其烦地耳提面命,指导我要详细地占有第一手资料。我有很长时间拿着学校开的介绍信,到中央气象局档案室查阅鄂尔多斯地区各气象台积累的历史气象资料,跟那些枯燥的数字打交道,就是为写论文做准备。说来惭愧,我后来因为毕业即改行,离开了我所喜爱的专业,这篇在毕业答辩时获得好评的论文我已经没有多少印象,连底稿也不知去向。先生在我的论文上面做了细致的修改,花费了大量心血,都白白浪费了。

先生那时家住中关村一幢宿舍楼的底层一个单元,三小间,他家人口多,住得并不宽裕。当年的北大,除了知名的教授居住条件比较好,有许多教员拉家带口还挤在筒子楼里,刚从美国回来的先生有一套单元房,还算是比较好的。不过,在我的印象里,先生的书房很小,那是每次和先生见面晤谈的房间,又朝北,尤其是冬天,白天短,光线暗淡不说,还阴冷阴冷的。我听师母(师母是中央民族学院的英语教授)说,当年先生在美国大学里当教授,酷爱体育运动的他成天和学生们在一起打篮球、跑步,还带学生到古巴等国野外实习,翻山越岭,长途跋涉,那时他的身体很棒!那些古巴的甘蔗种植园的工人见到一位黄皮肤黑头发的年轻中国教授,领着许多美国大学生,翘着大拇指,连声称赞:中国人,了不起!但是回国后不久,遇到三年困难时期,他得了肝炎。"文革"期间,下放到江西鄱阳湖畔的农场劳动,繁重的体力劳动,加上又染上了血吸虫病,原本身体很结实的他,一下子垮了。

我一直感到内疚,大学毕业后我很少去看望先生,个中的原因是一

四、昨夜星光灿烂

跨出北大的校门,我就不得不彻底改行,虽然这并非我的本意,而是组织决定,但我从此无颜见江东父老,更是愧对先生。我后来的职业与我所学专业风马牛不相及,我跟先生能说点什么呢?有一次向先生敞露心扉,谈起我的心境,先生却不以为然,认为我现在的职业很好,也适合我的性格,他劝我安心工作,不必见异思迁。这倒是出乎我的意料之外。先生当年举家回国,是下了很大决心的,他在美国有稳定的工作和丰厚的收入,并非在美国混不下去,只是一腔热忱,渴望报效祖国,但是当他提出回到新中国的申请时,却遭到美国移民局的百般刁难。先生最终在1957年回国,据说还是中美两国华沙谈判达成的协议,以抗美援朝战争的美军俘虏,换回一批留美的专家,先生这才得回到祖国的怀抱。

回国以后,环境发生了很大变化,远的不说,从我入大学的1957年(先生也是这年回国)起,一场接一场的政治运动接踵而至,打乱了正常的教学秩序。先是"反右",北大是重灾区。接着,北大校园内,从未明湖畔到东操场,炉火熊熊,师生大炼钢铁;又是"拔白旗",批资产阶级学术权威,批判马寅初校长的"人口论";接着是"红专大辩论",批"白专道路",紧接着是"反修防修"……刚从美国归来的先生,他的心境如何我无法知道,大概除了惊讶也有不少的困惑吧。因此,对于我的改行,先生表示出毫不足惜,反而认为未尝不是好事,也就不足为奇了。

粉碎"四人帮"后,我与先生的接触多了起来,但先生也老了,身体大不如前。20世纪80年代,我先是有幸随中国首次南极考察队前往南极洲,转年又参加一个代表团访问南美的阿根廷、智利和秘鲁。回国后去看望先生,先生特别高兴,话题自然离不开南极的见闻,那里的暴风雪和冰雪世界的自然景观、动植物的状况、海上航行遇到的风暴、各国在南极洲建立的科学站,还谈起智利的安第斯山、西海岸的地中海气候,秘鲁西部的沙漠、阿根廷辽阔的潘帕斯草原……过去是先生给我讲述这些地方的自然特征,我此刻是向先生汇报我的旅程。

先生年轻时去过中美洲加勒比海一些国家,进行过科学考察,他对南美洲尤有兴趣,但是回国后,这位研究世界地理的专家再也没有机会走出国门,只能对着地图去遐想了。

我手头保留了先生的一封信:

金涛同志：

　　谢谢你在百忙中为我找到一幅乔治岛的详细地图。前些时我自地理所一位参加南极探察工作的同志所收集的地图中复印了一幅乔治岛的大比例尺图，但这图是英国出版的。现看到你寄来的这幅由我们自己绘的图，图上除你标出的长城站的位置外，还有阿、波、巴等国考察站的位置和其它丰富的内容，这些都是我所复制的那幅英国图上所没有的，很有参考价值……

张景哲先生1991年摄于西雅图

　　这封信是1987年7月16日写的，先生已届70高龄，仍然关注着南极洲的科学考察。

　　先生曾经送给我一本商务印书馆出版的《世界地理》，他是该书总编辑委员会副主任，主要作者之一。另外，他还编写了《古巴》、《巴拿马》两本书，收入"地理小丛书"，这是国内当时最早介绍外国地理的普及读物。据我所知，先生还为科学出版社引进的美国"时代生活丛书"中《南北极》进行了校订，这是我国迄今翻译的南北极地理最权威的读物。他曾打算修订商务印书馆出版的《世界地理》，不知后来是否进行了。

　　进入90年代，我为生活所累，忙忙碌碌，只能在春节前后去看望先生。踏着冬日的残雪，从城里赶到中关村，每次见到先生总有说不出的欢喜。先生患有比较严重的心脏病、肺气肿，脸色苍白，形容消瘦，说话常常喘不过气来。先生告诉我，最痛苦的是晚上躺下睡不了觉，喘不过气来，往往一个晚上要起来好几回，倚着床头坐着。因为睡眠不好，白天精神萎靡，很是疲惫。

　　但是，除了身体欠安，家里发生的风波也令老人颇为劳神，苦恼不已。原来，先生有三个儿女，当时也都工作的工作，成家的成家了。可是由于他们随父母回国后，赶上了中国特殊的历史时期，他们在"文革"

时期上山下乡，返城后也没有找到合适的工作，生活都很困难，于是几个儿女都想找一条出路。

当时"出国热"方兴未艾，有一点海外关系的人，都想方设法走出国门，或投亲靠友，或打工留学。先生有一次说："我当年回国是和美国移民局闹翻了的。可是，我这几个孩子都长大成人，有了第二代，他们的日子过得挺不顺心，没有像样的工作，他们提出想回美国去发展，问我的意见，我一直不表态，既不支持也不反对，我不知道他们迈出这一步，将来的前途如何，但是目前在国内的状况，也是没有什么大的希望，我是很为难的……"先生很动感情，说不下去了。

又过了些日子，我听先生和师母说，他们的三个儿女抱着试试看的心情去了美国大使馆，提出了出国申请。过了不长时间，美国大使馆的官员约见他们谈话，说我们查到了你们在美国医院出生的档案，以及你们在美国上幼稚园和小学的档案，你们是美国人，欢迎你们回到祖国……就这样，三个儿女全家都相继回到美国，他们在那里生活得很好，也有了新的工作，孙子辈的都上学了。先生和师母还拿出他们寄来的照片，他们在出生的医院、幼稚园照的，还有他们童年生活过的家……在北京，只剩下年迈的先生和师母，相依为命，屋子显得格外冷清了。

又过了一年，也是春节前后，我去看望先生，家里只剩下先生孤零零一人，还有一个小保姆。先生告诉我，师母也去美国了，她去带孙子……屋子显得更大，更冷清了。

又过了一年，也是春节前后，我去看望先生。这天彤云密布，纷纷扬扬的大雪从城里一路伴我而行。到了中关村，雪花飞舞，遍地皆白，我在楼群中转了半天方才找到先生的家。我怀着喜悦轻轻叩着房门，门拉开一条缝，还是那大眼睛的小保姆，她上下打量着我，半响，她才说："张先生去美国了……"

先生，您何日归来？

（据北京大学城市与环境学院网站通报：张景哲先生于芝加哥时间2011年8月25日下午4:30在美国不幸逝世，享年93岁。）

本文收入《岁月遗痕》，学苑出版社2010年7月出版

悼念戴明震老师

半个世纪以前,我就读的江西省九江二中,因袭了历史悠久的教会学校——同文中学和儒励女中的遗产,比起当地许多学校,硬件是得天独厚的。你很难想象,在长江中游一座小城的这所中学,拥有极其幽静的环境,校园内丘岗起伏,树木繁茂,高大粗壮的老樟树环绕着绿草如茵的足球场,冬青夹道的林荫道两旁是哥特式的教堂(改为礼堂)和欧式风格的教学楼。至于教员和学生宿舍,以及令人难忘的图书馆,或耸峙于翠竹丛生的丘岗,或掩映于茂林花丛之间。围墙之外,南门面对开阔的一弘碧波,那是一水相连的南门湖与甘棠湖,湖水倒映着庐山群峰的倩影;北门之外,则是一座千年古寺,恢宏的殿宇掩映在古树丛林之中,高耸的宝塔上铁铎叮当,随风入耳。我能有幸在如此优美的环境中度过六年求学生涯,也算是前世修来的福分。

九江二中除了有环境优美的校园,软件也不简单,师资雄厚,学风严谨。当年授课的许多老师都是出类拔萃的,他们似乎又可以粗粗地分为两种类型:一种是属于洋派,如女老师多毕业于金陵女子大学,受过西方文化的熏陶;另一种是土生土长的,有丰富的教学阅历,国学功底深厚。其中给我印象最深,甚至可以说是终生受益匪浅的一位,便是戴明震老师,他是属于后一种类型。

在我的记忆中,戴明震老师始终定格于一个特殊的形象:南方寒冷的冬天,他身穿一件灰色的长棉袍,围着黑毛线的围巾,戴着茶色镜框的深度近视眼镜,胖胖的脸庞,留着又黑又密的分头,和蔼可亲地微笑着,说话的声音浑厚而深沉。上课的铃声响起,他不慌不忙地走进教室,将手里抱着的一大摞学生的作文本放在讲台上,翻开一本本批改过的作文,然后抑扬顿挫地讲起文章的优点、缺点,时而画龙点睛地讲起作文的章法。

戴明震老师是教语文的,那时我上的是初中。他教语文的方法似乎有些特别,固然也按教材要求对课文进行分析,但他更加注重通过作文加深对课文的理解,提高学生的作文水平。那时每周都有一堂作文课,出的题也很别致,有时让你根据课文试用另一种文体改写;有时让你自

四、昨夜星光灿烂

由发挥，写出自己的见解，或发表评论，或进行分析。这对于初中文化程度的学生，难度还是较大的。不过，我似乎对这样的作文颇有兴趣，每次作文总是饶有兴趣地尽情发挥。尽管当年具体写些什么早已淡忘，但我还清楚地记得，每次作文本发回时，我总是迫不及待地打开，因为戴明震老师用毛笔批改的内容十分详细，评语有时竟有几百字之多，对文章的优缺点条分缕析，娓娓道来，如醍醐灌顶，令人茅塞顿开。

可以想象，戴明震老师批改学生的作文是多么用心，那是在长长的冬夜，在酷热的夏天，伏案灯下，一字一字地写出来的。这不是普普通通的批改作文，在我看来，这是与一个个学生促膝交谈，也是耳提面命，见到学生的长进，他无比欣喜；遇到敷衍了事的学生，他也皱着眉头不客气地严肃批评。记得有一次，我马马虎虎写的一篇作文，他让我重写，措辞严厉的评语使我羞愧。但总的来说，他对我的写作鼓励多于批评，字里行间充满了期望和鞭策。

现在回想起来，我后来在大学里不务正业，醉心于胡乱写作，尤其是进入社会，半路出家，一生以笔墨谋生，多亏的是当年打下的一点国文功底，而戴明震老师则是我的启蒙老师。

我与戴明震老师几乎没有个人交往，那时年纪小，对老师都很敬畏，尽管他的住所离我家很近，他的长子德虔与我是同学，但我也很少去他的家。我只知道戴明震老师子女多，上有老下有小，家庭负担很重，不过那也是一个其乐融融的美满家庭。从他的教学之认真、执着，我想那个时期也是戴明震老师一生最幸福的时期。中国的老一辈知识分子对生活并无奢望，能够以自己的知识报效国家，有一个较安定的生活，他们就很知足了。

1957年，我离开母校，告别故乡，北上求学，此后我再也没有见过戴明震老师。尽管近半个世纪以来，我也曾多次回乡探望双亲，但每次都是来去匆匆。加上那是一个特殊的年代，政治运动像打摆子的病人一样时时发作，环境逼得人谨小慎微，人与人的关系也变得冷漠，我也从未主动地探望戴明震老师。这是我深感内疚的。但我也从亲朋的闲谈中得知戴明震老师的处境很不好，他因"历史问题"被革出校门，后来竟以拉板车为生，而我的父亲那时也加入了拉板车的行列，我可以想象他的困苦和自尊心受到的伤害。

但是，戴明震老师最后的结局却是我意想不到的。几年前，我退休后回到故乡，有一天，一位中年妇女来看我，她是戴明震老师最小的女儿戴德馨，曾经和我的妹妹是同学。她说她父亲在"文革"期间下放农村，因不堪忍受非人的凌辱迫害，在一个静悄悄的黎明走出茅舍，在房后的一口水塘投水自尽。临死前留给房东一张字条："借你的半亩池塘一用，多谢你了。"说到这里，戴德馨泣不成声，泪如雨下。

戴明震老师去世时，德馨还小，大概在读初中。她说父亲生前最疼爱她，她记得小时候父亲经常抱着她，给她念唐诗，即使是身处逆境，父亲也未消沉，还常常赋诗以自娱。然而到了"文革"期间，他被下放到武宁山区，政治风暴的磨难，一家人的骨肉分离，使戴明震老师心灵受到巨大的创伤。他的一颗诗人般的敏感的心，再也托不起生的希望了。这当然是时代的悲剧。

我也曾小心翼翼地向德馨问起，戴明震老师究竟有什么"历史问题"，因为这是主宰戴明震老师一生的沉重包袱，是导致他走上不归之路的原因。这些年，退休后的德馨几乎把全部精力用于为含冤至死的父亲昭雪。她走访了知情者，查阅旧日档案，以一个弱女子的坚毅，做了大量工作。

据戴德馨提供的材料，戴明震1915年出生于一个旧官吏家庭。其父曾是白崇禧的部下，参加过讨袁、北伐诸役，20世纪30年代由上海回到江西任职，抗战开始到赣州虔南县任县长，任内政绩颇佳，受到时任赣南行署专员蒋经国的嘉奖。1942年告病辞职。

戴明震曾在上海大同大学、苏州东吴大学读书，他是一个爱国进步的热血青年，在东吴大学就读期间，曾任过校学生会主席，经常发表抗日演讲。后因抗战全面爆发而结束了他的读书生涯。1942年至1943年在赣州《正气日报》任主笔、经理。《正气日报》原名《新赣南日报》，1941年10月更名为《正气日报》，当时在全国都是一份很有影响力的报纸。他是一个追求进步的新闻工作者，他做主笔时，每天都要写一篇社论，分析当前国际国内抗战形势，宣传建设新赣南，针砭时弊，抨击时政，揭露黑暗，鼓吹民主与光明，在全国产生了较大的社会反响。那时蒋经国在赣南推行"新政"，也不好过多干涉。但是有一次，据说老蒋曾向戴明震的父亲流露出强烈不满。后来，1943年5月蒋经国邀著名新闻界人士曹聚仁任《正气日报》主笔兼总经理，戴明震仍是这份报纸的中坚。

四、昨夜星光灿烂

夏衍 1992 年 1 月在《怀曹聚仁》一文中写道："在他（指曹聚仁）七十二年的生命中，新闻工作几乎占了一半。他曾以中央社记者的身份，到过台儿庄。……后来他到赣南替蒋经国办过《正气日报》，也到上饶参加过宦乡主办的《前线日报》的工作。"（《曹聚仁杂文集》代序，生活·读书·新知三联书店，1994 年 10 月出版）由此可见，从夏衍对曹聚仁新闻生涯的评论看，对他在《正气日报》的工作是充分肯定的。

关于这个时期的蒋经国和赣南的情形，曹聚仁在《蒋经国的前半夜》一文中是如此评价的："蒋经国的政治生命，也有他的前半夜。这前半夜，不妨以一九四四年，他到重庆去主持中央干部学校成为分水线。从他在临川练兵到赣州任专员，那六年间，的确是一个革命的蒋经国。我们研究历史的，对政治人物，从不轻易说他好，也不轻易说他坏，要把他放到历史上去看的。"曹聚仁认为，刚刚从苏联回国到赣南推行新政的蒋经国，"领导着大家建设新社会"，确是有所作为的："那时，多少青年，把赣南、皖南和延安一样，当作光明远境看呢！""在当年，经国是准备以赣南为政治黄埔，再推广开去，慢慢成为新江西的建设集团，这也是一种理想。可是，一九四三年以后，这情势随着他转入重庆中枢，而有所改变了。"（《曹聚仁杂文集》）而这正是戴明震在《正气日报》工作的时期。这至少也以一个侧面为戴明震老师的进步新闻生涯提供了旁证。

对于戴明震老师来说，另一个不可忽视的重大人生决策，是他在解放前夕，没有前往台湾。虽然我无法知道他在历史关头做出这一选择的原因，根据戴德馨从长辈处得知，他父亲是个家庭观念很重的人，当时他去台湾，必然抛妻别子，只身前往，因此他考虑再三，决定留在家乡。不管怎样，可以肯定的是，以他当时的情况，他是可以去台湾发展的，而他的许多当年的同事，后来都在台湾担任要职。

他以一颗天真而单纯的心，投身于新中国的怀抱，期望新社会能够容纳他，仅仅给他一个做人民教师的位置，他愿以自己的学识哺育更多的孩子，为国家培养更多的人才，除此之外，他没有更多的奢望。而他也是这样去做的。然而，遗憾的是，社会并不理解他，也不容纳他。他在赣南的经历，成为永远洗刷不掉的耻辱，成为终生背负在身的重压，他最后只能有一个选择，一死了之，过早地结束了富有才华却极其不幸的一生。

今天我写这篇悼文，一是留住历史，一是还我所尊敬的戴明震老师一个清白。每一个从旧中国走过来的中国知识分子，不可避免地留下那个时代的印记，他们的命运是不该因此而受到如此残酷的伤害的。戴明震的悲剧，应该给后人留下深刻的反思。

安息吧，戴明震老师。那噩梦的时代已经过去，可惜您再也看不见这明朗的天空和春回的大地了……

2005 年 5 月 19 日

他长眠在南极冰原——记高钦泉

一直想写点文字，纪念英年早逝的高钦泉，却因为写这类文章不免搅动记忆深处的苦涩而黯然，难以举笔。如今斯人长眠在南极寒冷的冰原，所谓"亲戚或余悲，他人亦已歌"，遥望南天，生死两茫茫，该是到了偿还心灵文债的时候了。

不过，触动我提笔的还有不能不说的一个诱因。1999 年冬天，小儿金雷随十六次中国南极考察队先到了长城站，又乘"雪龙号"破冰船闯入冰封的拉斯曼湾到中山站。他归来带回的许多南极照片，其中竟有一张摄下的是高钦泉的墓碑，一块极普通的碑石，安放在冰雪覆盖的海岛，周围堆着风化的岩石。我凝视碑上的文字，不禁悚然一惊。在我的潜意识里，生龙活虎的高钦泉并未离去，我始终以为那不过是误传，虽然很久以来没有听到他的声音，没有见到他那瘦削的身影，但我总以为他定是率队去南极了。他一定还在遥远的冰雪世界，带领一帮弟兄，在那里度过漫长寒冷的冬季，定什么时候，又会见到他风尘仆仆的身影。

然而，面对照片上的墓碑，我不能不承认这个无法接受的现实。高钦泉真的走了，这个刚强的山东汉子，走得这样匆忙，走得那样遥远……

认识老高，是 1984 年夏秋之间。那年，中国掀起少有的"南极热"，中国第一次组队远征南极的消息，使多少人热血沸腾。北京复兴门国家南极委员会办公室的门槛差不多快要被各路人马踢破了，不仅科学家们纷纷报名，一向消息灵通的新闻记者也闻风而来。老高是办公室挑大梁的副主任，主管后勤的繁重工作。虽然他不爱出头露面，却要在幕后为保障首次南极考察的顺利实施多方筹划，精心安排，而这是多么复杂的

四、昨夜星光灿烂

系统工程。

说来也巧,接到国家南极委员会的公函,正式通知我被批准参加中国首次南极考察的采访报道——这当然是令人高兴的事,我也同时得知,由于种种原因,我的出国签证迟迟办不下来,此刻仍在几个国家驻华使馆之间慢吞吞地"旅行",因此我将不能随考察船大批队员一道出发了。

眼见考察队出发时间日益临近,我不免心急火燎,于是我去找老高。因为我打听到,届时我将和老高结伴而行。

高钦泉是典型的山东大汉,大伙儿亲切地称他"老高"。他毕业于山东海洋学院,虽然长期在北京工作,乡音未改,一口胶东口音,性格豪爽粗犷,直来直去,不会转弯抹角。见我焦虑不安,他嘿嘿一笑,说:"着什么急嘛,你该干吗干吗,到时候落不了你……"

当时,考察船即将从上海起航,我想去趟上海,报道出发的消息,可是又担心签证下来,会不会两头都耽搁了,因此犹豫不定。老高听我说罢,胸有成竹地说:"你去上海吧,写你的报道,误不了事……"三言两语打消了我的顾虑,我的一颗悬着的心放下来了。接着老高又将我们的行程详细说明:先到美国,然后飞往阿根廷和智利,再飞往火地岛的乌斯怀亚港,在那里与中国南极考察船汇合,他还告诉我该带什么衣服用品,因为南半球正值夏天,要带上夏装,等上了船考察队会发给我冬装,等等。后来我才知道,我们的行程为什么要绕那样一个大弯,原来老高负有重要的使命。

1984年11月底的一天,北京的大街小巷人们忙着购买冬储大白菜,我们的漫长旅程开始了。在首都机场候机厅,我和老高汇合,同行的还有一位年轻腼腆的小高,他是外交部西班牙语翻译,是老高的助手。当时,还有一个小小的插曲:当我们三个人汇合后,一辆军用吉普也开到候机厅前,几名军人从车上卸下一口木箱,沉甸甸的像一口棺材。原来正在太平洋航行的J121号海军打捞救生船因风浪太大,一个机械零件需要更换。木箱里装的是笨重的机械零件,于是我们又多了一项任务——将木箱安全地运到南美的火地岛,送上船。这项任务可不轻松,每次转机我们都忙得满头大汗,还要应付各国海关人员的盘查,老高为此可没少操心。

第一站是纽约,下榻在哈得逊河码头附近的中国领事馆招待所,这里是曼哈顿冷僻之地。那时刚刚改革开放，中国驻外机构一如国内仍然保持革命的遗风，招待所是一幢破旧的铁灰色楼房，相当简陋，伙食费一天5美元，饭菜单调不说，竟然没有电视。我是第一次出国，对于纽约这个大都会难免充满好奇，老高理解我的心情，不止一次地说："你是记者，应该多走走多看看……"他让小高陪我，参观联合国总部、世贸中心等地。我们在纽约停留时间不长，主要是等候赴南美的班机。在这有限的几天，老高始终足不出户，除了用餐，一直呆在那间没有电视的房里。我动员他出去看看，他却摇摇头，半开玩笑地说："除了楼房就是人，哪里都一样……"其实，老高也是很想出去观光的，后来才知道，他随身带了大笔美元，是为考察队采买食品和支付船队停靠码头的费用，包括购买燃油和淡水。为了这笔巨款的安全，老高在纽约没敢出门，每天守着那只沉甸甸的保密箱。

到了阿根廷和智利，老高更忙了。因为南极考察船队的两艘船即将经太平洋绕过南美洲最南端的合恩角，驶入火地岛，停靠阿根廷辖下的乌斯怀亚港，在这里补充燃料、淡水和大量蔬菜水果。转年3月，船队返航又将在智利南端的彭塔阿雷纳斯港停靠，也要补充燃油、淡水，并且要穿过麦哲伦海峡。老高不仅要找当地的船舶代理，办理手续，交涉佣金，支付费用，还要和官方打交道，按外交途径交涉许多繁琐的事宜。那些日子，我虽然和他们同住一处，却很少见面，他们总是早出晚归，忙得不可开交。我国驻阿根廷、智利大使馆也为我国首次南极考察做了大量前期准备，获得阿根廷、智利政府的大力支持。我虽然未能参与其事，多少知道老高付出的辛苦。记得到智利后，我国考察船队返航时要穿过麦哲伦海峡，但是船员对这条航道十分陌生，以前还没有一艘中国船只航行在这条航道复杂、潮汐多变的海峡，为此急需海峡的潮汐、航道方面的资料。智利当时正值皮诺切特军政府统治时期，社会秩序动荡不安。就在这种情况下，老高仍然到处奔走，在使馆大力协助下，终于获得智利提供的有关资料，为后来船队顺利穿过麦哲伦海峡提供了可靠保证。

最令人不能忘记的是，老高尽管肩负重任，终日忙出忙进，对我的工作仍然十分关心。他怕冷落了我，悄悄地对我的行程做了细致入微的安排。在这方面，我是铭感于心的。在我们离京之前，他就通过外交部

四、昨夜星光灿烂

发文给我驻阿、智两国使馆,安排我的采访活动。所以,我到阿根廷、智利后,使馆的大使、文化处以及驻阿、智两国的新华社、《人民日报》首席记者都给我以热情帮助,使我在有限的时间内得以访问了当地的大学、报馆,参观了风景名胜和博物馆,获益匪浅。而幕后的策划者,正是不露声色的老高。

终于,我们的漫长旅行到达最后一站,这是天之涯、海之角的火地岛。从布宜诺斯艾利斯飞行了三千公里,到达乌斯怀亚,下榻在海峡边的山毛榉旅馆。圣诞节日益临近,中国考察船队穿过太平洋,正在向火地岛驰来。这些日子,几乎见不到老高了,他更加忙碌,采购的物资正由集装箱大卡车经泛美高速路向乌斯怀亚港运来,他整天和阿根廷船代理在码头上奔忙,联系船只停靠的泊位,落实输送燃油、淡水的事宜,并且随时与大洋航行的船队联系。我也开始进入"临战"状态。一天傍晚,老高突然叫我出席一次宴会,是阿根廷船代理的答谢宴会。所有的物资采购和接船的手续都已办妥,船代理为了表示表示,特意盛情邀请。其实我也知道,老高邀我参加,也是为我送行,因为我们即将分手,他将回国,而我的南极之行才刚开始。那天晚上的宴会是在圣马丁大街的一家小餐馆里举行的,外国人的宴会只是一顿简单的晚餐,各人点一道菜,记得我要的是一份难以下咽的牛排。但是我发现那天老高特别高兴,一直紧锁的眉头舒展开了,露出难得的笑容。我理解他的心情,忙了快一个月,为我国首次南极考察的各种物资准备,这副千斤重担终于落到实处,他怎能不感到高兴呢!

然而,老高默默无闻的奉献并不为他人所知,相反,不久后发生的一桩意外事故却给他带来洗刷不掉的罪名。事情是这样的:当中国南极考察船队在乌斯怀亚休整了几天,即将拔锚起航向南极洲驶去时,一个额外的任务交给了即将返国的老高。当年通信没有现在发达,船上没有传真,更谈不上全球通手机,我在乌斯怀亚邮局想给国内挂国际长途,也被告知没有这项业务。所以考察船队几百人的家信,尤其是随队采访的新闻记者的稿件(包括一些拍摄的胶卷)统统交给老高,由他运回祖国。此外还有托他带回的行李。老高是个热心肠,对此毫无怨言,仍然像老黄牛一样,将这些大大小小的行李随航班托运,以便将这些平安家信迅速送到队员、船员的家属手中……岂料,中国首次南极考察的消息传遍世界时，总有那么一些心怀叵测的家伙心里很不舒服，他们害怕中国的强大，害怕中国的科学事业日益发达。当中国南极考察船队航行在太平洋时，就发生过不明国籍的飞机跟踪的事件，而现在他们也盯住了老高携带的装有信件的邮袋，大概以为里面有什么机密吧。于是，在老高返国途中，托运的行李中唯有邮袋不翼而飞。别的行李都在，偏偏邮袋不见踪影，这本身不是很说明问题吗？

我是在南极听到邮袋失踪的消息，由于不知详情，老高不免遭到许多人的无端指责。虽然大家的心情可以理解，但是当我今天执笔回忆往事时，我觉得有必要为老高洗刷清白，因为邮件丢失的责任并不在老高，而是有复杂的政治背景的，那些见不得阳光的国际扒手是惯于干这类鸡鸣狗盗的卑鄙勾当的。

我这里至今保存了一封老高给我的亲笔信，是1985年2月8日写的，托人从北京捎到南极，我当时尚在南极洲乔治王岛长城站。信中写道：

……我受众人之托，带着送给亲人的信和付出巨大心血的劳动成果，本想自带回京转送亲人和各自的单位，但到使馆后，使馆有关负责人讲，手提那么多书信是违反国际法的，出国人员不能充当国际邮差，因此他们提出必须铅封作为信使邮袋托运（信使也是这样办理），我们无法只好照办，一切手续、装运等都由使馆人员一手办理。我由于多日未睡好，疲劳、瘫软无力，根本未过问，而在托运过程中失误之处不应直运北京，而在东京应提取，虽是使馆给办的，但我有不可推却的责任。此邮袋可能丢失，实感对不起大家，我终日吃不好，睡不好……此事虽为使馆安排，作为我们应听使馆安排，但作为我的错误，我也绝不推……现在我们的工作虽很忙，20日起家中虽只有我一个人，我也一定做好工作，及时转送你们的稿件，传递你们的消息，将功折罪吧。我不要求大家宽恕我，大家恨我、骂我，甚至见面时打我，我都无怨言，大家的心情我是理解的，虽然我时时念及此事，但工作一定要搞好，否则是错上加错了……

从信中可以看出，老高的精神压力是巨大的，他有口难辩，默默承受了一切。也许，他是把我视为可以信赖的朋友，所以在这封信里倾诉了他的苦衷——毕竟，是我与他结伴而行，深知他的苦衷，对他是最了解的。

老高是属于那种埋头苦干不愿抛头露面的人，他对新闻记者的采访

四、昨夜星光灿烂

一向是能推就推,实在推不掉也只是谈工作而绝少谈自己,这也是多年来在我国南极事业的宣传报道中很少见到他的名字的缘故。其实,老高真正称得上是中国南极事业的开拓者之一,他对中国南极事业的贡献是功不可没的。

1981年国家南极考察委员会正式成立,高钦泉担任南极委办公室副主任,从那时起,他把自己全部的精力投入了我国南极事业的开拓性工作。1982年7月,他率团首次以观察员身份出席在列宁格勒举行的第17届南极研究科学委员会会议。1984年9月,他率团出席在德国不来梅举行的第18届南极研究科学委员会会议,并递交我国申请加入该委员会的申请书。在我国首次南极考察期间,他负责后勤保障的大量工作。回国之后,他于1985年1月前往南极大陆的美国比德莫尔营地,参加在那里举行的南极条约体系讨论会,并乘飞机抵达位于南极点的阿蒙森—斯科特站,他和同行的张坤诚教授是第一批到达南极点的中国人。这年11月,高钦泉担任中国第二次南极考察队队长,前往长城站。1986年从南极回国不久,他又于6月率团前往美国圣迭戈,出席第19届南极研究科学委员会会议。这次,我国代表团是以南极研究科学委员会正式成员身份出席会议的。1988年9月,他又率团出席在澳大利亚霍巴特举行的第20届南极研究科学委员会会议。当年年底,他又参加中国第五次南极考察首次东南极考察队,赴东南极大陆建立中山站,担任副站长。"极地号"船撤离后他留下越冬,担任越冬队队长。我后来听说,中山站首次越冬相当艰苦,因为最初决定中山站只是夏季站,冬季不留人,可是站建成后临时决定留人越冬,物质条件很不足。从5月下旬起,连续58天的极夜见不到太阳,中山站笼罩在漫漫黑夜之中,暴风雪在站区周围形成高两三米的雪墙,他们每天都要与狂风暴雪搏斗。直到1990年2月,高钦泉和他的队员们度过了426个日日夜夜才撤离南极,踏上返回祖国的航程。作为我国第一位在南极大陆越冬的队长,他付出的精力、体力和肩负的重担,是不难想象的。他的身体也因此被累垮了……

最后一次见到老高,是在海军一所医院,积劳成疾的老高不幸被绝症所击倒了。他躺在病榻上,仍然关心我的处境,却绝口不谈自己的痛苦。我当时以为他不久就会痊愈,重新回到他眷恋的南极事业岗位上。不料,不久传来了他不幸辞世的噩耗,这位将毕生精力献给中国南极事业的"南极人",终年仅 54 岁。

今年是高钦泉逝世 10 周年。如今他长眠在南极冰原,陪伴他的是呼啸的暴风雪,是漫长的极夜和难以忍受的酷寒。不过,除此之外,中山站的灯光和考察队员的欢声笑语也将和老高长相伴,而每一次中国破冰船的汽笛声在普里兹湾的冰海回响时,也会给老高带来祖国亲人的思念。

老高,您安息吧,我永远地怀念您……

2002 年 5 月

附　录

金涛与《月光岛》

叶永烈

　　金涛，其实名不副实，他是一个平和的人，从来没有给我以"惊涛骇浪"之感。

　　金涛，祖籍安徽黟县，1940年生于安徽休宁，六岁时随父母迁往江西九江。1957年毕业于九江第二中学（原同文中学），考入北京大学地质地理系。

　　金涛与我在1978年相识之后，给我一种深切的"同步感"：我们不仅同龄，而且同一年考入北京大学，我在化学系读了六年，他在地质地理系读了六年（那时候北京大学理科为六年制）。在北京大学，化学楼与地学楼楼对楼，窗对窗。我的毕业论文是借助于地学楼二楼的光谱实验室完成的。然而，在这漫长的六年之中，我们却无缘相识！

　　那时候，北京大学共青团团委主办了一本杂志，名叫《北大青年》。这本杂志的开本、编排，都摹仿团中央的《中国青年》杂志。我和金涛虽说是理科学生，却都有着强烈的"文学倾向"，成了这家杂志的热心作者。金涛当时参加创作歌剧《骆驼山》和反映大学生活的多幕话剧《冰川春水》。《冰川春水》剧本就发表在《北大青年》上。

　　1963年，金涛在北京大学毕业后，分配到中共中央党校任教员，后来调到《光明日报》任编辑、记者、机动记者部副主任、记者部主任。1991年,金涛调往科学普及出版社任总编辑、社长。

金涛的第一篇科幻小说,用了一个富有诗意的篇名——《月光岛》。据金涛说,那是1978年初冬,他从北京来到厦门出席会议,住在鼓浪屿。美丽的小岛给了金涛以创作的灵感。从未写过科幻小说的他,一气呵成写就了《月光岛》。写罢,连金涛自己都有点怀疑:"这难道算得上是小说,尤其是人们所称的科学幻想小说?"

《月光岛》写的是近乎离奇的爱情故事。一位名叫梅生的生物化学系毕业生,由于恩师孟凡凯教授受到迫害,不得不出走至只有三十六个居民的荒凉小岛——月光岛,在那里看守灯塔。一天,老渔夫送来一位已经不省人事的姑娘。梅生用蚂蟥提取液救活了姑娘,方知姑娘乃是孟凡凯教授的独生女。他们之间产生了爱情。后来,梅生离开小岛参加出国留学生考试,巧遇出狱的孟凡凯教授。他们一起去月光岛寻找姑娘,姑娘已经不知去向——姑娘原来是前来地球考察的外星人……

虽说《月光岛》中有过多的巧遇,但是那在诗一般小岛展开的爱情故事,十分感人。这篇科幻小说发表于1980年第一、二期《科学时代》杂志。后来,由地质出版社出版。

《月光岛》引发了金涛对于科学幻想小说创作的浓厚兴趣。此后,他创作了许多科幻小说,有《台风行动》、《马小哈奇遇记》、《人与兽》、《失踪的机器人》、《马里兰警长探案》、《冰原迷踪》、《火星来客》等。《魔盒——金涛科幻小说选》一书,在1993年获首届全国优秀少儿科普图书奖大奖——周培源奖。

给我留下很深印象的是,在1979年,金涛与翻译家王逢振一起编选了《魔鬼三角与UFO——西方著名科学幻想小说选》。这本四十万字的书,在1980年由海洋出版社出版,第一次印刷就印了四十二万册!这本书为20世纪80年代初中国科幻小说的大发展,起了推波助澜的作用。

金涛作为《光明日报》记者,曾两次赴南极考察,写下很多有关南极题材的作品,如《奇妙的南极》、《南极与人类》、《冰原迷踪》、《从北京到南极》和《暴风雪的夏天》等。金涛非常赞赏科学家们不分国籍、肤色、语言和意识形态,在南极通力合作,互相帮助。他说,南极精神是很值得发扬的。

除了写作科幻小说、科学考察记之外，金涛还创作了许多科学童话和散文。

金涛集作家、记者、编辑于一身。对于我来说，感受更多的是作为编辑的金涛。在20世纪80年代初，他与《光明日报》编辑、杂文作家盛祖宏一起，约我为《光明日报》"东风"副刊写了许多文章。他对待来稿非常认真负责。最可贵的是，在中国科幻小说蒙受不公正的批判时，他旗帜鲜明地给予支持。在我的科幻小说屡遭"批判"、处境十分困难的时候，《光明日报》"东风"副刊不断发表我的文章，对来自极左的"批判"进行还击。金涛还写了评论《叶永烈和他的作品小议》，对于我的创作给予充分的肯定。

后来，金涛担任科学普及出版社（暨中国科学技术出版社）社长兼总编辑多年，繁重的工作担子占用了他的许多时间。他为中国的科普出版事业做出很大贡献。

金涛退休之后，在媒体的眼中，他是北京资深的科普、科幻评论家。他在各种场合，对中国科幻小说的现状提出自己的见解。由于他出身理科，而又多年从事科普工作，所以他非常强调作品的科学性。

金涛曾经尖锐批评中国新一代科幻作家之中，很多人不懂科学。他指出："科幻小说之所以在国内发展不起来，是因为许多作家都不懂科学，他们更多的是受空间观念的束缚。要打破传统时空观，先要搞清楚什么是科学，在科学的基础上，发挥无限的想象力。"

金涛说，科幻创作不景气的一个重要原因是缺少创作人才。科幻作品很难写，作者不仅要有很好的文学功底，还要懂得科学，最好能够站在前沿，了解科技的最新发展动态。而现在的教育方式限制了科幻作家的产生。尤其是文理分科，造成想写科幻的因为不懂科学写不了，而懂科学的又大多写不好小说。现在国内还缺少一个科幻的平台，没有一个全国性的科幻刊物，没有科幻评论，地方性的科幻刊物也仅有成都的《科幻世界》等很少的几家。而且，多年来社会对科幻的认识也存在误区，科普界认为科幻不是科普，而文学界又认为科幻不入流，这些都限制了科幻创作队伍的发展。

金涛说："严格地说，除了少数科学家为传播他们的新发现新发明所专门撰写的作品，多数科普读物并不是在科学知识上有什么创新，更多的是形式上的创新，所以，用什么观点、什么内容、什么形式去传播科学知识，实现'快乐阅读'，是决定作品成功与否的关键。"

在金涛的种种评论之中，我以为他所仿照阿西莫夫"机器人三定律"模式提出的"科幻创作三定律"最有创意：

第一，科幻文学始终不能违反人类积累的经过实践证明是正确的科学原理和法则；

第二，科幻文学展望未来发展的前景时，不可避免地应具备超前意识，但不应与第一条相冲突；

第三，科幻文学应自觉地抵制一切反科学和宣扬伪科学的观点，与披着科学伪装的现代迷信划清界限。

本文收入叶永烈著《相约名人》，科学普及出版社 2012 年出版

走进南极的作家——访金涛

胡殷红[①]

在中国作家协会与中国科协举办的一次重要会议上，号召作家努力写出优秀的科普作品，为此，我专程访问了十几年来潜心科普作品创作，写了百万字之多，现任中国科普作家协会常务理事兼科学文艺委员会主任委员的金涛先生。

金涛先生曾两次踏上南极大陆。南极之行使他和地球最南端的冰雪世界结下了不解之缘，也从那里获得了创作的灵感。在南极的日日夜夜，他以记者和作家特有的眼光和责任，不断地跑，不断地看，不断地问，不断地记，颇有古人所谓"秉烛夜游"的执着。他期望借助笔端的文字让更多的读者开拓视野，以广见闻，增进对大千世界的了解，传播科学常识。

记者： 非常羡慕您一生能有两次机会踏上南极大陆。这样的经历对一个记者和作家来说是个写不完的题材。

---

① 作者系《文艺报》记者。

金涛：这样的经历确实影响了我的一生，它不仅成为我人生经历不可分割的一部分，而且我的创作生涯从此和那遥远的冰雪世界结下割不断的缘分。可以这样说，当我踏上南极的冰天雪地，触摸到它那冰清玉洁的肌肤，领略了那狂暴的风雪，呼吸到那清新而凛冽的空气，目睹那洁白晶莹的世界人与人之间纯真而无私的友情，南极便从此进入了我的生活。它不仅给予我源源不断的创作灵感，更是净化了我的灵魂，使我的思想升华到一个全新的境界。回想这十几年来的创作生涯，我常常感到，南极的白色世界每时每刻都在呼唤着我，令我对她眷恋不已。

记者：您先后出版了《从北京到南极》、《冰雪王国历险记》、《奇妙的南极》和我今天见到的这本《暴风雪的夏天——南极考察记》，还主编了大型科普丛书《神奇的南极》。电视连续剧《长城向南延伸》是反映中国首次南极考察题材的，您参与创作了吗？

金涛：第一次参加南极考察是1984年，当时我44岁。1990～1991年，我第二次去南极已过50岁，为了创作你说的这部电视连续剧的脚本，我又一次踏上了南极，是随中国第七次南极考察队前往的。回到阔别五年的长城站，并且访问了乔治王岛上的波兰阿尔茨托夫斯基站、巴西费拉兹站、阿根廷尤巴尼站、乌拉圭阿蒂加斯站和正在建设中的韩国世宗站以及纳尔逊岛的捷克站，澳大利亚的塔斯马尼亚岛。这部全景式反映南极冰雪世界奥秘的科学专题片，由浙江电视台拍摄完成，在德国不来梅召开的世界南极科学大会播映后，受到各国科学家的一致好评。

记者：这让我言中了，看来南极世界在您的创作中占有相当比重，已经远远超过了其他题材。《暴风雪的夏天》一定是在考察结束不久趁热打铁整理付梓的，有的篇章好像是在考察船返航时在太平洋上酝酿动笔的。倘若今天动笔还能寻找到最初的激情和新鲜的感觉吗？

金涛：今天执笔重写，也许在描写上可以精雕细刻些，内容上也可能补充一些新材料，但再也无法寻找到你说的最初感觉了。

从科普读物的多样性来讲，我比较看中《暴风雪的夏天》这类科学考察记的读物。我一直认为，我国科普创作的园地里，科学考察记这一类的科普读物相对于科学童话以及其他体裁的科普读物，还是相当薄弱的。科学考察记的创作，不同于任何一种科普读物，它要求作者首先须有科学考察的经历，实地参与，并用科学的眼光和文艺的笔法去表现科学考察的过程，使读者有身临其境之感，由此激发读者对科学的兴趣并增进读者对有关专业知识的了解，从而达到科学普及的目的。

记者：就我所知科普作家在全国作家中比例极少，不仅年龄偏高，知识相对老化，而且几乎没有能力和机会介入科学考察课题。但是在这个信息时代，人类对自然界的探索仍然保持着浓厚兴趣，有这种需求。您作为科普作协的常务理事有能力为为数不多的科普作家创造一些机会吗？

金涛：现在科学在高速发展，作家参与科学题材的创作很重要。不光是科普作家，纯文学作家也在重视这个题材。作家应该关注科学技术的发展。像诗人、作家徐刚就很好地创作了环保、自然科学的作品。科普作家目前全国才一千多人，比重太少。当然这有个历史原因。多年来社会上一直认为科普作品是"小儿科"，加之稿费低，出版困难，所以这支队伍一直没有形成规模。对已有作家的资助和培养也是一直困扰我的难题。一部分作家由于知识结构的问题，由于长期闭门造车，已经黔驴技穷了。

中国科协准备搞一个"中国科普基金"，我们科普作家协会要做方案上报科协，将来我们有可能资助一些有创作潜力的作家去采访一些题目。这些作家很有才华，但没有参与的条件。比如我们可以组织作家到西部考察，让人们认识西部，了解西部，才可能开发西部嘛！

我们确实要有一些具体措施壮大科普创作的队伍。现在是一种自生自灭的状况。这需要社会提供这样一个氛围，要鼓励科学家、科技工作者写一些科普类的作品。我动员过一些科学院院士写科普，我也呼吁作家关注科技问题。科学问题和我们人类社会的发展、国家的前途是很有关系的。科技发展的正面效应和负面效应都值得我们思考，值得作家们思考。

记者："先建设后污染，先污染后治理"，这就是个正负效应的问题吧？

金涛：这是个大问题。比如太湖的治理，据说要花1200亿，估计这1200亿要超过太湖流域近年来创造的价值。滇池的污染成了"癌症"，藻类的急速发展无可救药。沙尘暴、沙漠化都是环境问题。我们作家怎么能回避呢？

记者：据说您提出过这样一个观点：水土流失比国土沦丧还危险？

金涛：是啊。国土沦丧可以通过战争夺回来，而水土流失是不能回来的。从岩石风化，到变成能耕种生长植物的土壤，起码要一万年。水土流失，这不是很危险的一件事吗？我们国家不是个地大物博的国家。西部开发最令人担忧的就是生态问题。

　　记者：您作为一个崇尚先进科学的科普作家，怎样看待发展先进科学技术与保留传统的问题？

　　金涛：现代化的东西是工具，是手段，而就文化来讲是越传统的越好。

　　记者：我国的科普出版工作，不论从数量还是质量上看，与它所肩负的重任都还很不适应，应该说任重道远，步履艰难。您同意我这个观点吗？

　　金涛：科普作品的作用是"润物细无声"，我们不可能指望我们的努力会一下子提高人们对科学技术和世界奥秘的认知能力，这需要我们一代又一代科普工作者的努力。我们的作品不只局限于科学知识的阐述，而是注重弘扬科学精神，宣传科学思想和科学方法，尽量通俗易懂，做到科学性、可读性、趣味性的统一。用我们的叙述，生动形象地反映科学家们追求真理的探索精神和一丝不苟的科学态度。

　　虽然步履艰难，但我对一批从国外留学回来的学子寄予很大希望。他们二十几岁，眼界开阔，对科普创作有新的理念，他们会同我们一起，在对这个充满艰险、富有魅力的未知世界的探索中共同努力。由此伴生的科普作品，也永远不会失去它的生命力，而且可以相信，新的作家、新的作品肯定会不断涌现。

本文原载《文艺报》2000 年 9 月 16 日

[**致谢**]

　　本书得以出版,得益于中国版协和首都师范大学出版社的鼎力相助。特别是丛书编委、老友陈芳烈的热情推荐,他在今冬客居杭州时仍时时记挂此事,多方联络沟通。如此高谊厚爱,使我没齿难忘。聂震宁、周谊、余国华诸位老友也多方推荐,丛书副主编郑一奇和本书责任编辑来晓宇提出很好的建议,在此谨向各位表示衷心感谢。

金　涛